董必武

中共一大代表丛书

李东朗　雷国珍　著

中共党史出版社

图书在版编目（CIP）数据

董必武 / 李东朗，雷国珍著 . -- 北京：中共党史出版社，2024.1
（中共一大代表丛书）
ISBN 978-7-5098-6470-8

Ⅰ．①董… Ⅱ．①李… ②雷… Ⅲ．①董必武（1886-1975）—传记 Ⅳ．① K827=7

中国国家版本馆 CIP 数据核字（2023）第 232467 号

书　　名	：董必武
作　　者	：李东朗　雷国珍

出版发行	：中共党史出版社
责任编辑	：李亚平
社　　址	：北京市海淀区芙蓉里南街 6 号院 1 号楼　邮编：100080
网　　址	：www.dscbs.com
经　　销	：新华书店
印　　刷	：天津鑫旭阳印刷有限公司
开　　本	：710mm×1000mm　1/16
字　　数	：386 千字
印　　张	：29
版　　次	：2024 年 1 月第 1 版
印　　次	：2024 年 1 月第 1 次印刷
书　　号	：ISBN　978-7-5098-6470-8
定　　价	：88.00 元

此书如有印装质量问题，请联系中共党史出版社读者服务部　电话：010-83072535
版权所有·侵权必究

出版说明

《中共一大代表丛书》经原中共中央党史研究室审定，于1997年由河北人民出版社推出第一版，时任中共中央党史研究室副主任郑惠和全国中共党史学会副会长、北京师范大学教授张静如担任主编。该丛书收录了参加中共一大的代表传记，这些代表是：上海的李达、李汉俊，北京的张国焘、刘仁静，长沙的毛泽东、何叔衡，武汉的董必武、陈潭秋，济南的王尽美、邓恩铭，广州的陈公博，旅日的周佛海；包惠僧受陈独秀派遣出席了会议。丛书中《毛泽东》《张国焘》《刘仁静》等9位传主的传记是当时国内出版的第一本完整的传记（分别是45万字到20万字不等）。丛书面世20多年来，在社会上产生了较大的反响，赢得众多读者的广泛关注和好评。令人痛惜的是，丛书的两位主编已经分别于2003年和2016年仙逝。中国共产党已走过百年奋斗历程，历经辗转，我们分别和各册传主的作者或家属取得联系，请他们对书稿内容进行充实、文字进行完善、史实进行校订，由中共党史出版社再版发行。

丛书能够再版，要特别致敬郑惠和张静如两位老先生，也衷心感谢丛书的副主编张树军、萧寒、肖功柄。并感谢为丛书出版付出过辛苦努力的河北人民出版社马千海、荆彦周等同人。

中共党史出版社
2024年1月

总　序

古老的东方有一条龙，她的名字叫中国。她有过自己的辉煌。

然而，当世界之舟驶入近代港湾时，这条巨龙却喘息着落伍了。

20世纪初的中国，内忧外患，满目疮痍。无数觉醒的中国人以各种方式，探寻着救亡图存的道路。

当时间老人迈着沉重的步子，蹒跚地走进20世纪20年代的时候，一件开天辟地的伟大事件悄悄地降临了。

1921年7月，13位年龄不一、口音不同、装束各异的年轻人，肩负着全国50多名党员的重托，在上海秘密聚会，宣告了中国共产党的诞生。从此，在古老落后的中国大地上，出现了完全新式的、以马克思列宁主义为行动指南的、统一的和唯一的无产阶级政党。

这次被命名为中国共产党第一次全国代表大会的历史性聚会，是在反动统治的白色恐怖下秘密举行的，除了会场一度遭到暗探和巡捕的骚扰以外，在社会上并没有引起任何注意，好像什么事情也没有发生。但是，一个新的革命火种由此在沉沉黑夜的中国大地上点燃起来了，中国历史将由她谱写出全新的篇章。

斗转星移！

在20世纪即将过去的时候，当年仅有50多人的中国共产党，已经发展成为拥有5800多万党员的执政党。在中国共产党成立后76年的历史过程中，她领导中国革命和建设，历经坎坷，取得了辉煌的胜利和举世瞩目的成就。

如今，参加中共一大的代表都已过世。追寻他们的人生足迹和思想历程，从中探求人生的价值，寻觅历史发展的轨迹，揭示社会发展的规律，成为后人特别是历史学家说不尽道不完的话题。

大浪淘沙！

当年一同参加中共一大的代表，由于种种原因，后来走上了不同的人生之路。毕生为党的事业奋斗者有之，为人民的解放而献身者有之，中途脱党者有之，背叛革命者有之，沦为汉奸者有之。他们的曲折经历，尽现了复杂离奇的社会变迁，折射出剧烈动荡的时代特点。

这种复杂的情况，也就成为后来人研究中共一大代表的难点所在。

多少年来，研究中共一大代表的生平和思想，为他们各写一部传记的想法，一直萦绕在我们的脑海。这也是我们作为史学工作者的义不容辞的责任。1995年七八月间，我们和河北人民出版社经过周密策划，邀请有关专家学者，正式启动了这一工程。

历史著作和人物传记的生命在于真实。只有真实，冷冰冰的书籍才会流淌生动的音符，才会涌动生命的活力。要做到这一点，最重要的是材料和方法。历史人物的传记写得成功与否，全赖于此。有了准确的材料和科学的方法之后，最重要的是搞清楚和把握住历史人物一生最根本的追求是什么，并把历史人物活动的时空环境尽可能地再现出来，把历史的真实再现出来，从而给历史人物一个比较准确的历史定位。这样写出来的历史人物传记，才会给读者一个大体逼真的历史人物形象。这也正是我们这套丛书所努力的目标。

为此，我们提出了四条编写原则：（一）据实直书而不拘泥于定论，以确凿的历史资料为依据，实事求是地秉笔直书，注重思想性、科学性、学术性。（二）史料丰富而不至于芜杂，挖掘和采用真实可靠的具有历史价值的史料，去粗取精，摒弃似是而非、查无实据的材料，严禁杜撰情节。（三）重点突出而不平铺直叙，结合社会历史背景，突出写传主的活动，以人和事贯穿全书，兼顾传主的思想发展和个人生活，写出传主的性格特点和人生色彩。（四）文字生动而不求浮艳华丽，力求达到语言生动活泼，优美流畅，有较强的可读性。

基于上述目标和原则，同时也考虑到中共一大代表各自不同的多面人生，我们在编写这套丛书时，还强调发挥各本书作者的主动性和创造性，作者可以阐发自己的观点，体例和风格也不强求完全一致。人物传记本来就没有一种模式、一个套路。作者在求真的前提下，以不同风格、不同体例来撰写人物传记，也可体现出人物传记写作的多样化和丰富性。

历时两载，我们编写的这套丛书终于和广大读者见面了。如果读者朋友特别是青年朋友能从这套丛书中得到或多或少的收获，那将是我们的最大快乐和欣慰。

需要特别指出的是，在参加中共一大的代表中，周佛海、陈公博、张国焘等人先后走上了党和人民的对立面。这从一个方面证明了树立正确的世界观、人生观，是何等的重要。对于这些人，我们按照实事求是的原则，把他们放在具体的历史环境中，直书他们的人生，分析他们的变化，其目的，一是真实地反映历史，二是希望从中得出一些有益的教训。

回过头来看这套丛书，我们所确定的目标和原则，可以说有些达到了，有些则还没有达到，或者说没有完全达到，留下了一些遗憾。这一方面是由于挖掘的资料还不够充分，另一方面，也与我们的水平和方法有关。我们热忱地欢迎广大读者朋友批评指正。

最后，我们还想强调两点：一是我们在编写这套丛书时，参考了许多史学家的研究成果，吸收了他们的最新研究成果，借本书出版之际，对这些同行表示诚挚的谢意。二是我们在编写这套丛书的过程中，得到了史学界、出版界以及有关部门的大力支持和帮助，特别是中共中央党史研究室的 10 余位专家顶着酷暑，为我们审阅了全部书稿。对于他们的辛勤劳动和全力帮助，我们表示衷心的感谢。

郑　惠　张静如

1997 年 8 月

目录
CONTENTS

第一章 · 寒门英子 001

- 002 朴诚家风
- 004 清末秀才
- 006 初萌报国志
- 010 "文普"高材生
- 012 思想的洗礼
- 017 走向社会的躁动

第二章 · 奔走革命 021

- 022 投身辛亥革命
- 025 参加反袁斗争
- 033 路在何方

第三章·新的起点　039

- 040　思想升华
- 044　创办新式学校
- 051　创建武汉共产党早期组织
- 057　出席中共一大
- 060　参加讨"王"战争
- 064　播撒革命种子

第四章·致力国共合作　071

- 072　组建国民党湖北省党部
- 076　掀起革命新高潮
- 085　反击国民党右派
- 093　策应北伐进军

第五章·伐腐遏逆　101

- 102　反对蒋介石独裁
- 109　力策革命发展
- 115　推进农民运动
- 124　反英与讨蒋
- 134　和汪精卫斗争
- 143　坚持到最后时刻

第六章·十年辗转　149

- 150　苏联深造
- 156　红都施教和执法
- 164　万里长征
- 171　陕北育英才

第七章·鄂中奠基　181

- 182　重返武汉
- 188　唤起工农千百万
- 196　襄揩大业

第八章·雾都折冲　207

- 208　遏阻反共逆流
- 220　争取中间势力
- 229　小憩中的忙碌
- 235　险境中奋战
- 242　扩大党的统一战线
- 254　舌战何应钦
- 261　主持南方局
- 274　"六十"祝寿
- 277　出席联合国大会

第九章 · 迎接解放　285

- 286　参加政协会议
- 291　维护政协决议的斗争
- 297　宣化店之行
- 302　虎穴斗顽
- 314　华北主政

第十章 · 开国之初　331

- 332　更有笋尖出土忙
- 334　接收国民党政府文案
- 337　"不许饿死一个人"

第十一章 · 创建法制　343

- 344　要有法可依
- 347　让人民当家作主
- 351　政法工作要为经济建设服务
- 356　"建立一个很好的统一战线"

第十二章 · 法官生涯 361

- 362 | 执法如山
- 366 | 杰出的法学理论家
- 369 | 造就法律人才

第十三章 · 漫漫求索 375

- 376 | 踏遍青山人未老
- 381 | "一涉浮夸便不真"
- 387 | 关心军队建设

第十四章 · 甘为民仆耻为官 393

- 394 | 不知重忽至，总觉任须肩
- 398 | 造福子孙
- 403 | 故乡情
- 408 | 给亲友的爱
- 412 | 关心年轻一代

第十五章 · 主义遵从马列坚 417

- 418 | 在狂潮初来的时候
- 421 | 用历史教育人民
- 426 | "老牛负重耕荒地"

第十六章 · 最后岁月 431

- 432 | 活到老,学到老
- 436 | 勤则不匮,俭以养廉
- 439 | "遵从马列无不胜"

主要参考书目 444

后 记 446

第一章
CHAPTER ONE

寒门英子

朴诚家风

湖北省东北部有一个黄安县（今名红安），这里是著名的"将军县"。据有关人士统计，红安县诞生了中华人民共和国的62位将军，4位副总理，10位正副部长，12位大军区司令员和政委，23位大军区副司令和副政委，24位兵团级干部，130多位省军级干部。这里还是两位中华人民共和国主席的家乡。中国共产党的创始人之一，曾任共和国副主席、代主席的董必武就出生在这里。

董必武1886年3月5日（清光绪十二年农历正月三十）出生于黄安县城南街（今城南正街）的"大井坎董家"。他来到人间不久，教私塾的父亲给他取乳名为乐益。直到晚年，董必武还把自己的书斋命名为"乐益堂"。

依照董族家谱的辈序：士、为、其、基、贤、良、绍、德，董必武是"贤"字辈，故取学名贤琮，字洁畲。15岁时，据《尚书·大禹谟》"董之用威"语改名用威；取《汉书·律历志》"日月如合璧，五星如连珠"之意，号璧伍。参加革命后，他深信中国革命"非有武装不可"，故取谐音改"璧伍"为"必武"。后来，他还曾用过"碧吾""窥园叟"等化名。

董家原籍为黄安东邻的麻城县，祖先世代务农。清朝初年，他家这个分支迁居到黄安城南约25公里处的永和镇傅董家村，后又迁至石家塝。到董必武前六代祖先董之谟时，从石家塝迁居城内。进城后，全家节衣缩食供子弟上学，自此董家开始有人读书，但连续三代均无人获得功名。在董必武曾祖父董为霖主持家务时，开始以小本钱在本县的武家畈经营一家小酱园，经售自制的酱油和腌菜，赚得零钱以养家糊口。其祖父董其元、大伯父董基浚，都继续经营这份营生，可谓世代相传。故黄安县乡里人又称他家为"酱园董家"。他们过着自给自足的生活，但一遇到灾荒年，营业额下降，生活也就困苦不堪了。

当时的中国，社会风俗讲究祖孙同居，共享天伦之乐。董家是个人丁兴旺的家庭。祖父董其元，膝下有9个儿女。董必武出生后，全家已是30余口的大家庭。其时正值清末，统治阶级腐败至极，物价飞涨，酱园生意很不景气。祖父董其元去世后，大伯父董基浚主持家务，这时酱园赔本，被迫停业。董家没有土地，只有一幢住宅。为了维持全家生计，大伯父基浚、二伯父基哲找到办理黄安县府48会中的"大有会"的户籍、田亩、钱粮册书的差使，从而获得些微薄收入。五叔基聪、七叔基智做些小买卖，而董必武的父亲和四叔教塾馆。这样，虽然家中人口多，但由于兄弟间互谅互让、齐心协力，全家也相处得和睦安乐。

董必武的父亲董基文，号采臣，在兄弟中排行第三。他自幼读书，1894年科考得第一名，中了秀才。按照清朝的科举制度，考中秀才后，如果未能进一步考中举人，即使一直到发白皓首，也只能被视为"童生"。可惜的是，董基文考中秀才时，董家正日渐颓败，没有办理廪生资格的银钱，只补了个增生，称增广生员，不能领取廪食银，从而也断了做官之路，只能在乡里的塾馆或有钱人家里当一名私塾先生。董必武的父亲教了一辈子书，兢兢业业，为人性情耿直，清贫自守，足不涉公门，并十分鄙视趋炎附势之辈，有陶渊明"不为五斗米折腰"的气节，这对董必武的性格和品德的形成影响很大。董基文对子女的教育十分严格，一向嘱咐子女正直为人，"莫做坏事"。他同情革命，对董必武从事革命活动，从不反对。董必武策动反袁斗争被捕入狱时，他四处奔走，设法营救。

董必武的四叔董基明，号素怀，知识渊博，写得一手好文章，才名著称县内。他考中秀才后，补了个廪生，称廪膳生员（能从国库中领取膳食的生员）。董基明大半生也是以教书为生，对董必武尤其喜爱，当董基文远出时，董基明帮助照料董必武。因此，他对董必武影响也是很大的。

董必武的母亲蔡氏，是位典型的旧中国的贤惠女性。她出身城市贫民，自幼到董家做童养媳。一生节俭勤劳，为给家庭增加收入，她白天纺纱织布，晚上在昏暗的油灯下继续劳作，有时彻夜不眠。她对一针一线、一草一木都十分珍惜，绝不容许损坏和浪费。她的这种热爱劳动、克勤克俭的作风，对董必武的成长影响是很大的。她生有两女两男，董必武是其长子，次子名贤珏、又名觉生。晚年，董必武曾向子女深情地回忆说："我爸爸的家境贫苦，家里没有藏书，我要看书常到一位朋友家去借，因为借期很短，只得连夜看。那时晚上点的是清油灯，我和母亲共一盏灯，她摇纺车纺棉花，我在一旁看书。"言谈之中，对自己的双亲充满了无限的怀念和眷恋之情。

幼年时代的董必武，在这种生活勤俭和作风朴诚的家庭里，受到了良好的熏陶。由于生活的困难，幼时的董必武很早就懂事了，他经常到城外捡柴、挖野菜，帮助母亲喂鸡、搬运自织的土布。艰辛的生活和良好的家风，使董必武从小就养成了朴诚、正直、笃厚、刚毅的性格。

清末秀才

得益于担任塾师的父亲和四叔，董必武自幼就受到良好的启蒙教育。教课余暇，他们出于"盼子成龙"的心情，谆谆地引导钟爱的小乐益读书和识字。

清代的启蒙教育，大多从《百家姓》《三字经》《千字文》开始。幼年的董必武，在父亲的指点下，就在昏暗的油灯下，伴随着母亲纺车的嗡嗡声，把《三字经》背得滚瓜烂熟。5岁那年，父亲在黄安城内东街广善庵塾堂就教，董必武也经常跟随父亲去玩耍。一天，父亲让塾童背诵《三字经》，几个塾童背不出，正在窗外向里面偷望的董必武，立即代塾童朗声背起来："人之初，性本善。性相近，习相远。……"背得一字不差。他父亲非常惊喜，从此就让他跟读。第二年，董必武又跟随父亲到距黄安县城15公里的李貌村（又名李冕二村）的塾堂就读，除继续读《论语》外，还读《大学》《孟子》《中庸》。7岁时，父亲受聘到离家更远的东张煜村张家塾堂就教，因约定不带子女入学，董必武遂随四叔董基明到黄安城内易家私塾堂读书。8岁又随姑夫在黄安县东河寺读书。除了正课之外，在课余还借读了《三国演义》《东周列国志》《水浒》《七侠五义》等演义小说。9岁那年，得张家允许，董必武随父亲到东张煜村，与张家子弟一起就读，他又借读了《天雨花》《孟丽君》《二度梅》等长篇弹词和小说。10岁、11岁时，又随父亲转到麻城宋埠镇附近的张杰湾和黄安县傅董家村就读，除认真读经书外，课外还读了《西厢记》《牡丹亭》等名作。虽然这种读书生活很不安定，却使他开阔了眼界，知识增长很快。12岁和13岁，他继续在傅董家村读书，开始熟读《尔雅》《说文》《古文释义》《左传》《通鉴辑览》等。14岁起，董必武随着父亲转到设在黄安县城福生祠董家家庙的县办萃英书院读书，一直到18岁参加科举考试之前。在这里，他白天在书院跟班上课，晚上在油灯下阅读大量中国古代优秀文史书籍，如《史记》《汉书》《晋书》《宋史》和《易经》《淮南子》等历史著作，以及李白、杜甫、辛弃疾等人的诗词。通过对这些古代中华民族优秀文化著作的广博阅览，董必武打下了深厚的古文功底。

董必武的青少年时代，仍盛行科举制度，他也不知不觉地步入了读书——参加科举——做官的仕途。1900年，他15岁时，参加了县里的"观风"考试，得了第二名。16岁起，他开始练习写策论。17岁参加全县会考，成绩又名列前茅，得到"膏火"（即灯火费）奖励。因此，家中人都希望他考得功名，以改变家庭的贫困境况。

清朝的科举制度，沿袭明制。童生要参加入学、乡试、会试三次考试。入学考试又称小试、小考，包括县试、州试、府试，考试合格者称秀才。1903年，董必武先后参加了黄安县、黄州府科举考试，都榜上有名，获得附学生员（附生），中了秀才。他成为董家的又一名秀才。

在封建社会获取功名，是进入仕途的开始，是件值得庆贺的大喜事，更何况董必武是"贤"字辈的第一个秀才，因此，全家上下、邻里乡亲都喜上眉梢。按照当地风俗，在董必武回家的那一天，乡邻们到县城东门外准备大放鞭炮迎接他。可是，等了半晌，始终未见到他。原来他故意绕道回了家，别人问他为什么这样做，他只淡淡地笑着说："中了秀才没什么了不起。"这也是他受淳朴家风的影响，对旧的俗套不以为然。几十年后，董必武向女儿谈起这件事说："家中知道考中秀才的消息，自然高兴得很，他们计算着我几时回，买了爆竹，等候在城东口，准备一见到我就点炮。我得信后，就绕了路回到家里，没有在城东门与他们见面。"女儿问他："那为什么？"董必武笑着说："为什么？为什么要接？我不想那样回家。"又说："当然，考中了秀才，家里就免了杂税，这对家里来说，也是不轻的咧！"

初萌报国志

董必武的青少年时代，正是中华民族日益陷入危机的时代。1840年第一次鸦片战争后，西方列强连续不断地侵略中国，第二次鸦片战争、中法战争、甲午战争、八国联军的入侵……列强强迫腐败无能的清政府签订了《南京条约》《天津条约》《北京条约》《马关条约》《辛丑条约》等一系列不平等条约，采取军事、经济、文化、宗教等侵略手段，逐步把殖民势力深入中国的内陆腹地。号称"九省总汇之通衢"的湖北省，成为贪得无厌的列强争夺的重点地区，侵略魔爪也伸进了地处大别山深处的黄安县。帝国主义和当地的封建势力相互勾结，一起贪婪地吮吸着劳动人民的血汗，再加上难以抵御的水旱等各种自然灾害，百姓生活在水深火热之中。

中国人民是不甘于忍受外来侵略和封建压迫的。在董必武祖父经营"董家酱园"的时候，震惊中外的太平天国运动爆发了。在清咸丰四年（1854年）三四月间，太平军一部攻入黄安县城，消灭了驻守的团练兵，烧毁了清朝县知府的衙门，打开监狱释放了在押囚犯，惩办了贪官污吏。虽然后来太平天国起义失败了，但太平军在黄安的起义活动广为流传。年幼的董必武屡屡听到先辈们绘声绘色的述说，都感佩不已。太平军的起义活动深深地打动了他幼小的心灵。

1895年，董必武随父到麻城县张杰湾读书。距张杰湾不远的宋埠镇刚刚发生过的"宋埠教案"，对正在成长中的董必武产生了很大影响。

西方列强侵入中国后，凭借与清政府签订的不平等条约，取得了"传教自由"的权利。那些满口"自由、平等、博爱"的外国传教士，常常打着传教的幌子，在中国土地上横行霸道，无恶不作。忍无可忍的中国人民被迫反抗，于是爆发了一起又一起的"教案"。当时，在宋埠镇设有天主教堂，瑞典和意大利传教士在当地肆意欺压百姓，横行霸道，老百姓早已恨之入骨。那一年，一名传教士以传教为诱饵，霸占了一霍家的民女。消息传开后，当地人民十分愤怒，在宋埠镇两位"好打抱不平"的义士李金狗、徐全福带领下，趁端午节到宋埠镇观看会节的机会，当众击毙了那个传教士，并愤然烧毁了教堂。事情发生后，清朝政府明知那些传教士实属作恶多端，但屈服于帝国主义的压力，答应赔偿白银四万二千两，重修教堂，并从重处置"闹事者"。湖广总督唯恐下面办事不力，特派候补知府裕庚"驰往查办"，把为民除害的义士李金狗、徐全福处死，另有多人被判刑，并责打参与此事的许多老百姓。同时，到处张贴布告，声言要"千方百计保护教堂、教士、教民"，对于一切反抗教会无端行为的人，务须"严行缉拿，永远监禁"。

当地老百姓愤愤不平，就把这事编成了花鼓戏、皮影戏和大鼓书到处演唱，歌颂两位义士的勇敢机智和民族气节，表达对清政府和洋人的痛恨。正在张杰湾读书的董必武看到这些演出后，在他幼小心灵中产生了对横行霸道传教士的强烈憎恨和对农民英雄的无比崇敬。直至几十年后，董必武在谈到"宋埠教案"和张杰湾一段生活时，还说"印象深刻"[①]。

1898年黄安的抢谷风潮也教育了董必武。这年黄安发生灾荒，粮食歉收，农民陷入严重的饥馑。土豪劣绅不但把持预备救灾的"丰豫仓"，而且乘机囤谷居奇，哄抬谷价。平时谷价每石不过八百文，此时陡涨到两吊四百文（雇农全年工价才五吊）。皮匠出身、靠给藩台做工多年捐得官职的黄安知县，发布告示，规定谷价每石一吊六百文，并劝谕绅士及富户照价粜谷救荒。然而富户毫不理会，饥饿的百姓群情激愤，纷纷到大户家去抢谷。抢谷风潮席卷全县，反动当局竟派兵镇压，同情百姓的知县也被撤职查办。时在黄安农村读书的董必武耳闻目睹了这件事，加深了他对土豪劣绅、封建官府搜刮民财、置人民死活于不顾的反动本性的认识。

考中秀才，是董必武正式步入社会的开始。本来由此他或许走上科举取士做官的道路，但他科考中亲身经历的事情，在很大程度上影响了他后来的人生抉择，改变了他的生活道路。

黄州府科举考试曾出现考场风波。当时的湖北学政蒋式芬亲临主考，他命令门卫对考生严加检查。广济廪生饶汉莞拒绝检查，被学政喝令驱逐出场，遭恶役毒打致死，学政竟令抛尸灭迹。如此草菅人命，引起公愤。考生包围了贡院，控诉蒋学政。湖北抚台闻知，竟派兵前来镇压。董必武参加了这场斗争，对清朝官场的黑暗感触很深。

不久，董必武亲身遭遇了官府的毒手。考中秀才后，他到省城参加乡试。这是每隔3年在省城举行的考试，凡经县考、州试合格者，均可应考，考中者称为举人。董必武在家里作了充分准备后，于8月间跋涉100余公里来到省会武昌。从山区来到省会，他对各种事物都感到新鲜。一天，他路过抚台衙门，碰巧抚台正在升堂问事，董必武觉得好奇，便走到衙门口

---

① 胡传章、哈经雄：《董必武传记》，湖北人民出版社1985年版，第8页。

往里探视。衙役发现后，见他穿着破旧，便猛冲过来把他抓住，打翻在地，诬他"窥探官衙"。一阵毒打后，把董必武赶出老远。董必武无辜遭打，怒火满腔，愤而弃考回乡，"从此，恨死当官人"。后来，他向身边工作人员谈起这件事时说：经受那一次清朝衙役的毒打，使他更看清了清王朝的腐败无能。

当时的湖北，正处于剧变的前夜。清朝后期洋务运动的代表人物张之洞于1889年（清光绪十五年）出任湖广总督后，在"中学为体，西学为用"宗旨下，以"振兴实业"作为他"新政"的基础，积极倡导"变法之本，在育人才；人才之兴，在开学校"。1903年他创建了文普通中学堂、武普通中学堂等一批学堂。由于清朝日益腐败，知识分子走科举取士的仕途之路，已是相当艰难，投笔从军，成为有志青年的新选择。当时一些欲推翻清朝腐朽统治的革命志士，如刘静庵、张难先等，已开始在群众中宣传："革命非运动军队不可；运动军队非亲身加入队伍不可。"革命勇士陈天华在《猛回头》中也写道："有血性的男儿，从军最好。"

董必武弃考回乡不久，武普通中学堂开始招生。入军校深造，毕业后成为一名军人，曾是董必武的夙愿。现在机会来了，董必武经过仔细考虑，决心报考。他在时过70年后曾这样说："我投考武普通学堂，就是想当兵，推翻清王朝。"1943年元旦，他在怀念分别多年未见面的挚友潘怡如的五言律诗《怀怡如兄》中写道："投笔从戎日，潜怀救国心，不甘胡虏政，始结汉同心。"充分反映了当年他投考武普通中学堂的真实动机。

赴武昌投考那天，董必武的心情既紧张又兴奋，还特意穿上了家中唯一的"礼服"——父亲的一件半新长衫。他本来想，凭自己的知识才能，考取是应当有把握的。但当他报名时，那位招考人员看到董必武长得黑瘦，又穿一件旧长衫，连说："你年龄太大，不准报名。"董必武连忙辩解："我今年刚刚18岁，正符合你们招贴上的要求。"但任凭董必武怎样解释，招考人员就是不信，连推带搡，把这位一心想当军人的青年赶出了考场。董必武只得再一次愤然离开武昌。这在董必武的心灵深处又增添了一分对清朝腐败统治的憎恨。

董必武在青少年时代所经历的这一件件事情，深深地影响着他。对帝国主义带给中华民族耻辱的仇恨，对清政府腐败统治的不满，已深深地埋在他的心底，成为他日后立志救国救民的思想动力。

"文普"高材生

董必武报考武普通中学堂受挫后，返回家乡。为了分担家庭生活的负担，他在县城教蒙馆。这时，兴办新式学堂之风也吹到了黄安，他的四叔董基明在县城筹办了全县的最高学府——县立高等小学校，校址就在他幼时求学的私塾学堂——萃英书院。1904年董必武来到这所新学堂代四叔教课。由于他知识渊博，思想清新，授课认真，很快受到学生们的欢迎。

虽然已有职业，但出于追求新知识的强烈欲望，加上各种新思潮的冲击，董必武并没有放弃求学深造的念头，仍时时打探着各种学习的信息。1905年春，经同县人阮毓崧介绍，他获悉武昌文普通中学堂要招考新生。他感到兴奋，立即说服父母和四叔同意让他去报考。经过严格考试，他以优异的成绩考入了文普通中学堂。

文普通中学堂，是当时湖北省的重点学校。张之洞为把这所新式学校办好，特聘其世交纪钜伟任该校监督（即校长）。该校学制5年，课程中西兼有，学生全部享受官费。

1905年11月，董必武正式入学，被编入该校第二届的第三班。入学不久，教师命题让学生作文，题目是《伍子胥、申包胥合论》。董必武凭着渊博的文史知识，一气呵成。教师阅后，认为他文风典雅，内容深邃，语言凝练，"风格接近时居文坛之首的桐城派"，马上推荐给监督纪钜伟。纪阅后十分欣赏，亲笔批语："锲而不舍，他日必成文学家。"由于他文史基础好，经过几次考察后校方同意了董必武的申请，决定其免修一个学期的语文课。董必武得以较多的精力攻读数理和英文学科。

董必武非常珍惜这来之不易的学习机会，学习刻苦用功，考试成绩总列全班第一名，成为同学中的佼佼者。他品学兼优，深受监督和教师们的器重。

然而，董必武在"文普"的学习并不是一帆风顺的。先是1908年，文普通中学堂改为湖北省立第一中学，学习由官费改为自费。这对家庭经济状况拮据的董必武来说，不啻是严峻的考验。但全家大力支持他读书，靠着东挪西借和省吃俭用，董必武方才能够继续学业。接着，在1909年，省提学使提出要办文高等学堂，筹划把省立第一中学的这一届毕业生转为文高等学堂的第一期生员，并决定不按原规定发给董必武他们毕业证。这对早就企望凭一纸毕业证书寻找职业以养家糊口的学生来说，是个沉重的打击。大多数学生都反对提学使的决定，但担心闹事会被学校开除。董必武品学兼优，在师生中威信很高，学校找不到开除他的理由，同学们都推他领头。董必武深感同学对他的信任，他表示：不干则已，干就要破釜沉舟，坚决干到底。他率领同学到校监督室去论理。纪钜伟对董必武非常器重，董必武也了解监督是一位爱护青年的长辈，但觉得在拒发毕业证这件事情上，纪钜伟不理解学生的心情。他向纪钜伟申述了他们的要求，纪听了后觉得在理，但碍于决定非学校所为，只能表示同情而无法更改，后来干脆避而不见。在学校申述无效后，董必武带领同学到省咨议局去请愿。咨议局的权贵们开始并没有把这群青年放在眼里，一口拒绝了学生的请求。但董必武等齐心协力，坚持斗争一个月，终于迫使提学使收回成命，同意发给毕业证。在这场斗争中，董必武团结多数，坚持说理，讲究策略，使问题得到圆满的解决，初次显示了他的组织领导才能，博得学校上下的称道，大家赞扬他"有毅力"。

一波刚平，又起一波。1910年夏，董必武经过四年多的读书生活，迎来了毕业考试。省提学使不甘心上次的失败，企图借毕业考试来报复学生。提出由提学使代替学校出试题，结果毕业考试中数学题难得令人咋舌，竟是学生未学过的内容，以及课本上未见过的题型，造成许多同学成绩不及格，影响了毕业。同学们非常气愤，认为提学使有意报复，于是再次众推董必武为首，集体到提学使衙门请愿。同学们质问提学使："为什么要出根本没有学过的题目，故意刁难我们？"提学使明知无理，只好答非所问，这更引起同学们的不满。董必武代表同学们据理力争，提学使被驳得哑口无言，最后答应重新改分，斗争取得了胜利。

1910年10月，经过艰苦的五年学习，董必武终于修业期满，以全年级最优等五名学生中的第一名毕业。当时的湖广总督瑞澂向清宣统皇帝上奏，保荐董必武为"拔贡"①（当时清政府虽已废除科举，但仍实行"拔贡"制）。这是当时对学业和品格最优等学生的最高奖赏和荣誉。做官的仕途又一次向董必武招手，但此时他已接受了旧民主主义思潮的影响，选择了从事救国救民、推翻清王朝统治的道路。

思想的洗礼

在"文普"就学的五年里，董必武的思想发生了很大的变化，由朴素的"恨官吏""恨洋人""恨地主豪绅"的自发感情，逐步上升到为劳苦大众谋幸福、推动中国社会前进之路的理智行动。在这其中，湖北资产阶级

---

① 拔贡：科举制度中贡入国子监生员的一种办法。清制，初定6年一次，乾隆时改为12年一次。每府学两名，州、县学各一名，由各省学政从生员中考选，保送入京。经过朝考合格，可以充任京官、知县或教职。

革命团体——日知会及其领导人刘静庵对他产生了深刻的影响。1937年，董必武在陕北向采访他的美国进步作家海伦·斯诺谈起过这段历史。他说：

> 我到达武昌后，住在一个名叫日知会的著名团体的宿舍里，日知会这个团体规模虽小，由于刘静庵的人格，对当时的社会却产生了巨大的影响，那里是领导辛亥革命的湖北省的初期革命中心。

日知会的前身是1904年7月3日正式成立的科学补习所，所址设在武昌多宝寺街。辛亥革命时期的风云人物胡瑛、宋教仁、曹亚伯分任总干事、文书和宣传。该所名义上是一个文化补习学校，其实是一个以"革命排满"为主要宗旨、具有比较完善组织体系的秘密革命团体，与当时湖南长沙的华兴会有着密切的联系。刘静庵也是科学补习所的活跃成员，他于1875年出生，湖北潜江人，清末秀才。因愤清政不纲于1903年弃文当兵，时为湖北新军马队管带黎元洪的书记官。

董必武考入文普通中学堂时，科学补习所已被清朝当局查封，刘静庵躲藏在日知会继续从事革命活动。日知会本来是美国基督教中华圣公会在武昌所设的阅报室，因圣公会会长胡兰亭与刘静庵很要好，刘静庵离开湖北新军后，胡兰亭便聘他为日知会司理，实际上是日知会负责人。刘静庵利用日知会这个阅报室的有利条件，广泛收集国内外报纸、杂志和新书籍，供人阅览，通过组织星期日演讲会、编唱歌曲、吟诗联句、做游戏、放幻灯片、看电影等形式的活动，宣传反对清朝统治的革命主张，联络革命志士。这样，武汉的革命党人和关心革命的仁人志士，一时纷纷云集在那里。1906年2月，革命党人据此成立了新的日知会，它是一个新的秘密革命团体。

1905年，董必武在武昌等待入学期间，租住了一间私人小屋，经常到日知会阅读书报，并结识了刘静庵。从那时起，直至他毕业，日知会这个阅览室就成了他汲取新思想、新知识的第二课堂。在那里，董必武结识了一些革命党人，其中有比董必武高一个年级的"文普"同学宋教仁、田桐、查光佛等。董必武虽然没有加入他们的秘密革命团体，却赞成他们的思想，同情他们的活动。通过与他们的接触交往和阅读日知会的进步书刊，董必武眼界大为开阔，思想急剧地变化。

日知会经常在星期六晚上和星期天举行演说。演讲人多是革命党人，演讲内容总是围绕着"耻莫大于国丧"这一主题。听众有时多达千人。董必武常常挤在人群中听讲，他对世界大势、中国的危机和当前的救亡之道都有了比较清晰的了解。一次，刘静庵亲自登台演讲，他慷慨激昂地讲道："中国醒！中国醒！我中华大国，外国人要瓜分了，我们同胞要做双重亡国奴了！……那拉氏常言：宁将中国亡于外人，不可失于家奴。此满清亦自认中国也要亡了！我汉人四万万同胞，被满清压迫愚弄，多有不知的。现在迫在眉睫，应该醒来，应该觉悟，早想挽救之法，以免永为人之奴隶牛马"，我们要"救中国危亡，成立新中国，俾黄帝子孙不复为亡国奴，惟同志之幸，亦中国四万万同胞之幸"。这富有爱国精神的呼喊，道出了爱祖国、爱自由的四万万同胞的心声，也道出了董必武的心声。会场上说者大哭，听者落泪。董必武激动得彻夜不眠。

日知会为了进行革命宣传，还以"救亡图存"为主题，用普通白话编了军歌三首，先在武昌军队和学生中进行传唱，不久便风靡武昌各学堂，董必武亦为歌曲所打动。歌中唱道："愿同胞，团结个，英雄气，唱军歌，一腔热血按剑摩。怎能够，坐视国步蹉跎。准备指日挥戈，好收拾旧山河。""救国千钧担一肩挑，新中国能够造得更坚牢，便是绝代人豪，浩然气，薄云霄。"

更加打动董必武思想的是他在日知会阅读的一些秘密印刷品。董必武第一次读到了陈天华的《猛回头》《警世钟》，邹容的《革命军》，吴贡三的《孔孟心肝》等。这些书籍是由日知会在黄冈的秘密印刷厂印制，然后秘密在军人、学生中传读的。这时，刘静庵与董必武已经熟识，认为董必武是一个有作为的朴实青年，便主动给董必武介绍和提供书籍，每逢有宣传革命思想的书，都介绍给他。董必武如饥似渴地阅读着，当读到《猛回头》《警世钟》时，他感动万分，反复吟咏着："长梦千年何日醒，睡乡谁遣警钟鸣；腥风血雨难为我，好个江山忍送人？"深深为陈天华的爱国思想所感染。经刘静庵介绍和指点，董必武又读了被清政府查禁的《扬州十日记》和《嘉定屠城记》，从而进一步激发了他推翻清王朝统治的决心。

但是，如何驱逐帝国主义列强、推翻清王朝反动统治呢？路在何方？董必武在认真思考、寻觅着。起初，他读到康有为提倡维新运动的书和梁启超主编的《新民丛报》，对他们宣扬的改革朝政、变法图强的主张感到十分新鲜，觉得对自己产生了"启蒙作用"。后来，董必武又看到同盟会在日本东京出版的机关报《民报》，觉得同盟会"驱除鞑虏，恢复中华，建立民国，平均地权"的革命纲领，很合自己的想法，认为其目标明确，符合民意。当时，资产阶级革命派和改良派正以《民报》和《新民丛报》为主要阵地，进行大论战。孙中山在《民报》发刊词里公开提出"民族、民权、民生"三大主义，号召实行民族民主革命。《民报》连续发表了批驳改良派的文章。董必武以严肃的态度，认真研究两派的纲领和主张。经过反复思考和鉴别，他认识到康、梁的主张虽有进步的地方，但终究冲不出清朝帝制统治的范围；而孙中山采取革命手段推翻清朝统治、建立民主共和国的主张，是适应世界潮流和中国国情的先进纲领。董必武后来回忆说，他从《民报》与《新民丛报》12条根本分歧中，认识到康、梁的主张是非革命的。他开始感到《新民丛报》的观念"浮薄"，后来看到改良派办的《庸言》，"更断其落后"。

与此同时，社会现实和爱国斗争也在深化着董必武的思想认识。

近代以来，日本帝国主义是中国人民最凶恶的敌人。中国留日学生身临其境，痛感民族危机，掀起了一次次的爱国救亡热潮，对国内人民产生了很大的震撼和促醒作用。董必武从日知会的报纸杂志和秘密书籍中获悉：1904年4月，留日学生声讨沙俄罪行，组织拒俄义勇队和军国民教育会，由拒俄御侮发展到武力反清；1905年，鄂湘粤三省人民发起收回粤汉路权运动，留日学生也为此组成鄂湘粤三省铁路联合会，积极开展斗争；同年12月，为抗议日本内阁文部省拟定的取缔留日学生规则，中国留日学生8000多人实行总罢课，有200多人弃学回国，《警世钟》《猛回头》的作者陈天华愤而投海，以死抗议。这些斗争，犹似大海的波涛，冲击着孜孜探求革命真理的董必武，使他确信中国只能走革命而不是改良之路。

1906年10月，同盟会在湖南萍（乡）浏（阳）醴（陵）发动起义。孙中山派人与刘静庵、梁钟汉联系，让湖北也策动起义以作响应。正在筹备之际，接近日知会的郭尧阶向武昌巡警道冯启钧告密。冯于1907年1月大肆逮捕日知会成员，刘静庵、殷子衡、张难先等九人先后被捕入狱。为逼迫刘静庵供出联系湖南革命党密谋起义一事，冯启钧动用各种刑具对刘静庵施以苦刑，打得他"血肉横飞，肉尽骨见，死而复生数次"，"自首至踵趾无寸肤完"，但刘静庵始终"颈挺不稍回曲"，"慷慨言中国危殆"，被人称誉为"铁汉"。清廷未能从刘静庵口中得到任何密谋起义的证据，只好把他投入监狱长期监禁，1911年瘐死狱中。刘静庵勇斗法庭的事迹广泛流传，正直的人们为之扼腕痛惜，视刘静庵是自己"启蒙师"的董必武更是激愤万分。刘静庵的忠贞救国和坚韧不屈、清廷的惨无人道和暴虐统治，加速了董必武思想的转化。

面对人民的愤怒反对，清朝统治岌岌可危。为了保存其摇摇欲坠的政权，防止发生革命，统治朝政20多年、将中国带入灾难深渊的慈禧太后，也作出了实行"新政"的姿态，表示要"预备立宪"。1907年，湖北省开始筹备咨议局。1909年，湖北举行了咨议局选举。选举结果仍是清朝的旧官僚当选为议长、副议长，而政治腐败依旧，老百姓生活依然艰难。现实生活再次使董必武认识到，梁启超等人鼓吹的君主立宪是不可能给百姓带来好处的，改良的道路挽救不了中国。

经过抉择，董必武毅然抛弃了康、梁君主立宪的改良主义思想，转变成为一个革命民主主义者。

走向社会的躁动

中学毕业后，董必武面临着新的生活选择。

出于对清朝腐朽统治的极端憎恶，他不想步入官场，虽然仕途已经展现。他热切的愿望是升入文高等学堂学习，钟爱他的师长们也希望他继续深造。但是，他的家境每况愈下，再也无力供养他上学了。面对现实，董必武体谅家中的艰难，怀着对母校的眷恋，离开武昌返回家乡了。

这年，董必武已经25岁，到了"男大当婚"的年龄。回家后不久，他与本县高桥镇黄家田村的黄俊贞①结婚。这位黄女士，没有读过书，心地善良，对董必武很温顺体贴。董必武也很同情她，帮助她学习文化。俩人婚后感情很好，曾有一个男孩，可惜幼年夭折了。

她同情革命，对董必武的革命工作，给予了极大的支持，大革命时期曾到武汉与董必武共同生活。大革命失败后，董必武十年辗转奋斗，家庭亦遭迫害分散逃难，关山阻隔，互相失去音讯。她为董必武的安全担心、忧虑、哭泣、祈祷，终至双目几乎失明，以后又中风卧床不起。1943年，董必武在重庆获知她去世的噩耗后，曾写下两首《悼亡》诗：

> 嫁得黔娄卅二年，
> 年年月月动忧端。
> 望夫有石堪摩抚，
> 思子无台可往还。
> 海上栖身良幸尔，

---

① 一说叫黄彝贞。

山中避寇更凄然。
从今脱却愁城去，
伴姊西游自在天。

荏苒冬春谢不知，
悼亡词费更迟迟。
客中在壁无遗挂，
梦里还乡见敝帷。
寒雪高桥衰柳折，
凄风字水白杨悲。
为君不及营斋奠，
注目存形旦暮思①。

表达了董必武的深切感念和满怀悲痛。

1911年春，董必武到麻城县立高等小学代四叔教语文课（四叔因母丧在家料理），开始了新的生活。

这时，纪钜伟已担任文高等学堂监督，他为董必武未能入学深造而深感惋惜，他写了一封非常热情的信，希望董必武能回武昌入文高等学堂继续学习。董必武接信后，心情非常矛盾，他渴望继续学习，但又顾虑家庭经济负担不了。他给老校长写信道出了家庭的窘况："受业家无担食之粟，野无附廓之田，食指几三十人，仅赖家大人与家季父笔耕以度日，其况能有余资再为受业修业乎！此情也，五年来未以资上达者，恐道对人言贫之笑，贻夫子之羞也。"②爱才惜才的纪钜伟收到董必武的信后，思虑再三，想出一个两全其美的办法，即介绍董必武到省立第一中学批改一个班的国文

---

① 《董必武诗选》，人民文学出版社1986年版，第50—51页。
② 董献之：《董必武青少年时期生活片断》，《忆董老》第1辑，湖北人民出版社1980年版，第102页。

作业，以挣得一些钱充作文高等学堂的学费。这位好心肠的老先生把自己的设想告诉了董必武，董必武深深为之感动，便与父叔们商议。他们觉得这样不必花多少钱就能使董必武继续深造，便同意董必武重返武昌半工半读。

省立第一中学是董必武的母校，省里的名牌中学，对教师要求很严。学校监督亲自向董必武提出要求：眉批要做细，总批要概括准确，评价要公允，对学生要有启发。每次作文批改后，监督常常是亲自过目检查，只要发现有一点不合意，就要申斥。而文高等学堂的课程又十分繁重，每周英语、法语课9个钟头，高等数学6个钟头，还有其他功课，并且，董必武对自己一向要求很严，事事一丝不苟。这样，一面学习，一面工作，实在难以负担。后来又从父亲来信中得知，家中生活更为艰难，几乎食不果腹。在这重重压力之下，董必武不得不放弃继续求学，他给黄州中学监督陈迣九写了一封求职信。邻县的这位校长也深知董必武的情况，便欣然邀请他来学校任教。这样，1911年初秋，董必武再次辞别了恩师纪钜伟，赴黄州中学任英语兼国文课教员。

但是，董必武的心并未安定下来，不久他就离开了这所学校。

第二章
CHAPTER TWO

奔走革命

投身辛亥革命

1911年10月10日晚上,驻守在武昌的清朝新军工程第八营的士兵,在革命党人策动下打响了起义的第一枪。一夜之间,起义军占领了整个武昌城。清湖广总督瑞澂在亲兵护卫下凿墙出逃,潜往江上的楚豫兵舰,清第八镇统制张彪亦慌忙逃往汉口刘家庙。不到三天,革命起义军占领了武汉三镇,武昌首义获得胜利。

消息传来,正在黄安家中的董必武异常兴奋,他首先把盘在头上的辫子剪掉,以示和清王朝彻底决裂,并马上向父母、妻子说明要立即到武昌投奔革命军,父母劝阻未成。他匆匆起身,日夜兼程,奔赴武昌。第三天,出现在武汉湖北军政府。

这时,武汉的革命秩序尚未完全建立。革命党人对于被迫充当湖北军政府都督的黎元洪,理所当然地持有戒备心理,同时由于汉口地域重要,遂成立了以刚从监狱出来的革命党人詹大悲任主任的汉口军政分府。10月13日,"当即假汉口旧江汉关道署为办公处,分设司令、参谋、军需、军政、军械、军法、交涉、稽查八处"。

詹大悲,字质存,1887年生,比董必武小一岁,湖北蕲春人。1907年在黄州中学就读,1909年与蒋翊武、宛思俨等筹办汉口《商报》,后又与蒋翊武等在1911年元旦组织文学社,筹划武装起义。当年7月,在他主编的《大江报》上刊登了著名的时论《大乱者,救中国之药石也》《亡中国者和平也》,成为动员群众推翻清王朝的号角,立即被湖广总督瑞澂以"宗旨不纯,立意嚣张,混淆政体,扰乱治安"的罪名逮捕入狱。其时,董必武正在文高等学堂攻读,与詹大悲结识,并为他的壮举感动不已。

董必武到武汉后,立即找到詹大悲。詹大悲对董必武的到来十分高兴,安排他担任了军需部的秘书。从此，两人成为革命征程上的亲密战友。

　　清朝政府对武昌起义十分震惊，立即派遣陆军尚书荫昌率军前去镇压，但身居要职的荫昌并无指挥作战的才能，而且由袁世凯一手操练的北洋新军又不听他的调遣。10月27日，清政府被迫重新起用袁世凯，任他为钦差大臣，"督办剿抚事宜"。老奸巨猾的袁世凯此时正在酝酿更大的阴谋。30日，他赴湖北孝感督师，命令冯国璋率北洋军向汉口发动攻势。敌情严重，詹大悲派遣张景良到抗清前线刘家庙担任前线总司令，并令在前线设置第一粮台。董必武奉派和军需部一些同志前去工作，专供前线士兵的用粮，并亲自参加了三道桥附近的战斗。

　　三道桥是清军进攻的重点地段。董必武生平第一次参加这种血与火的战斗。他亲眼目睹了动人的抗敌场面：革命士兵在敌众我寡、力量悬殊情况下奋勇抗敌；铁路工人数百人冒着清军的炮火，在喊杀声中拆毁铁轨，致使清军火车脱轨，死伤惨重；周围许多农民自动站在革命军一边，拿着扁担、锄头、大刀奋不顾身与清军作战；许多市民冒着炮火到前线为革命军送水、送饭，抬送伤员。董必武激动不已，深深感受到人民群众的伟大力量。时过30年后，1941年10月10日他在重庆《新华日报》发表纪念文章《辛亥革命三十周年》中，曾深情地回忆：

>　　当时我们在汉口三道桥看见的革命军和清军作战的英勇，以及武汉市民男女老幼对革命军的帮助，那种自动馈粮食，送子弹，抬伤兵，踊跃欢欣的情形，是难以笔墨和口舌来形容的。守藩库和官钱局的是学生军，真是秋毫无犯。妇女投身革命者虽不多而能努力看护伤兵。参加革命队伍者都抱持着推翻清朝政府争取革命胜利的一颗纯洁的心[①]。

　　保卫汉口的战斗进行得十分激烈而艰苦。革命军终因武器太差、缺乏

---

① 《董必武选集》，人民出版社1985年版，第75页。

战斗经验，加之伤亡太大而被迫后撤。11月2日，汉口沦陷。27日，汉阳又被清军攻陷。此前，詹大悲为争取安徽革命党人来汉支援，乘船东下。10月底来武昌担任革命军战时总司令的黄兴因内部意见分歧，弃职东走上海。武昌孤城岌岌可危。这时，蒋翊武临危受命，担负起抗击清军保卫武昌的重任。董必武随军需部退至武昌，他协助蒋翊武的左右手潘怡如工作，"助之安抚城内外军民守城御敌"。蒋翊武为巩固沿江一带防线，从青山到金口分区设置兵站，董必武前往兵站担任秘书，监督电报，接济前沿，一直坚持到南北议和。

在保卫武汉的战斗中，董必武与詹大悲、潘怡如、张国恩、石瑛、姚汝婴等革命党人，过从甚密，建立了深厚的战斗情谊。这种情谊，随着后来的风云变幻，益弥珍贵。

董必武在斗争中的表现，赢得了革命党人的普遍好评。1911年12月，同盟会湖北支部吸收他为会员。不久，他和潘怡如、张国恩等被推举为同盟会湖北支部评议部评议员。经过革命斗争的洗礼，这位真诚投身于民主革命的青年，迅速成熟起来，很快成为湖北革命党的重要成员。

南北议和后，革命与反革命斗争的重心，由武装斗争转为政治斗争，政权建设成为革命党人的当务之急。1911年12月初，湖北军政府改组，董必武被任命为理财部秘书。

理财部是湖北军政府的几大支柱部门之一，部长是革命党人李春萱，与董必武同时担任秘书的还有革命党人姚汝婴、张国恩等。按湖北军政府颁布的《理财部暂行条例》规定，董必武的工作主要是两项，一是分配各课（科）文书；二是掌管关防事务。当时，湖北军政府的财政十分困难，本来就军用浩繁、兴政耗资，又有周边数省支援武昌援军的支费，而内库空虚，原有税收流散。董必武和他的同事认真履行自己的职责，为筹措财源，他们从清查全省公款、公产和统筹办理收支入手，逐步制订和实施新的税务条例，征收新税。但是虽经他们全力以赴地筹款，仍难敷急用。为解燃眉之急，湖北军政府又设置国民义捐局，动员社会各界"慕义输捐"。

1912年初，董必武奉派以理财部特派员身份赴黄冈县（今黄冈市）募捐。当时虽然"革命"了，但政府官员外出依旧一般是乘轿子的。当董必武携带简单的行李准备出发时，课员早已为他雇好了抬轿，他当即谢绝，徒步前往。他的这一举动，迅速传播开来，一时成为美谈。在黄冈募捐期间，董必武还遇到一件颇为棘手的事。黄冈地方绅士中有一些清朝遗老，他们联名控告黄冈知事贪污。军政府委派董必武就地调查此案。他认真细致地进行了查核，结果发现该知事并没有贪污行为，实际上这位上任不久的县知事把钱用在组建革命军队上了，那些遗老出于对新政府的仇恨心理，故意诬告，企图把新任的县知事赶走，换上他们中意的官僚。董必武如实向湖北军政府作了汇报，并向黄冈政界宣布知事无罪。这样一来，就触怒了这些清朝遗老，他们勾结湖北军政府中的立宪派，反诬董必武包庇黄冈知事。董必武毫无惧色，坚持正义，使这一案件得到公正的处理。这件事，在湖北军政府内外引起轰动，革命党人对他的公正和大义凛然深为佩服，而立宪派旧官僚对此十分恼怒。

董必武依然如故，继续着自己选择的事业。由这场揭开中国历史新篇章的斗争开始，他成为一个献身中国革命的职业革命者。

参加反袁斗争

在人们辞旧迎新之际，一个改变中国几千年政治制度的新政权诞生了。1911年12月29日，独立的17省代表聚集上海，选举孙中山为中华民国临时大总统。1912年元旦，南京临时政府宣告成立。人们欢庆千年帝制被埋葬，董必武也充满了喜悦。

袁世凯获悉南京临时政府成立、孙中山当选临时大总统后，极为恼火。1月3日，他指使麾下的北洋将领联名通电，反对共和，以用武力拥护君主立宪要挟。这时，孙中山、黄兴、宋教仁等同盟会主要领导人尚未识破袁世凯的本来面目，为避免流血而取得共和，他们表示，如果袁世凯逼使清朝皇帝退位，拥护共和，当推袁世凯为大总统。袁世凯又操纵北洋将领向清廷摇旗呐喊，施加压力，2月12日清宣统皇帝在万般无奈中，发布谕旨，宣布退位。2月14日，孙中山履行诺言，向参议院请辞临时大总统之职，并推荐袁世凯接任。3月10日，袁世凯在北京就任临时大总统。4月1日，孙中山宣布正式解除临时大总统职务，改去筹划兴建全国铁路。目睹国内局势的这种演变，年轻的董必武感到十分迷惘，发出了"革命是这样的吗"的疑问。而历史恰恰证实了董必武的怀疑，辛亥革命由此宣告失败，革命的胜利果实被大地主大资产阶级的代表袁世凯所窃取。

以宋教仁为代表的革命党人对袁世凯的本质认识不清，企图通过《临时约法》和议会来限制袁世凯，维护共和政体，而陷入了议会选举的"迷网"。为在即将进行的议会选举中成功，8月25日，同盟会联合其他一些小党派，扩大改组为国民党，宋教仁被推举为代理理事长后，奔走于国会的选举。与此同时，各省也进行了议会选举。事情的发展，又一次出乎董必武的意料。对于竞选议员，他并不感兴趣，但在一些革命党人热心议会选举的热潮中，他也身不由己地卷了进去。他的出发点是想让更多的革命党人进入议会，以阻止旧官僚和立宪派上台执政。于是，董必武凭着自己的声望，到黄安县积极活动，使张国恩、赵光弼和其他革命党人，分别在黄安县当选为议员。而被黎元洪看中的旧官绅却落选了，这更引起了旧官绅和立宪派对他的忌恨。

在袁世凯一步步吞噬革命成果的同时，湖北军政府内旧官绅势力也日渐占优势。由清军协统（旅长）而被逼走入革命阵营的湖北都督黎元洪，与湖北立宪派首脑汤化龙狼狈为奸，安插亲信，排挤革命党人。随着革命党人日遭厄运，董必武也遭到排斥、打击。因工作成绩卓著，1912年10月董必武被擢升为湖北军政府财政司总务科长，但在1913年2月却被调离岗位，下派到宜昌川盐局任协理（副局长）。封建旧势力向他下手了。

1913年3月，国会选举揭晓，国民党获得多数席位。这是醉心独裁的袁世凯不愿看到和不肯接受的。3月20日，在袁世凯的指使下，正准备赴京出任责任内阁总理的宋教仁，在上海火车站被枪杀。"宋案"震惊全国，暴露了袁世凯仇视革命的狰狞面目。此时，董必武正因母亲病危，请假在家侍奉母亲。他获知宋教仁被刺身亡的消息后，非常痛惜，陷入空前的苦闷中。他愤然于袁世凯的篡国和黎元洪排挤革命党人的倒行逆施，又加上母亲病重（不久病故），毅然决定弃职不归，与袁、黎之流决裂。

"宋案"犹如晴天霹雳，震醒了陶醉于"实业救国"的孙中山。他立即于3月27日从日本返回上海，召集革命党人会议，提出"非去袁不可"，号召各地革命党人兴师讨袁。但处于情绪低落的革命党人，内部意见分歧，有的支持，有的怀疑，有的还与袁世凯沆瀣一气。几经犹豫，在袁世凯咄咄逼人的形势下，7月，革命党人在江西、南京等地发动了武装讨袁的"二次革命"。董必武和詹大悲、潘怡如、蔡济民等积极策动军队进行响应，但立即遭到久拟下毒手的黎元洪的血腥镇压，著名党人时倚方、何子舆、宁调元、熊越山等遭杀害，詹大悲、潘怡如、蔡济民等在日本友人帮助下逃离武汉。在袁世凯的镇压下，江西、南京的起义也很快失败，孙中山、黄兴等再次流亡国外。

革命失败引起董必武深深的思索，他认为革命需要有新的目标，要培养懂得革命的新人才，要组织新的革命队伍。但这一切如何实现呢？他一时回答不了，于是得出一个结论："为了未来，我需要充实更多的知识。"[①]1913年秋，董必武先到湖北省立第一师范学校担任了几个月的英语

---

① 《董必武传略》，法律出版社1985年版，第13页。

教员，边谋生边寻觅继续革命的途径。后因黎元洪的大肆屠杀，董必武在湖北难以立足，又听说孙中山、廖仲恺以及湖北的田桐、居正等人正在日本筹组新的革命组织——中华革命党，而且这也符合他到国外学习更多知识的愿望。于是在朋友的资助下，1914年1月，董必武辞别父亲、妻子和全家人，同张国恩、张谐英一起东渡日本，考入东京私立日本大学法科，攻读法律。

"二次革命"失败后，孙中山、廖仲恺等以日本为基地，继续筹划反袁斗争。孙中山分析反袁斗争之所以迅速失败，"非袁氏兵力之强，实同党人心之涣散"，是因为国民党内部成分复杂，队伍散漫。于是决定解散国民党，放弃议会斗争，重建革命党。经过长时间的筹备，1914年7月8日，在东京召开了中华革命党成立大会，选举孙中山为总理，并制定了誓约：（一）实行宗旨；（二）慎施革命；（三）尽忠职务；（四）严守秘密；（五）誓共生死。还规定，凡入党者皆"附从孙先生再举革命"，要在入党誓约上署名按指模。也许是这些规定没有被原来的革命党人所理解，或许是有的人丧失了斗志，黄兴等一些人拒绝参加，当时加入者仅数百人。

正在东京学习的董必武，从挚友潘怡如处获得了孙中山建立中华革命党的详情，同时潘告诉董必武，由于受黄兴等人的影响，他自己还没有决定是否加入。董必武和张国恩进行了深入的讨论，对孙中山坚持革命的立场和严密组织的措施，一致表示推崇和拥护，决心追随孙中山继续奋斗。他俩找到担任中华革命党党务部长的湖北同乡居正（字觉生），由他介绍，拜谒了孙中山，当面向这位革命领袖陈述了他们继续反袁斗争的决心，申请加入中华革命党。得到孙中山同意后，当场履行了入党手续，在誓约上签名按下手印。这是董必武第一次见到久已敬仰的革命伟人孙中山先生，他曾为1912年因去黄冈未能见到来武汉的孙中山而遗憾。如今愿望实现，他非常激动。1938年3月11日董必武在汉口《新华日报》发表《回忆第一次谒见中山先生》一文，叙述了当年拜见孙中山的情景：

癸丑失败①以后，我同我们同邑的张眉宣先生一路跑到日本去，当时中山先生得廖仲恺、胡展堂、陈英士、谢慧生、居觉生诸先生等之助，在日本东京改组国民党为中华革命党。入党的党员要宣誓服从总理，要打指模。有很多的同盟会员不愿意这样干。实际上，也有很多的老革命党员在新的严重失败后，不愿意继续再干革命，借口拒绝宣誓和打指模而不入党。我同张眉宣先生经居觉生先生的介绍谒见中山先生。先生着现在所谓中山装的青衣服，容貌美秀而文静，如我们平素所看的像片一样。先生辩才无碍，指示中国的出路，惟有实行三民主义的革命；特别鼓励我们在失败后不要灰心短气，要再接再厉地努力去干，革命不是侥幸可以成功的，只要我们在失败中得到教训，改正错误，想出好的办法来，继续革命，胜利的前途是有把握的。先生对于那些悲观失望的老革命党员，深致惋惜。我和张眉宣先生在谒见先生后，都成为中山先生的信徒。先生这几句训示，永远活跃在我的脑海中②。

　　董必武积极参加了中华革命党的革命活动。

　　这时，国内的情况愈来愈糟。袁世凯在镇压"二次革命"后，胁迫国会选举他为正式大总统，并按其旨意修改了大总统选举法，使他成为终身总统。继而他解散了国会，独揽大权，但他并不满足，又企图复辟帝制。为换得帝国主义对他登基称帝的支持，竟于1915年5月接受了日本帝国主义提出的旨在灭亡中国的"二十一条"。独夫民贼又一次把中华民族推向了黑暗和灾难的境地。

　　袁世凯的倒行逆施，立即激起全国人民的强烈反对。在日本的孙中山组织海外的革命党人，迅速投入反袁斗争，他一批又一批地派遣党员回国策动军队讨袁。这年6月，董必武和张国恩也奉命回国，具体任务是策动

---

① 癸丑失败：指1913年的二次革命失败。1913年是农历癸丑年。
② 《董必武选集》，人民出版社1985年版，第38—39页。

武汉南湖炮兵起义讨袁。

老奸巨猾的袁世凯在妄行之际，已料到人民会反对，他预作布置，尤其对革命党人早有防范，他派遣大批密探，大肆侦缉和捕杀革命党人。董必武和张国恩从日本乘船一到上海，立即感受到白色恐怖的紧张气氛。他俩与在上海进行反袁活动的潘怡如等取得联系后，即登上江轮悄然来到武汉，见到担任南湖炮兵团团长的李愈友。李愈友是老同盟会员，也是董必武和张国恩的同乡和旧友。但是，武汉的白色恐怖更严重，袁世凯义子段芝贵担任湖北督办，他布置了许多暗探，对革命党人的活动监视甚严。董必武、张国恩很快就发现有密探跟踪，处境十分危险，经与李愈友商议，认为现在形势紧张，他俩宜暂时离开武汉回黄安隐蔽，起兵讨袁之事以后寻机再议。

在李愈友处，董必武获悉以前在湖北军政府的同事和友人姚汝婴正在四川武胜县任知事，便与张国恩联名给姚汝婴写了一封长信，鼓动他在四川策动讨袁。他俩恳切地写道：

……从愈友案头得读手书，莫名欣感。并闻篆擢武胜，从此甘棠政绩，由江汉而及峨嵋，尤为忭贺。前云从个人做起，乃充类之言。苟本身以外，绝无凭藉之质，舍求之已身，莫能为役矣。夷考各国进化之程，无不由一二先知先觉之士，当位在势，以谋其民族幸福为心，树之典型，播为风气，政府先善，而社会逐渐改良。惟美国为条顿民族之殖民所组成，其程度特高，国情安定，社会已良，而后产生善良之政府。其余各国，大率类是。历史所陈，吾国似亦莫逃其例。顾吾国执政诸公，为何如者？吾不问其居心是否为吾人谋幸福。而他国人所蒙之幸福，实非吾人所能梦见。此则不待比较而知之也。

吾国普通社会知识之幼稚诚无可为讳，然谓为更无有发荣生长之余地，非妄则愚。惟不扶植之而摧锄之，斯渐即于沉沦之耳。入民国以来，更觉有一惊心动魄之象，触于眼帘，即市井萧条，民气沮丧，沉郁惨淡，人以幸生苟免为心，而岌岌若不可终朝者是也。以此为基，而建国其上，喻以累卵，尤觉不切。而衮衮诸公，方以小民不能出痛苦之声，遂谓天下已呈太平之象。长沙①若再，能不为之痛哭流涕而长太息也耶？

人民良楛，以官吏为转移，诚如所见。今足下已官吏矣。登高而呼，则应者远；举手而招，则见者众。转移社会，匪异人任也。我欲善之，而彼固坏之，结果恐不能收效，所虑亦是。但我尽所以善之之方，终可有效。若因彼固欲坏之，而不能奏效，则非善之者之责，而固坏之者之责也。吾辈做事，做得一分是一分，彼坏之者可不必管也。因一顾虑坏之者，则无一事可做也。弟等此言，系局外人，恐尚未知局中人之苦，而蹈易言之弊，祈更有以教之为幸。教育确为救亡之第一策，为知事者，只与钱谷刑名平视之，则莘莘学子，已隐受其福矣②。

多么犀利的笔触和浓烈的情感啊！在国难深重、革命挫折之际，董必武敞开心扉与友人畅谈时局、革命信念和革命方法。从中可以窥见他对国家前途、人民命运的深深忧虑和焦灼的心情，表达了坚定的信念、不屈不挠的革命斗志和脚踏实地顽强战斗的精神，体现了他对友人的关心、期望和激励。这封信是已经发现的反映董必武早期民主主义革命思想的代表作。

虽然董必武和张国恩对白色恐怖的形势已经有了警觉，但厄运还是降临了。

他俩潜回黄安后，为躲过袁世凯密探的耳目，董必武特地到县高等小学校代四叔教课，边执教边等待时机。然而不久，一个在武汉活动的中华革命党人被袁世凯的密探逮捕下狱，在刑讯之下叛变，供出董必武、张国恩也是奉孙中山之命回国策动讨袁的。在武昌的李愈友从内部获知消息后，立即派人通知董必武。但董必武尚未来得及躲避，接奉湖北军务督办段芝

---

① 长沙，指黄兴。
② 蔡寄鸥：《四十年来闻见录》，震旦民报社1932年版。

贵密令的县知事王正廷，已率一个连的军队前来搜捕，正在上课的董必武当即被捕。张国恩则乘隙走脱。

案情非常严重，段芝贵和湖北巡按使段书云联名签署的缉拿令称：董必武"在日本奉乱党头子孙中山之命回鄂，担任串通驻扎南湖的炮兵团起来造反，反对袁大总统称帝"，命令拿获后"立即解省法办"。

董必武全家和邻里乡亲都十分为他担忧，他父亲和四叔立即奔走营救。县里教育、商界知名人士同访县知事，请求将董必武暂羁监狱，缓解省城，但王正廷以"案情重大，承担不了"为由，一口拒绝。黄州中学校长陈逵九，凭着他与巡按使段书云在清朝军机处同事多年的身份，径访王正廷，询问案情，特别询问是否有证据。在获知仅是凭一个中华革命党员的口供后，便一口咬定董必武是自己的得意门生，品学兼优，为人正派，绝不会为非作歹。要求暂不解省，如省方责问，由他担保。王正廷顾虑到陈逵九与段书云的关系，也考虑到地方知名人士的要求，应允缓解。陈逵九又马上兼程奔赴武昌拜见段书云，陈述董必武的情况，要求担保他。段书云碍于情面，又因没有董必武反袁活动的真实凭据，只得答应将董必武保释出狱，在家听候处理。

因案子没有最终了结，董必武的一切活动仍在反动当局的严密监视之下，不得离开县城。1915年12月12日，袁世凯在"民之所欲，天必从之"的无耻托词下，欣然接受"拥戴"，恢复帝制。次日，公然在北京居仁堂接受文武百官的朝贺。他的这一倒行逆施，引起全国人民的无比愤慨，12月25日，从北京绕道回到昆明的爱国将领蔡锷联合唐继尧、李烈钧等通电全国，宣布云南独立，组织护国军分路出击。接着贵州、四川、广东、广西、浙江等省也相继宣告独立，反袁复辟的护国运动在全国蓬勃兴起。袁世凯气急败坏，更加严厉地镇压和监视反袁活动。黄安知事王正廷又奉段芝贵、段书云密令，以"孙中山党徒，图谋不轨"罪名，再次把董必武及张国恩投入监狱。1916年6月6日，袁世凯在众叛亲离和全国人民的唾骂声中郁愤而死。经黄安父老乡绅的营救，董必武和张国恩走出监狱。

虽然两次被捕入狱，备受折磨，但丝毫没有动摇董必武的革命意志。出狱后，董必武在家静养了一段时间，不久，他拒绝了劝阻，又辞别家人，与张国恩一起直奔武昌，继续投入了新的斗争。临行前，他赋诗一首，表达了自己的信念和胸怀：

> 重违庭训走天涯，
> 不为功名不为家。
> 旋转乾坤终有日，
> 神州遍种自由花。

路在何方

袁世凯死后，北洋政客慑于全国进步势力的反对，抛弃了袁世凯时期的政制，宣布恢复民国元年制定的《中华民国临时约法》，副总统黎元洪接任大总统；恢复国会，补选冯国璋为副总统。但北京政府的实权却掌握在国务总理兼陆军总长、皖系军阀头子段祺瑞手里。1916 年 7 月，护国运动中护国军在西南建立的军务院宣布撤销。同时，各省议会纷纷恢复。一时间似乎又回到了袁世凯解散国会前的政治局面，一些热心于资产阶级议会制的革命党人，又开始忙于议会竞选活动。9 月，詹大悲和湖北其他一些革命党人回到武汉，按《临时约法》规定，他们也应恢复在袁世凯当权时被取消的省议员资格。当时恰遇湖北省议会议长覃寿堃辞职，董必武和张国恩等一方面为恢复詹大悲等人的省议员资格奔走，另一方面积极帮助詹大悲竞选湖北省议会议长，结果詹大悲以多数票获胜当选。当时，革命党人并拟推举董必武担任省议会秘书长。

但是，北洋将领王占元担任湖北督军兼省长，掌握军政大权，他敌视议会制度，视詹大悲为眼中钉。他唆使亲信声称詹大悲的议员资格是议会除名的，不能恢复，因此也就不能担任议长。董必武、张国恩等联合原革命党人，成立了政治商榷会，推举湖北竹山两湖书院出身的教育界名流郭炯堂为主任，詹大悲为副主任，与王占元抗争。由于王占元的百般刁难，詹大悲最终未能就职。

1917年2月11日，董必武和张国恩离开武汉再赴日本，参加东京私立日本大学法科的毕业考试。经考试成绩合格，3月31日，东京私立日本大学向他俩颁发了法学科结业证书。4月，他俩返回武昌，在抚院街开设了律师事务所。他们经手的第一个案件，情况较为复杂，但经过他们仔细调查，周密研究，迅速代被告写了讼状，呈送当地法院后得到法官认可，判获胜诉。消息传开，董必武和张国恩在社会上赢得一定声誉，他俩的业务也迅速增多。

但是，董必武并未放弃革命信念，仍在关心着国内政局的变化。

这时，北洋军阀为争夺权力演出了一幕幕闹剧。1917年春，北京政府发生府院之争，黎元洪罢免了段祺瑞的国务总理。段祺瑞拉拢各省督军组成"督军团"，宣布脱离北京政府，"辫子军"首领张勋以"调解"为名进军北京，胁迫黎元洪解散国会后又逼黎辞职，拥立清逊帝溥仪复辟。段祺瑞利用张勋倒黎后撕毁与张勋的密约，组织讨伐张勋，以"再造共和"身份重新上台。

7月24日，段祺瑞控制的北京政府通电各省，宣布国会业已解散，"断无重新召集之理由"，《临时约法》随之废弃。这对当时幻想在中国实行议会政治的革命党人，无异又是迎头一击。孙中山、廖仲恺等立即发起"护法"运动，国会的许多议员南下广州，召开非常国会，决议成立军政府，拥举孙中山为军政府大元帅。随后，孙中山以大元帅名义发出通电，否认北京政府，号召北伐，护法战争正式开始。孙中山领导的护法战争所依靠的主要是西南军阀的力量。他任命黎天才为湖北省西北联军总司令。辛亥革命的重要领导人蔡济民被任为鄂西靖国联军总司令，并在湖北利川一带组织靖国军，进行反对北洋军阀的护法斗争。

董必武积极投入护法运动之中。1917年8月，应刚刚就任四川省长、力主反袁的张澜邀请，他与姚汝婴同赴四川，途中携带《杜诗镜铨》和《剑南诗稿》随时阅读。溯江而上，观赏到的两岸景色和逆水行舟的险阻，激发起他们对国家和个人前途的感慨与希望之情，互相吟诗唱和。从此，他喜好作诗。

11月，他俩到达成都，拜访了张澜。这是董必武与张澜的第一次见面，他们从此结下了深厚的友情。

姚汝婴被任命为安岳县知县，董必武随同赴任。途经简阳，正值熊克武与刘存厚作战，无法通过，两人折返成都暂住下来。过了旧历年，他俩又由成都去重庆。在重庆，董必武获悉蔡济民已于1918年1月在鄂西利川宣布独立，连克数县。他当即给蔡济民写信，询问详细情况。蔡济民很快复信，欢迎董必武和姚汝婴前往，共策护法大业。1918年3月，董必武与姚汝婴迅速赶赴利川。蔡济民非常高兴，任命他俩为鄂西靖国军总司令部秘书。董必武与蔡济民过从甚密。由于秘书长张祝南在外面有外室，不大管事，司令部的大小公事都由董必武负责处理，他成为蔡济民的得力助手。

鄂西地区经济落后，为维持军队的供给，又不向当地百姓多征粮税，蔡济民部在利川种植了一些鸦片以充军饷。这引起了驻扎附近的四川援鄂军旅长方化南的嫉羡，他想除掉蔡济民，独占利川。由荆州一带溃败到施南的"靖国军"唐克明，则因其部下大都仰慕蔡济民并欲投奔而深恐自己的地位不稳，想伺机除掉蔡济民。1919年1月27日，唐克明以每月饷银两万两为诱饵，策动方化南向蔡济民部进攻。蔡济民以对方也是"靖国军"，为求地方治安和各方友谊，"宁死不开同室操戈之渐"，不予还击，并出面与之论理,结果被擒,当即被枪杀。

这时,董必武正奉命和姚汝婴到四川万县筹集军饷,闻讯立即赶回。当时人们尚不明白事件的真相,董必武在悲痛之余,进行了仔细的调查。在当地邮局,他发现了唐克明与方化南勾结谋杀蔡济民的多封密电,弄清了蔡济民被害的真相。同事们对唐、方的行为无比愤怒,公推董必武去向孙中山和各方面申诉,惩办凶手,使蔡案得到公正处理。

董必武带着悲痛的心情奔赴襄阳向鄂西北联军总司令黎天才作了报告,又抵达武汉,在《大汉报》上发表了《鄂西靖国军总司令蔡济民被害始末记》。然后转赴上海,经詹大悲等协助,晋见了孙中山,详细报告了蔡济民被害经过,请求孙中山查究此案,惩办凶手。随后又会见了章太炎等各方人士,诉说事由。孙中山先后致函方化南的上司黄复生和黎天才,令其"彻究",又致函柏文蔚、吴醒汉,希望"文与兄等共筹为又香① 兄伸愤雪冤,以彰公道"。"若首谋罪人证据既确凿无疑,兄等力如能及,则声罪致讨,加以惩治。"② 但是,解决问题要靠实力,孙中山早在1918年5月被桂系军阀陆荣廷等排挤出军政府,正处困境,拥有实力者又不听从他的指示,因此无力制裁。章太炎等愤愤不平,亦无实力。因此,申诉最终没有结果,这使董必武大为失望、沮丧和愤怒。5月17日,他联合苏成章、姚汝婴等10人,在《大江报》上发表通电,再次申述蔡济民被害经过,请求社会为蔡昭雪,惩办唐克明、方化南等军阀。电文中说:

……蔡总司令济民被害案,罪魁铁证早经分呈。奉令查复会审,亦非一日,静待至今,讫无后命,辗转贴(瞻)顾,不胜凄惶。窃我西南起兵年余,原号护法。北政府之不法也,则临之以兵,犹且不惜。乃等身为护法军官,谋杀护法元勋,以便私图,其不法之罪又为西南所共愤,乃求传

---

① 蔡济民,字又香。
② 陈锡祺:《孙中山年谱》(下),中华书局1991年版,第1171页。

案审讯而不可得，岂不法仅所以禁北政府欤？蔡公宁死不战，曰："求符护法之本义。"成等当时不敢以武力复仇，亦忍痛成死者之志，盖深信国法犹在，必无如此重件久延不办之理。乃时逾数月，杀人者不惟拥兵自若，且反加罪予成等，在利之家属妇孺何辜？非深匿山野，即被捕辱。法律之效用如此，则蔡公之死，毋乃太冤！而成等生受亡家之惨，更为大愚。倘蒙即予传案，一判曲直，成等虽受痛苦于前，犹作生全之望于后。如横行者终归无事，则成等一息尚存，断不能听死者长此含冤于九泉，家小竟因守法而俱尽也……

不久，又传来湖北靖国军中，武昌首义的元勋高固群被同党的"护国军"枪杀的消息。面对连续两起护法军内部残杀辛亥革命元勋的事件，以及孙中山等人拿不出有力的措施处理肇事者，董必武的心被深深地刺痛了。联系到民国以来社会政治依旧、人民灾难深重，孙中山迭起迭仆、陷于困境的情况，董必武对孙中山只依靠旧军人进行革命的方法产生了很大的怀疑，觉得此路不通。

然而，中国革命的出路何在？如何才能在根本上改变中国社会的面貌呢？董必武尚无清晰的认识，在迷惑中，他开始重新思考和探索。

第三章
CHAPTER THREE

新的起点

思想升华

鄂西靖国军因蔡济民被害而瓦解，为蔡济民长期申冤未果，董必武便滞留上海。这期间，他遇到了正在上海的好友张国恩。

当时，北洋军阀与南方革命军（实际大部分也是军阀）在经过几年混战后，双方正在上海议和。各省区的许多革命党人涌集上海，成立各省的善后公会，研讨南北议和停战后的所谓"善后"问题。湖北省也成立了善后公会，公推董必武、张国恩驻会主持会务，以法租界霞飞路（今淮海中路）渔阳里的一所房子为会所。由于南北和谈陷入僵局，善后公会事务并不太多，这使董必武有了读书和研究问题的机会，也得以比较多地接触革命党人，交流情况与思想。就是在这里，他结识了一个对他后来产生了极其重要影响、促使他思想飞跃的人——李汉俊。1937年，董必武曾这样回忆这个过程："那时候，南北政府的和平谈判正在进行中，因此我有了一点学习时间。我阅读了所有找得到的马克思主义文献，并饶有兴味地研究了凡尔赛会议的问题。……那时候，有一个名叫李汉俊的中国留学生刚从日本回来，在日本，他曾经读了许多马克思主义的书。他跟我谈了这些问题，因此我对马克思主义变得非常关心了。"

李汉俊，湖北潜江人，1890年出生，辛亥革命先驱之一李书城的胞弟。12岁起到日本留学长达16年。在东京帝国大学工科读书期间，受信仰马克思主义的经济学教授河上肇的影响，读了许多马克思主义的书籍，成为中国早期马克思主义者之一。

1918年底，李汉俊在东京帝国大学毕业后返回国内，与詹大悲同住在上海霞飞路渔阳里路北。他几乎天天来湖北善后公会与董必武、詹大悲、张国恩交谈，热情地介绍俄国革命和布尔什维克党的情况，并把从日本带回的一些马克思主义著作和介绍俄国十月革命的书刊拿给董必武他们看。此前，董必武在留学日本时曾接触过马克思主义，但没有认真研究；在鄂西靖国军时也曾在一个外国教堂的报刊上获知俄国十月革命的一些消息，可是较少且多有歪曲。现在，正在思考中国革命出路的董必武，听了李汉俊兴高采烈的讲解和认真对马克思主义书籍的阅读，他有一种恍然大悟的感觉，他对马克思主义产生了浓厚的兴趣，并由此思想发生了根本的变化。1928 年，董必武在《忆友人詹大悲》一文中，对这段经历作了生动的描述：

> 我们四人差不多天天见面，……由汉俊介绍的几本日本新出的杂志，如《黎明》、《改造》、《新潮》等，我们虽然看不甚懂，也勉强地去看。杂志里面有的谈哲学，有的谈文艺，有的谈社会主义。我们看中、日两国的杂志，觉得当时有一个共同倾向，就是彼此都认为现代社会已发生毛病了，传统的观念、道德、方法都要改变了，……就社会主义说，当时有的介绍无政府主义，有的介绍共产主义，有的介绍行会主义，……我们几个人当时都很欢迎这种新的运动，很爱看此类的新书①。

伟大的五四运动，进一步推动了董必武思想的发展。五四运动爆发后，董必武和詹大悲、李汉俊、张国恩怀着十分激动和兴奋的心情，密切注视着运动的发展。他们阅读报纸，互通消息，进行热烈的讨论。他们还十分关心家乡运动的发展，每天买来《大汉报》和《汉口新闻报》，了解武汉的动向。随即，董必武也投入这场爱国运动中，他和张国恩主持的湖北善后公会连续向社会各界发出呼吁：赞助学生运动，督促北洋政府改弦易辙，挽回外交失败。5月8日，他们在上海《新申报》发表公开电：

> 湖北省议会并转教育会、武汉商会、汉口各团体联合会鉴：外交失败，败亡间不容发，请亟起主张严惩卖国党，急电巴黎专使拒绝签字，并要求

---

① 《董必武统一战线文集》，法律出版社1990年版，第34—35页。

列强主持公道以图挽救。本日沪各界开国民大会,誓死力争。

10天后,又于18日在《救国时报》向全国发出通电:

各省省议会、商会、各报馆、各团体、广东国会公鉴:现值外交失败,国内和会忽告停顿,致对外益陷穷境,南代表蒸日书面提议八条,本会认为(是)解决时局之唯一方法。北代表犹袒庇卖国贼党,不肯容纳,是岂国民希望和平之初心所及料。务请一致主持公道,力促北方当局反省为盼。

面对青年学生赤诚爱国的呐喊,北洋政府非但无动于衷,而且还变本加厉地疯狂镇压。6月3日、4日,北洋政府在北京连续逮捕上街进行爱国演讲、宣传的学生800多人,北大校舍变成"临时监狱"。如此丧心病狂,激起全国人民无比愤慨。6月5日,上海工人总罢工,接着商人罢市(学生已于5月26日总罢课)。上海的"三罢"斗争尤其是工人罢工,使五四运动发生了质的变化,很快波及全国20多省100多个城市,给帝国主义和封建军阀以沉重的打击。在全国人民特别是工人大罢工的压力下,北洋政府被迫释放全部被捕学生,解除卖国贼曹汝霖、章宗祥、陆宗舆的职务。6月28日,北洋政府代表没有出席和会的签字仪式。

五四运动揭开了中国新民主主义革命的序幕。通过这场运动,董必武强烈地感受到人民群众的伟大力量,感受到人民强烈的爱国心。在迷惑中探索革命道路的董必武,受到深刻的教育。回顾自己过去走过的坎坷道路,总结过去革命的经验教训,结合这一阶段的读书学习,从俄中两国革命成败的鲜明对比中,从"五四"到"六三"群众爱国运动的发展过程中,他深刻地认识到:俄国革命中"列宁党的宗旨和工作方法与孙中山先生革命的宗旨和方法迥然不同"[①],孙中山总是依靠军阀的"路子

---

① 《董必武选集》,人民出版社1985年版,第504页。

不对头"①，讳言革命"代表社会上那一阶级的利益"，因而"缺乏广大群众的基础"②，"国民党一套旧的搞军事政变的革命方法，行不通了"③。他得出一个明晰而郑重的结论：中国革命"要搞俄国的马克思主义"④，必须像俄国那样实行"阶级革命"，必须"走十月革命的道路"⑤。

1926年11月，为纪念十月革命胜利九周年，董必武发表《十月革命与中国革命》一文，在概述十月革命对中国革命影响时，略约地反映了他思想变化的轨迹。他指出："中国以前从事革命工作的人，多半偏重上层的改造，而忽视民众的组织。辛亥革命，虽然颠覆了清朝统治，而民众的势力太薄弱，民众的组织太不完备，不能够拥护革命政府而铲除反革命势力，所以不久便与反革命派妥协而终于失败了。俄国十月革命，是世界被压迫民众自由解放的先声，也是世界民众势力表现发展的起点。中国从事革命工作的人，经了这番的教训，才认识民众的势力了，才晓得要得自由解放、和平统一，必须唤起全国被压迫的民众共同努力奋斗了。所以十月革命，在方向上，在方法上，都予中国革命以深厚的影响。"⑥

俄国十月革命、五四运动及上海工人声势浩大的罢工，都证明了发动民众力量的重要。董必武说：当时，"我和张（国恩）、詹（大悲）、李（汉俊）在这种形势下，估计中国还是要革命，要打倒列强，要除军阀，要建立民主制度，要唤醒民众"，但是，旧的革命方法行不通，"应改为一种能唤醒群众、接近群众的方法"⑦。

---

① 《董必武谈中国共产党第一次全国代表大会和湖北共产主义小组》，《共产主义小组》（上），中共党史资料出版社1987年版，第432页。
② 董必武：《对外广播词》（1957年）。
③ 《董必武选集》，人民出版社1985年版，第504页。
④ 《董必武谈中国共产党第一次全国代表大会和湖北共产主义小组》，《共产主义小组》（上），中共党史资料出版社1987年版，第432页。
⑤ 董必武：《对外广播词》（1957年）。
⑥ 《董必武选集》，人民出版社1985年版，第2页。
⑦ 《董必武选集》，人民出版社1985年版，第504页。

采取新的革命方法，遵循马克思主义，发动群众，走十月革命的道路。这是董必武经过学习、反思、总结所得出的结论，标志着他已经开始接受了马克思主义。这是他思想的巨大飞跃。从此，他义无反顾地循着他认真研究、慎重选择的道路走下去。

思想认识明确后，董必武再也不愿干无益革命的糊涂事了。当时，孙中山痛恨桂系军阀的跋扈，又在策划"联段反桂"。6月，潘怡如由湖南来上海向孙中山受领任务，决定回湖南烟溪督促廖湘芸出兵讨伐桂系。董必武无意参与其事，他告知挚友："老办法看来失败了，中国革命的成功，必待新兴势力之参与，徒知利用军阀无济于事。"[①] 潘怡如觉得董必武的说法有些道理，无奈已经接受孙中山的指示，"责任未尽"，还是回湖南去发动廖湘芸按孙中山的意图行动。不出董必武所料，"联段反桂"最终还是失败了。领悟革命新出路的董必武，则决心"从头来"[②]，开始迈上与从前大不相同的新征程。

创办新式学校

1919年8月，董必武离开上海回到武汉，与张国恩住在武昌巡道岭湖北省教育会内。

在上海时，董必武和张国恩、李汉俊、詹大悲商议如何发动群众的问题，"一致认为目前能够做的是办报纸和办学校两件事"[③]。他们最初属意办报纸，以为办报纸要容易些，在社会上的影响也大些，便初步商定办一份

---

① 《董必武年谱》，中央文献出版社1991年版，第43页。
② 陈模：《董老的嘱咐》，《中国青年报》1956年9月15日。
③ 《董必武选集》，人民出版社1985年版，第504页。

《江汉日报》，拟定了办报章程、宗旨、组织办法及募捐章程。董必武从孙中山给他的100元路费中拿出40元，印制了股票、章程、宣言。当时，董必武认识的一位孝感人表示愿意出资。于是，他们商定，董必武、张国恩回武汉着手筹备报社，詹大悲前往闽粤边革命军中募股。但是，答应出资办报的孝感人缩手不干了，詹大悲的募股稍有头绪却因政局变化而成画饼，无有经费，办报计划遂告搁浅。

于是，董必武和张国恩便转而筹办学校。碰巧，董必武遇见了同住省教育会的文普通中学堂同学江文波，国立武昌高等师范毕业的黄安同乡倪季端，与董必武、张国恩同赴日本留学的刘鼎三、李缄三、刘质如。老同学相遇，格外亲热，大家议论起时局和个人的经历、打算等。董必武谈了创办学校的设想，当时除刘鼎三在省教育厅任视学外，其余人均无职业，故都极赞成董必武的主意，表示愿意与董必武、张国恩一起进行筹办。

经过进一步商议，大家认为办一所私立中学比较合适。这是因为办私立大学和专业中学，在资金、设备和师资方面要求比较高，难度较大。而办中学则相对容易，一是当时从高中级学校毕业的许多人找不到职业，师资容易解决；二是武汉的私立中学不多，招生也比较容易。于是，董必武和张国恩决定："从办中学开始，然后徐图扩充。"①

他们立即行动起来，逐步解决办学的一些具体问题。

关于校址、校舍问题。他们选择了湖北省教育会西北涵三宫南面的一所房子。这里过去曾办过学校，内有三间教室、一大间办公室和一个露天操场，还有可供学生食宿用的两排房间和一些剩存的椅子。房子虽然简陋，但只要修葺添置一下，应付前两年不成问题。

关于开办费和基金问题。当时没有别的途径搞到钱，他们商议开办费由创办人筹集解决。办学基金仅为着立案时查核之用，决定由董必武、张

---

① 《董必武选集》，人民出版社1985年版，第504页。

国恩找熟人担保。正巧董必武在文普通中学堂的一位同学雷大同从广州大元帅府回家，路过武昌闻知董必武筹办中学，主动表示愿作创办人，拿出120元作开办费，并推荐同乡刘觉民一起参加创办。这样，学校创办人由7人增至9人。经约定，除雷大同外，其余每人各捐20元作开办费。同时，董必武、张国恩找到同乡、汉口合太正山货行老板张平楷，请他出具了一张两万元的存款单据，随即报湖北省教育厅备案，解决了立案基金。当时董必武没有钱，为了支付个人应捐的开办费，在数九寒天把身上的皮袍脱下拿到当铺质当，才凑足20元开办费。

关于董事长和董事会问题。大家商定，学校创办人为董事会董事，董事长则推选湖北省议会议员郭肇明担任。这主要考虑郭是湖北省著名的教育家，曾任两湖师范学校校长，由他任董事长，省教育厅立案容易通过。

经商定，学校名称为"私立武汉中学"，推刘觉民为校长，当时他在私立中华大学任教，政治色彩不浓，不招人忌。另外，倪季端任教学兼监学，江文波任总务兼监学，各董事分担一门课程，董必武负责教国文课。其余课程聘陈潭秋等担任。

经过一系列紧张的筹划，1920年3月，私立武汉中学正式开学。第一批学生共两个班，主要来自黄安、黄冈、麻城等地。

关于兴办这所学校的目的，董必武在1966年4月4日接见武汉中学师生代表时回忆说："当时我们办学校有个目的，对北洋军阀不满，有反抗军阀的民主革命的意图，想在旧社会里办点新事"[1]，即通过办一所与众不同的新式学校，培育新人。为此，董必武倾注了大量心血。名义上他不是学校的主事人，但如他说："我除教国文课外，在学校职员中没有什么名义。因我是学校董事会的董事，教甲乙两班的国文，在校的时间很多，和学生经常在一起，我像有名义的职员一样，参与各种校务活动，职教员

---

[1] 武汉中学：《朴诚勇毅干革命》，《忆董老》第1辑，湖北人民出版社1980年版，第122页。

和学生对我都很尊重。陈潭秋同志任乙班主任，住在校内，也是和学生生活在一起的。我和陈二人在武汉中学学生中的影响最显著。"凭着渊博的知识、高度的责任心、导人奋进向上的新思想和人格的力量，董必武成为武汉中学的核心和支柱。

经过董必武和同事们的共同努力，私立武汉中学当时在武汉办得颇为新颖，别具特色。第一，报考费和学费，比同类学校分别低1/6和1/3。第二，职教员低薪或不支薪，教员薪水比别校低1/2，职员薪水仅够伙食费。几位董事职教员不支薪，董必武就不拿薪水。第三，职教员素质上乘。教员的学问、资历和教学质量都是一流的，职教员对工作认真负责。第四，当时官方审定的中学国文课本都是文言文，内容陈旧，生涩难学。董必武首倡改革，国文课文、白兼用，招生考试允许用白话文。第五，率先实行男女合校，且男女同班上课，这在当时的武汉是破天荒的。第六，成立学生自治组织——学生会，凡学校兴革事宜，可以向董事会提出意见。第七，不仅要求学生学好功课，还引导学生阅读报纸书刊，督促学生关注和研究国内外时事问题。董必武通过恽代英主办的"利群书社"和其他渠道，购置了《共产党宣言》《新青年》《湘江评论》《武汉星期评论》等进步书刊供师生阅读。并指导编写《政治问答》，让学生了解时事政治。第八，注意学生思想品德的培养。当时在学校校政厅北墙上，书写一副对联，上联是：金石长不朽；下联是：丹青本无双；横幅是：朴诚勇毅。这是董必武亲自手订的学校校训。1966年4月，董必武到武汉视察时，又亲笔为重建的武汉中学题写了"朴诚勇毅干革命"的题词。并深情地对师生代表解释说："武汉中学过去的校训是：朴、诚、勇、毅。朴，就是朴素，也就是艰苦朴素；诚，就是忠诚，诚实；勇，就是勇敢；毅，就是要有恒心、毅力，能够坚持。这次我给你们加了三个字——'干革命'。"

由于以上特点，学校办得富有生气，学生身心健康成长，因此，学生从未对学校闹过学潮。学校初创不久，便在社会上赢得普遍好评，要求入学者愈渐增多，学校规模也不断扩大。1922年春，原校舍不够用，便把武昌武胜门外的彭杨公祠改建为学校二部。董必武为此到鄂西募集了700多银圆，解决了资金困难。二部建成后，董必武主动前去主持工作。此后学校一直保持了四个年级八个班的规模。

董必武担任国文课，诚如他自己后来说的："我所以要教国文，就是考虑国文是搞思想的"，是为宣传新思想的。他不用北洋政府审定的课本，而是自己动手选编了古今中外一批有代表性、思想性、民主性的名著，来作为教材。如反封建暴政的《苛政猛于虎》，反封建礼教的《孔雀东南飞》，反映朴素唯物主义的《论衡》，渗透爱国热情的《离骚》，近代革命义士秋瑾、徐锡麟的诗文，外国的如莫泊桑的小说、易卜生的话剧等。曾在武汉中学亲聆董必武教诲的谢甫生回忆说：

> 为了歌颂历史上农民起义的英勇革命行动，董老还给我们讲授了陈胜、吴广和金田起义的有关文章。他满怀豪情，用家乡的口语说："拿扬叉和扫把的种地人，登高一呼，起义者就四方响应。"当他讲到金田村起义时，不胜感慨地说："金田起义是当时整个农民阶级的要求，可惜遭到野心家从内部搞分裂，致使太平天国的革命功败垂成。"这使我们深深地认识到革命队伍内部团结的极端重要性。
>
> ……
>
> 我记得有一次董老出的作文题目是："士先器识而后文艺"。这个题目的寓意很明显，所谓器识就是要有好的道德品质，广博的知识和正确的见解，换一句话说，也就是首先要树立正确的人生观和世界观，然后才能写得出好的文章①。

---

① 谢甫生：《谆谆的教诲，榜样的感召——董必武同志在武汉中学》，《忆董老》第1辑，湖北人民出版社1980年版，第117页。

教学育人，是董必武孜孜以求的办学初衷，也是他教学的一大特色。

身教重于言教，董必武尤其注意身教。他除在私立武汉中学教两个班的国文课外，还先后在湖北女子师范、第一师范、启黄中学兼过课。那时，一般的教师到外校教课都是乘轿子或人力车往返，而董必武总是步行。他生活非常节俭、朴素。一顶蚊帐，是1914年他到日本留学时用的，一直到1925年离开武汉中学时，上面补了许多补丁还在用。他在几个学校兼课，收入在当时还算可以，可他省吃俭用，经常拿出钱为家境不好的学生缴纳学费、购买文具。他不愧为青年的师表，在湖北教育界享有很高的声誉。中国妇女活动家夏之栩，青年时代曾得到董必武的启蒙教育。她深有感触地说："董必武是中国共产党的创始人之一，也是湖北教育界的老前辈，是革命青年的良师。凡是聆听过他的教诲的人都尊敬地称他为'董师'，董师之风，足以风世。"①

辛勤的劳动获取了丰硕的成果。董必武后来自豪地说："武汉中学第一批学生于1923年结业，1924年考入国立武昌师范大学（即前国立武昌高等师范）的就有四名。国立武昌师范大学收生很严格，湖北的中学结业生常有一校一年没有被录取一名的。武汉中学一期就有四名被录取了，这证明学生课业是很优异的。"② 尤其是经过武汉中学的教育，一批青年走上了革命道路，许多人成为中国革命的重要骨干。

武汉中学是在斗争中坚持办下去的。它新式的教育方法和师生的进步活动，引起了湖北省教育会会长谢石钦等人的仇视。他竟勾结武昌警察厅，派出十几个警察气势汹汹地闯进武汉中学，诬蔑学校有不轨行为，扬言要查封学校。董必武和董事长郭肇明拿出省教育厅颁发的批文，当场予以驳斥，把警察赶了出去。

---

① 杨瑞广：《伟人之初：董必武》，浙江人民出版社1996年版，第59页。
② 《董必武选集》，人民出版社1985年版，第508页。

这件事使董必武认识到，必须与守旧分子和反动分子斗争，不驱除谢石钦，武汉中学就难以继续办下去，湖北的新式教育也难以发展。于是，他和武汉中学的其他教职员一起，联络武汉其他学校的一些开明、进步的教职员，提议改组湖北省教育学会。1920年秋，由董必武等80人发起，在武昌召开了全省教育工作者大会，共有132名代表参加，给谢石钦也发了请帖，但谢知道大会对他不利，不敢前来参加。参加会议的代表用大量事实揭露谢石钦侵吞公款、以教育会长名义到处阻挠学校进行改革的种种行径，并揭露出谢的会长之职，并未得到全省教育界的同意和官方的批准，属于冒充。会议决定：第一，不再承认谢石钦把持的省教育会，其所发的一切文告均告无效，教育会要交出印信，并组织专人清查谢石钦的账目；第二，筹备改组教育会，每个地区推选一名代表参加，由董必武等五人负责；第三，向全国教育界说明谢石钦把持湖北教育会，破坏教育的情况；第四，把上述决议呈报省政当局。会议开得很成功，有力地打击了谢石钦的气焰。

谢石钦不甘失败，指使其弟谢仲奇以"诬蔑名誉，妨碍秩序"为名，向武昌地方检察厅控告董必武、张国恩、黄负生、刘树仁等。地检厅于1920年11月19日开庭预审。

审理中，地检厅厅长首先问董必武："谢之控告是否属实？"

董必武理直气壮地回答："谢石钦无恶不作，谅贵厅亦有所闻。吾鄂教育界有些污点，必武等亦不忍说了。谢之冒充会长，有全省学界之通电及官厅种种不承认谢氏为会长之证据。"

这时，张国恩马上把证据呈送给地检厅长。

董必武接着说："谢恨学界同仁追究太力，遂迁怒于必武等，并扬言将向官厅起诉，有谢氏之通电书可证。至于谢仲奇为何许人，本人实不得而知。"

谢仲奇涨红着脸，辩道："我系教育会文牍……"

一言未了，地检厅长即严加制止："不要你讲，此案原委本厅已调查清晰。董必武等确系学界好人，焉有妨害秩序之事？你可将原案自行撤销，否则本厅将查究冒充和诬告等罪。"并劝告董必武等不必与之计较。

谢仲奇面如土色，连声道"是"，灰溜溜地退了出去。

这场斗争的胜利，使武汉教育界的进步势力受到很大鼓舞。1921年10月，武汉及外地的50多所大中小学校共同发起成立了湖北教职员联合会，代行原教育会的职权。为彻底推倒旧教育会，董必武又联络湖北教育界知名人士于1923年秋召开全省教育界师生代表大会，改组教育会，推选吴德峰等10余人为委员，使湖北教育会掌握在进步知识分子手中。

1924年，湖北省议会指责武汉中学男女学生兼收，并为此专门召开会议，决议要省教育厅切实查禁武汉中学。董必武领导武汉中学师生，坚决顶住这种压力，继续走自己的路，挫败了守旧分子的进攻。

与此同时，董必武还非常注意开展平民教育工作，他和陈潭秋、张国恩、钱介磐、张朗轩等发起组织新教育社，成立湖北职业教育研究社和湖北平民教育促进会，依靠武汉中学和其他学校的一些师生，在武昌办起劳工学校、女子补习学校，向青年男女工人传授文化知识，进行阶级教育。并发动学生利用寒暑假回乡的机会，在农村办农民夜校或平民学校。为此，董必武花费了许多精力，同时也扩大了武汉中学的影响。

1925年，因革命斗争需要，董必武离开了生活战斗五年多的武汉中学。这所由他精心创办的新式学校继续保持了他倡导的办学特点，直至1928年被桂系军阀强制封闭。

创建武汉共产党早期组织

辛亥革命后尤其是第一次世界大战期间，中国工人阶级迅速发展壮大，马克思主义随着十月革命胜利的影响在中国广泛传播，这就为马克思主义政党的建立提供了物质基础和思想基础。轰轰烈烈的五四运动促进了二者的结合，中国共产党的创建已在孕育之中。1920年初，在中国现代历史上开一代新河的两位杰出人物——李大钊、陈独秀已分别在北京、上海筹建共产党早期组织。这年3月，共产国际代表维经斯基来华，任务是"组织正式的中国共产党及青年团"。他分别会见了李大钊和陈独秀，帮助、推动了中国共产党的建立。同年8月，中国第一个共产党早期组织——上海共产党早期组织成立，成员有陈独秀、李汉俊、李达、陈望道、俞秀松等，陈独秀任书记。由此揭开了共产主义运动在中国迅速发展的序幕。

同年夏季，董必武收到一封上海来信。信是李汉俊写的，他告诉董必武，上海已经成立了共产党早期组织，希望董必武和张国恩也在武汉筹建同类性质的组织。董必武喜出望外，立即找陈潭秋商量。

陈潭秋，1896年生，湖北黄冈人。20岁考入国立武昌高等师范学校英语部。五四运动中，他是武汉学生中的活跃分子和领导骨干。武汉学生联合会组团到上海取经时，他是成员之一。董必武在上海湖北善后公会热情地接待了这批从家乡来的青年学生。经黄安同乡倪季端介绍，董必武认识了陈潭秋。期间，两人探讨了革命的策略、方法，交换了彼此对中国政局的看法，谈得非常投机。董必武把李汉俊带来的一些马克思主义书刊介绍给陈潭秋，令陈潭秋大开眼界。两人由此结下深厚友谊。董必武后来回忆说：

> 我第一次见到陈潭秋是1919年夏天。……刚从国立武昌高等师范英语部毕业的潭秋来上海参观，经他同班同学倪季端的介绍，我们见了面，由于志同道合，我们一见如故，在上海期间，相互交谈学习马克思主义的心得，畅谈改造中国和世界的抱负，同时商定用办报纸、办学校的方式传播马克思主义，开展革命活动[①]。

---

① 《董老忆潭秋》，《楚晖》第1辑，湖北人民出版社1980年版。

董必武回武汉创办武汉中学时，陈潭秋积极参加，并来校执教。两人密切来往，遇事互相商议，思想、感情更加接近。董必武将李汉俊的信意告诉了陈潭秋，陈欣然同意。

当时，武汉是全国仅次于北京、上海的大城市，工人人数近30万，生活、工作条件极其恶劣，经过五四运动的洗礼，工人的罢工斗争不断发展。同时，随着新文化、新思想的传入和冲击，知识分子和青年学生的思想在急剧地变化，一些带有政治色彩的群众团体纷纷建立，如武昌仁社、武昌工学互助团、高等师范励学会、高等师范党社、女子生计社、女子实业社等。恽代英等在1920年春创办的利群书社，大量经销《共产党宣言》和《新青年》《湘江评论》《觉悟》等进步书刊，团结了许多追求进步的青年，在青年学生中产生了强烈影响。一些进步刊物如《武汉星期评论》《新声》《向上》《端风》等相继创刊，董必武就曾为《武汉星期评论》写过不少文章。武汉，已不像过去那样沉寂。

在各种思潮激荡冲击中，如何引导人们选择正确的人生方向，向着未竟的革命迈进，这是董必武经常思考的一个问题。他和陈潭秋等认识到，为了凝聚各种革命力量，有必要在武汉创建一个类似于上海的共产党早期组织。

收到李汉俊来信不久，刘伯垂来到了武汉。刘伯垂，又名刘芬，湖北鄂州人，老同盟会员。清末东渡日本留学时与李汉俊过从甚密，在东京读过一些马克思主义的书籍。回国后，1918年7月到孙中山领导的广东军政府司法部当司员，因不满桂系军阀的把持，1920年夏离粤返汉，途经上海时，晤访了李汉俊，又拜见了陈独秀。陈独秀见他思想进步，有朝气，遂介绍他参加共产党。不久，陈独秀和李汉俊商议后，派刘伯垂到武汉帮助董必武、陈潭秋建立党组织。刘伯垂向董必武、陈潭秋、张国恩，转达了陈独秀的意见：在武汉建立共产党组织，并吸收郑凯卿加入共产党。他向董必武介绍，郑凯卿是武昌文华书院的一名校工。2月份，陈独秀应文华书院邀请来武汉讲学时，郑凯卿负责照料陈的生活。讲课之余，陈独秀与郑交谈，发现他思想颇为进步，两人在几天的相处中甚为融洽。陈独秀认为应在工人中发展党员，郑凯卿就是一个。出于对陈独秀的尊重和信任，董必武答应吸收郑凯卿为共产党早期组织成员。接着他们又吸收包惠僧参加。包惠僧，湖北黄冈人，北京大学文学系肄业，时在武汉当记者，他既是陈潭秋的同乡，又是张国恩在省立第一师范的学生，思想激进，很自然成了发展对象。几天后的一个晚上，陈潭秋、包惠僧、郑凯卿和刘伯垂来到武昌抚院街董必武与张国恩的寓所，他们召开了武汉共产党早期组织的第一次会议。会上，刘伯垂介绍了上海共产党早期组织的成立经过，转达了陈独秀的意见，讨论了刘伯垂带来的上海共产党早期组织拟定的中国共产党的第一个纲领草案。会议宣布武汉共产党早期组织——共产党武汉支部正式成立，推举包惠僧为书记，陈潭秋负责组织，张国恩管理财务。议定每周开会一次，并决定租用武昌多公祠5号为党的机关所在地，对外以刘芬律师事务所的牌子作掩护。

武汉共产党早期组织不久又吸收了两名成员：一个叫赵子健，湖北黄安人，省立第一师范学生，是董必武介绍的；一个叫赵子骏，武汉的一个青年工人，由郑凯卿介绍的。1921年春，受董必武、陈潭秋的影响，在省立女子师范学校任教的刘子通（1885年生，湖北黄冈人）和黄负生（1881年生，安徽省人），思想进步很快，加入共产党早期组织。包惠僧此时离开武汉去广州，这样，在中共一大前，武汉共产党早期组织共有九名成员[①]。

武汉共产党早期组织的建立，揭开了董必武革命生涯的新篇章，他以更加强烈的使命感和责任心投入了新的战斗。

---

① 张国恩后来退出。包惠僧回忆说，张国恩参加三个月即因教学和律师事务繁多而退出。但据1921年7月6日鲍庆香由上海写给湖北胡冀阶的一封信，证明直到中共一大前夕，张国恩仍是小组成员。此从后说。

随即，董必武与陈潭秋等又建立了马克思学说研究会。当时，共产党被叫作"过激党"，反动当局严厉禁止，因此不能公开，而马克思学说研究会则可以公开活动。通过研究会的活动，董必武、陈潭秋等宣传马克思主义，团结进步知识分子和青年学生，把他们引导到马克思主义的轨道上来。研究会曾发展到20余人，湖北一些著名的知识分子，如黄负生、刘子通、施洋、许鸿（许凌青）等，都是研究会的成员，并由此进入革命的阵营。

青年工作是共产党早期组织工作的一个重点。为了开展青年工作，董必武和陈潭秋在共产党早期组织成立后，立即积极地筹建武汉社会主义青年团。他后来曾多次回忆起此事。他说："开始组织社会主义青年团，在学校见到陈潭秋与他谈，他赞成。……我另约了一些人（基本上是武汉中学学生）"[1]，"不久，我的最进步的十名学生组织了一个社会主义青年团支部"[2]。1920年11月7日，在俄国十月革命纪念日，武昌社会主义青年团举行第一次会议，董必武、包惠僧、郑凯卿、刘伯垂出席了会议，当时已有团员十几人。董必武热情地发表了长篇讲话。他说："自从政治战争停止以来，科学领域里出现了许多重大的变化。新思潮正在向我们扑面涌来。"他鼓励青年："要投身到正在酝酿之中的新的运动中去。参加这场运动，是中国知识分子的天职。我们应当去同现存的旧社会的各种不合理现象进行斗争。"他特别告诫青年：不要被庞大的封建反动的势力所吓倒，要勇敢地战斗。"我们不应当说我们人少，说我们的力量不足以着手改造社会"[3]。根据董必武、郑凯卿等人的提议，会议宣布武昌社会主义青年团的

---

[1] 《董必武的回忆》（1961年），《共产主义小组》（上），中共党史资料出版社1987年版，第428页。

[2] 董必武：《创立中国共产党》（1937年），《共产主义小组》（上），中共党史资料出版社1987年版，第425页。

[3] 鲍里斯·舒米亚茨基：《中国共青团和共产党的历史片断》（1928年），《共产主义小组》（上），中共党史资料出版社1987年版，第412—413页。

宗旨和主要任务是研究社会主义，实践社会主义的理想。11月14日，董必武又出席了青年团的第二次会议，向与会者讲述了马克思主义的基本常识，他从马克思的剩余价值论讲起，阐述工人阶级受剥削的奥秘所在，以及为什么要实现社会主义。同时介绍了湖北工会组织和近期发生的一些罢工事件。在董必武等人的关心、指导下，武汉社会主义青年团不断发展，活动范围也越来越广。在省立女子师范、启黄中学、省立第一师范、旅鄂湖南中学、中华大学、高师附小等都先后发展了团员，成立了团组织。

董必武、陈潭秋等所做的另一项重要工作是深入工人中去发动和组织工人。武汉共产党早期组织派郑凯卿去联络纱厂工人和人力车工人；派赵子健、包惠僧到郑州、江岸的扶轮学校当教员，联络铁路工人。董必武派武汉中学的团员和进步青年教师在武昌彭杨公祠办起"平民夜校"，他亲自去讲课，教工人识字，深入浅出地讲述工人阶级求解放的革命道理，对工人进行一些马克思主义的启蒙教育，向工人灌输革命思想。1921年3月，董必武、陈潭秋等领导汉口人力车工人，开展了一场反对资本家增加车租的大罢工，一连七天，震动了整个武汉三镇。邓中夏撰写的《中国职工运动简史》曾这样记载："此次罢工甚为壮烈，车夫被捕，仍举行大示威游行，与租界巡捕冲突，以至流血。"经过斗争，资本家被迫让步，"决定两星期不加车租"，租界巡捕房也释放了被捕工人。

为扩大革命影响，激发群众的革命精神，1921年，董必武和陈潭秋领导召开了五四运动两周年纪念大会。大会在武昌的中心地域——阅马厂举行，青年学生、青年工人和近郊的一些青年农民都赶来参加。董必武在会上慷慨激昂地讲了话，号召青年把五四运动激发的爱国热情保持和发扬下去，为祖国和人民继续奋斗。会后，带领群众游行示威，喊出了"打倒军阀"的口号。在武汉三镇形成较为强烈的革命气氛，给广大群众以很大的鼓舞和革命感染。

出席中共一大

1921年7月,董必武和陈潭秋来到上海。他曾多次旅居沪上,然而此次却特别兴奋,一件大喜事蕴藏在心头:参加中国共产党全国代表大会。

1921年夏天,除上海、武汉之外,全国其他大城市如北京、长沙、广州、济南,以及国外的日本和法国等都成立了共产党早期组织,建党的时机已经成熟。

这年6月,共产国际代表马林和共产国际远东局书记处代表尼克尔斯基奉命来到上海,他们与上海共产党早期组织的李汉俊、李达联系(陈独秀时在广州,担任广东省教育委员会委员长),转达共产国际的意见,建议中共筹备组织及早召开全国代表大会,宣布成立中国共产党。随后,李汉俊、李达发信给各地共产党早期组织,要求各派两人到上海开会。武汉共产党早期组织推选董必武、陈潭秋前往。

到达上海后,他俩和湖南、山东、北京等地代表居住在法租界蒲柏路(今太仓路)博文女校。在这里他们开过一次碰头会。

1921年7月23日晚,中国共产党第一次全国代表大会在上海法租界望志路106号(今兴业路76号)开幕。参加会议的代表有:上海的李达、李汉俊,北京的张国焘、刘仁静,长沙的毛泽东、何叔衡,武汉的董必武、陈潭秋,济南的王尽美、邓恩铭,广州的陈公博,旅日的周佛海;包惠僧受陈独秀派遣出席了会议。共产国际代表马林和尼克尔斯基出席了会议。董必武作为中共一大代表,1937年回忆说:

> 我参加了一九二一年七月在上海召开的第一次代表会议。(建立共产主义小组的)每个省派两名代表出席,日本留学生派一名代表——周佛海,

他后来叛变，参加了国民党。湖北省派陈潭秋和我。湖南派何叔衡（大约于一九三五年在红军中工作时与瞿秋白同时被杀）和毛泽东。北京派张国焘和刘仁静，……上海派李汉俊和李达，李汉俊一九二七年在汉口被杀，……广东派陈公博，陈公博后来叛变成为南京政府的工业部长。山东派邓恩铭和王尽美——后来两人都被杀了。来自共产国际的两个代表也出席了这次会议。一个是荷兰人，在中国我们都叫他马林。另一个是俄国人，他的名字我已经忘记了。

……关于这次会议的所有记载都丢失了。我们决定制定一个反对帝国主义、反对军阀的宣言[①]。

大会由在预备会上被推选为主席的张国焘主持，毛泽东、周佛海担任会议记录。张国焘先报告会议筹备经过，接着马林代表共产国际致辞，他对中国共产党的成立表示祝贺，强调这一事件具有重大世界意义，他介绍了在莫斯科列宁会见他的经过，以及列宁对中国革命的关怀和期望。他滔滔不绝的演说极富感染力，使代表们处在激动和亢奋之中。尼克尔斯基也表示祝贺，并介绍了设在伊尔库茨克的共产国际远东局的工作情况。时已至午夜，第一次会议就这样结束了。

24日，继续开会，由各地代表报告各地共产党早期组织成立经过、当地社会情况和成立后的工作情况，有的还代表党员向大会提出了一些希望和建议。董必武报告了湖北共产党早期组织的情况。代表们推选了党的纲领和当前工作计划及宣言的起草人。据董必武回忆，他也被推举参加了起草工作。

经过25日、26日两天紧张的工作，党的纲领和当前工作计划的草案于27日提交大会讨论。一连三天讨论，代表们各抒己见，甚至引起争论。马林没有参加上述会议，但一直关注着会议进展的情形。当他从张国焘口

---

① 董必武：《创立中国共产党》（1937年），《共产主义小组》（上），中共党史资料出版社1987年版，第424—425页。

中得知会议发生激烈争论的情况后,就准备到会发表自己的见解,以统一代表们的认识。7月30日傍晚,董必武和其他代表再次在李汉俊家集中,马林和尼克尔斯基也来了。8时许,会议正准备开始,突然从李公馆虚掩的后门,闪进一个身着灰布长衫的陌生人。李汉俊发现来人可疑,问道:"你找谁?"那人随口答道:"我找社联王主席。"李汉俊颇为诧异:"这里哪有社联?哪有什么王主席?"来人一边哈腰说:"对不起,找错了地方。"一边匆匆向后退去。富有地下工作经验的马林,立即机敏地询问李汉俊刚才发生的情况,随即建议马上停止会议,要大家迅速离去。代表们马上离开了李公馆,只剩下李汉俊和陈公博。果然不出马林所料,过了十多分钟,便来了七八个法国巡捕、侦探、士兵和两个中国侦探,把李公馆里里外外仔细搜查了一遍,又盘问李汉俊、陈公博一番,最后一无所获而离去。由于马林的当机立断,避免了中共在初创时期的一场大劫。

接着,代表们商议到外地继续开会。因为在上海一时找不到一个安全的地方,最后决定到浙江嘉兴的南湖继续举行会议。

在嘉兴南湖的画舫游船上,代表们完成了大会的最后工作。会议经过深入讨论,通过了中国共产党的第一个纲领。

讨论中,在如何评价孙中山的问题上,曾发生了争论。董必武不同意包惠僧等人所说孙中山也是军阀的观点,为此,他几次发言,认为:中国共产党与孙中山在革命目标、策略方法上虽有不同,但不能把孙中山与北洋军阀相提并论。孙中山从成立兴中会以来,进行了长期的革命斗争,领导推翻了清朝皇帝,号召打倒袁世凯和北洋军阀,这是应该肯定的。"孙中山与军阀不同,孙中山不是军阀"[1]。他主张为了反对全国各革命阶级的共同敌人——北洋军阀,应联合孙中山。

---

[1] 包惠僧:《董必武在党的"一大"》,《共产主义小组》(上),中共党史资料出版社1987年版,第447页。

会议期间，董必武和李汉俊为大会起草了一个关于中国情形向共产国际的报告，大会讨论通过了这个报告。大会最后选举了中央领导机构。中国共产党正式宣告诞生。

1964年4月5日，正值清明时节，细雨纷纷。董必武重游嘉兴南湖，他怀着无限激情参观了画舫，欣然赋诗：

> 革命声传画舫中，
> 诞生共党导工农。
> 重来正值清明节，
> 烟雨迷濛访旧踪①。

他还为南湖烟雨楼题写了情深意长、富含韵意的长联：

> 烟雨楼台革命萌生此间曾著星星火，
> 风云世界逢春蛰起到处皆闻殷殷雷。

参加讨"王"战争

中共一大后，董必武和陈潭秋一起返回武汉，向党员传达了会议精神，进一步完善了党的组织，成立了中共武汉地方工作委员会，研究确定了下一步的工作部署。

不久，他又进行了一次惊险的鄂西之行。这是配合孙中山北伐的一次军事行动。

受到十月革命和五四运动影响而重新奋起的孙中山，于1920年10月

---

① 《董必武诗选》，人民文学出版社1986年版，第213页。

指令驻闽粤军回师广东，驱逐了桂系军阀陆荣廷。1921年4月，孙中山返回广州，召开了非常国会，他被推举为中华民国非常大总统。孙中山就职后表示要继续与军阀和祸国者宣战，并实行北伐，以武力抗击北洋军阀。他的计划是，第一步彻底消灭桂系陆荣廷，第二步由桂入湘，进军湖北。为落实第二步的目标，孙中山相继任命了川、湘、滇、黔四省总司令和省长，并特派董必武的挚友詹大悲和彭臣川入川，协同川军总司令兼四川省省长刘湘，率兵援助鄂西军总司令潘正道，一起讨伐湖北督军王占元。同时，孙中山又指示在湖南的李书城、蒋作宾等，成立"湖北自治筹备处"，联络湘军从湖南出师北伐王占元。

其时，董必武的故友潘怡如，再奉孙中山之命急赴四川催促出师。他由沪转汉，晤访了董必武，告知了孙中山的部署，请求董必武一起赴川促刘湘出兵。

董必武就此事与陈潭秋进行了商议，两人一致认为：王占元统治湖北五六年，给人民带来无穷的灾患，已是千夫所指，怨声载道。讨伐王占元是为湖北人民除害，应予赞助；同时，也不违背党的决议。中共一大向共产国际所作的报告中，就有团结所有的人，竭尽全力与全社会的敌人——北洋军阀进行斗争的内容。董必武还有更深的考虑，他已认识到，革命只依靠旧军队不行，但"革命是需要武力的，有文事必有武备"[①]。他还想再作一次争取和改造一部分旧军队的尝试，起码在这方面积累一些经验。另外，当时正拟扩建武汉中学，经费短缺，他拟前去募集一些经费。基于以上考虑，董必武在征得陈潭秋同意后，决心"再次施行一次旧的策略，把军队争取到革命方面来"[②]，遂以"湖北全省自治筹备处"代表的身份，和潘怡如一同赴川。

---

① 罗章龙：《回忆董必武同志》，《忆董老》第1辑，湖北人民出版社1980年版，第14页。
② 董必武：《忆友人詹大悲》，《董必武统一战线文集》，法律出版社1990年版。

他俩乘船溯江而上，行至巫山后决定改由旱路西进。正逢潘正道、詹大悲率鄂西军，协同援鄂川军第一、第二军进至巫山。董必武和潘怡如对讨伐王占元的军队来得如此迅速非常高兴。他俩已无必要再去重庆，董必武即把湖北自治筹备处致刘湘的公函委托别人转送刘湘，自己则与潘正道、潘怡如、詹大悲一起跟随部队指挥作战。

讨伐王占元的战事开始是顺利的。7月27日，湖南援鄂军在湘军第二师师长宋鹤庚的指挥下，由岳州向湖北进军。王占元见讨伐军从鄂西、湖南两路袭来，势如破竹，其内部因争权夺利又陷入分裂，整个形势对他不利，于是在8月7日，急急忙忙致电北京政府，请求辞职，旋即由武汉逃走。湖北人民"驱王"的目标实现了。

但是，控制北洋政府的直系军阀，不甘心原有统治地盘的丧失。8月9日，北洋政府任命吴佩孚为两湖巡阅使，萧耀南为湖北督军，孙传芳为长江上游司令。在吴佩孚的指挥下，北洋军气势汹汹反扑而来。

8月21日，潘正道以鄂西军总司令名义致函孙中山，报告所率部队即日起讨伐吴佩孚、萧耀南。9月初，战事进入关键阶段。鄂西军和援鄂川军东下向宜昌城发起总攻，相继攻克宜昌城附近的南津关、珠宝山、鸡冠岭、杨家桥等10余处要隘，从四面将宜昌城围个水泄不通，并曾有小部三次攻入城内，"屡进屡退，旋仆旋起"，"于两军错杂彼此互围时，……吴（佩孚）亦几被击毙"。但是，宜昌城城墙又高又厚，易守难攻，加之吴佩孚刚刚打败湘军，士气正旺。激战20余日，至9月下旬，仍未攻克宜昌城。这时，吴佩孚的援军又陆续到达，兵力大为增强，而鄂西军和援鄂川军屡战疲惫，后援匮乏，弹粮不足，再战恐有全军覆没的危险，于是，经董必武等分析和建议，潘正道等决定率兵后撤。

这是一次非常艰险的撤退。吴佩孚的军队紧追不舍，他们选择崎岖的山路且战且退。"蜀道难，难于上青天"，他们走的就是"蜀道"。越过天柱山，退至南沱，又经太平溪，翻铲子崖，过秭归新滩镇、巴东，直退至巫山。"历数十日,赤足草鞋","经手掌崖约行一日,始登山顶,其崖如梯,每步约二尺许,立脚点只能着脚掌前半部,用手仰攀"。翻铲子崖时,董必武是由詹大悲的勤务兵"在后面推,另外还有一人拉,才上去的"①。

退到巫山,甩脱了吴佩孚的追兵,潘正道对撤下来的鄂西军加以整顿。潘正道、潘怡如和詹大悲要董必武任司令部的秘书长,董必武坚辞不受,而建议由詹大悲担任。后来詹大悲到夔府进行联络,董必武才代理秘书长之职,与潘正道一起率部到建始、夔府、施南一带活动。不久,潘正道为了补充军队的枪械和给养,前往重庆向刘湘求援;詹大悲去广州向孙中山报告情况。这样,董必武和潘怡如就担起了鄂西军和施南一带的行政事务。1922年5月,当潘正道返回鄂西时,董必武也收到中共武汉执行委员会②的指示,要求他立即返回。于是,他在同月离开鄂西返回武汉。

历时七八个月的鄂西之行结束了。这一次联络倾向进步的军队反对北洋军阀统治的军事活动,终因敌众我寡,又未得到广大人民群众的支持,又以失败而告终。董必武从中更加体会到了发动人民参加革命的重要性。1928年4月,他回顾这段往事时说:"当时革命意识都很含糊,知道要解放民众,要革命,实不知道唤起民众参加革命。……我们在施南的一出滑稽剧,到民国十一年五月也就闭幕了。"③此后,董必武就集中精力于民众的发动与组织工作了。

鄂西之行的另一个目的实现了,董必武募集到700银圆,用之扩建了武汉中学二部,武汉中学的办学条件获得了很大的改善。

---

① 董必武:《忆友人詹大悲》,《董必武统一战线文集》,法律出版社1990年版。
② 1921年12月正式组建,董必武为委员,负责财务。
③ 董必武:《忆友人詹大悲》,《董必武统一战线文集》,法律出版社1990年版。

播撒革命种子

回到武汉，在继续执教的同时，董必武以更多的精力去进行唤醒民众参加革命斗争的工作。

当时，武汉正在爆发着一场反封建、争女权的学潮。

学潮爆发在湖北省立女子师范学校。该校是武汉地区唯一的一所女校，长期为封建文人所把持，校长王式玉是武汉地区有名的封建学究，教师也大部分视五四新文化运动提倡的民主、科学为"洪水猛兽"，偏重向学生灌输"三从四德"的封建礼教。学校的办学宗旨是企图将青年女子塑造成所谓的"贤妻良母"。因此，对学生的思想、言行监督甚严。学生没有人身自由，平时不许出校门一步，星期六要由家人接回，星期一由家人送到学校签到。学生的来往信件须经学校"监学"过目，进步书刊被列为"禁物"，连女生剪短发也视为"有伤风化"。社会上贴切地称该校是"修道院"。

五四新文化运动也冲击了湖北女师。校长王式玉一面固守着封建道德礼教不放，一面也不得不请几位在社会上有名气的教师来校用白话文讲课，使该校培养的学生毕业后能用白话文教小学课程，以适应社会形势。1921年秋季，聘请了陈潭秋教英文、黄负生教国文、刘子通教伦理学和心理学。他们通过教学活动向学生进行先进思想的启蒙教育，介绍有关俄国十月革命和北京、上海、武汉五四运动的情况，宣传妇女解放、男女平等、反对贫富悬殊等女学生们闻所未闻的新思想和新观念。还以"束胸之害""剪发""放足"等命题，让学生作文，引导学生起来反对封建礼教。使学生的思想逐渐活跃起来，学校那股令人窒息的空气被打破了。陈潭秋、刘子通、黄负生成为学生们最欢迎的老师，那些头脑"冬烘"的教员则受到学生的挑战，这引起校长王式玉和思想顽固守旧的老学究们的不安，他们叫嚷要"整顿学风"。1922年2月，新学期开始，王式玉便宣布解聘刘子通，理由是"宣传赤化"。一些思想先进的学生夏之栩、袁溥之、陈慕兰、徐全直等闻之极为愤怒，强烈要求学校挽留刘子通，并发动全班罢课。老奸巨猾的王式玉，采用分化手段阻止学生罢课，宣布谁签名罢课，就把谁除名。这一招果然奏效，一些同学怕签名罢课遭学校开除，纷纷退出罢课行列。结果只有夏之栩、袁溥之等12名同学签了名，只占全班同学的少数，后来又有几名同学复课，缺乏斗争经验的青年学生以罢课挽留刘子通老师的意愿告以失败。

　　董必武回到武汉，了解了湖北女师的学潮情况后，认为这实质是一场反对封建礼教和维护封建礼教的斗争，应支持女师学生继续斗争。经过与陈潭秋研究，首先把斗争中涌现出来的积极分子夏之栩、袁溥之、徐全直等七八个学生，吸收加入社会主义青年团，组织她们成立"妇女读书会"，提供许多马克思主义和宣传新思想的书刊供她们阅读，董必武、陈潭秋、李汉俊（在武昌高等师范任教）等亲自向她们辅导，提高她们的思想觉悟。其次，提醒她们注意斗争策略。获得指导后，夏之栩等一方面在女师联系同学，继续向校方提出反对解聘刘子通，找校长王式玉进行说理，并组织了罢课游行，一直坚持斗争。另一方面向《武汉星期评论》等刊物投递文章，进行家庭访问等，述说女师学生受压迫、受愚弄的状况，向社会各界揭露以引起舆论的同情。

　　王式玉在内外压力下，加紧与官府勾结，通过省教育厅搬出督军和省长的指令，强行将刘子通驱逐出境。同时，唆使思想保守的教员到学生家游说，声言学校要开除"害群之马"。在放暑假时，王式玉竟宣布夏之栩、袁溥之、徐全直、袁震等因"违反校规，暑假后不能再回校读书"。

　　为了攻克女师这个封建堡垒，董必武和陈潭秋等一面安慰夏之栩、袁溥之等不要惧怕，鼓励她们坚持斗争，一面利用暑假给她们补课，帮助她们学好每门功课。在董必武、陈潭秋等的指导下,夏之栩等在开学那天,让别的同学把自己的行李带进学校,自己空手进校到原教室坐下听课。有的思想守旧的教师,企图用提问、作业、考试等刁难她们,由于有备,这一招未能奏效。

王式玉不肯罢休,正式宣布开除夏之栩等。董必武和陈潭秋对此早有预料,他们通知夏之栩及新涌现出来的李文宜等学生积极分子,立即掀起反对王式玉开除夏之栩等同学学籍的新学潮。在李文宜等带领下,绝大多数学生都参加了斗争。她们包围了校长室,高喊:"打倒王式玉!打倒教育界的蟊贼!"等口号。湖北女师学潮愈闹愈大。

与此同时,董必武、陈潭秋等发动武汉中学与其他学校学生举行同盟罢课,声援女师学生;并到教育厅请愿,提出反对无理开除学生,反对解聘进步教师,驱逐腐朽顽固的校长王式玉等要求。同时请社会名流李汉俊、李廉方、陈叔澄、袁达三、刘觉民5人出面调解。教育厅不愿长达半年之久的女师学潮再延续下去,也害怕其他学校的学潮酿成更大的风潮,最后决定让王式玉辞职,夏之栩等"恢复学籍",毕业文凭照发,但须到校外去补课。轰动武汉的"女师风潮"胜利结束。

1923年初,女师换了新校长,董必武被聘任国文教员。在他和陈潭秋等的培养、带动下,女师风气大变。在女师学潮中涌现出来的骨干夏之栩、袁溥之、陈慕兰、徐全直、钱瑛、周月华、马玉香、袁震等,思想上不断进步,后来先后加入了中国共产党,成为坚强的共产主义战士和妇女界的杰出人物。夏之栩后来回忆说,就是在这个时期,董必武等的教育,"给我们打下了为共产主义而奋斗的思想基础"①。

之后,董必武又领导了湖北省立第一师范学校的学生运动。事情的起因是,该校艾子良等进步学生因反对守旧势力压迫,要求改革教育而

---

① 夏之栩:《终身不忘董老的教诲》,《忆董老》第1辑,湖北人民出版社1980年版,第9页。

被校方开除，他们悲愤交加，溺水身死。董必武闻讯十分气愤，他为这几个学生组织了追悼会，并发表演说猛烈抨击封建旧势力，揭露该校实行旧教育对青年的毒害。接着，发动学生开展驱逐封建、守旧校长刘凤章的斗争。刘凤章被迫离职，进步人士郭肇明、留法学生居励今相继担任校长，董必武、钱介磐、陈荫林受聘到该校任教，第一师范的教育发生显著变化。1924年，董必武被聘任为第一师范训育主任，更便利于向学生施行革命思想教育。他指导学生成立学生自治会，并组织了一个吸引了许多学生参加的进步团体——"人社"，开办启明工读学校，同时附设印刷社、粉笔墨汁制造社、牙粉鞋粉制造社等，推动学生参加各项活动，使学校变得颇有生气，培养了陈定一、吴德峰、王平章、蔡以忱、张复初、刘仲衡等一批革命骨干，在后来的革命斗争中发挥了非常重要的作用。

在发动学生的同时，董必武非常注意启发工人、农民的革命觉悟。他通过已经发动起来的青年学生，去发动工人和农民。在武汉，他指导学生创办工人识字夜校和平民学校，走访工人家庭，在节日与工人联欢等。既教工人学文化，又向工人讲解受剥削受压迫的原因，使工人明白自己的处境，明白自己的出路，奋起斗争。同时使学生了解社会，了解劳动人民，促进学生思想的进一步转化。

为把革命种子播撒到农村，董必武倾注了大量心血。黄安是他关注的一个重点。他将五四运动新文化运动的消息不断传回家乡，启发戴季伦、曹学楷、郑位三、汪子英等许多学生到武汉等地学习。1920年，又和张国恩动员黄安、麻城、黄冈、黄陂等县农村青年入武汉中学学习。他的弟弟董贤钰、张国恩之子张仁达和王健、雷绍全等30余名黄安青年先后进入武汉中学。董必武非常关心这些青年的成长，通过教学、谈话等方式向他们灌输革命思想。并通过实践培养、提高他们。1922年暑假，他派董贤钰、王健、雷绍全、王文风、王文焕等回黄安通过办夜校或串亲访友的形式向群众传播革命思想。次年暑假,又召集在第一师范学习的刘仲衡、张卓群、李镜堂、程亚主等组成"启人社",到黄安、麻城等地宣传新文化、新思想。经过耐心的教育和实践锻炼,董贤钰、王健、雷绍全、张培鑫、戴季伦等先后加入中国共产党,杨朴、王文风、王度等加入社会主义青年团,成为革命斗争的骨干。

然后,派遣这些党团员和许多进步学生返回农村发动农民。董必武教给他们具体接近农民的方法:(一)注意看房子,青砖房一般较富,要先找住茅草屋的贫苦农民;(二)先不作空泛的宣传,要与农民闲谈,从农民关心的切身问题谈起,逐步提高其觉悟;(三)帮农民办事,写信记账,助工助教,多给帮助;(四)领导农民斗争,开始选择容易取胜的事干,先小后大,注意大多数农民的要求。董必武总结的这些方法,青年学生在实践中行之有效,在发动农民、组织农民过程中取得了较好的效果。并且培养了一批农民积极分子,为中共党、团组织的发展打下了基础。1923年冬,董必武和中共汉口地委负责人研究,由董贤钰、王健、雷绍全等10人组成中共黄安工作组,返回黄安,先后发展郑位三、曹学楷、吴焕先等许多人加入中国共产党和社会主义青年团,建立了党、团组织,到1925年10月,黄安党团员已有45名。董必武还把在武汉读书的麻城籍学生蔡济璜、刘文蔚、桂步蟾等培养吸收入党,并把他们派回麻城,发动群众,组织农会,建立中共麻城特别支部。中共党、团组织的建立和发展,推动了黄、麻地区革命迅猛发展。

1922—1923年,董必武还三次返回黄安。他把大部分时间用在宣传群众、组织群众上,曾在县城和高桥等地,向手工业工人、农民和青年学生宣传革命,把带回去的马列主义书籍和进步书刊广泛散发。针对当地情况,他为当地青年妇女办了一个"草帽传习所",组织她们边劳动,边识字,灌输妇女求解放的道理。为宣传革命思想,董必武还指导黄安社会主义青年团组织创办《黄安青年》和《黄安通俗旬刊》。他并为《黄安青年》撰写发刊词，号召青年不怕困难，从一点一滴做起，进行革命斗争。

1924年1月，中共中央决定撤销中共武汉区委，成立直属中央领导的中共汉口地方执行委员会和中共武昌地方执行委员会。5月，中共中央决定：董必武任中共汉口地委委员长（党的四大后改称书记），陈潭秋任中共武昌地委委员长。新建的中共汉口地委兼管汉阳、江岸、徐家棚3处党的工作。董必武充分发挥已有47名党员的作用，将他们分为6个小组，分别在汉口、徐家棚、汉阳、江岸、轮驳工会等开展工作，发动和组织工人进行革命斗争。同时，他还把在武汉大中学校学习的党团员派到荆门、钟祥、孝感、当阳、汉川、宜昌、竹山、竹溪、兴山、蕲水等地发动农民，建立党、团组织，并亲自培养发展了许鸿、蔡以忱、陈卫东、钱介磐、吴德峰等人入党，把革命火种撒遍全省。

经董必武和陈潭秋等人的努力工作，到1927年初，湖北中共党员发展到3500多人，遍及全省40多个市县。大革命时期湖北轰轰烈烈的工农运动的兴起，以及大革命失败后黄麻起义的发动、鄂豫皖革命根据地的创建，都与董必武早期的革命活动分不开。他撒播的星星之火，势必燎原，燃起熊熊的烈火。

第四章
CHAPTER FOUR

致力国共合作

组建国民党湖北省党部

1923年6月，中国共产党在广州召开了第三次全国代表大会，陈独秀、李大钊、瞿秋白、毛泽东、蔡和森、张国焘、罗章龙、谭平山等出席。湖北由陈潭秋、项英参加。大会通过了《关于国民运动及国民党问题的议决案》，决定共产党员以个人名义加入国民党，与国民党实行党内合作，同时党员必须保持政治上、思想上和组织上的独立性。同年11月，中共中央执行委员会又专门作出《国民运动进行计划决议案》，指出党目前的首要工作，一是"扩大国民党之组织"，二是矫正国民党"政治观念"。决定在全国扩大国民党的组织：凡国民党有组织的地方，我党党员、团员"一并加入"；凡国民党无组织的地方，如湖北、湖南、安徽、浙江、福建、北京、天津、南京、奉天、哈尔滨等地，我党同志"为之创设"。

遵照中共中央的决定和指示，中共湖北党组织立即开始在全省创设国民党组织，董必武以主要精力投入了这项工作。

湖北虽然是辛亥革命的首义地区，但是由于屡经北洋军阀的摧残，坚持革命的国民党人四散飘零，在镇压二七大罢工以后，北洋军阀吴佩孚及其在湖北的代理人萧耀南对革命势力实行白色恐怖，武汉的政治形势十分险恶，正如中共三届一中全会分析的："武汉近年突起的爱国运动，忽然沉寂下去，国民党旧党员可靠者极少。"这种情况给董必武等筹建国民党湖北地方组织增添了不少困难。

1924年1月，在中国共产党人的大力帮助和具体参与下，孙中山在广州主持召开了国民党第一次全国代表大会。李大钊、瞿秋白、谭平山、毛泽东、林伯渠等许多共产党员出席了大会，大会通过了《中国国民党章程》和《中国国民党第一次全国代表大会宣言》，确认"联俄、联共、扶助农工"三大政策，同意共产党员和社会主义青年团员以个人身份参加国民党。第一次国共合作的革命民主统一战线正式建立。会后，国民党中央执行委员会决定在上海、北京、汉口、哈尔滨和四川建立国民党中央执行部。汉口执行部负责指导湖北、湖南、陕西三省的国民党党务。委派中央执行委员覃振、候补中央执行委员张知本前往主持，但张知本坚辞不就，覃振滞留上海。于是，候补中央执行委员、农民部长林伯渠奉派前去武汉。

董必武对林伯渠的到来十分高兴，和刘伯垂、项英、许白昊、林育南等一起协助林伯渠，在汉口日租界建立了执行部机关。

但是，林伯渠的行踪很快被北洋军阀侦知。5月初，吴佩孚密电北洋政府，提出要严防"过激党"。同时，萧耀南亦密令湖北教育厅："据沪探称，此间过激党禀承孙文联络苏俄，实行共产主义，分往内地及长江各省"，要教育厅严防"过激党"与学生勾结。不久，萧耀南出动大批侦探和军警进行搜捕，汉口执行部被查封，在执行部任职的许白昊、刘伯垂、杨德甫等被捕（许、杨惨遭杀害），项英等被通缉，林伯渠因无法立足而返回广州，汉口执行部成立仅月余便被迫解散。与此同时，中共汉口地方委员会也被查抄，担任委员长的包惠僧离汉去沪，工作由董必武接任。这样，领导中共汉口地委和创建国民党湖北省党部的重担，落在了董必武的肩上。

董必武首先恢复了中共汉口地委的工作，领导全体党员大力开展工作。同时，积极筹建了国民党湖北省临时党部。在1924年春夏，成立了由他和刘昌群、刘光国、许鸿、张继渠等组成的筹备委员会，由何恐任秘书，余世颂任干事。上述人员都是共产党员和社会主义青年团员，他紧紧依靠这些同志，联络和团结张国恩、张朗轩、郝绳祖、邓初民、江子麟、洗百言等国民党左派人士，组建国民党湖北省党部和各级地方机构，开展活动。

在这个过程中，充满了斗争。1924年12月，在武汉主办《真报》的国民党右派分子郭聘帛，伙同《大江报》社长胡石庵（人杰）及马逐尘、祝润湘、黄湘云等，擅自在武汉成立"国民党湖北省党部和汉口特别市党部筹备处"，推举胡石庵为筹备处主任委员，并假冒国民党湖北省党部名义向湖北省政府立案。他们还私印党证，募集钱款，集合"老党员在汉组织省市党部"，与董必武为首的筹备委员会争夺国民党湖北省党部的领导权。

董必武立即组织力量向国民党右派发起反击。他以国民党湖北省党部名义，把郭聘帛一伙人的活动情况呈报国民党中央，揭露他们与北洋军阀相勾结、盗用国民党组织名义的真实面目。并于1925年3月24日，在湖北全省追悼孙中山逝世大会上，公开申明国民党湖北省党部早已成立，宣布郭聘帛等组织的"国民党湖北省党部和汉口特别市党部筹备处"为非法。使群众明了真相，郭聘帛的伪组织被迫取消。接着，董必武又报请国民党中央批准，正式委任刘伯垂负责汉口特别市的国民党党务。5月21日，以刘伯垂为首组建了直属国民党中央领导的汉口特别市临时党部。国民党右派的阴谋被粉碎。

为了更好地开展工作，1925年春，奉党组织的指示，董必武正式离开武汉中学，专门从事党的工作，尤其侧重于对国民党的统战工作。

经过长时间的酝酿和准备，1925年7月15日至20日，在极为秘密的情况下，国民党湖北省第一次代表大会召开。由于准备充分，大会开得十分成功。大会通过了《中国国民党湖北省第一次全省代表大会宣言》和《关于临时省执行委员会报告的议决案》《农民运动议决案》《一般国民运动议决案》等九个文件。宣言和决议案体现了中国共产党反帝反封建和推动国民革命发展的精神，又紧密地结合了湖北的具体情况，指明了湖北省国民党的行动方针、任务和策略。

大会选举产生了国民党湖北省执行委员会。执行委员会由董必武、陈潭秋等11名共产党员和张国恩、张朗轩、郝绳祖3名国民党左派组成。

这个选举结果体现了中共中央关于共产党要"站在国民党中心地位"①的方针，从组织上确保了国民党一大宣言和孙中山"联俄、联共、扶助农工"三大政策的贯彻执行，保证了国民党湖北省党部成为大革命运动在湖北的大本营，也为中国共产党在湖北的革命活动创造了有利条件。

会后，董必武等选派一批共产党员，以国民党湖北省党部特派员的身份分赴全省各地，筹建国民党县、市、区党部。到1926年1月国民党二大召开前夕，在黄安、麻城、黄冈、黄陂、黄梅、汉川、沔阳、枣阳、宜昌、天门、襄阳、蒲圻、汉阳、监利、钟祥等30多县建立起国民党组织，全省国民党党员迅速发展到3000多人。此期间，董必武还派共产党员石炳乾在安徽泾县、河南商城、江西德安建立国民党县党部或区党部。这几个外省的县、区党部当时也受董必武主持的湖北省党部领导。

在建立国民党湖北省各级党部时，董必武非常重视党员的政治素质，他强调要多吸收工农中的积极分子入党。武昌、汉口的国民党党员中，工人成分占90%；武昌第一区和第三区发展的国民党党员，全部是工人。董必武指导他们建立工人俱乐部，创办平民学校，吸引和团结了更多的工人。当时，在北洋军阀统治区域，共产党是被严厉禁止和镇压的，国民党的旗号是可以公开打出来的。在筹建湖北各地国民党组织的过程中，共产党员积极开展工作，使中共党组织也获得了很大发展。随着中共组织和国民党组织的发展，二七惨案后处于低潮的湖北工人运动也逐渐复苏起来，农民协会也开始在乡村建立。到1926年春，湖北省的工会组织由1925年的13个发展到20多个，工会会员仅武汉地区就有57000多人；农民协会已在27个县建立，有会员3万多人。董必武还十分重视对各种群众团体的领导，相继对武汉学生联合会（后改为湖北全省学生联合会）、湖北青年团体联

---

① 《国民运动进行计划决议案》，《中共中央文件选集》第1册，中共中央党校出版社1989年版，第200、201页。

合会、湖北省教育会、湖北妇女协会、武昌律师公会、反基督教大同盟、现代青年社、湖北工学联合会等进行整顿和充实，建立党团，使之成为在中国共产党和国民党领导下的有一定战斗力的组织。

经过董必武等一年多兢兢业业的工作，一个以共产党员为核心、以工农为主体、团结社会各个阶层群众的国民党湖北省党部建立，并积极运作了。他的工作受到了中共中央和国民党方面的肯定和赞扬。1925年10月，中共中央执行委员会在《湖北报告决议案》中，称赞说："湖北党部的国民运动颇能努力进行，在国民党中完全占于主持的地位，领导群众的政治活动，均有相当的成绩。"国民党第二次全国代表大会在听取董必武关于湖北党务工作报告后，于1926年1月15日作出的《各省区党务报告决议案》中也认为：湖北省党务"仍有相当之发展"，"并确立了本党在群众中的领导地位，这是很满意的成绩"。

掀起革命新高潮

1923年的二七大罢工，给予中外反动势力沉重的打击，显示了中国人民的伟大力量。北洋军阀虽然血腥镇压了大罢工，但对工人的斗争仍十分惊慌和恐惧。他们加强了对武汉的统治，仅在武汉三镇就派驻了三个师的军队，并配置数千名警察日夜巡逻，实行白色恐怖，以野蛮、凶残的屠杀压制人民的革命斗争。

改变因二七罢工失败出现的低落情绪，唤起民众继续开展革命斗争，是湖北中共党组织面临的一个重要而急迫的问题。二七惨案后，董必武迅即邀请李大钊南来，到武汉中学和湖北女权运动同盟会，讲演社会主义和妇女运动问题，鼓舞人们的革命斗志。但是，要产生广泛而强烈的社会影响，则需要大规模的群众运动，这在当时严重的政治形势下，必须选择恰当的时机。董必武和陈潭秋等仔细寻觅着这样的时机。不久，机会出现了。

1923年3月10日，在全国人民的强大压力下，北洋政府分别照会日本外务省和日本驻华公使馆，声明取消1915年袁世凯政府与日本政府缔结的中日条约及换文（即"二十一条"），提出收回旅顺、大连两租借地。14日，日本政府复照拒绝，北洋政府则默然了之。这立即激起全国人民的愤慨。20日，中国共产党领导的全国学联代表在上海举行会议，通电全国，号召各地学生奋起抗争，游行示威。

董必武闻讯后，觉得这是突破白色恐怖高压、复兴武汉地区革命的好机会。他立即与陈潭秋等商议，通过党、团组织，发动武汉学联、湖北教育会、汉口总商会、华商总会、武汉律师公会等，组成武汉各社团联合外交后援会。经过广泛发动和精心准备，4月12日，在武汉举行了声势浩大的国民大会。董必武参与了大会的领导。武汉工、农、商、妇、青、文教近50个团体和40多所大中学校的师生员工5万多人参加了大会。共产党员许鸿担任大会主要负责人，向与会群众报告了大会的起由、目的和意义；女共产党员夏之栩以湖北女权运动同盟代表的身份，发表了慷慨激昂、催人泪下的演说，愤怒控诉了日本帝国主义的侵华罪行。大会最后议决成立武汉国民外交委员会，发表对日国民宣言并通电全国，强烈要求立即取消"二十一条"，收回旅、大。会后，群众高呼"誓死废除二十一条！""誓死收回旅顺大连！"等口号，举行了声势浩大的游行示威。由于斗争锋芒直指日本帝国主义，又与北洋政府的要求不相违，萧耀南除暗加戒备外，表面上也不加阻止，大会获得了预期效果。这次大会不仅呼应了全国的反帝运动，而且"一改'二七'失败后的沉郁空气，使武汉人民的革命情绪为之一振"[①]。

此后，在董必武、陈潭秋等领导下，武汉地区的革命运动再次勃兴。

[①]　《江声月刊》1923年4月13日。

国民党一大接受中国共产党的主张，明确反帝反封建是革命的两大目标。国共合作使中国革命步入了一个新的阶段，反帝斗争成为国民运动的一个主旋律。1924年7月15日，北京学生联合会等50多个群众团体，在李大钊等领导下，组成反帝运动大同盟，宣布为废除一切帝国主义强加给中国人民的不平等条约而斗争。8月14日，全国学生联合会和上海市民对外协会、工团联合会、广肇公学等群众团体代表，在上海沪北公学集会，成立上海废约大同盟。为与北京、上海等地的反帝斗争相配合，董必武和陈潭秋、钱介磐、刘昌群、任开国、陈时、张朗轩等，以湖北教育界同仁名义，发起组织武汉反帝国主义运动大同盟。9月5日，董必武在武昌中华大学主持召开各团体代表大会，正式宣布成立"武汉反帝国主义运动大同盟"。到会代表48人，讨论制定了大同盟简章，一致推举董必武为临时主席，董必武、陈潭秋等15人当选为执行委员。9月7日，是辛丑条约签订23周年纪念日，董必武以武汉反帝大同盟临时主席的身份，在武昌中心地域阅马场发起召开"九七"国耻纪念大会，50多个团体、各界群众数千人参加，董必武被推举为大会主席，并作了主题报告。他说：距今23年前，我国受八国联军威胁，缔结辛丑条约，在我国外交史上，是最大耻辱之事，为我国人民所痛心疾首。他强调指出："此种条约利害之大，有如封豕长蛇，一日不废除，吾国本一日不能伸张，而吾国人亦无享平等幸福之一日"，号召各界群众为"废除种种不平等之条约，及谋人类之生存，谋国际外交之平等"而群起努力①。他的精彩演讲不时为热烈的掌声所打断。又有十几位代表先后演讲，强烈要求废除不平等条约。会后，群情激愤，举行了示威游行。大会再次激发了武汉人民对帝国主义侵略的愤怒，焕发了各界群众的反帝热情。当时，汉口英租界租用期已满，董必武、陈潭秋将之与反帝斗争结合起来，多次建议收回汉口英租界，得到武汉各民众团

---

① 《江声月刊》1924年9月9日。

体的热烈响应。

1925年5月，因日本资本家枪杀工人、共产党员顾正红，租界巡捕拘捕抗议暴行的学生，而引起上海人民反帝大示威。30日，英国巡捕竟在南京路向示威群众开枪，当场打死13人，打伤几十人，制造了震惊中外的五卅惨案。在中国共产党领导下，爆发了席卷全国有1700多万人参加的五卅运动。

董必武立即领导武汉人民投入这一反帝爱国运动。他通过国民党湖北省临时党部，发出紧急动员通电，组织各群众团体成立武汉中国工人罢工后援会，发动各界群众募捐，援助上海工人，号召全省人民奋起反抗帝国主义野蛮残暴的大屠杀。这一号召立即得到全省人民的响应。从6月2日起，武汉的工人、学生、商人相继罢工、罢课、罢市，举行示威游行。各校学生组织演讲团，上街演讲、宣传，"收回租界！""取消领事裁判权！"的口号响彻武汉三镇。

帝国主义对中国人民日益发展的反帝运动又恨又怕，但他们不甘心于失败。6月10日，汉口英国太古轮船公司一名董事竟操纵英国巡捕寻衅开枪，打死一名码头工人，打伤多人，并捕去8人。经过反帝爱国运动洗礼的武汉人民立即行动起来，11日，武汉码头工人宣布罢工。许多人力车工人和纱厂工人聚集在太古码头，青年学生也结队前来发表演讲，市民亦不断涌往。人越来越多，英国侵略者惊恐万状，调集停泊在长江江面的军舰，开到江汉关上侧的苗家码头，向聚会群众示威，并命令其租界"义勇队"、海军陆战队、商团，向聚集的人群开枪射击，当场枪杀数十人，打伤20多人，制造了"六·一一惨案"（即"汉口屠杀案"）。

美、日、德、意等国军舰也移泊英国租界江面，助纣为虐，明目张胆地恫吓武汉人民。

面对人民群众如火如荼的反帝斗争和帝国主义列强的联合进逼，北洋军阀在湖北的统治者萧耀南十分惊恐。他采取了向帝国主义谄媚、压制人民反帝斗争的态度,调集兵力保护租界,通令在武汉三镇紧急戒严,宣布不准举行示威游行,禁止各种报刊刊登反帝文章,禁止人民聚会,并搜捕、枪杀中共党员。同时,强令各学校提前放暑假,破坏武汉人民的反帝斗争。当时,驻武汉密探在给北洋政府的报告中说:"汉案继起,市民忿甚,学生尤为激昂,鄂都持严格主义,将各学校提前放假,勒令回籍,免滋纠纷。"又报:"汉口事起,人心动摇,较沪尤甚,萧督严加防范,对学生实行压制,对党人大肆搜拿。前枪毙之萧英,系因搜获共产主义之印刷品,现又枪毙潘义。"①

在中外反动势力相互勾结、压迫人民的情况下,董必武和陈潭秋、钱介磐等研究制定了新的斗争策略。"汉口屠杀案"发生当天,董必武、陈潭秋马上召集武汉各团体联席会议,决定成立各法团外交后援会,由其出面领导各界群众开展斗争,并通电全国,呼吁各省人民声援武汉人民的反帝斗争;同时电告北京段祺瑞执政府和湖北省政府,督促其向英、日政府提出外交交涉。这样既领导人民群众继续向帝国主义展开斗争,又保护了人民群众的安全。针对萧耀南强令学生返乡的决定,董必武他们决定将计就计,通过党、团组织,派遣在武汉学习的各县大中学生,返回家乡开展反帝宣传活动,将反帝运动普及到全省各地。在进步青年学生的宣传和组织下,湖北各县甚至远在鄂西北的郧县,也成立了"沪案后援会",推进反帝运动,使五卅反帝爱国斗争遍及湖北城乡。

经过一段时间的仔细准备,董必武和陈潭秋等又领导人民开展了新的斗争。6月21日,发起由各群众团体开展募捐的活动,抚恤死亡工人家属,再次激发人民群众的反帝斗志。同时与群众团体研讨提出"汉口屠杀案"的解决条件。7月13日,以湖北各法团外交后援会名义,就"汉口屠杀案"向英国政府提出五条先决条件和六条正式条件。先决条件是:

---

① 中国第二历史档案馆:《五卅运动和省港罢工》,江苏古籍出版社1985年版,第62页。

（一）撤退英军舰，并解除英租界义勇队及巡捕武装。（二）英租界完全由中国军警驻扎保护。（三）赔偿伤亡及因本案所受之一切损失。（四）撤销太古公司在租界之行栈、码头及一切建筑物。（五）英领事声明担保不再有伤害、侮辱华人之行为。正式条件是：（一）收回租界，撤销领事裁判权，并废除一切不平等条约。（二）严惩开枪之负有直接责任者，及引起此次重大纷扰之主要人。（三）英军舰以后不得航泊中国内河，非依国际法不得航泊中国内海。（四）取消海关雇佣英人办法。（五）英人在中国内已设立之工厂，须完全服从中国法律。（六）英国政府向中国政府及本案发生地方政府道歉。这些条件充分反映了中国人民追求独立、自由、平等的要求。虽然在当时情况下是不可能实现的，但它喊出了中国人民的正义呼声，起到了教育人民、团结人民进行反帝斗争的作用，对于1927年汉口人民收回英租界提前作了思想动员的准备。

这期间，又传来英国帝国主义枪杀中国人民的惨案。6月23日，英、法军队在广州沙基开枪打死广州群众52人，重伤170多人。董必武被帝国主义的残暴所激怒，和陈潭秋等不顾萧耀南的戒严命令和白色恐怖，于28日至30日连续组织武汉各界群众举行示威游行。7月11日，经董必武和陈潭秋等发起组织，湖北各界群众在武昌和汉口分别集会，追悼沪汉粤死难同胞。这是一次大规模的反帝集会。参加武昌大会的有国民党湖北省临时党部和汉口特别市临时党部、湖北全省工团联合会、湖北省女权运动同盟会、湖北省教育会、湖北省教职员联合会、武汉学生联合会、武汉商业联合会、武汉新闻记者团，和江陵、宜昌、襄阳、鄂城、钟祥等49县的旅省同乡会，共100多个团体或单位，还有50多所大中小学校的师生，共5万多人。会场布置得十分肃穆，白色牌楼上悬挂着悼念死难同胞的对联：

重于泰山，轻于鸿毛，男儿死耳，不为强暴屈；
人为刀俎，我为鱼肉，天下悼亡，乃于公理伸。

会场气氛悲壮而昂扬,表达了人民对帝国主义侵略暴行的愤怒和坚决斗争的决心,在各界群众中产生了强烈震撼。

根据当时革命形势的发展,董必武和陈潭秋决定利用"九七"国耻纪念日,再次开展反帝斗争。通过国民党湖北省党部向各县市发出通告,要求在9月7日前后,在全省开展"反对帝国主义周"。这时,萧耀南在京沪和湖北全省舆论的谴责下,为了笼络人心,欺骗群众,进而操纵人民群众的反帝斗争,特授意湖北退伍军官组织——将军团,发起"对英同志会",组织"九七"水陆大游行。董必武等立即抓住这个机会,动员全省共产党员和国民党员一致行动,发动群众参加这次游行。结果,在9月7日,整个武汉三镇包括长江水面出现了10多万人的游行队伍,"全国农工商学联合起来!""打倒帝国主义!""打倒媚外军阀"等口号响彻长江两岸。9月14日刊出的《工人之路》特号称:这次群众游行,"群众之热烈为此前所没有"。萧耀南企图粉饰自己,时机却为人民群众所利用。"九七"水陆大游行变成了武汉人民一次规模空前的反帝反军阀的示威运动。

封建势力是帝国主义侵略中国的帮凶,是中国革命的凶恶敌人。在领导进行反帝斗争的同时,董必武领导人民进行了反对北洋军阀的斗争。

20年代,北洋军阀内部倾轧甚烈,政权更替频仍,混战不休,给中国人民带来极其深重的灾难。1924年10月,第二次直奉战争爆发,正当双方激战之时,直系将领冯玉祥从前线回师,发动北京政变,推翻贿选总统曹锟,飞扬跋扈、不可一世的"常胜将军"吴佩孚仓皇南逃。冯玉祥组织国民军,电邀孙中山北上共商国是。孙中山于11月10日发表《北上宣言》,以中国共产党倡议的"国民会议"主张相号召。但这时被奉系和冯玉祥捧出担任临时执政府执政的段祺瑞,却拒绝孙中山的主张,提出要召开所谓的善后会议。两个会议,其内涵相去甚远。在中国共产党推动下,全国立即掀起了反对善后会议的国民会议运动。董必武在湖北大力领导开展了国民会议促成活动。12月21日,国民会议湖北促成会成立,出席代

表231人，代表121个团体。董必武和陈潭秋出席并参与了会议的领导。会议推选钱介磐、许鸿、何恐、郭述申等共产党员和国民党左派为执行委员。会后，武汉各团体相继举行集会，发表宣言，揭露段祺瑞的真实面目，抨击所谓善后会议，宣传革命主张，引导群众积极参加反对北洋军阀的斗争。在当时颇显迷惑的政治形势下，这些活动起到了教育人民、引导人民的作用。

为了争取外力配合湖北省的进步力量，共同反对吴佩孚、萧耀南对湖北的黑暗统治，董必武与陈潭秋研究后，于1925年2月，与国民党左派人士潘正道西出四川。3月转程北上，到北京、辽宁、察哈尔等地，探察刘湘、段祺瑞、张作霖各派势力的动向。4月，又到张家口拜晤了冯玉祥，代表湖北人民表达了对吴佩孚统治的痛恨之情，要求冯玉祥对吴佩孚施加军事压力。这个要求虽然未曾实现，但对冯玉祥思想转化产生了一定影响。后来在抗战时期，董必武与冯玉祥又有多次接触。

五卅运动中，萧耀南充当帝国主义的鹰犬，董必武在领导人民群众把斗争锋芒指向英、日帝国主义的同时，还对萧耀南进行了揭露和斗争。他和陈潭秋联络武汉各团体散发了《卖国贼湖北督办萧耀南的罪状》，揭露了萧耀南牺牲国家和人民利益、讨好帝国主义的奴才本相，使人民群众进一步认清了他的反革命面目。

这年秋天，吴佩孚与奉系军阀相勾结，共同进攻冯玉祥国民军，为了筹集内战军需，吴佩孚决定加重税捐，并对食盐提价。董必武和陈潭秋等立即领导党、团组织，发动武汉学生、工商各界，在武昌阅马场召开有1万多人参加的大会，反对吴佩孚对人民的盘剥。萧耀南气势汹汹地调集大批军警包围会场，进行破坏和捣乱，以镇压相威胁，董必武毫不畏惧，领导大家坚持开会，并提出针对性十分鲜明的"反对军阀扩军备战！""反对盐斤加价！""反对一切苛捐杂税！"等口号。会后举行了声势浩大的游行示威。由于工作做得细，社会各界团结一致，共同反对，最后吴佩孚被迫收回成命，其进一步盘剥湖北人民的这一阴谋破产。

处在人民声讨、四面楚歌的北洋军阀当局，并不善罢甘休，而是更加疯狂。1926年3月11日，湖北督理陈嘉谟用武力查封了湖北省农民协会，逮捕了省农协常委聂洪钧及国民党湖北省党部农民部干事，并通缉董必武。面对敌人的疯狂，董必武泰然处之，坚持斗争。当时，湖北各界正在筹备孙中山逝世周年纪念大会，董必武为筹备大会总务处负责人，事务繁杂。他在秘密活动的情况下，妥善处置，周密地布置了纪念大会。

不久，出现了鲁迅先生谓之"民国历史上最黑暗的一天"。3月12日，日本军舰掩护奉系军队进攻大沽口冯玉祥的国民军，遭到还击。日本帝国主义立即纠集英美法意等国，以维护辛丑条约为借口，向段祺瑞执政府发出最后通牒，列强并将20余艘军舰群集大沽口进行恫吓。大沽口事件充分反映了帝国主义的霸道行径。3月18日，在李大钊为首的中共北方区委和国民党北京市特别党部领导下，北京各界群众5000多人举行反帝大会。会后2000多人前往铁狮子胡同执政府请愿，段祺瑞竟下令卫队开枪镇压，制造了三一八惨案。在武汉中学经董必武直接培养加入中国共产党、时为北京大学学生的宋照晟也遇害。噩耗传来，董必武十分悲痛，他亲赴武汉中学参加了追悼会，并沉痛地发表演说，赞扬烈士们英勇斗争的精神，痛斥段祺瑞的罪恶行径，并勉励大家："烈士们是为反帝国主义及其走狗而死的，我们这些活着的人应该踏着他们的血迹继续前进。"① 接着，董必武策动在武汉全市开展追悼死难烈士的活动。许多学校都召开了追悼会，法科大学的一副挽联，道出了青年学生的激愤和革命决心：

羡诸君赴汤蹈火而不辞，山岳为之崩颓，风云为之变色；
幸同志执锐披荆其未已，魔障终当扫尽，革命终当成功。

---

① 武汉中学：《朴诚勇毅干革命——缅怀董必武同志在武汉中学的光辉实践》，《忆董老》第1辑，湖北人民出版社1980年版，第122页。

3月31日，经过董必武等的布置，武汉群众在武昌阅马场举行紧急大会，追悼三一八惨案殁难同胞，并把斗争矛头直指北洋军阀吴佩孚。"推翻段祺瑞！驱逐吴佩孚！"的口号，反映了武汉人民的共同心愿。

经过董必武、陈潭秋等的组织和推动，经过一系列的革命斗争，湖北人民反帝反军阀的革命运动，汇聚成为不可抗拒的强大洪流，为更大规模的革命斗争打下了坚实的基础。

反击国民党右派

国共两党的合作，开创了中国革命崭新的局面，推动着全国反帝反封建的革命蓬勃发展。事实清楚地表明了中国共产党人的伟大作用，表明了国共合作的重要和必要。但是，国民党内的一些右派分子，从其阶级偏见和个人私欲出发，从一开始就不满意孙中山提出的联俄、联共、扶助农工三大政策，不愿意与共产党实行合作，对工农运动始终怀着恐惧和仇视，不时跳出来干扰和破坏国共两党的合作。国民党一大时，方瑞麟、黄季陆以反对"跨党"为由而反对国共合作。1924年6月，邓泽如、张继、谢持向国民党中央执行委员会提出"弹劾共产党案"，声称国共合作"确于本党之生存发展有重大妨害"。结果均遭到坚持国共合作大计的孙中山的申斥，其荒谬提议被否决。1924年8月，国民党中央执行委员会郑重通告："谓本党因有共产党员之加入，而本党主义遂以变更者，匪谬极戾，无待于辩"；"谓本党因有共产党员之加入，而本党团体将分裂者，亦有类于杞忧"；"证之本党改组以后发展情形，益可以无疑"。但是，右派分子不但没有接受，没有收敛，而是愈走愈远。1925年春，覃振、傅汝霖等伙同已被开除出党的冯自由，乘孙中山重病之际，在北京发起成立"中华民国国民党同志俱乐部"。接着，林森、张继等在上海成立"辛亥革命同志会",邹鲁、孙科、吴铁城等在广州成立了"南堤小憩"俱乐部等右派组织。3月12日孙中山逝世后,这些右派分子更是无所顾忌,公开打出"分共清党"的旗号,破坏国共合作和国民革命事业。经过多次密谋和筹划,1925年11月,邹鲁、林森、居正、覃振、叶楚伧等十多人在北京西山碧云寺,召开所谓"国民党一届四中全会",作出取消共产党员的国民党党籍、开除国民党中央执行委员会的共产党员、解除苏联顾问鲍罗廷职务等反共决议。

孙中山逝世后,国民党内又出现新右派,戴季陶就是其代表。1925年六七月,他相继发表《孙文主义之哲学的基础》《国民革命与中国国民党》等小册子,鼓吹阶级调和,反对马克思主义的阶级斗争学说;反对共产党员加入国民党,反对国共合作。"戴季陶主义"立即在上海、广州引起很大反响,国民党内的反共分子捧之为"最高理论",并逐渐集结起来。

经过国共两党共同努力而缔结的国共合作,受到了严重的挑战,蓬勃兴起的革命受到严重的挑战。中国共产党和国民党左派立即对国民党新、老右派进行了反击。

戴季陶主义一出笼,就遭到共产党人和国民党左派的严厉批判和进步群众的有力谴责,戴季陶后来也羞答答地承认,其小册子发行后立即受到"很大的攻击","不能收圆满的效果"。

根据中共中央的指示,董必武在武汉大力开展了对国民党右派分子的斗争。他以国民党湖北省党部的名义,发表了《共产党员加入本党问题》的报告,以大量事实有力地批驳了戴季陶等右派分子对国共合作和对共产党的攻击。

报告强调指出,由于共产党加入国民党,才使国民党得以焕发生机,才使革命出现大好局面,强调不但不应非难共产党,而应加强国共合作。

随后,董必武又指示国民党湖北省党部宣传委员会,在全省国民党员中开展"怎样防止醒狮派在鄂之实际活动"和"纠正戴季陶所著《国民革命与中国国民党》"问题的大讨论,提出了《反对醒狮派国家主义》和《党的分化问题》的报告。1925年8月国民党左派领袖廖仲恺被国民党右派指使的暴徒暗杀后,董必武又指示省党部秘书处就此事件向党员发出"特别训诰",通告各级党部要严密组织,加强教育,注意揭露国民党右派分子在湖北的阴谋活动。并派遣"专员"分别到各级党部去进行督查,杜绝右派分子的扰乱。与此同时,董必武通过湖北国共两党组织,指导《武汉星期评论》《武汉工人》《湖北妇女》和《江声日刊》等发表文章,组织编印专门小册子,对戴季陶主义和流行于湖北的醒狮派国家主义、无政府主义进行批判,揭露其反对共产党、反对国共合作、破坏人民革命运动的反动本质,在思想上理论上宣传和维护了国共合作。

与西山会议派的斗争,更重要的是必须对他们实行组织制裁,把他们从国民党中央清除出去,剥去其画皮。有鉴于此,董必武以国民党湖北省党部的名义,提请国民党中央执行委员会,力争尽早在广州召开国民党第二次全国代表大会,开除西山会议派的党籍,用严厉手段对付叛党党员和西山会议派设在上海的"国民党中央"。并建议国民党中央坚持两条原则:"凡未经中央正式承认之组织不能办理选举","凡未编入组织之党员无选举权及被选举权",用以防止国民党右派混入大会。

董必武等人的提议适应了当时政治斗争的需要。其时,国民党第二次全国代表大会的筹备工作正在进行。11月,国民党中央向各省市党部发出通知,要求各省选派代表于11月15日前到广州参加国民党二大。

国民党湖北省党部接到通知后,推举董必武和蔡以忱、袁溥之、钱介磐为代表出席国民党二大。他们于11月15日前抵达广州后,又得知因许多省市代表未如期赶到,会期延至第二年1月1日举行。于是,董必武留住老战友詹大悲的寓所,等待参加会议。这期间,他注意了解国内外政治动向和各地工农运动开展的情况,感受很多。他结识了许多共产党领导人,尤其是结识了正在主持广州农民运动讲习所的毛泽东和黄埔军校政治部主任周恩来。

广州也并不平静。当时，国民党右派戴季陶、王柏龄、贺衷寒、缪斌等在蒋介石的指使下，在黄埔军校成立孙文主义学会，进行反对孙中山三大政策、破坏国共合作的活动。以共产党员、青年团员和左派青年组成的中国青年军人联合会，正与孙文主义学会进行激烈的斗争，这种斗争扩展到了党、政、军各部门。董必武了解这一情况后，就和詹大悲、钱介磐等把在黄埔军校学习的湖北籍学员组织起来，成立了湖北革命共进会，并担任执行委员。其目的是教育这些青年明辨是非，维护国共合作，不上孙文主义学会分子的当而误入歧途。这个组织对于抵制孙文主义学会的影响起了积极的作用。为了开好国民党二大，12月13日，董必武以湖北省党部出席国民党二大代表的资格，和海外各总支部、福建省党部出席国民党二大代表，一起发表联合通电，痛斥西山会议派，表示坚决拥护国民党中央执行委员会决定召开第二次全国代表大会。在大会召开前夕，董必武出席了国民党中央执行委员会在12月25日、29日召开的两次"谈话会"和31日召开的预备会议。他和邓颖超、陈其瑗、詹大悲、包惠僧等被推举为大会开幕词草案审查委员会委员，参与了对大会开幕词的审定。

1926年1月1日，中国国民党第二次全国代表大会在广州中央大礼堂隆重开幕。董必武出席了开幕式，并当选为各省区代表团联合办事处干事。在7日举行的全体会议上，他与吴玉章、邓颖超等被推选为提案审查委员会委员，这是大会主席团领导下的一个主要机构，负责审查大会各项报告，提出各项决议案的草案。

董必武代表国民党湖北省党部向大会作了《中国国民党湖北省党部党务工作的报告》。报告内容包括湖北省国民党组织发展、宣传、工运、农运、青运、妇运等方面的情况，以及军事、财政、民政、外交、经济五个方面的问题。并向大会提出废除总理制，反对右派分子组织的"同志俱乐部"和"护党委员会"，开除叛徒党员，严厉对付反革命分子，肃清反革命军队等主张。大会对董必武领导的湖北党部的工作给予很高的评价。

虽然孙中山和廖仲恺逝世了，又有西山会议派的捣乱和分裂，但国民党二大是在五卅运动后出现反帝高潮和广东统一、革命继续发展的形势下召开的。出席会议的256名正式代表中，中共党员约100人，国民党左派占了多数。因此，维护国共合作，继承孙中山三大政策的呼声非常强烈。大会通过的宣言再次郑重宣布：接受"总理遗嘱"和一大所定的政纲，重申了反帝反军阀的政治主张，宣布要继续执行联俄、联共、扶助农工的三大政策。

会议期间，董必武获知了国民党右派在武汉大肆活动的消息。原来，以国民党元老自居的居正和张知本，乘董必武等到广州开会之机，窜到武汉兴风作浪，公开提出不承认由国民党中央执行委员会所指定的、刘伯垂领导的汉口特别市党部，叫嚣要"解散""取消""由董必武、陈潭秋……等所把持"的国民党湖北省党部。并且竟然"另委"居励今、李西屏、曾尚武、项杰等"筹办改组"、"重新登记"、"另行组织"，一时颇为嚣张。董必武立即予以反击，在报刊上发表宣言、启事，公开严正否定居正等人的行为。指出：

> 中国国民党湖北省党部系受命于本党最高机关广州中央执行委员会之合法组织，集合革命同志，以领导革命民众，努力于本省之国民运动为职志，只知遵守党纲，服从纪律，刚强淬励，不惧暴逆。此次北京少数分子之叛党行为，早经通电严加驳斥。近日报载北京伪会有取消省党部之荒谬言论，除剀切宣言，申罪致讨外，深恐各界人士为所蒙蔽，致乱真伪，用特声明，即希鉴案①。

同时，董必武又以湖北省党部名义，向国民党二大主席团报告了居正

---

① 《长沙大公报》1926年1月8日。

等人的破坏活动,请求中央宣布其决定无效。1月9日,董必武的革命战友詹大悲又向大会提出临时动议:"居正等反动分子既用上海伪中央执行委员会名义,擅行宣布解散湖北省党部、汉口特别市党部,应速由大会通电全国,声明其为不法举动,以维持湖北党务及各省党务。"这个动议立即得到董必武等十几名代表的支持。大会最后通过了"上海之伪中央执行委员会所发出命令当然无效"的决议案,并通电全国。居正等国民党右派颠覆湖北省党部的企图被粉碎。

如何处理西山会议派,是国民党二大的一个重要议题,也是一个引起争议的问题。董必武旗帜鲜明地参加了这场斗争。1月7日,他和出席会议的湖北其他代表向大会郑重提出撤销被邹鲁、谢持等控制的上海、北京执行部的提案,被大会接受。大会决定,这些执行部"以时势以事理均无继续存在的必要"。经过酝酿和审查,提案委员会草拟了《关于弹劾西山会议审查报告书》,动议对西山会议派作出处置。13日,提案委员会将此报告提交大会讨论。汪精卫当即表态,声言他与蒋介石于昨晚曾经讨论了对西山会议派的处置办法,认为"西山会议都是一二人主动之事","那一二人主动的,自然应开除党籍,但其余有一时受惑或受人利用的,应该从宽处分","予以自新之路"。由于当时汪精卫反复表示要忠实遵循孙中山的遗志,被视为国民党的"左派"领袖,颇有一些号召力;更由于共产国际代表和中共中央主要领导人陈独秀唯恐同国民党的斗争会导致国共分裂,只讲团结,不讲斗争,出席国民党二大的中共党团书记张国焘循此行事,主张迁就。所以,汪精卫和蒋介石商议的主张,虽曾遭到一些代表的非议,但大多人附议了,会议通过了汪精卫提出的修正案,把对居正、石青阳、石瑛、覃振等开除一年党籍的处分,降为"用书面提出警告"。

参与提案委员会草拟并做了许多工作的董必武,对汪精卫的修正案颇为不满。他深知如果不予居正等应得的处置,他们还会继续打着国民党的旗号兴风作浪,不但国民党湖北省党部不会稳固,国民运动在湖北难以大规模开展，而且会对全国的革命带来莫大的损失。于是，他和湖北省代表钱介磐、袁溥之、蔡以忱等商议，在大会的最后一天，即1月19日，又向大会提出"处分违犯本党纪律党员案"。讨论时，董必武向大会剀切地提出："本席以为对于像居正一般人的处分，大家试设想各地党务之前途，有否困难，即可得相当的意见。所以本席主张居正、石青阳应永远开除党籍。"董必武合情合理的提议，立即得到与会大多数代表的支持。大会最后经过表决，形成下列决议：（一）居正除列名西山会议外，尚列名北京同志俱乐部，经警告不理，且现尚在湖北捣乱，应予以除名处分；（二）石青阳亦列名北京同志俱乐部，且勾结军阀，亦应予以除名处分；（三）覃振、石瑛、茅祖权亦列名北京俱乐部，应予以警告，限两个月内向中央党部声明脱离；（四）邵元冲现尚在上海主持伪中央执行委员会，应予警告，令其立时停止进行；（五）叶楚伧除主持伪中央执行委员会外，复主持《民国日报》作反动之言论，应令停止职务，并将该报交出改组。董必武的努力成功了。这是他和其他共产党人与国民党左派经过艰苦斗争，在国民党二大取得的巨大胜利。这个决议的作出，给予西山会议派沉重的打击，也是对居正等猖狂破坏国民党湖北省党部罪行的一次清算，从而在政治上、组织上保证了国民党湖北省党部的巩固，使它在湖北即将到来的革命高潮中能够发挥积极的作用。

国民党二大最后的重要议程是选举中央执行委员会和监察委员会。本来，董必武领导国民党湖北省党部工作成绩显著，以斗争坚定而著称，而且德高望重，理应成为候选人之一。但出席国民党二大的中共党团书记张国焘，在酝酿候选人过程中，向汪精卫等表示不希望增加中共方面人数，因此，候选人名单中没有安排湖北省的名额。这引起湖北及其他省市代表的不满，纷纷提出应把董必武列为候选人。董必武见一些人极力争当中央执行委员，便说："国民党人争当中委，不好安排，我们不选也是一样干革命。"钱介磐一向心直口快，马上说："这不仅是你个人的事，是关系湖北党的问题。"在中共党团会议上，钱介磐当面质问张国焘："你代表党中央，懂不懂为什么要选举国民党中央委员？湖北为什么不能选一个？辛亥革命武昌首先起义，牺牲了很多人，流了很多血，湖北不选一个人，湖北人民要问，你们怎么当的代表，为什么不提出来？我们怎么交待呢？你是中央代表，要懂得各地区及各个人对革命的贡献、价值。董必武同志跟孙中山革命多年，在湖北最有威信，他不要当选，是他的谦虚美德，你可是代表中央，该选不该选，你要对革命负责任啊！"①经钱介磐和一些代表的据理力争，张国焘遂接受了湖北代表的意见，代表中共方面向大会提议董必武为候补中央执行委员候选人。1月16日选举候补中央执行委员，在当选的24名委员中，董必武以多数票当选为国民党中央执行委员会候补委员。这是对董必武追随孙中山奔走革命行动的嘉奖，是对他领导湖北国民党党务及革命运动作出重大成绩的肯定。并从更高的领导层次上，确立了他对国民党湖北省党部的指导地位。

国民党二大闭幕后，董必武又出席了1月22日至25日举行的国民党二届一中全会。根据国民党党章第三十八条规定，作为候补中央执行委员的董必武，负有代表中央指导国民党湖北省党部和汉口特别市党部党务之责。

之后，董必武以国民党中央执行委员会驻鄂特派员身份返回武汉。他立即在汉口召开了湖北省国民党活动分子会议，报告了国民党二大召开的经过，传达了大会的各项决议，部署了工作。共产党员、时任国民党湖北省候补执行委员的刘子谷回忆说：

> 大会上，董老除了报告国内外形势和广州会议的情况外，着重指出广州会议左派占压倒优势，形势于我们有利；但国民党的右派分子仍很嚣张，

---

① 袁溥之：《回忆董老师》，《忆董老》第1辑，湖北人民出版社1980年版，第109页。

随时都可能制造事端，必须看到他们的危害性。董老说："我们一定要大力协助国民党健全地方组织，扩大左派队伍；特别要在各县开展农民运动，树立雄厚的革命力量，把国民革命推向前进。"显然，董老在那时已意识到我们在壮大革命统一战线的同时，必须把基本群众的力量组织起来，以防国民党右派的叛变①。

接着，董必武领导筹备了国民党湖北省第二次代表大会，2月25日至26日，大会召开。董必武以国民党中央代表的身份出席并指导大会，他向大会报告了国民党二大的精神，指导大会通过了接受国民党二大决议案、对本省政治主张案、发展农民运动案的决议案。改选和补选了省党部执、监委员。在董必武的指导下，湖北省党部执、监委员中，共产党员和国民党左派占绝对优势，与国民党二大陈独秀、张国焘的退让方针形成鲜明的对比。

根据国民党中央的决定，董必武没有再担任湖北省党部执行委员会委员（半年后，他又出席指导了国民党湖北省第三次代表大会）。但他肩上的担子更重了，为了迎接即将到来的、席卷大半个中国的大革命高潮，他多方奔走，更加忙碌。

策应北伐进军

1926年春，全国出现了有利于革命发展的新形势：反帝反封建的革命运动在各地继续发展；广东革命根据地经过两次东征和平定刘杨叛乱，得到了巩固，并因广西的归顺实现了两广统一；国民党二大后国共合作

---

① 刘子谷：《忘我为革命的一生——回忆董老》，《忆董老》第1辑，湖北人民出版社1980年版，第159页。

继续发展；冯玉祥国民军倾向革命并与奉系军阀分裂；北洋军阀内部争斗益趋激烈。各方面的情况表明，铲除北洋军阀黑暗统治的时机已经成熟。

针对国内政治形势，2月间，中共中央在北京召开特别会议，强调了进行北伐的紧迫性，确定：党在现时政治上的主要任务是："从各方面准备广东政府的北伐。"指示"在北伐路线必经之湖南、湖北、河南、河北"等省党组织，要"预备民众奋起的接应，特别是农民的组织"。这次会议对北伐战争的胜利进行产生了重要的推动作用。

接到中共中央指示后，董必武立即行动起来。为了迎接北伐，他特函国民党中央执行委员会，要求在武汉设立政治委员会湖北分会，以加强对湖北地区革命工作的领导。随后，他前往长沙，策动唐生智归顺广东革命政府。

唐生智，湖南东安人，保定军校毕业，时任赵恒惕湘军第四师师长。他雄心勃勃，率部占据湘南和湘东株萍路一带，兼有水口山铅锌矿收入，刻意将所部扩充到两万多人，并从汉阳兵工厂购得大批枪支改善装备，军队每日操练八小时以上，实力远远超出赵部其他师。随着实力增强，遂萌取代赵恒惕之意，两人矛盾日渐尖锐。五卅运动后，湖南人民在毛泽东、夏曦等领导下，掀起讨吴（佩孚）驱赵（恒惕）运动，唐生智倒赵之意趋强。1926年3月，在湖南人民驱赵高潮中，唐令所部于3月8日向长沙逼近，武力威逼赵恒惕于3月12日辞职，并于次日任命唐生智为内务司司长，代行省长职权。但唐生智此时首鼠两端，一方面派其驻粤代表刘文岛与广州国民政府联系，另一方面通过吴佩孚的代表蒋百里和吴佩孚沟通，"没有公开代表民意的政治主张，而仍要假捧省宪，对于民众的22条（应为24条），斥为暴徒政策，置之不理"①，政治态度非常模糊。湖南地处中

---

① 葛特：《北伐声中之湖南》，《向导》第162期。

国南北交通要地，是北伐的必经之地，唐生智转向，将对北伐有着非常重要的意义。为此，董必武奉国民党中央之命秘密前往长沙，动员、争取唐生智。

董必武抵达长沙后，广州国民政府代表陈铭枢、白崇禧也于3月25日抵达长沙，他们一起和唐生智进行了多次晤谈。经过董必武、白崇禧、陈铭枢的说服、规劝，唐生智在吴佩孚支持赵恒惕旧部卷土重来的形势下，提出其所部扩编为一个军、由驻广东湘军所改编的国民革命军第二、第六军不进驻湖南两个条件得到满足后，遂宣布完全归顺广州国民政府，旋即被任为国民革命军第八军军长。唐生智率部参加国民革命军，使北伐增添了一支实力较为雄厚的劲旅，粉碎了吴佩孚控制湖南、直逼广东的如意打算，为北伐顺利进军打通了道路。

在长沙，董必武还与国民党湖南省党部的夏曦、郭亮等商讨了迎接北伐的有关问题，达成了一致。他此行的两方面工作，均是完满。

4月上旬，董必武风尘仆仆返回武汉。他分别向中共武汉地委、国民党湖北省党部和汉口特别市党部报告了长沙之行的经过和结果，并领导研究了如何发动工农群众策应北伐的工作，做了具体部署。不久，他又再下广州，向国民党中央报告湖北的工作，提出湖北策应北伐的建议，再次要求在武汉成立策应北伐的指挥机关，申请增加活动经费。为此，曾多次参加国民党中执委常务委员会议。几经周折，他的建议被接受。6月中旬，在领到一万元银毫经费后，董必武由广州经上海返回武汉。7月11日，湖北特种委员会正式成立，董必武担任委员会主席，刘孝澄、潘怡如任委员（刘、潘二人未到汉前由张国恩、吴德峰暂代）。其任务是：（一）破坏敌人军纪；（二）特别宣传；（三）侦察军事政治消息。此前，在5月，中共中央根据革命斗争发展的需要，决定中共武汉地委改组为湖北地委（后改称湖北区委）。董必武任中共湖北地委（区委）委员，主管军事工作，并继续担任中共汉口地委书记。这样，董必武身兼数职，全力投入了策应北伐的各项工作。

首先,大力发动工农运动。董必武和中共湖北地委通过国民党湖北省党部和省农民协会,向鄂南各县派出北伐宣传队和军事特派员、农协巡视员或特派员。如先后派陈荫林前往黄冈,吴光浩去黄安、应城、黄陂、孝感,石炳乾去枣阳、江陵、京山、天门,张培鑫去汉阳、汉川,蔡以忱去黄梅,漆昌元、聂洪钧去蒲圻、咸宁、嘉鱼、通城等;加紧发展武长铁路、京汉铁路沿线及其附近县城的工作。在武昌,发动汉阳兵工厂、英美烟厂、申新纱厂、福新面粉厂等厂工人,准备在北伐军攻打武汉时,举行罢工,并为北伐军秘密组织了侦察向导队。同时,组织了码头工人、船工、人力车夫等,待北伐军攻城时,拆毁桥梁,沉没船只,切断吴佩孚军队的交通线。还通过省农协、省妇委相继出版了《湖北农民》《湖北妇女》等刊物,以宣传北伐的意义,将北伐的消息及时传送到人民群众中去。

经董必武催促,潘怡如、刘孝澄赶回武汉,特种委员会展开工作。配合北伐军的一项重要任务是,弄清吴佩孚军队在武汉三镇及其附近的布防情况。董必武和潘怡如设了一计,由潘怡如以治病为名,坐在四人抬的轿子里,到武汉三镇各主要道口、军事设施实地察看,绘制成地图,送交北伐军。经过侦察,发现吴佩孚把重兵摆在通湘门(今大东门),重武器布防在蛇山和龟山,企图固守武昌,并凭借长江天险控制汉口、汉阳。董必武和潘怡如根据武汉三镇地形和敌军布防,经过分析认为,武昌有高三丈多的坚固城墙,城外有两三米深的城壕,城内有蛇山居高鸟瞰全城,城郊地势平坦,此城易守难攻,因此,北伐军的进军路线应该是先对武昌城围困,再渡江攻取汉口、汉阳,最后围歼武昌守敌。后来的事实证明,他俩的这一见解是正确的。董必武将搜集、侦察到的敌军布防情况和他们关于进军路线的建议,派人秘密送交北伐军。

在中国共产党的倡导、推动下,6月4日,广州国民政府作出立即北伐的决定，第四军叶挺独立团和第七军先头部队为援助唐生智部抵御吴佩孚军队的进攻，相继入湘作战。7月9日，国民革命军正式出师北伐。遵照苏联顾问加伦拟定的"打倒吴佩孚""联络孙传芳""不理张作霖"的集中兵力、各个击破的作战方针，北伐军集中进军两湖，于7月中旬占领长沙，北伐军总司令部于8月中旬迁驻长沙。董必武闻讯，立即组织并率领湖北各界代表团，冒着危险秘密通过吴佩孚军队的封锁线，到长沙欢迎北伐军。参加代表团的刘子谷回忆说：

> 我到长沙时，便去见董老①，他让我们先去见湖南省委书记李维汉同志，请他指示。李维汉同志那时在党内已负盛名，……他把北伐军到达长沙的情况和蒋介石的行动，向我们作了介绍，教我们在见蒋时应当采取的态度，并与有关方面联系约定会见蒋介石的日期。……当我们见到蒋介石时，就把湖北人民对北伐军的欢迎心情和准备的力量，以及吴佩孚部队在武汉地区的部署情况，向他讲了，敦请北伐军迅速前进。蒋介石站起来用宁波口音向我们致答辞，口里似乎含着什么东西，结结巴巴说不清楚，我们也不知他在说什么。事后，在长沙八角井（或八卦井）召开了军民大会。董老首先在会上讲了话，他说："辛亥革命以后，国内大小军阀各据一方，互相战争，各自勾结外国帝国主义者，压迫、剥削人民，使广大人民群众处于水深火热之中。我们为了救国救民，必须打倒军阀，打倒土豪劣绅，打倒帝国主义！"我们去的代表，也都作了发言，从而进一步提高了士气，促进了进军的速度②。

8月下旬，北伐军向湖北进军。为更好地协调各方面的工作，配合作战，8月22日，董必武再次秘密到长沙，出席了在湘国民党中央执、监委

---

① 代表团分途到达长沙。
② 刘子谷：《忘我为革命的一生——回忆董老》，《忆董老》第1辑，湖北人民出版社1980年版，第159页。

员和国民党湖南、湖北执行委员联席会议。他和北伐军总政治部主任邓演达，联名提出了促进湖北党务、迎接北伐军的具体方案，为会议"照案通过"，成为开展当时湖北工作的指针。

在工农群众的密切配合下，北伐军连续攻克敌重兵据守的战略要隘——汀泗桥、贺胜桥，长驱直入，至9月2日，从东、西、南三面包围武汉。当日，前敌总指挥部唐生智、李宗仁等召开军事会议，根据蒋介石"以八军攻汉阳、汉口，以四军、七军攻武昌"的命令，决定由第四军、第一军第二师、第七军第二路主攻武昌，第八军、鄂军第一师攻汉口、汉阳。这一部署与董必武为首的湖北特种委员会的建议相悖。果然，自9月3日凌晨起，连攻武昌三天未克，损失惨重。5日下午，蒋介石在洪山召开军事会议，根据苏联顾问的建议，决定对武昌围而不攻，先以全力攻汉口、汉阳。

与此同时，董必武为首的湖北特种委员会，大力策动吴佩孚部重要将领刘佐龙（萧耀南部第二师师长兼汉口公安总司令）起义反正。董必武亲自主持了这一策反的全过程，他一方面依据原有计划，发动和组织工人举行罢工，拆路拆桥；另一方面通过不同渠道争取刘佐龙早日反正，这项工作主要通过耿丹进行，而行动计划是耿丹随董必武去长沙慰问北伐军时秘密商定的。

耿丹，字仲钊，湖北安陆人。武昌首义的枪声一响，他就率陆军第三学生军参加起义，任学生军大队长，曾救过黎元洪一命。后任湖北军政府警卫团团长，刘佐龙时任军政府机要官兼禁卫军司令，两人一起共事。后来，耿丹弃军从学，到英国留学。1920年回国后任武昌高等师范学校教务长，兼武昌商科学校教授，结识了在那里任教的李汉俊，参加了董必武领导的马克思学说研究会。北伐军攻克长沙后，耿丹以教育界代表身份随董必武、李汉俊赴长沙慰问。唐生智会见他们时，曾谈及驻守汉口的刘佐龙在一定条件下可能会倒戈，但需有人策动。董必武知道耿丹与刘佐龙有旧交，故要耿丹去联系。刘佐龙几经犹豫后，答应在北伐军攻打武汉时起义，但提出要求将所部扩编为军，由他任军长。董必武将刘佐龙的要求转达北伐军前敌总指挥部，唐生智等接受了刘佐龙的条件。同时，董必武还派遣共产党员龚培元以同乡同学的关系，做刘部第八团团长严敬的工作，使严转向国民革命军。后严又陪同龚培元见刘佐龙，对促进刘佐龙率部起义产生了一定的作用。

9月3日，北伐军发起攻打汉口、汉阳。5日，刘佐龙率部起义，所部被编为国民革命军第十五军，刘佐龙任军长，耿丹任党代表兼政治部主任。北伐军顺利占领汉口、汉阳。

据一些回忆资料，董必武还曾对鄂东南大冶的吴佩孚北洋军和停泊在那一带江面的应瑞舰，进行过策反。

当时，中共湖北区委和国民党湖北省党部机关及部分执、监委员被困在武昌城内。为便于公开开展群众工作，董必武在汉口、汉阳收复后，立即主持成立了国民党湖北省党部驻汉口办事处，于9月6日在汉口电报局开始办公。不久，又将办事处迁至汉口联保里19号。同时，董必武继续领导湖北特种委员会，配合武昌攻城总司令邓演达，对武昌城内的宋大霈部六个营开展策反工作。邓演达指定宋部为北伐军攻城别动队，派老国民党员梁钟汉任该队总指挥。10月6日，董必武和刘伯垂利用汉口商会组织妇孺救济会救济武昌居民的机会，帮助梁钟汉化装过江，在武昌文昌门外纱布局秘密设立了指挥部。9日，邓演达与梁钟汉秘密约定，以次日2时向城内鸣枪为号，发起总攻武昌。攻城别动队以左臂缠白布、执白旗为标记，内应举事。董必武等还发动纱布局工人与之配合行动。北伐军遂由通湘、宾阳、中和、保安各门破城进击，于10日8时攻克武昌，全歼了守敌。

武昌城围困40天，粮食断绝。董必武立即同邓演达等指挥国民党湖北省党部和汉口特别市党部，组织工、商、学、妇团体和慈善机构，进城救济饥民。10月20日,董必武等组织武昌400多个群众团体的数万人,齐集武昌公共体育场,举行欢迎国民革命军大会,董必武任大会主席。大会在一片胜利的欢呼声中议决:追悼死难人民和阵亡将士,审判顽守武昌的北洋军将领陈嘉谟、刘玉春;清查逆党财产。

武汉三镇沸腾了,北洋军阀的统治结束了。董必武在圆满完成了湖北特种委员会使命后,投入了巩固革命成果和发展革命运动的斗争。

第五章
CHAPTER FIVE

伐腐遏逆

反对蒋介石独裁

随着北伐的胜利进军,革命阵营内部的分化和斗争日趋激烈,蒋介石的反动面目越来越清楚。董必武积极参加了当时大规模兴起的反对蒋介石独裁的斗争。

这场斗争的直接起因是迁都之争。

迁都武汉,是蒋介石最早提出的。在攻克汉阳、汉口后,蒋介石即于9月9日致电谭延闿(国民党中央政治委员会主席)、张静江(国民党中央执行委员会常务委员会代主席),提出:"武昌克后,中正即须入赣督战。武汉为政治中心,务请政府、常务委员会来主持一切,应付大局。"10月22日,他又电国民党中央执行委员会:"武昌已克,局势大变。""中正意中央党部与政府机关仍留广州,而执行委员会移至武昌为便。否则政府留粤,而中央党部移鄂亦可使党务发展也。"①11月19日,蒋介石再电国民党中央,催促国民党中央和政府北迁,称:"中央如不速迁武昌,非特政治党务不能发展,即新得革命根据地亦必难巩固。"对迁都武汉表现得十分恳切和急迫。蒋的用意有三:其一,抑制唐生智。经过两湖作战,唐生智实力剧增,兵力超过第一、二、三、六军之和,不但控制湖南,且将控制湖北,蒋既不愿唐部力量猛涨,更不愿唐生智拥有湖北,欲以国民党中央"抑唐"。其二,打击共产党。用蒋介石自己的话:"意以为共产势力在粤,迁之使其失所凭借,易于取缔。"其三,阻止汪精卫复职。中山舰事件后,汪精卫离职出国,因不满蒋介石的专权独裁,当时国民党内"迎汪复职"呼声很高。蒋以为在湖北,中共和国民党左派力量不如广东强大,可"阻

---

① 中国第二历史档案馆:《蒋介石年谱初稿》,档案出版社1992年版,第754页。

汪回国"，即使汪回国也不能轻易取得国民党领袖地位。

随着革命势力扩展到长江流域，偏处东南一隅的广州已不能适应指导全国革命运动发展的需要，许多人亦附和蒋介石的迁都主张。有鉴于此，11月26日，国民党中央政治委员会正式决定中央党部和国民政府北迁武昌。并于28日宣布，自1927年1月1日起，广州国民政府停收文件，5日停止办公，中央党部和政府人员分批赴汉。

12月2日，第一批迁汉的国民党中央委员和政府委员宋庆龄、徐谦、陈友仁等启程，途经南昌时，宋、徐、陈与蒋介石同去庐山开会，蒋介石仍表示"政府迁鄂，有益无损"。12月7日，国民党中央和国民政府发表通电，宣布迁往武汉。12月10日，第一批人员到达武汉，受到董必武等率领的武汉各界群众的热烈欢迎。为了使国民党中央和国民政府的工作不致中断，12月12日，宋庆龄、徐谦、陈友仁、宋子文、孙科和苏联顾问鲍罗廷举行会议，决定成立国民党中央执行委员、国民政府委员临时联席会议（简称武汉临时联席会议），在中央执行委员会、中央政治委员会未迁到武汉以前，代行其职责。13日，临时联席会议正式成立。董必武以国民党候补中央执行委员身份被吸收为联席会议成员。联席会议宣布从1927年1月1日起正式办公。

但是，曾力主迁鄂的蒋介石这时却执拗地反对迁都武汉。其主要原因是：蒋介石感到武汉不利于其个人军事独裁。武汉地区和湖北工农运动的蓬勃发展，蒋介石觉得"共党在武汉之势已成"，害怕到武汉又会像广州一样，受到革命群众的压力。同时，武汉和湖北已为唐生智所控制，驻在湖北的第四、第八军，蒋不能任意指挥；武汉临时联席会议中，共产党人和国民党左派力量较强，也非蒋能掌握。在这种情况下，蒋介石感到如迁都武汉，他无法把国民党中央党部和国民政府控制在自己手中。而南昌和江西已在蒋介石控制之下，他可以为所欲为。于是，1927年1月3日，蒋介石截留了张静江、谭延闿等第二批由粤迁汉人员。并于1月5日在南昌召开了"中央政治委员会临时会议",决定中央党部和国民政府暂驻南昌。1月5日、7日,蒋介石等连电武汉,要迁都南昌,并令取消武汉联席会议,改为武汉政治分会,由宋庆龄、宋子文、唐生智、邓演达、李宗仁等13人组成。武汉联席会议认为"不宜变更决议",要求中央党部和国民政府"照已定策略来鄂",并"电催南昌中央委员赶紧前来武汉",但蒋介石却令"联席会议毋庸继续"。围绕迁都问题,武汉和南昌方面发生了激烈的争执。

迁都之争,进一步暴露了蒋介石将个人凌驾于国民党中央之上的专制、独裁的面目。董必武顿感气愤,他对蒋介石的决定表示坚决的反对,并旗帜鲜明地进行了斗争。

其时,董必武正大力加强湖北省国民党的工作。为了在光复后的湖北把国民革命、特别是农民运动引向深入,制定湖北的施政纲领和全体党员的行动方针,董必武主持于1927年1月1日至13日,召开了国民党湖北省第四次代表大会。这是在北伐军攻占武汉后,国民党公开活动的新形势下召开的,全省44县派出正式代表,其余县市也有特别代表参加,共180余人,代表党员3万多人。董必武被推举为大会主席团成员、决议案和宣言起草委员会主任委员,自始至终领导了大会,并向大会致了开幕词、闭幕词。他向代表们指出:"我们大会的责任,就是讨论如何使湖北成为革命的湖北。"要求全省国民党党员"认识本党工农政策的意义",认识"本党的势力要建筑在多数的工农群众上",为此要大力发展工农运动。他强调:"湖北境内党的责任,一方面是团结全省民众的势力,防备反革命势力进攻与袭击,而谋巩固全国革命之新根据地;一方面是发展党的组织,领导民众作一切自身利益的斗争。"① 大会开了17次全体会议,听取了省党部和地方党部的报告,通过了政治、党务、农民运动等决议案。最后,大

---

① 《董必武年谱》,中央文献出版社1991年版,第73—74页。

会选举了湖北省党部新一届执行委员会，执行委员会实行常务委员制。董必武、钱介磐、何羽道当选为常务委员，主持省党部工作。大会还选出了组织、宣传、工人、农民、商民、青年、妇女等各部部长。

大会期间，董必武获知了蒋介石对迁都武汉的破坏，建议大会于1月11日发出欢迎中央政府迁鄂的通电，他指出：中央政府迁鄂，是中央在广州的决定，中外皆知。现闻中途变更，使群情惶惑。武汉今为全国政治中心，民众革命情绪高涨。因此，中央政府应从速迁鄂，以寒敌胆，而厚民气。祈望国民党中央"长思熟筹，仍照前议，奠定邦基"①。

面对武汉临时联席会议的反对，蒋介石为了探清武汉政治力量的虚实，压迫在武汉的中央执行委员和国民政府委员迁都南昌，于1月12日跑到武汉。他企图控制国民党湖北省党部，当天就到湖北省党代会上讲话，并想用"圈定"办法，指定湖北省党部执委会人选。董必武予以拒绝，对蒋说，湖北执委会人选已向在汉的中央临时联席会议报告过，不能变动。蒋介石碰壁后，仍不死心，对董必武施展拉拢手段。他派人携带其亲笔信、签名照片、一套呢服和大洋送交董必武。董必武立即明白了其用意，对来人说："信我收下了，总司令的照片我也收下了，但这套绿色马裤呢中山服和钱我不能要。"来人踌躇不安，硬要董必武收下，并写一个回信给他交差。董必武再次予以拒绝："我的工作很忙，马上要去开会，没有时间写回信。你回去报告蒋总司令，只要总司令革命，我董必武是拥护的；我们为的是革命，从不计较个人得失和名利。"②来人见此，便灰溜溜地回去复命。

蒋介石在武汉期间，再次提出迁都南昌的主张，遭到各界人士的强烈反对。在1月15日蒋介石举行的宴会上，国民党湖北省党部和工农商学兵

---

① 《汉口民国日报》1927年1月16日。
② 胡传章、哈经雄：《董必武传记》，湖北人民出版社1985年版，第88—89页。

各界代表，一致要求中央党部和国民政府全部从速迁汉办公，蒋介石颇为尴尬，被迫表示"各界希望，能够满足"。但是，蒋介石并不愿认输，在返回南昌后，于18日再电武汉，声称"在党部与政府未迁之前，武汉不得以中央党部暨国民会议名义另行办公"。21日又明令取消武汉临时联席会议。蒋介石的顽固不冥，激起武汉方面更强烈的反对。董必武和联席会议的宋庆龄、徐谦、邓演达、吴玉章等，纷纷发表讲话，坚决主张定都武汉。经董必武等人的发动组织，武汉各群众团体和湖北各市县区党部纷纷通电或发表宣言，反对蒋介石在南昌另立中央。董必武主持的《汉口民国日报》，每天以大字标题报道武汉党政军群各界要求定都武汉的呼声。在武汉联席会议理直气壮的坚决斗争下，在强大舆论压力下，在滞留南昌一些委员的争取下，2月8日，滞留南昌的中央委员、政府委员举行集会，决定中央党部和国民政府依照原议迁至武汉。迁都之争以蒋介石的失败而告结束。

但是，迁都之争暴露了国民党面临着严重的危机，蒋介石的独裁气焰严重地威胁着革命的前途。从2月上旬开始，国民党左派开展了以反对蒋介石军事独裁为中心的提高党权运动。董必武是这场运动的积极参加者。2月11日，他主持的《汉口民国日报》发表《时局进展与吾党目前之责任》的社论，论述了提高党权的重要性及如何提高党权等问题，指出："我们为了革命利益，应该一致起来整顿党的组织，严肃党的纪律，扩大党的威权。要使我们的党真正能够成为一个最高权力机关。"最先向社会发出了"提高党权"的动员。接着在13日，他又主持召开国民党湖北省党部和汉口特别市党部联席会议，着重说明了如何挽救国民党本身出现的独裁趋势和危机，向与会者敲响警钟，号召他们用实际行动参与这场斗争。为进一步发动国民党员和群众参加提高党权运动，2月24日，董必武在武昌阅马场主持召开武汉三镇各级党部和群众大会，有1.5万国民党员、20万群众参加。他在开幕词中，揭露了蒋介石的个人独裁行为，震聋发聩地指出："今天开会为的是救党。"他历数了国民党内存在着"只看见军事上的力量，没有党的力量，只看见个人的意志，没有党的意志"的种种病象，号召国民党员"要实行党的民主化，巩固党的权威，打倒一切封建势力"①。大会通过了"巩固党的权威""统一本党指挥机关""立即召开中央全会解决问题"等决议，把反对个人独裁、提高党的权威的斗争推向了高潮。与此同时，经董必武等人的发动，武汉一些机关和团体纷纷集会或通电，发出"一切权力属于党""打倒昏庸老朽分子""请汪精卫销假复职"等要求。国民党湖北省党部、湖北总工会、湖北省农协等也先后致电汪精卫，敦促他回国复职，希冀"扶汪抑蒋"。

从组织上提高党权，是制约蒋介石个人独裁的关键环节。2月21日，武汉国民党中央作出决定：3月1日前将召开国民党二届三中全会，通知各地中央执、监委员如期到会。蒋介石对各地的提高党权运动，气急败坏，考虑到形势对己不利，便蓄意破坏会议的召开。此时，南昌的国民党执、监委员，包括他自己在内仅有8人，他无法阻止在武汉开会，便以时间紧迫为由，要求延期。武汉国民党中央遂决定延期到3月7日，蒋介石竟置之不理，再次要求延期。于是，围绕会议日期，展开了激烈的斗争。

3月7日，国民党二届三中全会在汉口南洋大楼召开预备会。董必武出席了会议。会上，当日来汉的谭延闿等五人带来了蒋介石的口信，要求会议延期到3月12日他才能来。邓演达、吴玉章等坚决反对，主张会期早经宣布，不能再为等人而延期，革命是共同工作的，不能由一二人的意见来指挥。李烈钧、谭延闿以委员不足法定人数不能表决来否决会议。董必武当即予以反驳：根据会议惯例，执行委员有16人即超过2/3，就可开会，今日有16人，当然可以开会。他的有理有据的发言得到与会大多数委员的支持和附议。会议最后考虑到一些人的顾虑，同时也为争取、团结

---

① 《汉口民国日报》1927年2月26日。

蒋介石，采取了一个折中方法，将3月7日的会议算作预备会，10日正式举行二届三中全会。如果蒋介石真有诚意，仍可赶上大会。但是，蒋介石没有来。

3月10日至17日，董必武出席了具有重要意义的国民党二届三中全会。会议肯定了武汉临时联席会议的所有决议案继续有效，通过了《统一党的领导机关案》和《中央执行委员会军事委员会组织大纲案》等决议案，对中央常务委员会、中央政治委员会、军事委员会和国民政府、中央各部的成员进行了调整和改组。决定中常会不设主席，实行集体领导，中政会和军委会均不设主席，而设主席团实行集体领导。总司令、前敌总指挥、军长等职，由军委会提名经中央执行委员会通过任免。裁撤中央军人部，废除各军事学校校长制，改行委员制。通过这些决议和机构改组，实际上免去了蒋介石的中央常委会主席、军事委员会主席、军人部长、中央军事政治学校校长等职务，限制了其总司令职务的权力。会议还通过了坚持孙中山三大政策、提高党权等决议。会议在反对蒋介石独裁、推动革命发展等方面有积极的意义。但会议也有其缺点，主要是在蒋介石已开始转向反动时，仍推选他为中央执行委员会常务委员、军事委员会主席团成员、国民政府委员，仍保留了其国民革命军总司令的职务，这就使蒋介石仍保有党政军最高一级的地位，继续掌握军事实权，使之得以继续利用其职权进行反革命活动以至发动政变。

为了促使这次国民党二届三中全会成功，董必武于全会开幕当日，举行了湖北省和汉口特别市全体国民党员庆祝全会召开大会，推举5名代表向国民党二届三中全会递交请愿书，提出提高党权，反对军事独裁等11条要求，锋芒直指蒋介石，被大会主席团接受。13日，董必武等又以国民党湖北省党部名义发出通电，拥护中央全会，对会议的成功起了推动作用。

国民党二届三中全会的召开，也为湖北省政府的成立排除了障碍。北伐军攻克汉口、汉阳后，蒋介石以总司令的名义于1926年9月指令成立了湖北省政务委员会。这是一个过渡性的机构，工作很不得力。1927年1月5日，蒋介石为破坏武汉临时联席会议，又指派邓演达、徐谦、孙科、詹大悲、董必武5人组建湖北省政府。时值迁都之争激烈进行，蒋介石的指令未能生效。国民党右派企图独揽省政，排斥左派和共产党人的图谋遭到抵制，但因蒋介石等的支持，湖北省政府迟迟不能建立。而湖北省政务委员会对革命尤其是农民运动，缺乏有力的指导，令湖北人民大失所望。国民党二届三中全会召开的当天，董必武领导的国民党湖北省党部在《汉口民国日报》上发表致湖北省政务委员会的公开信，历数其执行庇护土豪劣绅的错误政策后，指出："半年以来，除经广大群众直接打倒之土豪劣绅外，迄未见贵会依法惩办一人。所谓依法惩办，亦仅徒闻斯语，是政府方面对于土豪劣绅过于优容，适予彼辈以反动之机会。"董必武等的尖锐批评，得到国民党二届三中全会的关注。国民政府遂决定尽快改组湖北政务委员会。3月25日，吴玉章向国民党中央政治委员会报告了他与谭延闿、邓演达和湖北省、汉口特别市党部协商后的湖北省政府人选，被一致通过。4月10日，湖北省政府正式成立，董必武、恽代英、邓演达、邓初民、詹大悲、李汉俊等11人当选为湖北省政府委员，董必武还兼任农工厅长。省政府实行常务委员制。董必武、孔庚、张国恩为常务委员，主持湖北省政府工作。成立湖北省政府，这是反对蒋介石独裁斗争获得的又一成果。

董必武在这场关系中国革命前途的反对蒋介石独裁斗争中的出色表现，受到人民群众和进步人士的广泛称道。

力策革命发展

如何推动革命继续、迅速发展，是董必武长久思考的一个问题。大造革命舆论和造就大批革命骨干，是他精心选择的两个主要突破口。为此，他非常注重发挥报纸和各种训练班的作用。

创办一份宣传革命的报纸,是董必武多年的夙愿。当时武汉三镇的报纸种类不少,但没有一份真正反映广大人民心声、宣传革命的报纸。董必武认为这是一个缺陷,并亟图弥补之。从1925年10月起,他又一次开始筹备创办报纸,但经费又一次困扰了他。这年年底,他到广州参加国民党第二次全国代表大会时,以国民党湖北省党部的名义,向国民党中央政治委员会报告了办报的打算,申请到2000元党务活动经费,并争取国民党二届一中全会通过了在湖北出版一份报纸的决议。[①]返回武汉后,他立即进行了紧张的筹备工作。1926年3月24日,经过他深思熟虑而命名的《楚光日报》在汉口洪益巷创刊。董必武亲任经理,共产党员宛希俨任主编,其余主要工作人员亦由共产党员担任。

当时,武汉尚处在吴佩孚北洋军阀统治之下。如何使报纸既宣传进步思想和革命消息,反映广大人民群众的呼声,又不致遭军阀的封闭,董必武为此进行了认真的思考。他确定了"求得存在,站住脚跟,取得阵地,然后一步步开展工作"的方针[②]。在报纸版面专栏设计上,他颇具匠心,突出国际动态和社会新闻,通过报道国内外大事,经常向读者介绍苏俄的情况和广州国民政府的政策及活动,刊登工人、农民、学生的消息,叙述他们的苦难,分析他们沦落社会底层的原因,启发他们的觉悟和斗争。在报纸风格上,《楚光日报》主要通过事实说话,从编排、标题和文字叙述上来表明自己的观点。并且,使用通俗易懂的文字,深入浅出,适合广大群众的文化水平。《楚光日报》还每周出一期画刊,刊登照片和漫画,使报纸版面活泼、生动,这在当时的武汉报界是个创举,很受读者欢迎。如此,

---

① 《董必武传(1886—1975)》,中央文献出版社2006年版,第194页。
② 怀栋:《大革命时期董必武同志在武汉的办报活动》,《忆董老》第1辑,湖北人民出版社1980年版,第23页。

既避开了反动当局的查禁，又有效和成功地宣传了革命思想。

随着革命斗争的发展，人民群众的革命情绪日益高涨，为了发挥报纸的引导、教育作用，《楚光日报》也越来越多地介入政治斗争。它曾揭露湖北官票倒台的内幕，揭发军阀当局用"复验红契"和"盐斤加价"等手段聚敛军费的事实，等等。因此引起军阀的忌恨，报社曾两次被查封，宛希俨亦被捕。经过董必武等多方的交涉和各界的支援，才得复刊。此后，《楚光日报》继续进行了反对北洋军阀的斗争。北伐军攻占武汉后，董必武将它交给国民党汉口特别市党部接办。后来，董必武在回忆这段经历时，评价说：《楚光日报》当时起了"我党在当地群众间的一种公开日报的作用"[①]。

1926年10月，北伐军攻占武昌后，武汉逐渐成为主要的政治中心。为了适应新形势的需要，董必武经国民党中央政治委员会批准，以国民政府的名义，会同国民革命军总政治部和湖北省党部、汉口特别市党部，筹办一份全国性的大报。经过40多天准备，11月20日，《汉口民国日报》正式创刊发行。董必武任社长，宛希俨任总编辑。1927年3月，宛希俨调任国民党汉口特别市党部执行委员兼宣传部长后，高语罕、茅盾先后任总编辑。

《汉口民国日报》诞生在北伐军攻占武汉后，没有必要再采用曲折迂回的手段，因此其旗帜鲜明，实际上成为国共合作下国民党中央和国民政府的喉舌，直接受中共中央宣传部的领导，报纸的主调也反映中共中央的方针、主张和策略。当然，这其中，渗透着董必武的许多心血，与他的悉心指导分不开。

《汉口民国日报》初创时每日出三大张，1927年元旦后改出五大张，遇有纪念活动还加出半张特刊。该报不但继承了《楚光日报》的长处，而且更突出了党报的政治特色。社论排在第一版显著位置，另辟有国内要闻、党务消息、农工消息、本省本市新闻、"经济界"等专栏和"国民之友"副刊。

---

① 胡传章、哈经雄：《董必武传记》，湖北人民出版社1985年版，第93页。

报纸最先在新闻报道中刊登新闻照片，这在当时武汉的报纸中，属于独创。

由于董必武身兼中共湖北区委委员、国民党湖北省党部常务委员、湖北省政府常务委员和农工厅长等职，接触面广，故能组织多方面的稿件。同时，报社在上海、北京、广州、南昌、长沙、福州和国外的莫斯科、日内瓦等城市聘请了特约通讯员，消息来源广，内容广泛，能够比较快地反映国内外的最新消息，能够比较全面而真实地报道武汉国民政府时期中国的政治、经济、军事、外交、文化等方面的情况，因而它成为当时很有权威性的综合性大报，备受社会各界人士的青睐，在国外也有一定影响。报纸开始发行量为4000多份，以后增至1万多份，还经常供不应求。这在当时是颇不容易的。

《汉口民国日报》也曾受到过干扰。在董必武的主持下，该报大量刊登了国内外革命运动的消息，特别是农民运动、工人运动和青、妇、学、商各界革命活动的消息，大张革命声势，引起国民党右派的忌恨。推行右倾机会主义的陈独秀也害怕工农运动"过火"，使国民党搞分裂，便指责《汉口民国日报》搞得"太红"，要求少登工农运动的消息，被董必武坚决拒绝。茅盾曾这样回忆：

> 一九二七年三月，我接替高语罕任《汉口民国日报》总主笔，总经理是毛泽民，社长是董老。这是我第一次见董老。当时这个报，名义上是国民党湖北省党部的机关报，可担负实际工作的是共产党员。……当时，《汉口民国日报》登载工农运动及妇女解放的消息报道很多。尹宽传达党中央宣传部的指示：要少登工农运动和妇女解放的消息，我置之不理。于是，陈独秀就叫我去，当面对我说：《民国日报》太红了，不要再登工农运动和妇女解放的消息了。因为是陈独秀亲自下命令，我就找董老请示，董老说："不理他，我们办我们的。"①

---

① 茅盾：《一点回忆》，《忆董老》第1辑，湖北人民出版社1980年版，第11页。

在董必武领导下,《汉口民国日报》在团结群众、教育群众、揭露敌人、打击敌人、推动革命发展等方面,表现了很强的战斗性,产生了很强的舆论导向作用,颇有功绩。汪精卫发动七一五反革命政变后,董必武辞去该报社长职务。9月17日,《汉口民国日报》停刊。

培养革命骨干,是董必武始终重视的一项工作。他清楚地认识到,要推动革命的发展,必须要有一大批强有力的骨干分子。通过前一时期学生中的工作,董必武已积累了许多的经验。在北伐军攻占武昌后,他立即着手开展培训各方面的革命骨干。

1926年底,董必武领导创办了湖北省中小学教师党义研究所,亲自兼任所长并授课,并聘请陈潭秋、恽代英、宛希俨等担任教员。党义研究所共举办了两期,每期3个月。第一期培训了200余人,都是中小学教师。第二期还吸收了一些有一定文化水平的工人、农民和青年学生。在1927年1月24日党义研究所的开学典礼上,董必武强调了迅速造就革命人才的急迫性。他指出:"本所之目的,是要打破教育神圣,教育万能。我们办教育,是要观察社会之需要与要求,即造成一个什么人才供应社会。就是说,我们的教育不是讲究什么高深学理,去造成一个如何了不得的圣贤。要因社会之要求去教育,尤其是把教育变成平民化、团体化、革命化的教育,去造就社会之需要和要求的工具。"联系斗争现实需要,董必武规定,中小学教师党义研究所开设政治和军事两大课程,政治课设各国革命史、社会发展史、中国革命史、三民主义、青年运动、群众运动等。通过这些课程使学员了解国际国内形势和中国社会各阶级状况,了解马克思主义理论和社会发展的基本规律及进行革命斗争的经验教训。军事课主要是进行基础科目训练,并且在学员入学后都发给枪,既便于训练,又可护校和维护社会治安。党义研究所的创办和教学,在湖北全省影响较大,受此影响和推动,一些县市也举办了教师党义研究会。通过中小学教师的宣传、组织,使革命思想和革命活动更加普及,有力地推动了湖北全省革命运动的发展。

同时，在董必武的领导和支持下，国民党湖北省党部在武昌平湖门创办了党务干部学校。校长由省党部常务委员钱介磐担任，董必武、恽代英、陈潭秋、李汉俊、张太雷、邓初民等兼任该校教授。第一期于1926年12月开学，1927年3月29日结业，有300多名学员。主要课程也是政治、军事两大类。学员结业后，被分配到各县从事党务工作，或充任省农民协会特派员，到各地开展农民运动。5月10日，第二期200余名学员入学。针对当时蒋介石叛变革命，国内政治形势发生严重动荡的形势，董必武在开学典礼上，号召学员努力学习革命理论，接受党的指挥和训练，毕业后到农村去扶助农会，铲除一切封建势力；到军队中去的要与武装同志一道战斗，不怕牺牲。开学不久，夏斗寅叛变，进逼武汉，董必武与钱介磐即发动学员参加党员志愿兵团，和叶挺领导的独立师奔赴前线平息叛乱，用实际行动保卫革命。

为了开展农民运动，董必武还领导国民党湖北省党部举办了农运干部训练班。学员都是农民运动积极分子，由刘子谷任班主任，尚未开学，即逢夏斗寅叛变，学员积极参加了平叛斗争。6月1日，该班方才正式开学。汪精卫背叛革命后，这个班学员大部分赴九江参加了南昌起义。与此同时，为了适应农村激烈的斗争，加强农民协会的武装力量，董必武派吴德峰于1927年三四月间举办了农民自卫军养成所，培养了一批农村急需的武装骨干。

总之，从1926年10月武昌攻克到1927年7月汪精卫背叛革命之前，在半年多时间里，董必武领导或亲自主持的干部学校和训练班，培训了1000余名革命骨干，不仅适应了当时革命斗争的需要，而且为后来中国共产党领导人民与国民党蒋介石的斗争，培养了有生力量。

对在武汉举办的其他培训革命骨干的学校，董必武给予了大力支持。1926年12月，中共中央农委书记毛泽东由上海来到武汉，以国民党中央农委常委名义领导全国农民运动并筹办湘鄂赣三省农民运动讲习所（后扩大为中央农民运动讲习所)。毛泽东"亲赴江西、湖北、湖南,向三省党部建议,在武昌合办农所"。对毛泽东主持的广州农民运动讲习所感触很深的董必武,立即表示赞同。1927年1月15日,他主持召开了新组成的国民党湖北省第四届执行委员会第一次会议,研究了支持毛泽东开办农民运动讲习所的问题,推选陈荫林、李汉俊、张国恩参与筹建,拨给经费1.6万元,代招湖北籍学员200名。会后,董必武函请湖北省政务委员会拨原私立法政学校为农讲所校址,并为农讲所亲自选派了一批学员。3月7日农讲所开学,董必武应邀前去作了专题报告。中央农民运动讲习所冲破蒋介石等人的阻挠,在短时期即开学上课,与董必武的大力支持是分不开的。当时,董必武的工作面广且十分繁重,但他视培养人才为革命的一件大事,仍挤时间受聘执教。在汉口工人运动讲习所,他担任了《国民党农工政策》的课程。武汉中央军事政治学校分校成立后,他任招生委员会委员,并担任该校的特别演讲人。

这些活动,对当时及后来的革命斗争产生了深刻的影响,同时,也突出地表现了董必武的远见卓识和重要贡献。

推进农民运动

董必武在实现思想飞跃、抛弃旧的依靠军阀军队进行斗争的策略后,即视工农群众为革命的基本力量和决定因素,从而把唤醒群众、发动工农作为进行一切革命活动的基本出发点,从创建武汉共产党早期组织起,就开始了这方面的工作。在他和陈潭秋等人领导下,湖北省的工农运动逐渐发展起来。五卅运动中,他针对军阀萧耀南强迫学校提前放假的决定,组织在武汉求学的学生,以共产党员为核心,分赴湖北各县开展农民运动,组织农民协会。同年,董必武主持的国民党湖北省第一次代表大会,专门作出《关于农民运动之决议案》,号召各级干部向农民宣传,实行"武装自卫"①。10月,董必武等组建了湖北省农民协会临时委员会,这是除广东以外全国最早建立的省级农会组织。为唤起国民党中央对农民运动的重视,董必武在1926年1月向国民党二大提议:在农民运动发展至相当程度时,"即应提出'工农联合'的口号,并进行实际联合组织"。随后,在配合北伐进军中,湖北农民运动迅速发展。在9月初国民党湖北省党部公开活动后举行的执委会上,董必武强调要将猛烈发展农民运动作为一项主要工作来抓。在他的倡导下,省党部成立了农民部,并建立农民运动委员会,确定省党部每月拨给经费8400元,拨给各县党部每月经费2800元,用以开展农民运动;并决定出版《湖北农民》杂志和《湖北农民画报》,专门作农运宣传,从而在组织、经济、宣传三个方面,加强对农民运动的领导和支持。

针对农民运动开展过程中出现的一些问题,针对一些人对农民运动的偏见和糊涂认识,为了增加农民运动的力度,使农民运动健康地向前发展,董必武在1927年1月国民党湖北省第四次代表大会的开幕词中,突出地强调了农民运动的重要意义。他指出:

> 我们革命的目的,是在求中国之自由平等,有些幼稚的同志以为现在晋、陕、浙、赣克复,就是革命的成功;殊不知要使中国一切经济政治均不受外人束缚,然后才能成功。……我们现在革命,是民主势力向封建势力革命。封建制度的铲除,不仅在打倒军阀,还要打倒封建制度的基础土豪劣绅。但要达到上列目的,必须普及农民运动,国民革命是要大多数的民众参加,就是要占百分之八十以上的农民参加。此为今后党务工作应注意之点。

---

① 《董必武传(1886—1975)》,中央文献出版社2006年版,第179页。

在为大会起草的宣言中，董必武再次强调："我们的革命工作不是革某个人的命，而是革中国现在整个的社会基础的命。""所以我们的工作，便是彻底将农村中现有的封建制度推翻。"①

经过董必武的大声疾呼，在他和陈潭秋、陈荫林等人的积极领导和发动下，湖北农民运动如火如荼地开展起来。1926年12月，全省农协会员由5个月前的7.2万人发展到28.7万人。1927年2月，发展到50万人。到3月初，猛增至80万人，形成空前规模的农村大革命。

农民运动的迅速发展，引起土豪劣绅的极端仇恨，他们千方百计进行破坏，并疯狂反扑。为了总结经验，镇压土豪劣绅的反扑，把运动深入发展下去，董必武领导国民党湖北省党部筹备召开了湖北农民协会代表大会。在为大会召开的宣言中，指出：农民协会之所以要发展，是因为在"国民革命运动中，要增加伟大的力量；我们斗争的扩大，在国民革命工作的过程中，可以铲除帝国主义、封建军阀的真实基础——贪官污吏、土豪劣绅"。宣言公开声明：农民协会要以严密的组织，"增加我们的力量，使我们在革命运动中，担负更重大的责任"。1927年3月4日，湖北省农民协会第一次代表大会在武昌隆重开幕。这是湖北农民历史上空前的盛会，董必武出席了会议的开幕式和当日下午在武昌阅马场举行的有30万武汉市民和近郊农民参加的庆祝大会，并发表了讲话。22日，省农代会胜利闭幕。大会选举邓演达、陈荫林、蔡以忱、郭述申、陆沉等26人为省农民协会执行委员和候补执行委员，通过了土地问题、县政改革、工农联合、查办土豪劣绅等35个决议案。尤其是在当时陈独秀为首的中央并没有实行解决农民土地问题的情况下，这次大会在全国率先提出了解决农民的土地问题，具有突破意义。这次大会对推动湖北乃至全国的农民运动起到了历史性的作用。会后，湖北农民运动进一步发展，到4月10日，全省已有22

---

① 《董必武年谱》，中央文献出版社1991年版，第73—74页。

县成立县农协，另有20县正在筹建，农协会员发展到100万人，到6月份，又骤增至284万人。

发动和组织起来的农民，立即向统治他们几千年的封建势力发起了进攻。在政治上，农民协会向不法地主课以罚金或捐款，公审罪大恶极、民愤极大的土豪劣绅，没收其家产，很快将长期横行乡里的土豪劣绅的威风打了下去。在经济上，首先实行减租。过去，湖北农村地租要占年收成的一半。农民运动开展起来后，夏口、天门、广济、咸宁等县农协规定，减少地租的1/4，有的地方甚至规定只交收成的25%。在农运发达的地方，取消了农民的苛捐杂税。农民斗争的锋芒还直指延续几千年的神权、族权和夫权。罗山县农协解散了剥削和愚弄人民的"佛化会"，黄安县农民大闹被大地主控制的龙潭寺。各地农会坚决禁止虐待和拐卖妇女，提倡男女平等，妇女剪发、天足，鼓励妇女参加革命斗争。有的农协还举办农民学校，扫除文盲。组织起来的农民还参加了反对英美帝国主义干涉中国革命、反对英帝国主义的武装寻衅、制造惨案的斗争，一时间，轰轰烈烈的农民运动，使广大农村发生了翻天覆地的变化，农民扬眉吐气。湖北农民运动的规模和声势，仅次于湖南省，成为全国农民运动最发达的省份之一。

但是，打倒几千年农村的封建势力，是一场极其深刻的你死我活的阶级斗争，长期骑在农民头上作威作福的土豪劣绅是不甘心失败的，他们必然要进行疯狂的阶级报复。湖北各地的一些土豪劣绅组织光蛋会、大刀会、拳头会、暗杀队等，捣毁农会，杀害农会干部。1927年2月27日，阳新县土豪劣绅的总头目、商会会长朱仲炘纠集反动会道组织红枪会1000余名匪徒，进城包围了县农民协会，将省农民协会特派员成子英、县农协执行委员谭明治、区农协负责人王德水等九人，剥光衣服，周身浇以煤油，活活烧死。随后又在农村到处搜捕农协委员，抢劫并奸淫妇女，焚毁房舍、财物，制造了"阳新惨案"。

3月2日，董必武从一位死里逃生的阳新县农协会员口里，听到这一骇人听闻的消息后,愤怒至极。他立即召开国民党湖北省党部紧急会议,作出两项重大决定:一是派共产党员王慧闻为湖北省政务委员会特派员,和省党部工人部部长周延墉率领警备队一个连的武装前往镇压叛乱;另派专人会同省政务委员会进行调查,制定宣传大纲,追悼被害同志。二是立即组织惩治土豪劣绅条例起草委员会,推举邓初民、孔文轩、郝绳祖3人为起草委员,起草条例;敦促省政务委员会马上批准成立农民自卫军,在农民自卫军成立前,遇有土豪劣绅暴乱时,请政务委员会派遣警备营或卫戍司令部派兵前往镇压。

接着,董必武又获悉:3月1日,汉川土豪劣绅包办的杨林集商团,开枪向举行反英大会的群众射击,当场打死一人,重伤数人,并将农协特派员和农民数人捕去毒打,几乎致死。在天门、沔阳、钟祥等县也发生了此类事件。残酷的现实使董必武深深认识到,要铲除农村封建势力,保障农民运动顺利发展,必须让农民自己武装起来,成立农民自卫军。董必武在执委会议后的当天下午,以湖北省党部名义致函湖北省政务委员会,送交了《人民自卫军组织法及进行计划大纲》。《大纲》指出,为统一地方自卫,减轻国防军任务,巩固革命基础起见,特设农民自卫军;自卫军完全为保护地方之常备军军事性质;由省与此有关系之人民团体及政府有关人员组织一委员会,为最高机关,向政府负责;各县设常备军200名,分驻全县各地,受总部指挥。但当时的湖北省政务委员会的某些主政者,对农民运动抱有偏见,对土豪劣绅的破坏活动纵容不管,对农民的正当要求支持不力,对发生在各地惨杀农运干部的反革命案件不愿采取果断措施。于是,董必武一方面在《汉口民国日报》上发表国民党湖北省党部致湖北政务委员会的公开信,对湖北政务委员会提出指责,"是政府对于土豪劣绅过于优容,适予彼辈以反动之机会。因之阳新、监利、汉川、麻城、夏口、钟祥、潜江等县,捣毁党部,焚杀党员之惨案,遂接踵而起。风声所播,蠢蠢思动者,乘机爆发,更将濒于不可收拾之势。此种责任,应由政府负之",并尖锐地指出:"诚以对反革命仁慈,便是对革命分子的严酷。"另一方面,董必武又发动正在武汉参加湖北省农民协会第一次代表大会的代表,连日向国民党中央请愿,要求严惩凶手。因此形成很大的声势,推动国民党中央采取措施,改变对农民运动支持不力的状况。

与此同时,董必武催促邓初民等连夜起草了惩治土豪劣绅条例,并于3月6日提交国民党湖北省第十五次执委会进行讨论。会议通过了《惩治土豪劣绅暂行条例(草案)》和《审判土豪劣绅暂行条例(草案)》,并决定把这两个条例送交国民党中央执行委员会核准后实施。为了用法律手段打击土豪劣绅的反动气焰,董必武指示《汉口民国日报》在当天公布了《惩治土豪劣绅暂行条例(草案)》。

3月15日,董必武将这两个条例提交国民党二届三中全会讨论,并去掉了"暂行"两个字。他向全会说明:"湖北的惩治土豪劣绅条例,系根据湖南已行之条例,足以保护农民运动。因为土豪劣绅之犯罪,为普通法律所不及,应从速颁布。"他的提议得到热心农民运动者的支持,毛泽东立即附议:"土豪劣绅必须以革命手段处置之,必须有适应革命环境之法庭,最好由农民直接行动,和平方法是不能推倒土豪劣绅的。故亟应颁布条例,以便推行各省。"[①]会议批准了这两个条例,这就为农民向土豪劣绅进行斗争提供了法律武器。

这天的会议还听取了关于阳新惨案详细情况的报告。王慧闻等奉董必武之命到阳新后,详细调查了惨案的经过,镇压了两个参与制造惨案的和尚,将元凶朱仲炘押解回省候审。国民党二届三中全会听取汇报后,指定邓演达、毛泽东、吴玉章3人,与湖北省党部、湖北省政务委员会、湖北省农民协会负责人组成联席会议,迅速处理这一惨案。

16日,董必武代表湖北省党部出席联席会议第一次会议。经过讨论,

---

① 《董必武年谱》,中央文献出版社1991年版,第80—81页。

会议决定：

（一）主谋凶手朱仲炘解回阳新枪决。

（二）前县长张鹏翊、公安局长艾道生拿解来省，严行讯办。

（三）在阳新及鄂东各县三十三军之部队：

（甲）限七日内开拔离鄂；

（乙）不许在各地设立留守处，七日后有该军官兵逗留各地者，以冒军治罪；

（丙）不许在各地再行编集部队，如有此类事件发生，照冒军骚扰办理。

（四）召集全县农民大会，作广大宣传。

（五）警备队连长记过，书记撤差。

会后，由中央农民部、湖北省农民协会代表蔡以忱等，率国民革命军第十一军两个连前往阳新，剿灭会匪，将制造惨案的主犯全部捕获归案，予以处决。这次行动有力地打击了反动派的嚣张气焰，长了农民群众的革命斗志，使他们重新挺起胸来进行反封建的斗争，阳新农民运动又出现高潮，农协会员由2万多人猛增到近30万人，成为湖北全省农会会员最多的一个县。

随后，董必武又亲自处理了黄安、麻城县土豪劣绅对农民运动猖狂反扑的事件。黄安箭河大土豪、"长红会"会首吴荟存，长期横行乡里，无恶不作。农民运动兴起后，他诽谤农会，咒骂会员，肆意进行捣乱，并纠集会匪暗杀了中共黄安县委组织部长吴焕先一家六口人。董必武闻讯，即以国民党湖北省党部名义发出"依法惩处吴荟存"的指令，派中共党员王健作为省党部特派员前往处理。王健和吴焕先领导农民武装逮捕了吴荟存，在将其游乡示众后，就地正法，为地方消除了大害。不久，鄂豫交界的红枪会匪徒连续侵扰黄安县，七里坪、紫云区几千房屋被烧，近万头耕牛被抢，反动气焰十分嚣张。董必武迅即派遣军队进行镇压。曾亲历此事的余达三回忆说：

在黄安几次处于危急的时刻，我们都紧急报告董老，而每一次董老都应我们的请求，亲自制定援救计划。第一次是王文焕同志到省向董老报告，由董老派省政府警卫一团一个营来黄安，胜利完成了剿匪任务。第二次，由余达三去武昌面请董老派的警卫二团一个营到了黄安，数天后，因武汉形势紧张而撤回了①。

1927年4月3日，麻城土豪劣绅勾结河南省光山县南部的地主民团和红枪会，纠集2000余人，在麻城县连续惨杀农会干部20余人，并围攻县城。该县中共党组织一面动员附近农会会员3000余人固守县城，一面派共产党员、农民协会组织部长、农民自卫队长王树声星夜赶到武汉，向中共湖北区委和湖北省农民协会、国民党省党部、省政务委员会报告情况，请求援救。董必武立即召集湖北省党部、省政府、省农协负责人开会，坚决主张组织力量把反革命暴乱镇压下去，决定由省党部、省政府、省农协派代表组成以郭述申带队的"麻城惨案调查委员会"前往查办。到麻城后，组织农民自卫军、工人纠察队和革命群众坚守麻城，激战六七天，打退了围攻县城的反动武装。麻城解围后，调查委员会回到武昌向董必武报告后，董必武与毛泽东商定，派遣中央农民运动讲习所一大队300余名武装学生军和省政府警卫团一个营前往增援，追剿匪徒。麻城工农武装配合援军大举反攻，一直打到河南新集附近，取得了平叛的胜利。

董必武坚决、得力的处理，保证了黄安、麻城农民运动的继续发展。

湖北省政府成立后，董必武直接参与领导湖北省政府，他采取有力措施，运用政权力量支持农民运动。4月24日，他召集省党部、省政府、省农协、省总工会、省学联、省妇联、省商联代表联席会议，正式成立湖北省

---

① 余达三：《回忆董师话当年》，《忆董老》第1辑，湖北人民出版社1980年版，第153页。

审判土豪劣绅委员会，并要求各县也迅速成立相应机构，切实用法律手段打击土豪劣绅破坏农民运动的罪行。同时，加快组建农民武装。在董必武的指导下，省农协于5月10日增设自卫部，加强对农民自卫军工作的领导。并急电"各县农协，迅速将散在各区枪支集中农协，并将全县农友，一律武装起来，以便集中势力，肃清反革命派，使北伐后方，巩如磐石"。6月22日，董必武主持召开的国民党湖北省县市联席会议通过了《农民运动决议案》，明确规定："各县组织之农民自卫军，政府应设法补助其器械，……各县农协应努力扩大农民自卫军，非常备军的组织利用旧式武器武装自己。"于是，各县农民自卫军迅速建立和扩大。据6月份统计，各县农民的枪支，多者二三百支，少者亦二三十支，全省共计枪支约2000支，全省农民自卫军30万人。当时，发生了原黄安警备队长毛原安为升官发财，窃持长枪40余支投奔夏斗寅部的事件。董必武获悉，即以省政府名义，责令夏斗寅将枪支如数送还黄安。这些枪支，成为黄安农民自卫军武器的一个来源。6月，当土豪劣绅再次勾结会匪向黄安、麻城反扑时，董必武通过党组织秘密购买了120枝长短枪及弹药，派人及时运送黄安，加强了农民自卫军的战斗力量。

解决土地问题，是广大农民的基本要求，也是反封建、铲除封建统治经济基础的最基本问题之一。在1927年3月召开的湖北省农民协会第一次代表大会上，就曾作出了土地问题决议案。5月19日，蔡以忱在省党部执委会上作《最近湖北农民运动概况》报告时又提出：农民的经济斗争"已进至要求土地问题了"，"对于这个问题，我们亟应具体准备，可能免去一切混乱现象"。随后，董必武主持的省党部执委会，通过了省农协提出的解决土地问题的议案。议案指出：农民已经由减租减息的运动进而要求解决土地问题和资本问题了。议案规定，由政府制定办法，没收土豪劣绅及反革命者的土地；保障小地主及革命军人之土地所有权；已没收的土地由原佃农耕种，向政府缴纳25%的地税；地主租给佃农之土地，实行减租，租率之最高额由县政府、当地党部、农民协会规定之。虽然这些规定由于后来革命形势的逆转,并没有在各地得到实行。但它的提出,是具有深远意义的,反映了董必武等人深化农民运动的积极用意,这在当时是非常难能可贵的。

董必武对农民运动的鲜明立场,得到了毛泽东的热情赞扬。1927年3月18日,毛泽东在国民党中央农民部、全国农民运动委员会和中央农民运动讲习所联合举行的欢迎鄂豫两省农民代表大会上说:"农民利益和地主利益冲突,在湖北一派国民党同志主张农民利益。"他特别称赞了董必武倡议和主持制定的《惩治土豪劣绅条例》:"近几日中央全体会议最重要的议案,是通过了惩治土豪劣绅的条例。我们要打倒土豪劣绅,就要援助这派主张农民利益的。"① 这是毛泽东对董必武努力推进农民运动业绩的最好褒奖。

反英与讨蒋

国共合作所掀起的全国规模的反帝反封建革命高潮,不仅沉重地打击了统治中国几千年的封建势力,而且直接威胁了帝国主义用武力攫取的在华利益。这就引起帝国主义的极大恐慌和仇视,他们不甘心失败,便一方面明目张胆地炫耀武力,进行赤裸裸的干涉和破坏;另一方面千方百计地收买暗藏在革命阵营中的亲帝势力,培植新的代理人,从而扼杀革命,维护其特权。随着北伐的胜利,帝国主义的这种破坏也越来越猖狂。这是革命与反革命的生死较量,董必武在武汉积极开展了反对帝国主义和与帝国主义相勾结的蒋介石之流的斗争。

英国帝国主义是国际上企图扼杀中国大革命的主要刽子手。1926年9月初,当北伐军胜利进入长江流域,武汉指日可下、其代理人吴佩孚面临

---

① 《汉口民国日报》1927年3月22日。

覆灭之际，英帝国主义凶相毕露，叫嚣要"采取必要手段"，"武装干涉"中国革命。英国军舰大量拥集长江沿线，横冲直闯，不断寻衅滋事。9月5日，在武汉上游的四川万县发生了震惊全国的"万县惨案"：英舰炮轰万县县城近3个小时，中国军民死604人，伤358人，千余间民房、商店被毁，财产损失达2000万元。

消息传来，正在策应北伐军攻打武汉的董必武立即在汉口发动各界群众声讨英国侵略者的暴行。10月5日，组织汉口群众万余人召开"追悼万县惨案死难同胞"大会，并率领群众举行反英示威游行。5天后，在武汉各界30万群众参加的"双十"纪念大会上，董必武又一次愤怒声讨了英帝国主义炮击万县的罪行，号召各界民众一致反对英帝国主义。会后举行了声势浩大的提灯游行，将反对英帝国主义的斗争推向了新的阶段。

面对中国人民的愤怒声讨和强烈反对，英国帝国主义变本加厉，更加蛮横。12月初，英国当局增派水兵在汉口登陆，加强其租界的兵力。12月26日，英油轮"亚细亚"号在长江的黄冈、团风、江口江面上，蓄意横冲直闯，撞沉中国"神电"号油轮，船上400余人全部遇难。当天，武汉三镇30万人分别在武昌和汉口举行反英大会。董必武为大会总主席。他在武昌会场的讲话中，历数英国帝国主义的侵华罪行，向各界群众强调指出："中国今天要想得一生路，非工农商学大联合不可。"① 大会对英国帝国主义支持直奉军阀、干涉中国革命的种种暴行提出严重抗议；决议对英国实行经济绝交；要求国民政府扣留其油轮，枪毙其船主，抚恤我死难同胞家属，收回内河航行权，收回海关，废除中英一切不平等条约，收回妨碍革命之英租界；并通电全国，号召全国人民一致奋起，共争民族之生存。

不久，又发生一起惨案。自1927年元旦开始，武汉人民连日举行盛大集会，庆祝北伐胜利和国民政府迁都武汉，并欢庆国民党湖北省第四次

---

① 《董必武年谱》，中央文献出版社1991年版，第72页。

代表大会和湖北省工会第一次代表大会的召开。武汉的大街小巷充满了节日的气氛，许多革命团体的宣传员都上街演讲。1月3日下午，中央军事政治学校政治科的宣传队，在汉口江汉关前的广场讲演，群众越聚越多，秩序井然地静听演讲。毗邻的英国租界当局见此，便乘机寻衅，调集大批水兵登陆，架起10余挺机枪，取作战姿势并鸣枪威吓。但听讲群众处之泰然，不予理睬。英国人见威胁无效，竟派出全副武装的英国水兵冲出租界，驱赶手无寸铁的群众，用刺刀向人丛中乱捅乱戳，当场刺死海员工会会员1人，刺伤几十人，几天后又有数人殉难。这是英国帝国主义蓄意向中国革命进攻的又一起严重事件。

英国帝国主义竟在革命的首都大打出手，充分暴露了其对中国革命的敌视和猖狂，董必武十分气愤。4日，他主持国民党湖北省第四次代表大会专门为"一三"惨案开会，由省党部工人部长周延塽报告了惨案发生经过。与会代表怒不可遏，议决要采取强有力的措施。当时，在中共湖北区委和中华全国总工会驻汉口办事处李立三、刘少奇等领导下，历经爱国运动洗礼的武汉工人和各界群众，掀起了以收回汉口英租界为中心目标的强大反英运动。董必武全力予以支持。他当即指派周延塽代表省党部前往参加武汉市农工商学各界举行的紧急会议，商讨对英办法。各界紧急会议议决了8项对英斗争条件，其中包括：立即由国民政府向英国领事提出严正抗议；令英领事馆赔偿死难同胞损失；撤走江上英国军舰，撤销其内河航行权；由中国政府管理英租界等，并请国民政府以此向英方提出交涉，限英方在72小时内圆满答复，否则，便请政府派兵收回英租界，收回海关等。并将上述决定呈交武汉临时联席会议，联席会议接受了这个对英办法，并在当晚7时向群众公布了上述办法。

此时，武汉群情激昂，愤怒的群众纷纷向英国租界附近集中。英国领事一面慌忙将水兵撤往江心的军舰上去，一面请国民政府派兵进驻租界。国民政府遂成立"汉口英租界临时管理委员会"，主持英租界的治安、市政事宜，以外长陈友仁为主任委员，全权负责对英交涉、谈判事宜，并派一连军队进入租界。湖北总工会也派一些工人纠察队进入租界维持秩序。

董必武获知上述情况后，颇感振奋。

5日下午，武汉各界400多个群众团体30万民众举行反英示威大会，董必武又派吴德峰等4人代表省党部出席。大会重申了各界紧急会议议决的8项条件。会后，30万群众冒着滂沱大雨举行声势浩大的游行。英国巡捕竟肆意殴打游行群众，伤10余人。群众怒不可遏，奋起驱逐英巡捕，完全占领了英国租界。

消息传出后，1月6日，董必武复主持国民党湖北省第四次代表大会，一面派郭述申出席武汉临时联席会议讨论反英问题，一面由大会议决了湖北省12条反英措施。主要有：发表对外国通电；发出对英国政府及其驻汉口领事的警告；通电全国；派员参加明日午后汉口市民反英运动大会；组织对英绝交委员会；督促国民政府对英严重交涉等。

1月7日，根据前一天会议的部署，国民党湖北省党部在武昌阅马场举行全省对英示威运动大会，20余万群众参加。董必武担任大会总主席并作报告。他愤怒声讨了英国帝国主义侵犯中国主权、屠杀中国人民的罪行，明确指出："现英租界虽收回，归我政府派军队管理，而束缚我们之一切不平等条约尚多，英帝国主义者，仇视我民族利益益甚。我们要求生存，就要集中力量，继死难同胞精神，与英帝国主义者奋斗。"[①]大会通过了维护国民政府外交政策、维护各人民团体要求等决议案。同日，武汉国民政府通告英国领事：我民众运动是反对英国水兵屠杀我同胞，对英国侨民绝无敌意，对"外侨之生命财产，由国民政府负保护之责"。于是，原英租界内恢复正常的经济活动和社会秩序。

随后，武汉国民政府与英国当局进行了艰苦的谈判。董必武领导国民

---

① 《汉口民国日报》1927年1月8日。

党湖北省党部制定了《继续反英反奉宣传大纲》，协同湖北省总工会和其他人民团体，领导武汉各界组成了对英委员会和对英经济绝交会，继续开展反对英国帝国主义的斗争。并由此推动湖北许多县市成立了反英运动委员会，使反英浪潮席卷了全省，对武汉国民政府进行的谈判产生了有力的督促和配合。经过反复斗争，英国政府被迫于2月19日宣布，汉口英租界无条件交还中国管理。湖北人民的反英斗争取得了重大胜利，也是近百年来中国外交史上的一大胜利。

这时，蒋介石频频制造反革命事件，其背叛革命的狰狞面目越来越清楚地暴露出来，董必武坚决地投入了反对蒋介石的斗争。

蒋介石迁都南昌的阴谋遭到了失败，国民党二届三中全会又通过了限制其利用党政军权实行军事独裁的决议。他极为恼火，对中国共产党和工农群众充满了仇恨，遂一方面与封建余孽、帝国主义买办加紧勾结，一方面向帝国主义频送秋波，以换取帝国主义列强的支持，加紧策划背叛革命。

1927年1月下旬，蒋介石即向日本驻九江领事江户太郎表示，要尽可能尊重现有条约，愿意同日本握手。接着又派戴季陶访日，为与日本的合作进一步牵线。2月初，蒋介石的总参议黄郛奉蒋之命，专程到汉口会见日本军部的使者。日本使者转达了日本陆相的意见，希望蒋介石与共产党分手，搞"纯正的国民运动"。参与蒋介石密谋的黄郛当即代表蒋介石表示："为了保全东亚，中日两国合作是必要的"，双方达成了默契。与此同时，蒋介石还派宋子文、王正廷等与英、美方面联系，乞求支持。

在寻求到帝国主义和中国买办阶级的支持后，蒋介石的反革命气焰更加嚣张，加快了公开叛变革命的步伐。3月6日，他指使其党羽在江西赣州秘密枪杀了中华全国总工会特派员、江西省总工会副委员长兼赣州总工会委员长、共产党员陈赞贤，制造了"赣州惨案"。16日，又唆使其爪牙用武力解散了国民党南昌市党部，解散了江西省学联，封闭了国民党左派主持的《贯彻日报》。17日，蒋介石收买青红帮流氓，令其捣毁了国民党九江市党部、总工会、农会，打死4人，打伤9人，并派兵强占了九江市党部和总工会。20日，蒋介石到达安庆，授意特务处长杨虎等人，以每人大洋4元雇佣流氓地痞，组织所谓"安徽省总工会"，并以受轻伤100元、重伤500元、丧命1500元的价码，收买暴徒百余人，成立"敢死队"。23日，在杨虎指挥下，暴徒们狂呼乱叫，冲入国民党安徽省党部、安庆市党部、安徽省总工会、省农民协会，疯狂砸毁，并打伤多人，制造了"安庆事件"。

蒋介石的反革命行径立即遭到共产党人和国民党左派的反对和谴责。3月8日，董必武授意《汉口民国日报》发表了《从我们的立场上说出来的几句话》的社论，针锋相对地逐条批驳了蒋介石发表在2月25日《革命军日报》上的反动演讲词，揭露蒋介石恣意破坏党的规程，以及阴谋改都等独裁、破坏党纪的行为，并一针见血地指出蒋介石有"帝王思想"。在获知"赣州惨案"消息后，董必武认为蒋介石的反革命面目已暴露无遗，立即声明声讨蒋介石。3月12日，在武汉三镇分别召开的有百万群众参加的纪念孙中山逝世两周年大会上，董必武在武昌阅马场分会场，宣读了提交大会通过的议案12项：

（一）恪遵总理遗训；

（二）厉行总理的"联俄、联共、扶助农工"三大政策；

（三）拥护总理所创之国民政府；

（四）继续努力国民革命；

（五）消除汪主席不能复职的障碍，俾汪主席早日销假复职；

（六）提高党权，恢复民主集中制；

（七）加紧反英反奉及一切反帝国主义的工作；

（八）查办暗中和帝国主义联络和军阀谋妥协者；

（九）拥护中央执行委员会第三次全体会议；

（十）要求蒋总司令明确提出他最近对于总理政策的态度；

（十一）实行中央及各省联席会议最近政纲；

（十二）拥护湖北省农民协会第一次代表大会。

这12条议案，把蒋介石对外勾结帝国主义、对内同旧军阀妥协的阴谋暴露在光天化日之下，对之提出了质问，起到了动员人民识别蒋介石面目的作用。

3月下旬，董必武得知蒋介石在南昌、九江、安庆制造的反共反工农事件后，更为气愤。他一方面指示以省党部名义发出严厉谴责蒋介石的通电，一方面以省党部执行委员会名义，呈请国民党中央执行委员会并通电全国各省党部，鉴于"蒋介石近日摧残农工，破坏党部，入江苏后任用私人，不受中央节制，破坏行政统一，实属反动已极"，强烈要求罢免其本兼各职①。3月25日，《汉口民国日报》首次公开报道了蒋介石唆使反动派捣毁安徽省党部的消息。接着，该报又在27日发表了题为《反对与打倒》的社论，在列举蒋介石在各地制造的反革命暴行后，首次鲜明地提出"打倒蒋介石"的口号，号召人民"群加攻之"。随后，董必武主持国民党湖北省党部作出决定：印发宣传大纲，公开宣布蒋介石的"一切反动事实"。4月4日，董必武又以省党部名义，专文呈报国民党中央，要求开除蒋介石的党籍。

其时，蒋介石已经决心与人民对抗到底。3月26日，他抵达上海，开始筹划更大的反革命阴谋。他深知上海工人阶级和革命民众不可侮，便玩弄反革命两面手法。一方面假惺惺地向上海总工会代表表示："纠察队本应武装，断无缴械之理，如有人意欲缴械，余可担保不缴一枪一械。"并特意把亲笔题写的"共同奋斗"的一面锦旗送给上海总工会纠察队，表示对上海工人的"敬意"，麻痹革命人民。另一方面，紧锣密鼓地加紧反革命的准备。他与白崇禧进行密谋，将革命性较强、由共产党员李富春、林

---

① 《董必武年谱》，中央文献出版社1991年版，第82页。

伯渠分别担任党代表的北伐军第二、第三军调离宁沪地区，而由刘峙、周凤岐两部接防上海；接见上海商业联合会主席虞洽卿等，表示要维护资本家的利益，允诺要筹组"江苏并上海财政委员会"，聘请商会和银行分会首脑出任财政和外交委员，换得虞洽卿等为之筹集3000万元巨款，作为发动反革命政变的经费；与帝国主义分子接洽达成密约，使列强向上海调集大批军舰为之助威，并给他1500万元作为经费；勾结帮会头目黄金荣、杜月笙、张啸林等组织一批流氓，成立"中华共进会"，并指使董福开、张伯岐等纠集流氓兵痞组成"上海工界联合总会"，充当他进行反革命的打手。在完成反革命准备后，蒋介石就悍然于4月12日发动反革命政变，公开背叛了革命。

　　身在武汉的董必武虽然不了解蒋介石在上海进行的各种反革命密谋活动，但凭着丰富的政治斗争经验和敏锐的洞察力，对蒋介石的反革命活动产生并保持了高度警惕。他不顾陈独秀于3月下旬发出的"要缓和反蒋"的指示，在力所能及的范围内，对蒋介石的阴谋活动进行了揭露。早在3月20日，以董必武为首的国民党湖北省党部就发表宣言，指出："上海方面既出现代表南方之王正廷，牯岭方面亦发现日本要人佐分利，同时所派大理论家戴季陶亦奔走于东京，而各帝国主义复大声称赞本党封建势力之分子，此中蛛丝马迹，令人不寒而栗。"宣言给人们敲响了警觉蒋介石的警钟。根据蒋介石等人诡谲的行迹，董必武等推测他们一定有不可告人的密谋。4月3日，《汉口民国日报》在新闻版显要位置及时地通告读者："李济深、黄绍竑一日突然由粤乘轮抵沪，与蒋有所密商，市民对彼等颇注意。"并报道："白崇禧亦由宁赴沪，与在沪之蒋介石及李、黄两人有所会议"，提醒人们应严密注视。同一天，董必武主持国民党湖北省党部发表了《庆祝中央军事委员会成立宣言》，再次提醒人们对蒋介石要保持高度警惕。《宣言》深刻地指出："历史告诉我们，凡带兵的人只要他背后没有人监督指挥，他就要形成军阀，尤其是一个党里面带兵的人，借着党的护身符，而发展个人势力，或者以个人操纵党，他也要形成军阀。"宣言直接点了蒋介石的名，"蒋介石他以为总司令可以超越一切，不但指挥军队，而且指挥党"，因此，"蒋介石是有封建思想的军事负责人"。宣言最后高呼：打倒违背总理遗嘱的新军阀！打倒尊重不平等条约的妥协分子！

革命面临着严重的危机，蒋介石是革命的祸患，必须迅速与之坚决斗争。为了让更多的人认识这种严重的形势，董必武大声疾呼。在4月4日国民党湖北省党部举行的总理纪念周上，他发表了题为《我们目前的两个大斗争》的长篇讲话。他开门见山地提醒人们注意："目前革命形势的发展，引起国际间的重大变化，同时因国民党内封建势力把持，而引起国民革命的危机"。这是严重的问题，"这是我们每个同志应该注意的，而且是我们每个同志马上就要来工作的"。他着重指出，蒋介石是与帝国主义妥协的代表，蒋介石"一方面压迫农工运动，枪杀工人领袖；一方面公开演讲只希望帝国主义放弃侵略政策，而不必打倒，还指使白崇禧对外国驻上海领事表示愿意尊重不平等条约"。蒋介石已经与帝国主义勾结在一起了，照着帝国主义和封建军阀的希望"说起来、做起来了"。他做一件事，帝国主义及军阀就鼓掌赞成一件，同时便替他在国际间反动宣传一次。"帝国主义利用蒋介石的方法，与利用张作霖、孙传芳是一样的，而蒋介石甘愿受帝国主义的利用，也与张作霖、孙传芳是一样的。"从而深刻地揭露了蒋介石这个帝国主义的走狗、新军阀的反动本质。因此，董必武明确告诉人们：要打倒帝国主义必先排除妥协分子，也即要首先打倒蒋介石。针对陈独秀及一些人的所谓反对蒋介石会影响联合战线的论调，董必武反驳说：建立联合战线，诚然不错。但是这种联合战线，是联合革命的势力，是联合彻底的革命同志，不是联合反革命势力，不是联合妥协的分子，联合的目的正是为了打倒反革命的势力，排除妥协的分子。蒋介石对革命有极大的危害性。董必武强调指出："我们在此时应严厉制裁与帝国主义及军阀妥协的反动分子。"最后，他说：

各位同志！现在我们是处在一个很严重的时期，不但是国际间的危险，而且是国内的危险，更使我们痛心的就是党的危险，各位同志如果要想免除这种危险，要想保持革命性，我们要一律总动员呀！①

董必武的这种见解在当时是非常难得的。虽然蒋介石凶残地制造了一连串镇压共产党、镇压工农的事件，但他尚未撕去画皮，许多人还对他迷惑不解。身为中共中央总书记的陈独秀在此时与汪精卫发表了联合宣言。宣言虽强调了加强国共合作和统一战线的重要性，但对蒋介石的反革命活动不仅未加任何指责，反而辩解说：国民党领袖将驱逐共产党，将压迫工会和工人纠察队，都是谣言，声称国民党"决无有驱逐友党摧残工会之事"。这个宣言掩盖了蒋介石的反革命企图，麻痹了革命群众。相形之下，足见董必武的政治敏锐性和透彻的洞察力。

大奸当道，董必武对此十分焦急。4月10日，以他为首的国民党湖北省党部在宣传大纲中再次提出：蒋介石是反革命派！反对反革命派蒋介石！当晚，董必武主持召开了省党部执行委员会议，再次讨论作出决议：呈请国民党中央，迅速免除蒋介石国民革命军总司令及其他一切职务，以免其假借名义藉图反动。4月13日，在蒋介石发动四一二反革命政变的消息还未传到武汉之前，《汉口民国日报》发表了《反对？打倒？》的社论，列述了蒋介石到上海后对外勾结帝国主义、对内压制革命势力的16条罪行，断言：蒋介石是一个工贼、流氓、地痞、青红帮的大头目，是各帝国主义镇压中国国民革命的新工具，是革命民众、革命同志的刽子手，是我们唯一的最厉害的敌人。我们要完成国民革命，必须打倒这个障碍、这个敌人！13日晚，蒋介石在上海发动反革命政变的消息传到武汉，董必武立即召集国民党湖北省执行委员开会，决定发表《讨蒋通电》，再次强

---

① 《董必武选集》，人民出版社1985年版，第10页。

烈要求国民党中央当机立断,"明令将蒋免职,并调遣军队严加制裁"。15日,在国民党中央为研究惩治蒋介石而召开的常务委员会扩大会议上,董必武首先发言,提出"务希中央毅然决然加以处置"蒋介石的主张,得到了与会的共产党员和国民党左派人士的支持。会议最后作出决定:对蒋介石"开除党籍,并免去本兼各职,着全体将士、各级党部及革命民众团体拿解中央,按反革命罪条例惩治"。讨伐问题,交军事委员会讨论。

董必武的提议通过了,唯过于迟缓,让反革命分子得了先机。历史证实了董必武的预见,也证实了他的建议的正确性。

4月22日,董必武和在武汉的国民党中央委员、国民政府委员、军事委员会委员共40人联名发表《讨蒋通电》。通电历数了蒋介石的反革命罪行,号召全体军民"依照中央命令,去此总理之叛徒,本党之败类,民众之蟊贼"。

武汉地区掀起了声势浩大的讨蒋运动,全国许多地方也掀起了讨蒋高潮。在这场斗争中,董必武表现得非常出色,作出了重要的贡献。

但是,革命的危机还不仅仅于此,一个新的危机又在孕育之中。为了拯救革命,董必武又一次投入与背叛革命者的斗争,这又是一场艰苦的斗争。

和汪精卫斗争

1927年4月1日,中山舰事件后离职出国的汪精卫返回上海。10日,抵达武汉。

汪精卫是在一片欢迎声中回国的,此时,他在革命阵营是众目瞩望,大家把抑制飞扬跋扈的蒋介石、挽救革命危机的希望寄托在他的身上。当时的一篇文章说他"亲承总理遗训,经此一发千钧,危机四伏,众望喁喁,民众拥护,救党救国,望慨然复职,策立时艰"。共产国际代表和中共领导人陈独秀也认为,汪精卫回国后"事实上便成为左派的中心、政治的中心,并且是党的中心",对他持欢迎的态度。

汪精卫亦装模作样地极力标榜自己。4月11日,他给《中央日报》副刊题词道,"革命的向左边来,不革命的快走开去"。在同天武汉市民欢迎大会上,他阐明三大政策时说:第一,是联合世界上革命的民众,共同来反对帝国主义,这就是联俄政策;第二,是联合国内的一切革命分子,来反对帝国主义,这就是联共政策;第三,要把全国最大多数最受压迫分子唤起来做革命的领导者,这就是农工政策。要使革命胜利,一定要按这三条大道走。四一二反革命政变后,他指斥蒋介石"对于总理留遗之党及政策,加以毁坏","为民众之公敌","似此丧心病狂,自绝于民众,纪律俱在,难逃大戮"。他慷慨激昂,冠冕堂皇,博得了真诚群众的普遍喝彩。

然而,严酷的事实是:这是一场历史的误会。被寄予厚望的汪精卫,在大唱高调的同时,急剧地向反革命阵营滑去,其本性也是反共反人民的。在抵达武汉骗取信任,迅速取得国民党中央和国民政府领导权后,汪精卫便开始肆意指责工农运动"幼稚""过火""越轨",加以限制压迫和制裁了。

为了挽救革命危局,维护农工利益,董必武与汪精卫展开了一场短兵相接的斗争。

首次斗争发生在5月16日。此前,5月12日,国民党汉阳县党部逮捕了破坏革命的反动分子周文轩、周仲宣。在16日国民党中央政治委员会会议上,汪精卫偏执一词,对汉阳县党部妄加指斥,下令释放"二周"。"二周"罪行昭著,理应严惩,岂能再让之逍遥生非。董必武对汪精卫的无端庇护忍无可忍,发言据理力争,主张把"二周"送交革命军事法庭裁判所处理,两人发生激烈争执。会后,董必武指示《汉口民国日报》于18

日以《汉阳县党部宣布周文轩、周仲宣罪状》为标题，向社会公布了"二周"的反革命事实，坚决反对汪精卫的庇护。

紧接着又发生了如何对待夏斗寅叛变的问题。夏斗寅，湖北麻城人，原是北洋军阀的旧部。北伐军攻占湖南时，他被迫投诚，被提升为国民革命军鄂军第一师师长（后改编为国民革命军独立第十四师），全师共1.3万人，驻防宜昌，受唐生智节制，同时又兼任湖北政务委员会委员、国民党汉口特别市党部执行委员，可谓武汉军政界的显赫人物。但是，他投入革命原属迫不得已，对兴起的工农运动尤其仇视，加之在功名利禄分配上未能遂其心愿。因此，在蒋介石发动反革命政变后，他即蠢蠢欲动。其时，唐生智、张发奎率武汉北伐军主力北上河南与奉系军阀作战，武汉后方兵力空虚；四川军阀杨森亦根据蒋介石的旨意，于5月5日自万县发兵东下，向武汉国民政府进攻。夏斗寅乘势反叛，不战弃守宜昌，配合杨森发兵乘船东下，于5月13日在嘉鱼登陆，发表反共通电，恶毒攻击董必武等共产党人和国民党左派领导的工农运动，谩骂董必武、邓演达等把持权柄，滥用权威，狂叫要推翻国共合作的武汉国民政府，"重建新政"。随后，夏斗寅率兵直驱武汉。18日，其先头部队抵达距武昌20公里的纸坊。驻京汉路附近的刘佐龙和其他反动军官也率部响应，蒋介石也致电夏斗寅，鼓动之"锐进救援，勿稍瞻顾"。夏斗寅的叛变，使武汉国民政府陷于空前的危机之中。

当时，武汉三镇谣言四起，人心惶惶。许多市民不明真相，纷纷带着细软，携带家小逃入租界。富商大贾有的则乘船东下，一些政府要员和高级军官也慌作一团。身为国民党中央宣传部长的顾孟余还买好日本轮船船票，准备东逃。而汪精卫则极力为夏斗寅开脱，迟迟不肯作出切实可行的决策。董必武的挚友詹大悲要求对夏斗寅"褫职拿办"，汪精卫却不同意，说夏斗寅和杨森不同，"杨森是明明白白奉南京政府的命令，夏斗寅的通电只说要清君侧"。认为夏斗寅只是反对"盘据要津""喧宾夺主"的共产党，因此不能过于严厉。

革命处在存亡的关键时刻，稍有懈弛，则后果不堪设想。董必武与毛泽东、蔡和森、恽代英、邓演达、叶挺等人，以大无畏的革命精神，率领革命士兵和工农群众奋起斗争，挽救时局。5月18日，董必武闻讯夏斗寅叛变后，立即召开国民党湖北省党部和汉口特别市党部执、监委员联席会议，通过了通电声讨夏斗寅、发表告十四师官兵书及宣言等决议，并决定召开武汉三镇讨夏大会。在当天举行的国民党中央政治委员会会议上，董必武多次发言，提议并力促采取果断措施，领导进行反夏斗争。经过他和其他共产党人、国民党左派的斗争和推动，武汉国民政府发布了讨夏命令。19日，武汉三镇同时举行讨夏大会，董必武主持武昌的大会，他概述了夏斗寅的罪行，并针对汪精卫为夏斗寅开脱的言论，明确地阐述了讨夏的意义："夏逆为蒋介石的小走狗，……今天讨夏的意义，便是表示革命民众对反动派绝不宽容，与之誓不两立，夏逆打出拥蒋的旗帜，讨夏便是讨蒋的一部分。"他强调指出："革命民众最紧要的工作，便是镇压反动派。"①随后，董必武连续召集国民党湖北省党部和汉口特别市党部联席会议，研讨讨夏的问题。并通过省农民协会把正在培训的农民自卫军学员500多人，分两批送往恽代英主持的中央政治军事学校进行紧急军事训练，以便随时听候调遣，赴前线杀敌。还通过农协招募1000多名农协会员，组成运输队、救护队，为叶挺率领的平叛大军送粮运械、抢救伤员；同时，号召各市县党部发动群众，协助平叛部队作战。

由共产党人直接掌握的叶挺第二十四师和中央独立师（5月18日由中央军校和中央农民运动讲习所学生编成），在人民群众的有力支持下，英勇反击，很快将夏斗寅叛兵击退。如果乘胜追击，本可全歼叛军，但是，"汪精卫主张调解，唐生智这时也说可以招呼夏斗寅"，他们强令叶挺部队

---
① 《汉口民国日报》1927年5月20日。

停止前进，致使夏部未受重创，继续盘据在鄂南一带，摧残工农运动。

围绕平定夏斗寅叛乱的过程，清楚地暴露了汪精卫反共反人民的真实面目。与此同时，汪精卫急剧地向右转。5月18日，夏斗寅危及武汉时，汪精卫控制的武汉国民党中央发出训令，严禁工人纠察队活动。20日，又发出保护"善绅"的训令，公开为土豪劣绅张目，并指责"各种民众运动往往于（与）中央决议案有所出入，甚者躐等，尤甚者，或至背驰"。声称，谁要违抗中央之命令，就无异反革命。5月22日，汪精卫下令湘、鄂各地，制止"赤化运动"，并扬言要逮捕工会和农会领导人，或者驱逐出境。6月5日，武汉国民政府解除了苏联顾问鲍罗廷、加伦等140余人的职务。在汪精卫的扶持和鼓励下，国民党内的右派分子跃跃欲试，气焰愈来愈嚣张，武汉的政治形势迅速逆转。

董必武奋起抗争，力图维护工农革命运动。5月23日，他在国民党中央政治委员会第二十三次会议上，对汪精卫、谭延闿等不严厉清查北洋军阀、官僚逆产的行为，提出严肃批评。5月26日，他主持召开国民党湖北省党部执行委员会会议，通过了省农民协会关于农民问题的提案，决定没收土豪劣绅及反革命分子的土地，保障小地主及革命军人的土地所有权，帮助无地贫农得到耕地和农具；进一步武装农民，保护乡村政权，镇压反动势力。随后，国民党湖北省党部执行委员会又拟定了《惩治贪污官吏条例》，决定审判土豪劣绅。这些措施，均遭到汪精卫的反对。在5月30日的国民党中央政治委员会会议上，汪精卫等否决了《惩治贪污官吏条例》，对审判土豪劣绅横加指责，并以停止农民协会活动相威胁。但董必武不为所动，在他和一些人的支持下，湖北审判土豪劣绅委员会于6月1日起，开庭审判土豪劣绅。为了鼓励群众的革命斗志，董必武连续主持召开了武汉三镇纪念五卅惨案两周年大会和欢迎第二期北伐将领及武装同志大会，大造革命声势，向反动派示威。

对董必武的革命活动和多次抗争，汪精卫十分恼怒，他点名指责董必武,说:"董必武只听工会、农会的话,不听我们的话,影响两党联合战线精神"①,并寻机打击董必武。然而,董必武并不因汪精卫不满而改变自己的信念和奋斗目标。此时,他们两人的立场、观点已经处于尖锐对立状态,于是,在处理黄冈县党部问题上,再次发生激烈的斗争。

黄冈,地处武汉以东的长江沿岸,盛产烟叶。从1925年开始,董必武、陈潭秋等便领导开展该县的革命运动,逐渐培养了一支比较强的革命力量。北伐军攻占湖北后,黄冈县的农民运动在董必武等人直接领导下,迅速发展。全县拥有区农协16个,乡农协300多个,会员达24万余人。在国民党黄冈县党部领导下,黄冈县的反对土豪劣绅斗争取得了很大的成绩,受到广大农民的拥护。但是,受到打击的土豪劣绅并不甘心服输,他们伺机反扑,亟谋报复。经过密谋,1927年5月28日,黄冈县团风第五区烟酒公卖分处处长罗某和湖北省烟酒公卖处处长华某,上书武汉国民政府财政部,诬告黄冈县党部和农民协会"铲挖烟苗,妨碍税收",财政部迅即上报汪精卫。此时,汪精卫已经十分敌视工农运动,蓄谋寻找借口打击农民运动。于是,他在6月1日将此未经核实的报告提到国民党中央政治委员会上进行讨论。在他的坚持下,会议形成决议:训令湖北省党部、湖北省政府,将该县党部及农民协会解散,并逮捕负责人员,"严加惩处"。

董必武敏锐地感觉到,汪精卫的这一处置颇不寻常。联系到近日连续发布的一系列限制工农运动的训令,董必武警觉到汪精卫是含有很深用意的,是出于对工农运动的仇视和打击。6月2日,他主持国民党湖北省党部执行委员会,就此进行了讨论,决定派执行委员、省农协副委员长陈荫林前往黄冈调查处理。经过调查,发现烟酒公卖处反映的情况与实际情况完全不符,黄冈县党部和农协根本没有组织农民铲除烟苗。陈荫林一面电呈省党部,报告事件真相,一面重新组织了县党部和县农协。6月13日,

---

① 罗章龙:《回忆董必武同志》,《忆董老》第1辑,湖北人民出版社1980年版,第17页。

董必武向中央政治委员会报告了调查结果。但是，汪精卫并不罢休，董必武刚刚讲完，他便阴阳怪气地说："那件事并不是根据个人的报告，乃是财政部派人查过，负责来说的。若是不放心，再着财政部去查看就是"，拒不接受省党部的调查。董必武见此，便指示《汉口民国日报》于14日以《黄冈县党部、农协被解散经过》为题，公开发表了陈荫林的调查报告。

虽然有充分的事实根据，但汪精卫仍不愿改变其错误决定。6月27日，汪精卫在国民党中央政治委员会会议上，坚持其对黄冈县党部、农协的处理意见。29日，董必武等以国民党湖北省党部名义，将黄冈县"铲烟抗税"的最新调查结果，再次向国民党中央党部作了报告，为黄冈县党部、农协再次申辩。在董必武等人的据理力争下，汪精卫最后不得不对黄冈县党部、农协"从轻发落"，其利用此事件打击工农运动的企图没有得逞。

但是，整个形势是越来越严重。在汪精卫一派的纵容和支持下，受到打击的土豪劣绅卷土重来，疯狂报复。在湖北省，从2月到6月，土豪劣绅勾结土匪和地痞流氓，屠杀农协会员4700多人，手段残忍至极。同时，汪精卫集团大肆鼓噪，不断指责、污蔑并压制农民运动。为了揭露土豪劣绅的暴行，批驳各种诬蔑，部署下一步的斗争，董必武发动和领导国民党湖北省党部、省农民协会等部门，展开了多方面的斗争。

6月8日，董必武出席了国民党武昌市第二次代表大会并发表讲话，提出要彻底打倒帝国主义，政权归革命民众，操之于大多数人之手，"此为真正三民主义之真义"。省党部执行委员蔡以忱也在会上讲话，以大量的事实批驳了汪精卫集团散布的农民运动"过火"的论调。

6月10日，董必武指示蔡以忱以省农协常委的名义，召开记者招待会，介绍全省农协已处在一片白色恐怖之中的事实。

6月15日起，以省党部名义在《汉口民国日报》连续发表了《一年来湖北省之党务》，列举湖北省党部一年来的党务、政务，特别是开展农工运动所取得的巨大成绩，批驳了汪精卫对省党部的攻击。

6月17日起，在《汉口民国日报》连续报道土豪劣绅勾结土匪对农民协会进行反攻倒算、屠杀农协干部的事实。

6月19日至21日，董必武顶着巨大政治压力，在毛泽东的支持下，召开了湖北省农民协会扩大会议。在向大会致辞时，他指出："现在革命确实到了很困难的时期，可是我们就是要设法克服这些困难，打破困难的营垒，不断地向前战斗。"大会向全省农民发出号召："此刻不是退让的时候，而是整齐我们的步伐，向敌人猛烈地进攻。"①

6月22日至26日，董必武和钱介磐一起，主持召开了国民党湖北省第一次省市县党部联席会议。在所作的政治报告中，详细回顾了1926年中山舰事件以来蒋介石的日趋反动和党内对蒋介石的步步退让的事实，指出：我们此刻唯一的出路是迅速讨伐蒋介石，打倒土豪劣绅，铲除封建势力。会议特意作出《农民运动决议案》，指出全省革命同志当前最迫切的任务是武装农民，加紧对农协会员进行军事训练，并提出"革命群众到军队中去"的口号。

与此同时，为了抗议汪精卫等的无理指责和对工作的干扰，董必武于6月22日、27日分别致函国民党中央政治委员会和湖北省党部，提出辞去国民党湖北省党部常务委员、省政府常务委员和农工厅长的职务，并请假不出席国民党中央政治委员会会议。董必武的这一斗争手法，将汪精卫推到一个尴尬的位置。此时汪精卫正在密谋反革命政变，为掩饰其面目，也由于左派的坚持，国民党中央政治委员会议决慰留，省党部也议决慰留。

董必武没有放弃战斗。6月30日，他在《汉口民国日报》上连续公布了由他直接领导的湖北省政府农工厅的工作报告，详细说明了农工厅成立后50天来为整顿各地有关组织、保护农工利益所做的大量工作，用事实回击汪精卫之流的诬蔑。7月10日，董必武主持国民党湖北省党部执行委

---

① 《汉口民国日报》1927年6月23日。

员会会议,决议由省、市两党部合组工人运动委员会,加强工人运动的领导。并议决呈请国民党中央,要求停止反革命分子周佛海的监察委员职务,并将其开除出党。

然而,汪精卫已视董必武是眼中钉,继续进行污蔑和打击,又挑起一个安陆事件。安陆县是董必武等开展农运颇有成绩的一个县,因而引起反动派的嫉恨。6月29日,劣绅吴范生等勾结红枪会和土匪流氓数百人,向当地的国民党区党部发起进攻。区党部立即向县、省党部报告。董必武闻讯后,立即派省党部特派员带领农训班学员20多人驰往该地,与当地农民自卫军一起反击。经过激战,毙伤红枪会徒多人,但终因寡不敌众,只好退却转移。红枪会到处烧杀,区农协秘书和县党部执行委员多人被杀害。但是,在7月4日国民党中央政治委员会第三十四次会议上,汪精卫竟站在土豪劣绅的立场上,无端指责安陆县党部和农民协会不服从命令,目无中央,指示"湖北省党部根据国民政府命令,查办县党部和农民协会"。孙科也在一旁帮腔,对董必武等横加指责,说:"湖北省党部一点权威也没有,闹得各地都起了反动,他们究竟干什么事。如果是共产党的党部,可以不问,既是国民党不能不管。"并声色俱厉地叫道:"应该马上解散安陆县党部和农民协会。同时下一个严令给湖北省党部,若今再是这样,连湖北省党部一起解散!"

毒手一次次地伸了出来,董必武的处境更恶化了。这时,形势已经无可挽回了。陈独秀的右倾机会主义已发展到登峰造极的地步,他仍视汪精卫为左派,对之抱有幻想,企图以投降式的让步来拉住汪精卫,维持两党合作,结果不仅无济于事,而且更助长了汪精卫的反动气焰。他一天天向南京的蒋介石集团靠拢。从6月初开始,汪精卫即和国民党中的右派成员,秘密策划"分共"。接着,又与反动军官进行密谋,煽动军队反共。在经过一系列准备后,汪精卫加快了其反革命步伐。7月10日,他逼迫共产党人退出武汉国民政府。7月14日晚,他召开国民党中央秘密"分共"会议,决定和共产党分裂，并部署了"分共"和大屠杀计划。第二天，他召开国民党中央常务委员会扩大会议，发表了"分共"报告，正式宣布同中国共产党决裂，走上了公开叛变革命的道路。七一五反革命政变，宣告了国共两党合作所掀起的轰轰烈烈的大革命彻底失败，中国人民再次陷入了黑暗的深渊。

> 过得河来拆却桥，
> 血书史迹怎能消？
> 建军黄埔谁之助？
> 逼主白云孰与饶！
> 仲夏羊群窥武汉，
> 长沙马日闹风潮。
> 可怜革命仍流产，
> 辜负壶浆又一瓢。

18年后，董必武追忆历史，愤慨地写下了这首诗，虽然蒋、汪一时阴谋得逞了，大好的革命局面被葬送了。但是，中国共产党领导人民群众进行革命斗争的价值是永存的。新民主主义革命28年的历史丰碑上，永远铭记着这一时期中国共产党每一位优秀党员的功绩和奉献。

坚持到最后时刻

在背叛革命的同时，蒋介石、汪精卫集团立即开始了疯狂的反革命大屠杀，全国陷入了空前严重的白色恐怖。

急剧逆转的政治形势，给参加到大革命洪流中的每个人都提出了严峻的考验：何去何从？有人变得消沉，逃避革命；有人随风转向，附敌求荣；

有人则保持坚定的革命信念,义无反顾地、不屈不挠地继续革命斗争,董必武就属于后者。

三天后,即7月18日,武汉的报纸上刊登了董必武的公开声明,宣布辞去湖北省政府常委、农工厅长和《汉口民国日报》经理的职务。他在辞职书中愤怒地写道:"伏念钧府设立农工厅于各省,原为保护农工之利益。日来工会之被蹂躏者,时有所闻;农民之被屠杀者,无地蔑有。听之不忍,救之不能。似此情形,实属有辜重寄。现既不能奉行钧府法令,复无以慰地方人民,再四思维,惟有辞职。"①

这是董必武对汪精卫集团的公开揭露和强烈谴责,宣布了他与背叛革命的国民党实行彻底的决裂。

同时,这也是董必武对中共中央指示的落实。7月12日,中共中央进行了改组,陈独秀停职,由张国焘、李维汉、周恩来、李立三、张太雷组成临时中央常务委员会。第二天,改组后的中共中央发表对时局的宣言,揭露了汪精卫等把持的武汉国民党中央和国民政府的反革命活动,命令共产党员退出国民政府。董必武用自己的行动表示了对党的忠诚。

这是一次颇有技巧的斗争。通过辞职,董必武揭露了汪精卫集团背叛革命、残害工农的真面目,表示了他的愤怒,展示了共产党人的政治气节和革命本色。

由于陈独秀右倾机会主义的影响,党对汪精卫的背叛革命缺乏应变准备。有鉴于此,为了使党的事业少受损失,董必武冒着危险,尽量利用自己原有的社会关系,掩护革命骨干撤退,鼓励人们不要为一时的挫折而气馁,而应继续革命。时在党义研究所工作的詹才芳回忆说:汪精卫叛变后,"在情势危急的日子里,董老师坚毅沉着,到研究所来布置学员和工作人员撤退;还分别找一些同志谈话,指出今后斗争的方向。他对学员们说:现

---

① 《汉口民国日报》1927年7月19日。

在蒋介石反动，汪精卫也反动，他们使用了各种残酷手段，大肆屠杀共产党人，使我们党遭受严重损失，革命进入了困难时期。但是，我们一定要坚信党能够战胜困难，取得革命的胜利。大家回到各地去以后，一定要坚持下去，要坚决站在工农群众一边，发动群众，依靠群众，坚持武装斗争，要不怕苦，不怕掉脑壳，将革命进行到底。自从那次和董老师分别后，我同一些学员回到黄安，投身农民运动的队伍，参加了黄麻起义的斗争"①。

正是在这种"黑云压城"的险恶环境里，董必武介绍了原国民党湖北省党部常委何翼人（羽道）——一位经过胜利、失败两种考验的战士加入中国共产党，并报请中央批准（何翼人后来为党做了许多工作，被国民党惨杀）。

7月下旬，中共中央决定把武汉地区的中共党员和国民党左派分散输送到贺龙、叶挺的部队。根据党组织的派遣，董必武迅即赶到九江，精心安排撤离武汉的同志向南昌转移，鄂东地区的许多党员干部、湖北省农民武装干部训练班的学员，就是先转移到九江，经董必武的安排，然后到南昌参加南昌起义的。大革命时期任《汉口民国日报》总主笔的沈雁冰回忆说：

> 汪精卫撕掉自己的"左"派假面具而于七月十五日公开反共以后（约在七月初，我已辞职而隐避在一个秘密地方），我奉命到九江某街某号找关系，接奉命令。我约于七月二十三日左右到了九江，找到那地方时却是董老在那里。他对我说：设法到南昌去，如果去不成，那就回上海。结果我南昌未去成，在牯岭病了，直到八月初回上海②。

董必武也在撤退之列，党组织决定让他出国。作为湖北乃至全国著名的共产党人，他继续留在武汉是太危险了。

但是，董必武不想马上离开，他还想利用过去的关系为党多做点善后

---

① 詹才芳：《难忘的教诲，前进的力量》，《忆董老》第1辑，湖北人民出版社1980年版，第95页。
② 茅盾：《一点回忆》，《忆董老》第1辑，湖北人民出版社1980年版，第11页。

工作。所以，当九江工作一结束，他就返回了武汉。

然而，这时武汉的形势对他是极其危险的。

7月下旬，汪精卫主持召开的国民党中央政治委员会通过决议，点名攻击董必武，说：国民党在湖北的党务从秘密时代起就是"共产党从中组织，是共产党湖北执行委员董必武一人包办，多数党员不是CP就是CY"，"党部受CP影响，接受了CP理论，非CP的主张不能提出，非CP的言论不敢发表"，董必武是国民党在湖北的心腹大患。

于是，国民党中央对董必武发出通缉令。

国民党武汉警备司令部对董必武发出通缉令。

国民党黄安县政府通缉共产党员的告示中，董必武又赫然是第一名。

国民党当局必欲诛之心方安，对董必武出以重金悬赏捉拿。

但是，董必武不以险恶的形势而动摇。在回到武汉的当天晚上12时，即和陈潭秋、李汉俊、钱介磐、何翼人、耿丹等聚会商议，分析国共分裂后的形势，决定在鄂东组织武装斗争。

在武汉，他先在汉阳潘怡如的亲戚吴家住了十几天，因地方窄小，容易暴露，得潘怡如帮助转移到汉口法租界西贡街熊晋槐家里。熊将男厨工辞掉，以侄媳妇担任厨师，将董必武安排在原厨工住的房子里。董必武要李哲时给他送去油印机，运用一切可以利用的手段，继续和敌人进行斗争。当时有人因革命失败有些灰心，对董必武说："唉呀，这次又失败了！"董必武说："失败了再搞嘛，失败是成功之母。这次比上次好了，有了基础。"鼓励同志们坚持斗争。

他和担任中共中央交通的张培鑫、湖北革命委员会主席兼湖北工农革命军总司令吴德峰及钱介磐等始终保持着联系。为了推动各地的革命斗争，他和吴德峰等千方百计筹集武器，通过汉口吉庆街德润里等处党的秘密联络点，向许多县、市的工农武装提供枪支弹药，鼓励工农武装"上山"过"山林生活"，开展武装斗争。

黄安是董必武的家乡，他始终关心着黄安的革命斗争。他派人前去，指示中共黄安县委"要注意提高斗争策略"，依靠有群众基础、有革命坚定性的干部、党员，尽可能地保存武装力量和党的组织机构。根据董必武的指示，中共黄安县委适时进行了调整，避免了革命力量的重大损失。党的八七会议后，中共湖北省委书记罗亦农向董必武、向忠发、吴德峰传达中共中央确定实行土地革命和武装起义的方针。董必武闻知，精神振奋，旋即派人回黄安传达了八七会议的精神。中共黄安县委负责人郑位三、陈定侯来武汉请示工作，董必武马上领着他们去见罗亦农，听取了省委在湖北全省举行秋收暴动的计划。震惊中外的黄麻起义，董必武虽未能直接参加，但是起义与他的革命活动密切地联系在一起，凝聚着他的许多心血。正是由于他的关心、支持，由于他的巨大威望，起义军以董必武的名义出布告、发传单，号召工农武装起来，实行土地革命，推翻豪绅地主统治，打倒国民党反动派，在群众中产生强烈反响，推动了起义斗争的进行，并为以后的武装斗争创造了重要的条件。

第六章
CHAPTER SIX

十年辗转

苏联深造

时至1927年11月，武汉的白色恐怖愈加严重，董必武的处境变得更加危险。

汪精卫叛变革命后，蒋介石控制的南京政府与汪精卫控制的武汉政府政治上沆瀣一气，逐渐达成一致，"宁汉合流"。但是，为了争夺中央控制权，国民党内部勾心斗角，互相倾轧，展开了激烈的争斗，蒋介石、汪精卫被迫先后辞职下野。9月，桂系联合何应钦和西山会议派，成立"国民党中央特别委员会"，在南京发号施令。盘踞湖北、湖南的唐生智夙具野心，这时不甘屈居桂系之下，即拥兵称雄，拒不承认南京的特委会。他通电指斥："南京特别委员会者，政客、官僚之集合体，而违法篡党之谋乱机关也。政客官僚而可以谋国，则革命为多事，违法篡党而可以不讨，则本党为无人。"桂系则反唇相讥，骂唐生智"视党部为传舍，以主义为玩物"。经过一阵"电报战"，双方诉诸武力，由此而揭开了国民党新军阀混战的序幕。10月，桂系组织"征西军"讨伐唐生智。唐生智内部倒戈，节节败退。11月上旬，桂系占领了武汉。

适在此时，中国共产党内出现了"左"倾盲动错误思潮。受其影响，中共湖北省委决定利用宁汉之战中唐生智败走、桂系军阀立足未稳的时机，在武汉三镇举行暴动。11月13日，先是在全市发动了同盟罢工，随即举行起义。由于条件不具备，暴动失败了，反而暴露了党的组织和群众，引起了敌人的仇视。

桂系军阀是蒋介石反共的主要帮凶，担任武汉卫戍司令和副司令的第十九军军长胡宗铎、第十八军军长陶钧更有"屠夫"之称，他们在占领武汉后，即调动军队，大肆捕杀共产党员和工农群众，甚至对国民党左派也大开杀戒，在短短的时间里，即惨杀数千人，用血腥的屠杀镇压革命运动。

对于董必武，反革命分子更是咬牙切齿。胡宗铎电告南京特委会，说董必武"潜伏租界，勾结前省市党（部）共产分子四出活动，请明令厉行清党"①。胡宗铎的参谋长石毓灵更是疯狂，到处叫嚣："如果捉到董必武，南京已经决定了，要凌迟碎剐！"董必武成为敌人搜捕的一个主要对象。

为了躲避敌人搜捕，董必武又转移到日租界袁范宇的家中。袁范宇曾参加过辛亥革命，他信服共产党人，同情革命。然而，狠毒的敌人无所不用其极，12月17日傍晚，桂系调动一个旅包围了日租界，胡宗铎亲率军警进行搜捕。隐蔽在日租界的国民党左派詹大悲、李汉俊等被捕。当夜，未经审讯，詹大悲、李汉俊即被枪杀。董必武机警地躲过了敌人的搜捕，但是，白色恐怖骇人听闻，他在武汉已无法展开工作，而只会有危险了，在这种情况下，经同志们的劝说，他才下决心准备离去。

就在詹大悲、李汉俊等被捕的当晚，董必武由日租界转移到法租界长清里袁范宇岳父万斌成家，住了一夜。次日晚，经袁范宇的堂弟袁祥福及其叔父袁玉山的掩护，董必武穿上沾满油渍的水手工作服，化装成水手，由汉口太古一码头登上英商安庆轮（袁祥福是该轮上的水手长），19日离开汉口。在袁祥福掩护下，董必武安全到达上海。当天，袁祥福到日本驻沪领事馆，帮助董必武办了去日本的签证，又花钱替买了去日本的船票。董必武在上海只作了短暂停留，即上了日本客轮，于12月底到达日本京都。

国民党当局抓不到董必武，便将毒手伸向董必武的家庭。董必武的家属也被迫离乡逃亡。1928年初，董必武的黄安老家被国民党政府查封，家中东西全被没收，不久房屋也被拆毁。七婶母因体弱有病，未曾逃脱，被国民党反动派残害。外甥张培鑫在武汉被国民党当局杀害，并被残忍地割头示众。但是，暴行并没有吓住董必武，相反，更激起了他和他的家属对

---

① 《东方杂志》第25卷第3号，1928年2月10日出版。

国民党反动统治的愤慨，更加坚定了他的革命信念，他决心与国民党反动派斗争到底。

董必武到京都后，住在袁范宇弟弟袁育宇家。他化装成袁家的苦力，出入提个破篮子以避人耳目。日本军警曾多次搜捕，但他都巧妙地躲过了。后来，钱介磐也来到京都，董必武在袁育宇家另租一小屋给钱介磐住。在京都，董必武利用自己通晓日语的条件，抓紧时间阅读了许多日文版的马列主义书籍，并撰写了长达万言的回忆文章——《詹大悲先生事略》，回顾在"五四"时期与李汉俊、詹大悲等一起接受新思潮和研究马克思主义的经过，总结了他们同封建军阀及国民党右派斗争的经验和教训，揭露了国民党反动派残酷杀害革命人民的罪行。字里行间，透露着对故人惨遭杀害的无限悲痛的心情。

1928年夏，董必武和钱介磐相偕转赴东京，了解国内形势，寻找党的关系。在东京，遇着了林伯渠、刘伯垂及张朗轩。林伯渠是在南昌起义失败后，几经辗转到达日本，要绕道去苏联，因已被日本警察注意，故很快离去。刘伯垂不久回国。张朗轩原系国民党湖北省党部委员，1927年奉湖北省政府之命赴日本考察教育。大革命失败后就寓学东京，致力于哲学、社会学、历史学科的研究。他时住东京乡下，获知董必武、钱介磐到东京后，便从乡下赶来，"握手道故，同逛书店，并到小馆子去吃中国餐"。盘亘一阵后，张朗轩返回乡下。漂泊异国，远离斗争生活，董必武住不下去，遂萌发了回国的念头。正在这时，钱介磐与杨贤江取得了联系。杨贤江系中共党员，在日本负责党的工作。通过杨贤江，董必武得到了党的指示：和钱介磐同往苏联。

日本政府极端仇视社会主义苏联，两国没有外交关系，在东京不能办去苏联的护照。但是，可以办去德国的护照，中途要经过苏联、波兰，可以半途留下。经过杨贤江的帮助，董必武和钱介磐办到了去德国的护照。同年8月1日，他俩由东京动身。到达海参崴后，巧遇正在共产国际工作的许之桢、肖三等，经他们介绍，董必武和钱介磐与共产国际接上了关系。依照组织安排，他俩复折回我国东北，经西伯利亚，花去约半个月的时间，最终到达莫斯科。

在莫斯科，董必武进行了对他一生颇具意义的、系统的马克思主义的学习。

1928年9月，董必武被安排进入莫斯科中山大学学习。莫斯科中山大学创办于1925年9月，全称"中国孙逸仙劳动大学"，是大革命时期苏联帮助创办的为中国革命培养政治理论骨干的学校。蒋、汪背叛革命后，国民党与中山大学断绝一切关系。学员全由中国共产党选派，校名改称"中国劳动者共产主义大学"。大革命失败后，中共党内一批曾任重要职务的领导干部相继入校学习，校方为此专门增开了一个特别班。董必武就是特别班学员，同期学习的有：林伯渠、吴玉章、徐特立、何叔衡、方惟夏、叶剑英、钱介磐、杨之华、赵如芝、李哲时、黄平、李国宣等30多人。由于学员年龄较大，校内许多人都称特别班为"老头班"。1929年春，董必武因英语基础较好，由共产国际保送到列宁学院英文班进修。该院学员有英、美、加拿大、朝鲜、中国等各国共产党骨干。课程设有：哲学、政治经济学、党的建设、国际共运、群众运动等。与董必武一起在该院学习的有张国焘、王若飞、李立三等（李立三、王若飞在俄文班）。

过去处在紧张斗争的环境，无法系统地学习革命理论，因而，董必武对得来的学习机会非常珍惜。他对人说："有学而不能者，未有不学而能者""人一能之，己十之；人十能之，己百之，这是我的学习信条"①。除听课外，他整天在图书馆如饥似渴地研读马列原著。竟至有人提出意见：董必武老是占着图书馆的一张桌子，到吃饭的时候才离开。当时与董必武有很多接触的王盛荣回忆说：

---

① 《董必武年谱》，中央文献出版社1991年版，第99页。

一九二八年到一九三二年期间①,董老在苏联最高学府列宁学院学习研究马列主义科学理论。我在中山大学学习。由于董老待人热情宽厚,我始终把他当作亲人,每逢节假日总要去看望他。每次到他那里时,见他总是手不释卷,钻研马列主义经典著作,认真做学习笔记。他的古体诗写得很好,字写得端正苍劲,常常以写诗、练字作为休息,惜时如命,不肯浪费一分一秒,这使我很受感动。董老常常亲切地告诫我:"要好好学习,决不可错过这千载难逢的好机会!"鼓励我多学点马列主义基本知识,回国搞革命才知道怎样去宣传群众;没有革命理论,在工作中就会犯错误②。

凭着这种勤奋好学、刻苦钻研的精神,董必武在列宁学院系统地学习马列主义理论,尤其是精心研读了《社会民主党在民主革命中的两种策略》《国家与革命》《帝国主义是资本主义的最高阶段》等著作。学习中,他注意联系中国革命的实际,认为"对中国的情况、特点不加分析,不懂怎样做工作,只讲教条不行。中国革命失败了。虽然是暂时的,但一定要总结我们自己的经验教训",主张对中国革命的问题多研究,好好总结,提高认识。他"躬行实践;身体力行"。在勤奋学习之外,还担任了列宁学院中国工人特别班的语文课教学和政治辅导工作。他引导学员结合党的"六大"文件学习,总结中国革命成功和失败的经验教训,要求学员每周写一篇文章。并利用假期到工厂、农村去调查实习。1930年暑假,董必武到巴库油田和列宁格勒工厂,与工人一起劳动,一起生活。最后写出总结报告。这份报告有分析、有综合,将理论和实际相结合,因此得到学院很高的评价,并在全校展出示范。

董必武到莫斯科时,正值王明在中山大学受米夫"赏识",非常活跃,进行宗派活动。董必武对王明等人"抄袭书本,装腔作势,自欺欺人"的

---

① 确切的时间是:1929年初到1931年底。

② 王盛荣:《挥泪忆董老》,《忆董老》第1辑,湖北人民出版社1980年版,第184页。

作风，非常反感。他为李文宜在中山大学"清党"中因得罪王明而被开除党籍一事，曾多次与王明进行激烈争论，批评王明等人的做法。王观澜在文章中回忆说："一九二八年夏天，董老也到了莫斯科。他编入特别班，我在特别二班，是班长。我们两个班的教室紧紧靠在一起，只隔一堵薄墙，两边大的动静、比较高声的说话，都能听得清楚。董老经常与别人辩论，给我的印象很深。""董老对王明一伙十分不满，常和他们辩论。"① 由此，他也受到王明教条主义者的讪谤，但他"对此则置之不理"②。

董必武还很注意做年轻同志的思想工作，以自己的行为教育、引导青年人。吴亮平回忆说：

> 大革命失败之后，董老到了莫斯科。当时有些人情绪不好，董老却很乐观，他说：国民党的统治是不会久的，只要我们共产党人深入领导人民群众艰苦奋斗，革命运动必将开展起来，对革命运动抱悲观情绪是没有任何根据的。……董老无论在什么时候，就是在革命遭受重大挫折的情况下，总是心胸开阔，非常乐观，他是革命的乐观主义者。这对我们，特别是对青年同志是很大的教育③。

从中学时期就师从董必武的袁溥之回忆：

> 大革命失败后，去苏联的人很多，学校拥挤。开饭时，董老和我们一同排队进饭厅，对过艰苦生活没有怨言。休息时，我们一块坐在草地上，他谈笑风生，心旷神怡，平易近人，和蔼可亲。他喜欢和群众相处，同志们有意见也愿意和他交谈。我永远不会忘记董老讲过这样两件事。其一，董老说：我好比一块破布，哪里有洞洞，党要我去补，我就去把它补起来。

---

① 王观澜：《怀念尊敬的董必武同志》，《忆董老》第2辑，湖北人民出版社1982年版，第1—2页。
② 罗章龙：《回忆董必武同志》，《忆董老》第1辑，湖北人民出版社1980年版，第20页。
③ 吴亮平：《一个模范的共产党人》，《忆董老》第2辑，湖北人民出版社1982年版，第4—5页。

轰轰烈烈的工作固然需要人去做，但补洞洞的工作也是必要的，不可缺少的。俗话说，小洞不补，大了二尺五。补洞洞的工作搞得好不好，也关系到革命的成功与失败。其二，董老对我们说过，演戏有主角、配角之分，京戏叫配角为"跑龙套"。光有主角没有"跑龙套"的，就演不成戏。要演好一场戏，主角要认真演，配角也要认真演。干革命也是一样，要认真把各项工作做好，不论是当主角还是"跑龙套"。这些话虽属平常，但感人肺腑，我至今铭记不忘①。

董必武以自己的言行，教育和感染着同志们。他得到中国同志的普遍好评，也深受外国同志的敬佩。

就是以这种饱满的革命热情和勤奋的学习，董必武顺利结束了三年的学习。1931年冬，他在列宁学院毕业。由于成绩优异，学院决定留他在校从事研究工作，并在中文班教课。

不久，因国内工作需要，董必武遵照党的指示，返国踏上了新的征程。

红都施教和执法

董必武从列宁学院毕业时，中国出现了革命在全国范围走向复兴的大好局面。在中共六大方针指引下，经过全党同志的努力，土地革命和游击战争蓬勃兴起。中央苏区和鄂豫皖、湘鄂西等根据地的红军先后粉碎了国民党反动派的军事"围剿"，巩固和发展了革命根据地。1931年11月，在江西瑞金召开了中华苏维埃第一次全国代表大会，成立了中华苏维埃共和国临时中央政府。革命的发展需要干部，因此，中共中央决定：董必武回国工作。

---

① 袁溥之：《回忆董老师》，《忆董老》第1辑，湖北人民出版社1980年版，第109—110页。

在莫斯科，董必武见到了王明。王明有共产国际代表米夫的支持，六届四中全会后，中共中央的领导权实际上由王明操纵。1931年10月他再返莫斯科，担任中共驻共产国际代表团团长，并遥控国内的临时中央。王明以党中央领导人的身份问董必武："你回国后愿去哪个苏区？"董必武原准备回熟悉的鄂豫皖苏区，但因在参加党的一大和担任中共湖北区委委员时，同张国焘共过事，深知其人，就明确表示："张国焘善于耍手段，作风不正，他在鄂豫皖苏区，我愿意去中央苏区。"

1932年3月，董必武离开莫斯科启程回国。途经海参崴时，为寻找入境关系，停留两个月。适逢吴玉章在该地的远东工人列宁主义学校任教，故友重逢，交谈甚多，互相介绍了国内外形势的发展和变化。6月，董必武到达上海，先后和刘少奇、陈潭秋、夏之栩、潘怡如等晤谈，了解了国内的许多情况。在上海的中共临时中央，同意董必武到中央苏区工作。董必武即由上海出发，经汕头、大埔、长汀，于9月进入中央革命根据地的首都——瑞金。

来到人民当家作主的红色区域，就像是回到自己的家，董必武心情特别高兴。凝望着瑞金的山川河流，他感到一切都十分亲切，以至几十年后，仍满怀深情地吟诗赞美瑞金：

> 绕郭绵江自在流，
> 云龙桥上好凝眸。
> 西山白塔虽仍旧，
> 田亩无私迥不侔[①]。

在瑞金，董必武见到了阔别已久的毛泽东，见到了周恩来、朱德和曾在莫斯科学习的何叔衡、徐特立、林伯渠等，老朋友相见，格外亲热。董

[①] 《董必武诗选》，中央文献出版社2011年版，第334页。

必武对在毛泽东的正确领导下，中央根据地的胜利发展，感到由衷的高兴，对毛泽东十分敬佩。

虽经长途跋涉，但当时正处在激烈斗争时期，根据地军民刚刚粉碎了国民党的第三次"围剿"，正在准备进行第四次反"围剿"作战。因此，董必武立即投入了工作。他被分配到叶剑英任校长的中国工农红军学校，担任第四期上级干部队政委。然而，由于气候和水土不适，加之劳累，董必武不久便得了"摆子"（疟疾），发寒发热，病情十分严重。当时的医疗和营养条件都极差，他几乎被病魔夺去了生命。直至冬季，他的病情才见好转。未待痊愈，他又投入了工作。但身体仍十分虚弱，在向干部讲话、讲课时，时间一长，腿就发抖。

为了适应革命斗争发展的需要，培养干部，并提高在职干部的政治思想水平和领导才能，1933年3月，中共苏区中央局、中华苏维埃共和国临时中央政府、中华全国总工会执行局和共青团中央联合创办了马克思共产主义学校（即中央党校）。校址设在叶坪，后迁到沙洲坝。董必武被调去办党校，任教务长。校长先后由任弼时、张闻天兼任，杨尚昆任副校长。不久，杨尚昆调任红三军团政委，董必武接任副校长，具体主持学校的日常工作。

党校在3月13日（为纪念马克思逝世50周年）正式开学。设有高级班、中级班和新区班，开设马克思列宁主义基本原理、党的建设、苏维埃建设、工人运动、历史、地理、自然科学常识等。据时任中央组织部部长的李维汉回忆，当时中央党校没有专职教员，后来也只有罗明、成仿吾、冯雪峰等少数几个人。主要请中央负责同志担任教学。因此，董必武需要做大量的教学行政领导工作，同时，他还给三个班讲授"社会发展史"和"党的建设"。他根据学员的实际情况，讲课理论联系实际，深入浅出，通俗易懂，很受学员的欢迎。当时在党校学习的李坚真后来回忆说：

记得有一次,董老讲工厂党组织的建设,我们大都来自农村,对农村的情况比较熟悉,对工厂则很陌生。董老就在黑板上画图,细致讲解工厂有哪些组织,什么叫车间,党支部为什么要设在车间等。董老强调指出:工厂和农村都必须建立党的组织,发挥党的领导作用。在农村,党要依靠雇农,团结中农,同地主阶级作斗争;在工厂,党要团结和依靠工人阶级,同资产阶级的压迫、剥削作斗争。共产党要领导城市和乡村广大人民群众同国民党反动派作斗争。党是工人阶级的先锋队,党好比是火车头,人民群众好比是火车厢,党的先锋作用就好比是火车头带动整个车厢有节奏地飞奔前进。党只有发挥先锋作用,才能带领人民群众推翻帝国主义和封建主义的压迫,争取自身的解放。董老讲课就是这样通俗易懂,引人入胜,我们大家都很喜欢听他讲课。每次听完课,都感到提高了理论水平,增长了革命才干,受益不浅[1]。

为了推动马列主义理论学习,董必武主持的中央党校,经常举办学术讲演会,邀请有关人士就马列主义与中国革命的有关问题作报告,如他自己讲的《巴黎公社》、张闻天讲的《中国苏维埃政权的现在和未来》等。并在此基础上,成立了马克思主义研究会,下设中国革命基本问题组、文化组等,凡党团员、工会会员、苏维埃工作人员都可以入会。研究会经常在更大范围内举行学术讨论会,激发人们去学习和研究。这样,增强了党校教育的活力,增强了马列主义的传播和普及。

在党校教育中,董必武尤其注重学员的思想教育。他提倡实事求是,坚持原则,并身体力行,通过自己的工作,使学员分辨是非,树立正气,防止盲从。李坚真回忆说:

> 为了巩固和发展革命根据地,反击国民党反动派的军事"围剿",红

---

[1] 李坚真:《刻骨铭心,永志难忘——忆董老对我的关怀教育》,《忆董老》第2辑,湖北人民出版社1982年版,第20页。

军需要不断地补充和扩大。当时党校也担负着扩军的任务。由于我曾任福建长汀县县委书记,情况熟悉,组织上派我去长汀扩军。我与同志们一道在地方党组织的领导下,很顺利地完成了扩军任务。扩军工作结束后要召开中央苏区第二次苏维埃代表大会,没有完成扩军任务的不能当选为出席大会的代表。党校有一个姓郭的教员(此人后来叛变了),本来在另一个县搞扩军,因未完成任务也来到长汀县。回党校后,在总结时他说,他到了长汀才完成扩军任务。我们听了很生气。长汀县委也不同意郭教员违背事实的说法。董老不轻易下结论,而是经过深入的调查,搞清事实后才表态,他一方面表扬去长汀扩军的学员,任务完成得很好,很光荣;另一方面,指出郭教员的作法是错误的,并开会批评他虚报争功。结合这件事,董老教育我们,共产党员要实事求是,不能说假话,弄虚作假,不应该争功。这件事,给我的印象很深。董老处理问题,不轻信,重调查研究,实事求是,赏罚分明,令人信服[1]。

细微处见精神,通过这件事,足可透视出董必武的道德风范和工作作风。

当时,王明"左"倾教条主义已在全党占据了统治地位,毛泽东受到打击和排斥,他的正确主张被否定。为了消除毛泽东正确路线的影响,全面推行"左"倾路线,王明"左"倾临时中央领导人在中央苏区掀起了实质上是针对毛泽东的所谓反对"罗明路线"和邓小平、毛泽覃、谢唯俊、古柏"江西罗明路线"的斗争。董必武没有随声附和"左"倾主义领导人,也不怕引起他们忌恨,和毛泽东、瞿秋白、陈潭秋、何叔衡、徐特立、林伯渠、谢觉哉等往来频繁,交换对当时一些重大问题的看法。对"左"倾教条主义者的宗派行为,则尽力予以抵制。一次,中央政治局召开扩大会

---

[1] 李坚真:《刻骨铭心,永志难忘——忆董老对我的关怀教育》,《忆董老》第2辑,湖北人民出版社1982年版,第20页。

议，当时的团中央书记组织个别人到会上"放炮"，批判毛泽东的军事路线。董必武知道后，坚决予以劝阻。当事人后来感慨地说：正是由于董老的说服、阻止，我才没有掉进王明一伙的政治陷坑。

董必武对遭到王明"左"倾路线打击的同志，非常关心和爱护。罗明原是中共福建省委代理书记，遭受批判被撤职后，调到党校任教员。董必武很信任、器重他，经常鼓励他顾大局、向前看，积极为党工作。

在主持中央党校工作的同时，董必武还担负了中央苏区党的纪律和司法领导工作。1933年2月26日，中华苏维埃共和国人民委员会召开第三十五次常委会，"议决呈请中央执行委员会委任董必武、刘少奇二同志为中央工农检查（察）委员会委员"。不久，董必武又担任中央工农检察委员会副主席。1934年1月，董必武出席了中共六届五中全会。全会决定成立中共中央党务委员会（即中共中央监察委员会），由董必武、刘少奇、邓发、林伯渠、邓颖超五人组成，董必武任中央党务委员会书记。1月21日至2月1日，在瑞金召开了中华苏维埃共和国第二次全国苏维埃代表大会，董必武为大会主席团成员，并当选为中华苏维埃共和国中央执行委员会委员。大会后，由中央执行委员会任命为临时最高法庭主席，随后又委为最高法院院长。1934年4月，项英调离后，董必武又兼任中华苏维埃共和国工农检察委员会代理人民委员。

作为根据地党纪、政法部门的主要领导人，董必武在严明党纪、政纪方面做了大量开创性的工作。他主持审理了不少案子，在根据地内外产生了深刻的影响。如1934年3月审理的两个案件，就很有典型意义。

一件是：中央粮食调剂局负责收集粮食工作的刘明镜，在以中央工作人员身份巡视工作期间，利用职权，打击、报复基层干部和群众，公开包庇贪污分子刘光普，阻止反贪污斗争的开展。刘明镜本身也有贪污行为，他不仅拒绝清查，反而利用职权加以压制。3月27日，中共中央党务委员会作出开除刘明镜党籍的决定，并将决定刊登在《红色中华》报上。对刘明镜等利用职权为非作歹的党员干部的处理,严肃了党纪,维护了党和群众的利益,打击了歪风邪气,教育了干部和群众,使党员包括党的负责干部置于党和群众的监督之下,提高了党的威信。

另一件是:正当蒋介石调动50万兵力对中央苏区进行第五次"围剿",苏区日渐缩小,粮食极端困难时,担任中央工农民主政府执行委员、雩都县苏维埃主席职务的熊仙璧,竟玩忽政府法令,贪污公款,私运粮食到白区贩卖。根据中央执行委员会命令,最高法院组织了以董必武为主审,何叔衡、罗梓铭为陪审,李澄湘、邹沛甘为书记,有临时检察长梁柏台参加的最高特别法庭。董必武对这一案件进行了认真的调查、审讯。3月25日,特别法庭根据熊仙璧的犯罪事实,对他依法作出了判决,并将审理和判决情况在《红色中华》报上公布。

为了彻底肃清根据地的违法违纪现象,中央苏区掀起了检举运动。董必武撰文号召根据地军民行动起来,把检举运动更广泛地开展起来。他说:"检举运动的目的,是在改善我们的地方机关。""不让一个阶级异己分子、嫌疑分子及不可靠的分子,存留在任何机关内,这是保证任何机关都能适合战争需要的先决条件。"只有这样,各级机关才能逐渐"健全起来,提高工作效能,改进工作作风,才能在粉碎敌人的五次'围剿'中起应有的作用"[①]。在董必武等的领导下,通过检举运动,进一步清除了苏区的贪污、渎职等现象,促进了廉政建设。

当时,王明"左"倾教条主义对纪律、检察工作的干扰很大。在董必武之前担任中央政府工农检察人民委员、内务部代部长、临时最高法庭主席的何叔衡,由于坚持实事求是,抵制"左"倾错误,开罪了"左"倾领导人,所有重要职务全被撤销。"左"倾教条主义者在组织上实行宗派主义,对违背他们意志者实行"残酷斗争,无情打击"。但董必武不为所动,

---

[①] 《董必武年谱》,中央文献出版社1991年版,第105—106页。

在办案中坚持秉公执法，严肃认真，要求办案要有严格的手续，要有必要的材料，要建立档案，以备有据可查，防止畸重畸轻。因而引起"左"倾领导人的不满，指责他为"文牍主义者"，把他的一些言论提到中央开会批评。但董必武毫不在意，坚持自己的办案主张。

1934年夏，第五次反"围剿"斗争的形势日渐险恶，"左"倾错误的危害愈来愈明显地暴露出来。董必武经常利用到党校旁边一条小河沟洗澡的机会，和陈潭秋、何叔衡、徐特立、林伯渠、瞿秋白、谢觉哉等相聚，就时局等重大问题交换看法，对"左"倾领导人提出批评，并且表示了"吃过洋面包的人的办法看来不行"的看法①。因而引起"左"倾领导人的疑忌。他们想从董必武开刀，给他加上"图谋不轨"的罪名，要他作检查。董必武予以严词拒绝，表示宁愿不作党校校长，也要维护自己认为正确的观点，态度十分坚决。在中央苏区，董必武和何叔衡、徐特立、林伯渠、谢觉哉5人年龄最大，德高望重，被誉为党内"五老"，受到党内多数同志的尊敬。因此，"左"倾领导人也不便对他贸然下手，董必武避免了被"整"的灾难。

在中央苏区，一位红军女战士走进了董必武的生活，她叫陈碧英。婚后两人感情很好。1934年实施战略转移时，组织上规定女红军都要经过医院体检合格并得到领导的批准才能成行。陈碧英没有被批准，她恋恋不舍地跟着部队走了三天，送别了董必武，才一步三回头地离去。后来，她被派往广东兴梅地区开展地下斗争。董必武和陈碧英在长征起点上的离别，竟成了诀别。

---

① 《林伯渠传》，红旗出版社1986年版，第168页。

万里长征

1934年10月,由于王明"左"倾教条主义的错误领导,中央根据地第五次反"围剿"失败,中央红军主力被迫开始长征。

实施战略转移,是博古为首的中共中央作出的决定,在当时是最高机密,实行严格保密,只有极少数中央领导人预闻,董必武自然不知道。但从《红色中华》刊登的张闻天《一切为了保卫苏维埃》一文中所提出的:"红军在必要时应当转移地区作战"(发表于1934年9月29日)中,董必武敏锐地猜测到红军可能要进行转移,并为此作了必要的准备。两年后,董必武在《出发之前》一文中,对长征前的情况作了十分真实、动人的描述。他写道:

当我们感觉到主力红军有转移地区作战可能的时候,我就想:是被派随军移动好呢,还是被留在根据地里工作好呢?

有一天,何叔衡同志和我闲谈,那时我们同在一个机关工作。他问:"假使红军主力移动,你愿意留在这里,还是愿意从军去呢?"

我的答复是:"如有可能,我愿意从军去。"

"红军跑起路来飞快,你跑得么?"

"一天跑六十里毫无问题,八十里也勉强,跑一百里怕有点困难。这是我进根据地来时所经验过了的。"

"我跑路要比你强一点。我准备了两双很结实的草鞋。你有点什么准备没有呢?"

"你跑路当然比我强。我只准备了一双新草鞋,脚上着的一双还有半新。"

我们这样谈话以后,没有好久,我就被调到总卫生部工作,随着红军主力出发去了。

……

……假使在出发前，就知道要走二万五千里的程途，要经过13个月的时间，要通过无人迹无粮食的地区，如此等等，当时不知将作何感想，是不是同样地坚决想随军出发呢？这都不能悬揣。但在长途中遇到一切天然的人为的困难，不曾令我丝毫沮丧过，同着大家一齐克服过了。到瓦窑堡后，东征时还是跃跃欲试。这样看起来，即在出发前知道路很远，时间很久，险阻艰难很多的话，也未必能变更我随军的意念吧！①

1934年10月12日，董必武随着中央红军，离开瑞金，开始了著名的二万五千里长征。这时，他还差5个月就50岁了。

长征出发时，董必武被调到总卫生部妇女队任队长，徐特立任副队长。妇女队有妇女干部20人左右，任务是沿途雇请民工、管理担架、收容伤病员，并对民工及伤病员进行关照和教育。

这是一项十分繁重的工作。

1936年，董必武在《长征中的女英雄》一文中，热情讴歌了妇女队巾帼英雄的可歌可泣的英雄行为，从中，我们同样可以窥见董必武当时所经历的艰难困苦。他写道：

……初出发时差不多有六十副担架，途中一个人要管理三四副。这是异常艰苦的工作。那完全是夜行军，又不准点火把，若遇雨天路滑，担架更走不动。民工的步伐是不会整齐的，体力不一样，没有抬惯，前后两人换肩走路都不合拍，对革命认识的程度又不一致，有的是在路上临时请来的。照料民工的女同志跟着担架走，跟着前面一副，又怕后面的掉队，跟着后一副，前面又没有人照管。休息时候要防着民工开小差。民工可以打盹，她们都不敢眨眼。特别是每晚快到天亮的时候，民工的身体疲乏了总

---

① 《董必武选集》，人民出版社1985年版，第14—16页。

想打瞌睡，宿营地还隔若干里，前后队伍都催赶快走，这时她们就在几副担架的前后跑，督促和安慰，劝说和鼓励，用一切法子，来推动民工往前走。有几次民工把担架从肩上放下来，躺在地上不动，无论如何都不肯走，她们中体力健强的，就只好代民工扛肩。……

做工作的女同志，绝大多数是自背行李，包裹一卸，马上又要去做群众工作，这些都和男子一样[①]。

作为这支队伍的"总管"，董必武的负担更重。当时，为了保守军事秘密，避免敌机骚扰，总是夜间行军，途中不许说话，不许点火把，不许发出声响，这给董必武的工作增加了许多困难。夜间行军本来就很容易疲劳，而白天宿营时又有许多事务需要安排和处理，颇多忙碌，这种情况即使年轻人也会劳累不堪，更何况是年届半百的董必武和徐特立两位老人。长途跋涉，还要组织、管理队伍，该多么的繁劳啊！

进入湖南境内后，天阴多雨，道路泥泞。董必武用布包着脚，穿着草鞋，不停地奔跑、忙碌，和徐特立率领着这支小小的队伍，跟随着主力红军，艰难地前进。

12月，妇女队行军到达贵州黎平县城。在这里，董必武见到了毛泽东，并述说了自己长征以来的经历。毛泽东发觉分配董必武、徐特立担任妇女队长，管理伤员和担架是不适当的，向有关部门建议另行安排。董必武遂被调到林伯渠主管的没收征集委员会工作。不久，又调到中央纵队干部休养连任党支部书记，与干休连长侯政、指导员李坚真组成连党支部。徐特立亦被调入休养连，他俩和谢觉哉并称休养连的"三老"。

为了坚持长途行军，董必武在黎平买了一双旧胶鞋。靠着这双鞋，董必武走完了长征。后来他回顾说："我穿的一双球鞋，破了补一补，后来鞋帮和鞋底都分了家，不能补了，我就用绳子把它捆在脚上，一直坚持走

---

① 《董必武选集》，人民出版社1985年版，第20—21页。

到陕北。"①

长征初期，王明"左"倾领导人实行逃跑主义，"坛坛罐罐"大搬家，导致红军行动迟缓，陷于被动，兵力锐减。董必武对此深感忧虑，担心红军的命运和前途，对"左"倾教条主义的错误领导十分疑惑。1935年1月召开的遵义会议，结束了王明"左"倾教条主义在中央的统治，确立了毛泽东同志在党中央和红军的领导地位，开始确立以毛泽东同志为主要代表的马克思主义正确路线在党中央和红军中的领导地位。这在党的历史上是一个生死攸关的转折点。董必武获知会议内容后，十分兴奋。他坚决拥护会议的决定，对毛泽东出来领导党和红军感到无比喜悦。据侯政回忆，平时不喝酒的他曾嘱咐买酒庆贺。

调入休养连，是组织对董必武等老人的照顾，但董必武把它视作新的、更重要的工作岗位。在休养连，他认真履行自己的职责，发挥了非常重要的作用。

长征是异常艰苦的，战胜困难必须要有坚定的信念和顽强的毅力。因此，思想政治工作尤为重要，一刻都不得松懈。作为休养连的党支部书记，董必武言传身教，以身作则，以深入细致的工作和自己的模范行为，激励大家战胜困难，勇往直前。

李坚真回忆说：她当时有畏难情绪，休养连有老同志、女干部、受伤的负责干部、报务员等，条件又非常艰苦，工作中困难不少，缺吃缺药，还要应付敌人，队伍常常走不动。"有时我产生一个念头，觉得困难大，做不好指导员的工作，就向董老提出要求不当指导员。董老严肃而又耐心地教育我、开导我。董老说：遇到困难不干，就是战场上的逃兵。共产党员干革命，越是困难越要干。我们当干部的，在任何情况下都要沉得住气，要顶得住表扬，顶得住批评，也顶得住困难。董老一方面教育我要坚定信

---

① 刘国安：《在董老身边的六年》，《忆董老》第1辑，湖北人民出版社1980年版，第218页。

心,排除困难向前进,一方面也将我们工作中的困难和问题向上级组织反映。毛主席和周副主席知道后,很关心我们。在毛主席、周副主席的亲切关怀下,在董老的直接教育下,我感到很惭愧。心想,像董老那样大的年龄,长途行军,忍饥挨饿,困难比我大得多,可是他从来没有叫一声苦,喊一声累,还要帮助我们克服一个又一个的困难,担子该有多重啊!想到这些,使我增添了为革命勇挑重担的信心,决心克服困难,把工作做好。"①

在休养连,人们敬称董必武是"三不停的人"。一是他脑子不停,常考虑明天行军到什么地方?行军中会遇到什么问题?如何解决?二是他手脚不停,每到宿营地,都要到处巡视,检查队伍到齐了没有?宿营安排好了没有?给养问题解决了没有?伤员有无开水吃药?大家有无热水烫脚?次日出发前,又去亲自检查三大纪律八项注意执行的情况,督促大家捆稻草、上门板,搞清洁,借东西要还,损坏东西要赔。三是他嘴巴不停,要大家加强调查研究,多找贫苦农民了解周围的情况,提高革命警惕性。他说:打土豪不仅要快,尤其要准,如果打错了,就会损害群众的利益,败坏党和红军的威信,危害革命事业。他还教育大家要严格遵守纪律,不拿群众一针一线,一切缴获要归公。对有破坏红军纪律的,他毫不客气地提出批评。

遵义会议后,新的党中央对董必武等老同志非常关心。周恩来找来何长工,要他负责保卫这些老同志,帮助他们解决在长征路上遇到的各种具体问题。周恩来严肃而又风趣地对何长工说:"这一批老人,是我们党的宝贵财富,你要对他们的安全绝对负责。如果他们在,你也在,那就没事;他们在,你不在,我追记你为烈士;如果他们不在,你在,我就要砍你的头!"组织上为每一位老同志都配备了一匹马,但是,他们很少骑。董必

---

① 李坚真:《刻骨铭心,永志难忘——忆董老对我的关怀教育》,《忆董老》第2辑,湖北人民出版社1982年版,第21—22页。

武总是挂着一根棍子自己走，马不是驮书，就是驮粮食，或让给伤病员骑。长此下去当然不行，何长工几次劝说都不成。何长工回忆说："后来我急了，就不客气地对董老说：'你不骑马，我就把你的鞋脱掉。你们要绝对听我的指挥，否则我的脖子就发痒。'我边说边摸着脖子。他们几位老人都笑了。一方面军有一、三、五、九四个军团，我是九军团的政治委员，许多人平时都爱叫我'小老九'。这时董老风趣地说：'那就让它痒吧，小老九！'我说：'那可不行，痒长了就会掉的，我还要保护着它迎接新中国建设新中国呢！'董必武依然很少骑马。后来他在回忆长征时说："我十分爱惜马，让马驮伤病员，或驮干粮和书，只有在遇到上高山或十分难走的路，我就拉着马的尾巴走。"这是多么高尚的思想境界啊！

1935年5月，红军强渡大渡河。上级命令休养连必须连夜急行军40里才有安全的宿营地。山路凿修在半山腰，崎岖窄小，下面就是水流湍急的大渡河，河对岸是国民党杨森的部队，发现亮光就朝这边扫射，因此不能打火把。当夜天又下着小雨，路很滑。所以，行军非常艰难和吃力。董必武照例不骑马，让生病的饲养员骑马，他自己在前面一手挂着棍子，一手牵着马走，并低吟着陆游的诗："幅巾筇杖立篱门，秋意萧条欲断魂。恰是嘉陵江上路，冷云微雨湿黄昏。"正走到一个斜坡上，下面是悬崖，马不肯走，董必武使劲一拉，马往前一跑，董必武一扑，连人带马滚下去了。幸好被斜坡上长着的许多小树挡住，人和马才没有滚到大渡河里去。被救上来，董必武见同志们在批评饲养员不该骑着马，而让董必武牵着马走，董必武就上前去安慰饲养员，扶他上马，继续牵着马前进。

长征途中，董必武大力协助休养连领导进行工作。一次，行军到达贵州盘县的羊场，时间已是下午5点多钟，刚刚坐下休息，敌机偷袭轰炸，一颗炸弹就落在离董必武不远处。造成一些人员伤亡，抬担架的民工也跑散了，大家情绪有些低落。董必武满身泥土，不顾劳累，立即果断地处理应紧的问题。随后又召开支部大会，组织连队总结经验，做同志们的思想工作，稳定了大家的情绪，使连队恢复了行军秩序。从江西出发时，徐特立带了不少书。过雪山前部队实行轻装，但徐特立只把衣物轻装，书一本也舍不得丢，全由马驮着，宁可自己步行。为保证老同志能安全过山，负责照顾老同志的何长工便决定把书烧掉。一生酷爱书籍的徐特立一听非常着急，说："长工，你要烧我的书，我就和你拼了！"形成了"僵局"。董必武闻讯便建议："长工，你把他的书给每个战士分一本，不就都带走了吗？"[①]问题马上得到圆满解决，既保存了书，又没有增加老同志过山的负担，皆大欢喜。

还有一件事非常感人。在一次急行军时，谢觉哉疲乏不堪，为了不掉队，他扔掉了自己的毛毯。走在后面的董必武认出丢弃路旁的毛毯是谢老使用过的，他想一定是因为谢老行军太累了，便捡起毛毯加在自己被包上继续赶路。到了宿营地，董必武把毛毯交给谢觉哉。毛毯失而复得，谢觉哉充满感激之情，到延安后便将毛毯送给董必武作纪念。现在，这块毛毯收藏在中国革命博物馆。

粮食是红军长征途中最紧缺的物资之一，饥饿折磨着每一个人，董必武亦然。但当上级机关和战斗部队给休养连调拨一点粮食和牛肉干时，他强调应自己想办法克服困难，不愿接受。经过再三解释和动员，并说别人都有，他才收下，但仍舍不得吃，经常拿去救济别人。李坚真回忆说：有一次，我们弄到一点马铃薯，分给了几位老同志，也给董老一点，他不收，要我们给伤病员，后经我反复动员，说不吃过不了雪山，他才勉强收下。当他看到运输员走不动时，又将马铃薯送给了运输员。虽然十分艰苦，备受饥寒、劳累、疾病的折磨，但爬雪山过草地，董必武总是精神抖擞，始终保持着旺盛的革命乐观主义精神，即使在那样的环境里，他还想着将来山河的改造，如何为人民造福。过草地经过色箕坝时，他看到这里气候虽

---

① 何长工：《归依马列求真理》，《忆董老》第1辑，湖北人民出版社1980年版，第33页。

很寒冷，但草却能长得那样茂盛，觉得这块地方很肥沃，若"别种于人类有用的植物，一定在这个地方有生长的可能"，甚至遐想："革命胜利后，有专门人才来这地方考察一次，一定有许多适用于人类的东西发现出来"，"将来人口繁殖，这个坝子怕不能听其自然了"[1]。这是一种多么博大的胸襟和崇高的情操啊！

董必武不但自己战胜了艰难险阻，而且更重要的是他的品德、行为对大家产生了很大的鼓舞、激励作用。侯政后来感动地说：休养连的工作，"主要靠董老以身作则，做政治思想工作"。"表面上我们是连长、指导员，实际上主要是靠董老的威信"[2]。这是对长征途中董必武的最恰当的描述和评价。

1935年10月，董必武和他的战友在备尝艰难险阻后，紧紧跟随着中央红军长征二万五千里，胜利到达陕北革命根据地。

陕北育英才

中共中央一进入陕北根据地，就确定党在目前的任务是"应巩固、扩大苏区，而不是放手休息"。遵照中央的决定，董必武立即投入了新的工作。

当时，陕北根据地处于危急状态之中。1935年9月，王明"左"倾教条主义路线在陕北根据地恶性发作，在"更加猛烈地反对反革命的右倾取消主义"口号下，掀起了大规模的肃反，刘志丹、高岗、习仲勋、马文瑞、张秀山、杨森等根据地党政军领导人，和红二十六军、陕甘边根据地的一批干部被逮捕，有一些人被杀害。这次错误的肃反，不但削弱了根据地各

---

[1] 《董必武选集》，人民出版社1985年版，第18—19页。
[2] 侯政：《董老在长征途中》，《忆董老》第1辑，湖北人民出版社1980年版，第35—36页。

部门的领导力量，妨碍了根据地的各项事业，而且形成一种恐怖气氛，在干部和群众中引起了恐慌，军队内部也产生了一些紧张和不安。中共中央在进入吴起镇获知陕北肃反事件后，立即向中共陕甘晋省委下达指令：停止逮捕，停止审查，停止杀人，一切听候中央来解决，并派人接管了陕甘晋省委保卫局。11月初，中共中央成立了一个五人"党务委员会"（通称"五人小组"），由中共中央党务委员会书记董必武、中共中央组织部长李维汉、红军保卫局长王首道、中革军委代表张云逸、中共陕甘晋省委副书记郭洪涛组成，董必武为该委员会书记，主持对陕北肃反案件的审查。董必武遵循过去一贯主张和实行的重调查、重证据等原则，和委员会其他成员组织力量对案件一一进行了审查，在大量事实材料基础上，很快查清这是一个错案。月底，中共中央根据五人小组的审查，作出《审查肃反工作的决定》，纠正了一批错案，解救了刘志丹等许多同志，为他们公开平反。为巩固陕北根据地，董必武又为党作出了新的贡献。

中共中央长征到达陕北的时候，中国社会正处在大变动的前夕。日本帝国主义继1931年制造九一八事变，侵占东北三省，建立伪满洲国之后，1935年又对华北发动大规模的侵略，制造华北事变，掀起华北五省（河北、山西、山东、察哈尔、绥远）"自治"的恶浪，要将华北变作第二个"满洲国"。在日军威逼下，国民党当局相继与日本侵略者签订了《秦土协定》《何梅协定》，成立了"特殊化"的"冀察政务委员会"。华北主权断送，中华民族到了最危急的时刻。尖锐的民族矛盾引起了国内各阶级、阶层相互关系的变化。抗日救亡成为全国人民的共同心愿，并逐渐汇集成强大的历史潮流。为了适应新的历史形势，武装和培养党的干部，推动和发展革命斗争，中共中央于1935年11月决定恢复中央党校，董必武被任命为校长。

在经历了因长征而隔断的一年余时间后，董必武又挑起了培养革命骨干的重担。主要由成仿吾、冯雪峰协助他工作。经过紧张的筹备，12月初，中央党校在瓦窑堡的安定第二完小开学。

由于蒋介石顽固坚持"攘外必先安内"政策，调动国民党军"围剿"陕北根据地。在战争环境里，董必武率领中央党校曾多次迁徙。1936年6月，中央党校由瓦窑堡迁至保安（今志丹）县任家坪一带。10月，又由保安迁到定边县。

中央党校的教学紧密地配合了党的主要工作：瓦窑堡会议后，连续开办了抗日民族统一战线训练班、瓦窑堡会议精神学习班；东征前夕，举办了三个东征干部突击班；为推动各少数民族的抗日救亡运动，将长征途中参加革命的少数民族青年编组为少数民族班；东征从山西带回许多青年，大都入中央党校学习，编为青年班；开展统战工作需要干部，因此开设了白区（国民党统治区）工作班和白军（国民党军队）工作班；还开办了高级班，培训陕北根据地的县委书记、县长。开办教员班，培训党校教学工作的骨干等。

1936年10月，红军三大主力胜利会师，红军四方面军党校合并入中央党校。党校学员增至七八百人（原有四五百人）。

党校的条件是很差的，没有统一的教室，没有灯油，用具缺乏。甚至在校部，校长和教务主任共用一张桌子、一条凳子，合睡一张不宽的硬板床，没有菜，经常只能吃黄豆、黑豆、高粱、小米和白菜萝卜汤。

工作却非常繁忙。董必武负责党校的全面工作，各项事务都要他操心和处理。同时他还担任《苏维埃政权建设》等课程。在保安时，学员分散住在相互间隔五里路左右的四五个村子，他既要往返各村巡视工作，又要巡回上课。搞粮食、打柴禾等，也坚持不误。行政工作、教学工作之外，董必武尤其注意思想政治工作，经常深入学员中了解情况，处理问题，进行说服和教育。红四方面军党校并入中央党校后，有的同志不能正确对待张国焘的分裂主义给党的事业带来的严重的危害，他循循善诱，向学员反复说明：张国焘的错误是张国焘个人的问题，决不能与四方面军广大干部混为一谈。教育原中央党校学员正确对待四方面军来的学员,尊重、团结他们;教育四方面军来的学员不要有顾虑,卸掉思想包袱,愉快地投入学习。在董必武和其他人员的共同努力下,党校学员形成了互相团结、互相学习的热烈局面。正因如此,几十年后李维汉回忆中央党校时,仍满怀激情地赞颂说:"中央党校确实是一个十分可爱的革命大家庭。在这个大家庭里,董必武是艰苦奋斗的模范。"①

一切都从头开始,董必武领导下进行的艰苦工作,为后来中央党校工作的完善和发展奠定了良好的基础。他的工作为中共中央充分肯定,后来曾拟再调他回延安担任中央党校校长,因在国统区的工作离不开才未能实现。

西安事变发生后,张学良东北军南撤,中共中央进驻延安。1937年1月,董必武率领党校工作人员和学员由定边迁至延安桥儿沟。

进驻延安不久,董必武的工作重心发生了变化。

西安事变的和平解决,有力地推动了国共第二次合作的进程,成为全国时局由国内革命战争走向抗日民族战争的转折点。同时,也向国内外充分昭示了中国共产党救国救民的真诚愿望,激起人民对共产党产生了无限的敬仰和向往。在中国共产党政治路线的影响和感召下,全国广大革命青年和知识分子纷纷奔赴延安。为了教育和培养他们,为实现全国抗战准备力量,中共中央在1937年3月将中国抗日红军大学改组为中国人民抗日军事政治大学,毛泽东亲自担任"抗大"教育委员会主席。在原有一至八队外,新增设第四大队,招收和培养来到延安的革命青年,训练和审查从国民党区域到延安的党员以及曾经与党有过关系的人员,因此,第四大队当时又叫"白区工作干部队"。该队学员来自各地,各种对象都有,包括华北各大中城市参加抗日救亡运动的大中学生,东北流亡学生,张学良东

---

① 李维汉:《回忆与研究》(上),中共党史资料出版社1986年版,第393页。

北军的学兵队、青年军官，杨虎城十七路军的青年学兵（其中有杨虎城、赵寿山和邓宝珊将军的子女），失散在各地的共产党员、共青团员和党的同情者及其他爱国知识分子，从日本、欧洲和南洋等海外归来的爱国侨胞，从国外学习回来的留学生，后来还有通过国共谈判从国民党监狱获释的人员，以及陕北根据地的部分干部，等等。鉴于第四大队的特殊情况和工作需要，中共中央选择了德高望重、有"万人师表"誉称的董必武担任大队的政治委员。

董必武立即到职视事。除兼顾中央党校的工作外①，他主要精力就是领导第四大队。四大队七百余人，下辖九至十四共六个队。队的领导人，是党中央和中央军委从红军中挑选的有经验有学识的老干部。聂鹤亭任大队长兼九队队长，边章五、何长工、刘忠、谢翰文、谭家述分别担任十至十四队队长。后来文年生、李干辉接任十三、十四队队长。董必武非常注意发挥这些干部的作用，因而工作开展得很出色。

根据学员的情况，董必武主持研究制订了教学计划。四大队的课程，主要是理论课、政治课和军事课。理论课讲马克思主义的哲学、政治经济学和科学社会主义；政治课讲中国革命问题、中国革命运动史和党的抗日民族统一战线政策；军事课讲抗日游击战争问题等。老师主要请在延安的党和红军的领导人担任。董必武也给学员上课，每周讲两次党史课。为了提高教学质量，董必武还经常和学员一起听课，到各队了解教学情况，根据教与学两方面存在的实际问题和认识问题，实事求是地分别加以处理，既向教员提出合理的建议，也对学员进行积极的诱导，使教学相长。

学员们长期生活在国民党统治区，身上不同程度地存在着一些非无产阶级的思想和作风，如组织上的无政府主义和自由主义，轻视实际，看不起工农，好高骛远等。遵照党中央、毛泽东关于"抗大"教育的指导思想，

---

① 大约在这年春夏之时，李维汉调入中央党校，先是代校长，不久任校长。

董必武把政治教育、改造思想放在首位。他经常邀请中央领导同志和对专门问题有研究的同志给四大队作报告。毛泽东、周恩来、朱德、张闻天、李富春、彭德怀、博古、林伯渠、徐特立、谢觉哉、张浩、肖劲光、邓颖超、王观澜、凯丰等在延安的中央领导人和老一辈革命家，刚从共产国际回国的陈云、到延安请示工作的项英等，都到四大队作过报告。毛泽东曾担任了四大队的唯物辩证法课程，著名的《实践论》《矛盾论》就是向四大队第九队学员讲授唯物辩证法的主要内容。针对学员的政治思想情况，董必武经常向他们讲党和红军的建设历史和优良传统，讲抗日民族统一战线政策的正确性，讲共产主义的理想和情操，讲抗日战争的前途，讲三民主义与共产主义的关系，给学员们分析时局，解答他们提出的问题，帮助学员掌握马列主义的基本观点，树立革命的人生观，克服个人主义、自由主义、个人英雄主义等错误思想，纠正轻视工农、轻视实践的倾向。这些工作，对学员产生了深刻的影响。曾是四大队学员的何启君后来说："那么多的中央领导同志、革命前辈给我们作报告，作演讲，道理阐述深刻，内容丰富多采，这是极难得的。在抗大受到的教育，对于我们这些青年革命理论的修养和革命人生观的形成都有巨大的意义。"他又说："董老领导下的抗大二期四大队，是具有高度冶炼作用的革命熔炉。对于我们这些被熔炼者说来，是不能完全用语言文字表达清楚的。这当中有很多是无形的东西，然而，恰是无形胜有形！"[①]

当时，四大队分散居住在延安城东清凉山下和城内府衙门、城隍庙，没有正规的课堂教室，听讲者都是三面一围，坐成方形。虽然条件很差，但由于课程和报告质量高，不仅学员爱听，就是在延安各机关的同志也都想听。因此，一次大课，四大队本只700多人，却往往有2000多人。由此即可知当时的教学盛况。

---

① 何启君：《怀念党的元老——董老》，《忆董老》第2辑，湖北人民出版社1982年版，第68页。

四大队是"抗大"招收的来自全国的第一批学员,工作情况如何直接关系着党的事业和"抗大"以后的工作,董必武对四大队的各项工作抓得很紧。他一面讲课,安排教学,一面听取汇报,个别谈话,了解情况,广泛接触学员。他亲自组织各队做深入细致的思想工作和统战工作,每天都工作到深夜。他对学员要求严格,原则问题一丝不苟,对错误倾向和坏人坏事决不放过,被大家尊称为"严师";他对学员关怀备至,体贴入微,循循善诱,实事求是,对思想认识问题不搞强迫命令,而是耐心细致进行教育,被大家尊称为"长者"。董必武和学员建立了深厚的感情,几十年后,当年的学员仍深情地怀念他们的"董政委",称颂他"是慈祥可亲的长者,又是诲人不倦的导师",说他们和董必武的感情"真是情深似海,谊重过亲人"①。

对学员的政治倾向,董必武更为关心。在四大队担任十一队队长的何长工回忆说:"我们队的主要成员是来自杨虎城、张学良二将军的部下军官,和从上海等地来的秘密地下工作人员,还有一个女生排。董老对我们这个队很下功夫,特别是非常注意改造国民党军官的工作。他一个个地找他们反复谈心,讲我党的抗日方针政策,讲民族危亡,希望他们以团结为重一致抵御外敌;也向他们揭露蒋介石的投降卖国主义政策。由于董老的教育,加上我们做了许多艰苦的工作,使这一批人在后来的活动中发挥了一些积极的作用,有的干脆举兵起义。"对于失掉组织关系的学员,董必武非常负责。他认真审阅他们的报告,提出意见,交党支部、分总支研究办理,并配合中央组织部进行调查研究,取得证明材料,按照组织手续一一给予解决,或恢复关系,或重新入党,处理得都很恰当。许多同志都是经过董必武亲自谈话解决了组织问题和工作问题的。在四大队,党支部

---

① 季诚龙执笔整理,《董老领导下的抗大四大队》,《忆董老》第 2 辑,湖北人民出版社 1982 年版,第 56—57 页。

是秘密的,发展党员很严格。但对申请加入中国共产党的积极分子的审查、教育和培养工作,则是积极的,抓得很紧。在学习结业前,发展了一大批新党员,当时中央党校八班学员大都是四大队转去的新党员,后来他们都成为党的好同志。时在中央组织部工作的王观澜、刘锡五曾多次说过:"董老对于抗大二期四大队党的建设是有重大贡献的。"①

1937年7月卢沟桥事变后,抗日战争全面爆发,前方战事紧急,"抗大"二期提前于8月1日结业。四大队的学员,大部分参加八路军随部队开赴抗日前线,部分学员深入敌后开辟工作,有些留在延安,或在中央机关工作,或留在"抗大",或转入中央党校继续学习;一些在国统区有社会关系的学员,或回原地工作,或到友军中工作;从东北军、十七路军来的学员大都返回原部队。他们分赴四面八方,绝大多数成为坚持抗日斗争的骨干分子。在长期斗争中,其中有的已为国为党捐躯,有的成为中国革命和建设事业的杰出人物。董必武和四大队工作人员的辛劳,结出了丰硕的果实。

在紧张工作的同时,董必武还进行了理论撰述。当时,国共合作的谈判正在进行,人们对此有些疑惑。董必武在1937年6月发表《共产主义与三民主义》一文,系统地论述了什么是共产主义,什么是三民主义,以及两者之间的关系;驳斥了国民党散布的共产党必须放弃共产主义然后国共才能重新合作的谬论。指出"国共是中国现代两大政党。十年前的合作,中国革命获得空前的胜利,国共分裂而后,帝国主义束缚中国愈紧,封建残余日渐嚣张,以致中国有被日本帝国主义独吞的威胁。"目前摆在每个中国人面前最严重和最尖锐的问题,是怎样救亡,是如何抗日,是如何动员广大群众参加到抗日救亡战线上来,使神圣的民族革命战争获得最终的

---

① 季诚龙执笔整理,《董老领导下的抗大四大队》,《忆董老》第2辑,湖北人民出版社1982年版,第58页。

胜利。这就是国共重新合作的基础。"合作以后，共产党自当竭其力之所至以拥护革命的三民主义，并促使国民党竭其力之所至以恢复革命的三民主义，争取中国独立的民族主义，争取平民民主自由的民权主义，争取改善广大群众生活的民生主义。"董必武的论述，对于澄清人们的思想，排除建立抗日民族统一战线的思想障碍，产生了积极的影响。

这年7月，林伯渠调到西安八路军办事处从事统一战线工作，董必武代理了中华苏维埃中央政府西北办事处主席职务。

在延安，董必武喜结良缘。经李坚真介绍，这年夏天，他与原在红四方面军党校学习的何莲芝结为伴侣。何莲芝，1905年出生，四川万源人。1933年初参加革命，同年底加入中国共产党。曾任游击队长，区、县妇女部长等职。后来他们成为一对革命的恩爱夫妻。董必武曾有多首诗抒发夫妻间深厚的情感，其中一首云：

> 贻我含笑花，
> 报以忘忧草。
> 莫忧儿女事，
> 常笑偕吾老[①]。

时局的变化很快结束了这对夫妻的新婚生活。9月初，根据斗争需要，董必武奉命南下了。

[①] 《董必武诗选》，中央文献出版社2011年版，第343页。

第七章
CHAPTER SEVEN

鄂中奠基

重返武汉

1937年9月,董必武回到阔别十年的武汉。

他是作为中共中央的代表,公开回到武汉的。

抗日战争全面爆发后,长期拖延不决的国共谈判迅速获得进展。8月18日,蒋介石同意红军主力改编为八路军(22日公布),国民党当局并同意在南京、兰州、武汉、长沙等地设立中共代表团和八路军办事处,中国共产党的合法地位事实上得到承认。为了加强党在国统区的工作,推动统一战线进一步发展,8月23日中共中央常委会决定成立"长江沿岸委员会",由周恩来、秦邦宪(博古)、叶剑英、董必武、林伯渠组成,周恩来为书记。武汉的工作由董必武负责。

为什么派董必武去武汉呢?大概是这样一些因素:一是武汉号称"九省通衢",地理位置重要。国民政府迁都重庆之前,主要机关先迁武汉,当时武汉是临时首都;武汉地处中心,联络鄂豫皖、湘赣、湘鄂赣红军游击队比较便利。二是由于历史原因,董必武在湖北夙有威望,在国民党上层中有一定影响,也有一些熟识者;他本人熟悉国民党的情况,熟悉湖北省的情况,而且斗争经验丰富,工作能力强,所以,董必武去武汉,人地两宜,便利开展党的工作。

时不我待。9月初董必武立即启程,经西安赴武汉。出发前几天,一直下着大雨,当时从延安到西安的路上要经过一片沼泽地。在经过沼泽地时,董必武遇着了也由延安去西安的美国记者海伦·斯诺。年轻的记者在别人帮助下通过沼泽地后,已累得不想动弹,当她看到年老的董必武独自走过沼泽地仍然精神焕发,极受感动,事后在记述这件事时写道:"他(指董必武)曾经是西北苏维埃的临时主席,现在则是到西安办事处做事。在五十一岁的高龄，仍过着红军的艰苦生活，一点也不对这沼泽地屈服"①，她对董必武极为敬佩。

到武汉后，董必武住在汉口府南一路安仁里一号，并在东方旅馆楼上租了一间房，接待各方面来访的客人。一些过去的朋友石瑛、严重、张难先、李书城、李范一、周苍柏、蔡寄鸥、曹振武、陈楚伯等，都来看望董必武。董必武一一作了回访，有的并作了多次访谈，增进联络，恢复友情。在朋友聚会叙旧时，董必武说："读顾亭林的诗，记不记得这两句，'十年天地干戈老，四海苍生吊哭声'。我在由西安到潼关的途中，忆及这两句诗，觉得非常的可感。"由此而引导谈及蒋介石国民党背叛革命，发动十年内战，使苍生涂炭，哀鸿遍野，进而议论国共合作、团结抗日之必要。言谈至情至理，在座者闻之动容，受到教育。

在武汉，董必武利用一切可以利用的机会和场合，与各方人士广泛接触，宣传中国共产党的抗日路线、方针和政策，开展统一战线工作。即使过去的极端反共分子，也尽量争取。大革命时期就和董必武熟识的郑南宣回忆说：

> 迨一九三七年冬，董老由延安来到武汉。……某一天晚上我去了，看见他正和陶钧促膝交谈，我便转身想走，董老把我喊回去，叫我等着，务必不要走。我只得耐心等待。陶钧走后，我说：您和他有什么好谈的？十年前他要杀您，如果那时捉住了您，他是不会和您促膝谈心的。董老说：这是统战，现在党中央的统战政策，是联合一致抗日。共产党人执行党的政策，只求有利于党，有利于革命，怎么可以计较个人的恩怨，也没有所谓个人的恩怨。

董必武的伟大胸怀，令郑南宣"很受感动"，他说："董老为人是十分

---

① 尼姆·威尔斯：《续西行漫记》，生活·读书·新知三联书店1991年版，第123页。

受人尊敬的。即或是政治信仰不同的人,对于他也不能不加以尊重,因为他确实是一个品德高尚的人。"①

董必武将自己的日程排得满满的,尽量多做工作。一贯反对董必武献身共产主义事业的同乡友人蔡寄鸥,对董必武在武汉的情景作过这样的描述:"(董必武)地位较高,但是每月俸禄不过三四十元的光景。新华报上,每天有他的论文。他虽然是五十多岁的人,每天奔走忙,写作忙,没有一刻休息的时候。……他的做事精神,的确是够人佩服的。"②

辛勤的工作取得了良好的结果。当时虽然已经国共合作,但是,国民党当局对共产党人的活动仍十分惊恐和忌恨,极力阻挠人们与董必武等接触。时任湖北省政府代主席兼民政厅长的严重系董必武的辛亥革命老友,因登门拜访董必武即被国民党特务警告。但是,真理和正义是封锁不住的,董必武的奔走、忙碌,宣传了中国共产党的主张,扩大了党的影响,提高了党的威望。人们通过董必武,了解和认识了共产党,来访者仍川流不息。董必武的工作,争取了武汉各界爱国人士对中国共产党的同情和支持,人们普遍称赞八路军"打得顶好"。10月间,经与国民党当局交涉,在老友熊子民等的帮助下,董必武顺利地筹建了八路军驻武汉办事处,李涛担任处长。这是党在武汉地区的公开办事机构,它成为党联络进步人士和各界群众、国际友人的一个窗口,在推动党在国统区的工作、开展抗日救亡运动中发挥了重要的作用。

董必武到达武汉时,一个需要急迫处理的问题正等着他:湘鄂赣、鄂豫皖红军游击队的改编问题。红军主力长征后,留在南方广大区域的红军游击队进行了艰苦卓绝的三年游击战争。在国共合作即将告成的形势下,1937年8月1日,中共中央发出关于南方游击区域工作的指示,要求各游

---

① 郑南宣:《缅怀董老》,《忆董老》第1辑,湖北人民出版社1980年版,第181—182页。
② 蔡寄鸥(秋虫):《武汉新闻史》,中日文化协会武汉分会。

击队在保存和巩固革命武装、保持党的绝对领导原则下,与国民党地方当局谈判,接受改编,取得合法地位。但是,由于交通和通信隔阻,各地游击队未能及时收到中央的指示。根据变化的时局和搜集获得的消息,湘鄂赣、鄂豫皖游击队与国民党武汉行营进行了谈判。这时,国民党当局又玩弄新的阴谋,企图利用谈判、改编之机控制和消灭红军游击队。7月16日就发生了闽粤边游击队领导人何鸣因丧失警惕,致使近千人的队伍被国民党包围缴械的"何鸣事件"。但是,由于未能明了中央的方针和政策,一些游击队领导人没有识破敌人的阴谋。湘鄂赣游击队在与国民党武汉行营谈判中,接受了国民党派副官和军需主任(后来实际上还派来副司令和参谋长)的条件。鄂豫皖游击队与国民党达成协议后,将2000多人集中在一起,而国民党方面拖延履行协议,游击队给养得不到解决,面临很大困难。这些问题,亟待解决。中共中央获知湘鄂赣游击队谈判情况后,连电正在路途的董必武:"湘鄂赣在武汉的谈判,根本错误",指示董必武到达后,"立令湘鄂赣代表回去,由傅秋涛(游击队领导人)换派新代表,否认旧谈判一切不利条件,重新提出有利条件","设法通知傅秋涛,驱逐国民党所派人员"。董必武到武汉后,立即调查研究,他一面与国民党武汉行营洽谈,一面派李涛到傅秋涛部传达党中央的指示。他发现国民党"接洽改编事权不统一,枝节横生,名义乱出"。为根本解决问题,10月初他由武汉到南京,参与叶剑英、秦邦宪(博古)同国民党方面的谈判,并联名向中央建议"南方各地游击队,似应集合成为一个军,归八路军指挥为好"①。经过谈判和斗争,10月底,国共达成协议,将湘、赣、闽、粤、浙、鄂、豫、皖8省10多个地区的红军游击队改编为新四军,叶挺任军长,项英任副军长。此后,为组建新四军,董必武曾与周恩来、项英、叶剑英、叶挺多次研究有关事宜,并向中央提出高敬亭(鄂豫皖游击队负责

---

① 《董必武年谱》,中央文献出版社1991年版,第119—120页。

人)、傅秋涛两部人事安排的建议和新四军建制及人事的意见。1938年1月,又和周恩来、叶剑英到黄安七里坪,向高敬亭等传达中央关于开展敌后游击战争、发展抗日武装力量的指示,要求新四军四支队(鄂豫皖游击队组成)向东挺进,建立敌后抗日根据地。董必武还亲赴黄冈、麻城、黄安等县,为高、傅两部募捐,募得1000件棉背心和许多毛线衣、袜子、毛巾等。在周恩来、叶剑英和董必武的具体关怀、筹划下,高敬亭部发展到3100余人,傅秋涛部由八九百人发展到1500余人(国民党人员被礼送离队),装备得到一定的改善。从1938年2月起,这两支部队分别开赴抗日前线,向皖中舒城、皖南岩寺地区集中,成为新四军的强劲战斗部队之一。

当时,党在湖北的力量很薄弱,由于王明"左"倾教条主义的危害,除原鄂豫皖、湘鄂赣根据地内少数地方保持有党的组织外,湖北其余地区尤其是武汉地区,党的组织损失殆尽。董必武到武汉后,大力恢复和组建党的湖北地方组织。他主要从三方面着手:一是营救被国民党长期监禁的党员和干部,根据国共间达成的"释放中共在狱党员"的协议,董必武亲自到国民党武汉行营和湖北省监狱交涉,经过一再交涉和斗争,营救出原共青团中央宣传部长华岗和原中共山东省委书记任作民,及许多中共党员。二是联系失掉组织关系而仍抱有革命信念的人士。董必武说:"一九二七年武汉政变时,事出仓促,组织遭到破坏,在白色恐怖下,不少同志因失去组织关系,被迫隐蔽起来,是不得已的。应当把他们动员起来,让他们继续参加革命,这对他们本人和对革命都是有利的。"经过联系,找到一批失掉组织关系后仍保持革命精神、表现好的同志。三是整顿现存的党组织。1936年秋由北方局派到武汉开展工作的何伟,曾经领导建立了中共武汉临时工委。1937年5月何伟被捕后,在清华大学加入中国共产党的杨学诚,经博古批准于八九月间来到武汉,筹建了中共武汉地方工作委员会。但是,其中个别人员情况复杂。一个支部里有个自首分子甘友光(甘家堡,又名甘禹民）叛变出狱后，曾在武汉联络一些进步青年，自行发展党员。董必武查知后，进行了认真的整顿，对每一个成员都作了详细的审查，然后再个别发展，将其中的不纯分子或不符合条件的10余人剔除出去。

10月间，党中央派郭述申从延安回湖北工作，何伟经沈钧儒营救出狱，陶铸、钱瑛等经叶剑英、博古、李克农等营救出狱①，他们遵照党的指示来到武汉。党在武汉的力量增强了，经董必武与博古、叶剑英等研究，成立了中共湖北省工作委员会，机关就设立在汉口富源里的董（必武）公馆，郭述申任书记，陶铸任宣传部长②，钱瑛任组织部长。工委接收并整顿了杨学诚领导的中共武汉地方工作委员会及其所属组织，创办了《群众》周刊，积极而慎重地恢复和发展党员，建立党的组织。12月初，在董必武主持下召开的中共湖北省工委会议上，成立了中共湖北省委，下设汉口、汉阳、武昌3个区委。为了提高党员的党性，董必武还亲自主持了中共湖北省委举办的党员训练班（共五期），组织党员学习党章、党的建设和游击战争等，并亲自讲课，使许多从敌人监狱营救出来和失掉组织关系的党员，经审查培训恢复了组织关系，重新走上战斗岗位，并且培训了一批领导骨干。经过董必武和其他同志的共同努力，到1938年8月，相继成立了鄂东、鄂南、鄂中3个特委和鄂西、鄂北两个中心县委，武汉市党员有700余人，湖北各县党员发展到2580余人。与此同时，鉴于鄂豫皖、湘鄂赣游击队活动区域党的组织不健全的情况，董必武与叶剑英、博古等研究决定，于1937年10月组建了中共鄂豫皖特委和湘鄂赣特委，由郑位三、傅秋涛分任书记，充实和加强党对游击队和这些地区工作的领导。党的组织的恢复

---

① 有的资料说陶、钱是周恩来营救出狱的。实际情况是：南京的营救工作，最早由周恩来、叶剑英在1937年8月中旬进行，下旬周恩来回陕北参加洛川会议，会后去山西协商、指导八路军和华北的抗日斗争，南京的营救工作由叶剑英、博古、李克农等进行，9月25、26日，陶铸、钱瑛等出狱。

② 有的资料说，华岗曾任过短期的宣传部长，何伟也担任过宣传部长。

和发展，对湖北乃至华中地区抗日救亡运动的发展和敌后抗日游击战争的发动都具有极其重要的意义。

唤起工农千百万

随着时局的变化，董必武在武汉的工作愈加繁重。

在日军优势兵力的疯狂进攻下，国民党正面战场连连失利，11月12日上海失陷，12月13日南京失陷。国民政府宣布迁都重庆，但把主要机关和国民党中央党部迁到了武汉，武汉成为战时临时首都。为适应团结抗战的需要，南京八路军办事处也西迁入鄂，合并入武汉八路军办事处。人员增多，原有房子不够用，当时由于大批人群涌入，武汉房子非常紧张，在董必武的帮助下，办事处人员通过曾是董必武学生并非常敬重董必武、时任汉口市长的徐会之，找到汉口日租界中街89号、90号、120号和成忠街53号四处房子，解决了开展工作的基本条件。

这时，董必武成为党开展南中国工作的重要领导人。12月，中共中央政治局扩大会议决定，由周恩来、秦邦宪（博古）、项英、董必武组成中共中央长江局，领导南方各省党的工作，由周恩来、王明、秦邦宪（博古）、叶剑英组成中共中央代表团，负责同国民党谈判。随后，周恩来、王明等来到武汉。23日，中共代表团和长江局召开联席会议，决定：鉴于代表团和长江局成员大致相同，为工作集中和便利起见，两者合并，对外称中共代表团，对内为长江局。由项英、秦邦宪（博古）、周恩来、叶剑英、王明、董必武、林伯渠组成，暂以王明为书记，周恩来为副书记。长江局下设参谋处、秘书处、民运部、组织部和党报委员会。由董必武兼任民运部长，主管民运工作（包括工运、青运、妇运等）。

董必武面临的环境是非常复杂的。本来，随着国民党中央机构的迁入，国民党顽固派在武汉大量增多,他们对中共和人民群众的抗日救亡活动进行刁难和阻挠,展开工作已经颇多周折。而由于王明的到来,使已经复杂的情况更加复杂化。王明这时已由土地革命时期的"左"倾教条主义滑向右倾投降主义,他过于看重国民党的军事力量,认为国民党在抗战初期的一些表现已经是"政治制度的开始民主化",提出"一切经过统一战线,一切服从统一战线"。他批评洛川政治局扩大会议制定的独立自主原则和解决民主、民生的主张,"不要提得这样尖锐,使人害怕"。王明的右倾错误给贯彻落实党的全面抗战路线和各项方针、政策带来了干扰和妨碍,无疑更增加了周恩来、董必武等工作的艰巨性。

董必武坚毅地投入工作之中,发动和组织群众开展抗日救亡运动是他工作的一个主要方面。

到武汉不久,董必武即应邀到武汉大学作了《群众运动诸问题》和《怎样开展群众运动》两次演讲。他系统地论述了发动群众对于抗日战争的实际意义,指出:有了群众运动,才能真正实现"有钱出钱,有力出力""肃清汉奸""坚壁清野""游击战争"等口号,如果没有群众运动,则一切都没有办法;而发动群众,则主要是发动农民群众,因为农民占全国人口的80%以上;发动群众必须要有正确的方向,"光说服不够,必须要组织起来","有了组织还必须要有武装"[1]。针对当时的情况,1938年1月,董必武连续发表了《怎样动员群众积极抗战》和《怎样争取抗战的胜利》两篇文章,指出:目前国民党军队之所以失利,没有动员广大群众"积极起来参加这次神圣的民族自卫战争,实为许多原因中的一个重要的原因"[2]。批评国民党当局政治动员不够,对群众运动存在着忌嫌、害怕、无信心和动员的方式方法有问题等情况,强调目前最迫切的问题是开展民众

---

[1] 潘琪:《青年的引路人》,《忆董老》第1辑,湖北人民出版社1980年版,第41—42页。
[2] 《群众》周刊第1卷第4期,1938年1月1日。

运动,"因为只有给全国民众以充分的爱国自由,才能把全国民众坚固组织起来,才能给他们以训练,并武装他们,使民众和政府、军队打成一片,结成一个不可消蚀的力量,在持久的艰苦的神圣抗战中争取最后的胜利"①。在这年10月出版的《中国农村》战时特刊上,董必武又专门发表了《民众武装动员的几个问题》,公开指导如何动员、武装民众,强调要发挥广大民众对于抗战的重要作用。

在大声疾呼宣传、倡导发动群众的同时,董必武通过各种途径支持和指导民众的抗日救亡活动。1938年1月,经与国民党元老孔庚协商并得到支持,湖北战时乡村工作促进会成立。董必武相继派共产党员何彬、张执一参加该会,协助会长黄松龄开展工作,把乡促会的组织和活动发展到全省许多县市。对陶铸领导的鄂中农村合作社、钱俊瑞等领导的中国农村社、刘雨尧领导的乡村巡回宣传队,董必武都给予了满腔热情的关怀和支持。当时,武汉三镇有许多抗日救亡团体,如青年救国团、抗敌后援会、中华民族解放先锋队、青救会、妇救会、蚁社、抗战教育研究会、孩子剧团等。董必武协助周恩来,并同郭述申、陶铸、钱瑛等中共湖北省委领导人一起,选派党团员和进步人士到这些团体中去,加强领导,使这些团体的活动开展得十分活跃。当国民党当局于1938年8月强令解散中华民族解放先锋队、青年救国团、蚁社时,董必武和周恩来、叶剑英等利用舆论工具与国民党当局进行了针锋相对的斗争,对抗日救亡团体的活动给予高度的评价,激励爱国青年继续奋斗,在广大青年中产生了深刻的影响,许多人从此走进了革命阵营。

基督教女青年会在社会上有着较为便利的活动条件。董必武和党的其他领导人多次做汉口女青年会总干事陈纪彝的工作,指示在该会工作的中共党员吴瀚、陈维清充分利用条件,发动妇女群众参加抗日救亡活动。在

---

① 《董必武统一战线文集》,法律出版社1990年版,第70页。

陈纪彝同意和支持下，吴瀚、陈维清等成立了"汉口基督教女青年会战时服务团"。该团直至1942年才结束，历时4年零5个月之久。曾在汉口和湖南长沙、广西桂林、贵州安顺4省16个市县20多个后方医院、3个荣誉大队开展工作，团结了许多进步人士和大批抗日将士，赢得了社会各界的好评。

青年是重要的抗日力量，也是社会进步的推动力量，董必武对青年工作十分重视。在武汉，设有延安抗日军政大学、陕北公学、鲁迅艺术学院招生委员会，董必武任招生委员会主任[①]。他亲自接见报考青年，了解情况进行审查，过问从招生到入学的具体细节，安排去延安的行程。有时还亲笔给青年写介绍信，如给钱远镜的介绍信上写道：

延安抗大教育长：

兹介绍钱远镜前来肄业，已作初步考查合格，并附有审查表一份，请查阅与接洽，是盼！

致以抗战胜利之礼！

董必武

在附的审查表结论栏内，他写道："这个青年入抗大是够条件的，唯须对他的生活加以特别注意。"[②] 由此，可见他对青年的负责和细心。

招生满额后，仍有许多青年热切地要求去延安，董必武对他们做了大量说服教育工作，引导他们奔赴各地，在不同岗位上为抗日斗争工作，结果使许多青年深为未能去延安而遗憾，但又满怀激情投入了新的抗日救亡工作。

为发动群众，董必武曾先后建议建立武汉工会，为长江局起草了工运

---

① 一说任委员。
② 《湖北英烈传》第2集，湖北人民出版社1987年版，第294—295页。

工作纲要,并与国民党方面交涉举办训练青年的机关等。对后来党在华中工作产生重要作用的汤池等地的训练班,是他精心筹划创办的。

董必武到武汉后,与辛亥革命时的老友、时任国民政府湖北省建设厅长兼省农村合作委员会主任的石瑛多有接触,恢复了友情。1937年11月的一天晚上,他俩促膝长谈。董必武向石瑛介绍了中共《抗日救国十大纲领》以及今后国共合作、抗日救国等重大问题,要求石瑛考虑如何运用建设厅等机构做一些有益于抗日战争的工作。石瑛颇为感动,认为找到了抗日救国之道。他联想起留美博士杨显东提的培训农村合作指导员的建议,向董必武表示:可以运用农村合作委员会这一机构培训合作指导员深入农村,宣传、动员和组织民众抗战。董必武非常赞同。当时,曾担任过湖北省建设厅长、陕西省教育局长的李范一,因不满国民党的腐败,弃官在家乡应城汤池办农业试验场。董必武与李范一亦为好友,经商得李范一同意,董必武和石瑛进一步磋商商定:由李范一出面,共产党派人负责领导,在应城汤池举办农村合作指导员训练班。董必武通过中共湖北工委派陶铸以共产党员的公开身份去指导训练班的工作,并亲自将陶铸介绍给杨显东等人,指导他们迅速开展工作。很快就拟定了训练班的具体方案,商定了人员分工:李范一为主任,陶铸为教务主任,实际负责具体工作,原在汤池主办实验场的许子威主管总务,杨显东(时任湖北建设厅棉业改良场场长)和中国农民银行农村贷款部主任孙耀华负责筹集经费。董必武对训练班十分重视,激励他们尽力办好,他剀切地对石瑛、李范一、杨显东等说:"举办训练班,培养有觉悟、有才干的青年,并通过他们,宣传群众,组织群众,是关系抗战胜利的一件大事,不可等闲视之"①,使在座者很受启发,推动了训练班的筹备工作。

---

① 杨显东:《从汤池到北京——董老指引我走上革命的道路》,《忆董老》第2辑,湖北人民出版社1982年版,第33页。

训练班很快招收了来自华北、东北和湖北本地大学毕业、肄业的60余名男女青年（邓颖超曾为招生在汉口华商总会礼堂作了动员报告），由陶铸率领前往汤池，于12月20日正式开学。为了加强工作，董必武通过中共湖北省委和武汉八路军办事处，先后派曾志、潘怡如、刘顺元、刘季平、黄松龄、陈辛仁、李华、雍文涛、吴声凯、沈少华、蔡承祖、刘慈恺、顾大椿、童世光等去训练班担任教员。训练班每期一个月，开设有马克思主义、政治经济学、农民运动、游击战争的战略战术、合作社常识等课程，还有军事演习和农村调查等实践课。到1938年5月，共举办了四期（第四期移到武昌开办，但仍称汤池训练班），培养了350多名青年知识分子干部，以农村合作指导员的名义，分配到湖北各县。

　　与此同时，董必武指导中共湖北省委，利用新四军第四支队七里坪留守处的名义，在七里坪举办干部训练班（亦称抗日青年训练班），培养训练抗日军政干部。由1938年任中共湖北省委常委的方毅主持训练班工作。董必武"亲自向方毅同志介绍鄂东的上层人物，作为开展统战工作的对象，并派几名军事干部随同方毅同志前往鄂东，同时写信给红二十八军的高敬亭同志，让他支持方毅同志开展工作"①。叶剑英还专程到训练班讲过课。七里坪训练班坚持办了8个月，先后有300余名学员毕业。

　　在汤池和七里坪训练班举办过程中，董必武对王明右倾错误进行了坚决的斗争和抵制。汤池训练班开办后，在社会上产生了很大的影响，各地要求入学者越来越多。同时也引起国民党顽固派的注意。军统特务头子康泽调别动队进驻距汤池仅四公里的皂市镇进行监视，中统特务头子徐恩曾、国民党湖北省党部常委、国民政府立法委员等先后到汤池搜集训练班的情况，并被汇报给蒋介石。蒋介石向王明提出责难，说："你们怎么在这儿办起红军大学和抗大来了？""训练班是挂羊头卖狗肉"，

---

① 郭述申：《回忆董老》，《忆董老》第1辑，湖北人民出版社1980年版，第6页。

"破坏统一战线"。只看重与国民党上层"合作"的王明，被国民党的责难所吓倒，他马上指责训练班："陶铸太左了"，"妨碍统一战线，就不要再办了"。董必武向王明当面据理力争，并要陶铸、方毅将训练班办下去，训练课程一律不变。这时，石瑛有些动摇，他找周恩来、董必武请教对策。周恩来将抗战形势和前途向石瑛作了精辟的分析，他从中日两国的历史引申到当时的形势，论述抗战的持久性和夺取胜利的基本条件。周恩来对石瑛说："日本帝国主义既不能一下子把我们逼上昆仑山，我们也不可能很快把日本鬼子赶下太平洋。一时一地的得失，乃兵家之常事。最后的胜利取决于以我地大人众之优势，压倒对方妄图速胜的弱点。中华民族的生死存亡在此一举。因此必须团结一切爱国的仁人志士，包括科学家、民族资本家和各方面的开明人士，共同奋斗。"谈话间，周恩来着重说明汤池训练班工作很重要，很有意义，应把它办好。董必武将汤池训练班的情况向石瑛作了说明，将训练班的严肃紧张、朝气蓬勃的情形讲得非常动人，并强调："汤池训练班必须办下去。"周恩来、董必武的谈话，坚定了石瑛的态度。为了避免国民党顽固派的纠缠，董必武指示陶铸，将训练班名称改为"汤池临时学校"，继续招收鄂中地区600余名知识青年培养训练，1938年5月，王明为了迁就国民党顽固派的要求，将陶铸、方毅撤职，强令陶铸、方毅离开汤池和七里坪。董必武和陶、方一起，坚决抵制了王明的错误决定，陶铸虽被迫于9月离开汤池，但汤池临时学校由中共鄂中特委领导坚持办到10月。方毅主持的七里坪训练班，一直坚持到第三期结业。

　　汤池训练班和汤池临时学校培养的大批干部，后来成为鄂中地区以至于鄂豫地区抗日游击战争的骨干；七里坪训练班毕业的学员，大部分被分配到新四军第四支队工作，其余由中共湖北省委派遣到各地开展游击战争。他们后来成为新四军部队干部的重要来源，正如当时在武汉八路军办事处工作的齐光所说："这些训练班的开办，为中原地区新四军第二师、第四师和第五师的建立,为坚持敌后武装斗争,作出了重大的贡献。"[1] 董必武付出的心血和艰辛,得到了丰厚的历史回报。

1938年6月至10月,日军40万大军进攻武汉,国民政府进行八年全面抗战中的最大战役——武汉会战。当时敌焰颇盛,为坚持持久抗战,中共中央在5月22日明确指示:党在长江流域的中心任务,是大批动员武汉的革命人才深入敌后农村,组织、武装群众,开展游击战争,建立抗日根据地。并强调:"为此目的,武汉城市工作受到部分损失是不应顾惜的。"然而,党的这一独立自主开展华中敌后游击战争的方针,却遭到王明的反对,王明紧紧围绕着国民党中央转,向党中央提出"战略重心应是保卫大武汉",把主要力量放在开展"保卫大武汉"的活动中,给党在华中敌后工作的开辟造成很大妨碍。董必武"在反对王明的斗争中是旗帜鲜明的"[2]。在武汉失陷前,他向中共湖北省委特别强调大力开辟农村工作,指出大别山和洪湖地区都是革命老根据地,应派得力干部转移到鄂东、鄂中,布置他们"武汉失守即搞游击"。董必武还托人从香港购买了几十支驳壳枪,用以武装应城县石膏矿的工人,作为该县党领导的核心武装力量。当日军逐渐逼近武汉时,1938年8月,董必武又通过武汉大学教授、河南鸡公山林场场长李相符的关系,以办园林试验场为掩护,在鸡公山举办干部训练班,先后派共产党员黄新学、刘西尧、邹吉芳、苏苇等去加强工作,为发动敌后游击战争培养骨干。训练班结束后,全部学员转到大洪山打游击。不久,李相符被国民党第一战区长官司令部任命为豫南民运专员,管辖16个县。董必武把武汉八路军办事处总务科长齐光介绍给李相符,并任他为中共豫南特委军事部长,大力开展抗日武装斗争。经过长时间的教育和考验,李相符思想趋向进步,积极向中

---

[1] 齐光:《在抗日烽火的年月》,《忆董老》第1辑,湖北人民出版社1980年版,第48页。
[2] 许涤新:《忆董老》,《忆董老》第1辑,湖北人民出版社1980年版,第52页。

共靠拢，被发展为中共特别党员（不过组织生活，不交党费，单线联系），使党在豫南16县的群众抗日斗争得到很大发展。通过训练班培训骨干以发动群众，这是开展群众抗日斗争的一条便捷、有效的途径，董必武非常注意运用这一途径。在撤离武汉后，1939年初他又指示杨显东在鄂西北的谷城茨河镇开办鄂北手纺织训练所，继续培养革命骨干，并掩护党的地下活动，取得了显著的成效。

董必武在武汉领导开展的群众运动，为党后来在华中的工作打下了很好的基础。当中共湖北省委书记钱瑛向中原局汇报鄂中游击战争开展的情况后，刘少奇给予了很高的评价，认为湖北省委按照董必武的布置进行工作是正确的，"光明，有前途，不这样做，就会失败"[1]。

襄措大业

作为长江局的重要成员，董必武在武汉的工作是多方面的。

长江局的工作，由于王明右倾错误的干扰，给党在南方各省尤其是华中的工作带来一定的损失。但是，正如1984年邓颖超所说的：在长江局，王明的右倾错误"我们应该承认有一点影响"，"但是影响不大，不是全局性的影响"[2]。这是由于党中央正确路线、方针、政策的巨大威力，由于周恩来在实际工作中所起的核心作用，由于周恩来、董必武、叶剑英等一批经过长期革命斗争磨炼、富有经验领导人的艰苦努力的工作。正因如此，党的事业从整体上是向上发展的，党在南方各省的工作在经历了土地革命

---

[1] 钱瑛回忆材料，转自胡传章、哈经雄：《董必武传记》，湖北人民出版社1985年版，第158页。
[2] 《邓颖超谈长江局及妇女工作》，《抗战初期中共中央长江局》，湖北人民出版社1991年版，第473页。

后期的巨大挫折后，就是由此而迈开大步的。这其中，蕴含着董必武的许多贡献。

在国统区公开出版中国共产党的机关报《新华日报》，是当时中国政治生活中的一件大事。它对人民群众产生了振聋发聩、明目悟心的作用，成为给予人民信心和激励人民前进的"号角"。然而，它的出版，颇多艰难。1937年10月，经叶剑英、博古等在南京多次交涉，国民党当局被迫答应。蒋介石亦假惺惺地表示："对此完全赞同。"① 然而，当《新华日报》筹备完毕报审时，国民党当局却以南京报刊过多而拒绝批准。因南京沦陷西迁武汉后，出版仍受到刁难和阻挠。为了迅速向全国人民传达中国共产党的主张和活动，推动抗日高潮，董必武积极参与了筹办工作，利用他的社会关系多方奔走。经过周恩来、董必武等的多次交涉和报社全体人员的共同努力，仅用了约3个月时间，就基本办妥了租用房屋、采购设备、征集资料及稿件、筹办发行等事宜。《新华日报》终于在1938年1月11日正式创刊。"创刊一个报纸能够那样的迅速，恐怕要算打破了创刊日报的先例。"②

当时，成立了《新华日报》董事会，董必武是董事会成员，他非常关心《新华日报》的成长。在创刊庆祝会上，他代表长江局致辞，突出地强调了报纸的政治性：办报的意义是宣传党的方针、路线。并且非常形象地说："《新华日报》是党的嘴巴。"③

随后，他为报纸书写了："拥护抗战到底，为实现民族独立、民主自由、民生幸福的新中国而斗争"④的题词，明确提出了《新华日报》的战斗任务。

---

① 李志英：《博古传》，当代中国出版社1994年版，第297页。
② 潘梓年：《〈新华日报〉创刊一周年》，载《新华日报》1939年1月11日。
③ 《董必武年谱》，中央文献出版社1991年版，第128页。
④ 《董必武年谱》，中央文献出版社1991年版，第130页。

国民党顽固派仍在捣乱。报纸创刊不到一星期时间,国民党特务就指使暴徒捣毁了《新华日报》的营业部和印刷厂。为维护正当权益,进行合法斗争,董必武走访了张国恩,利用旧交说服这位在法律界有相当影响的著名律师担任了《新华日报》的常年法律顾问,对捣乱分子产生了一定的震慑作用。

武汉时期,董必武为《新华日报》和由《新华日报》出版的《群众》周刊撰写了许多社论和文章。当时在武汉八路军办事处工作的夏之栩回忆说:

一个寒冷的清晨,有人敲门,我们赶快起来开门,来的同志说是董老叫他来取写好的社论。我们到董老的房里叫醒他老人家,看样子他是写到深夜才睡的。董老下床时,看见床前只是一只棉鞋,另一只不见了。我们帮着找,结果还是翻开被子才找到。原来董老写完稿子,只脱了一只鞋,穿着另一只鞋就上床了。我们看到这情景,十分感动,他老人家为革命是多么辛苦劳累啊[①]。

董必武还经常为《新华日报》审阅社论和稿件,经常工作到深夜,并帮助撰稿人提高写作水平。

国共合作后,国民党顽固派并没有放弃反共立场。1938年初,CC系、复兴社掀起一股反共逆流。他们大肆宣扬"今天国民党外的一切党派,都没有独立存在的理由"[②],在所控制的《扫荡报》《武汉时报》和《血路》《抗战与文化》等报刊上连篇累牍地发表反共文字。2月10日《扫荡报》的社论,公然把陕甘宁边区说成是西北的新的封建割据区域,指责红军虽改易旗帜却不服从中央,说在国民党之外存在的其他党派影响了中国的政

---

① 夏之栩:《终身不忘董老的教诲》,《忆董老》第1辑,湖北人民出版社1980年版,第9—10页。
② 叶青:《关于政治党派》,转自《血路》第2期,1938年1月22日出版。

治统一。并杀气腾腾地说:"欲使国家趋于绝对统一之途,必须一党专政","目前如有反对一党专政者,即无异于反对统一,反对统一者,即无异于破坏抗日,为虎作伥"。一时间,"一个领袖、一个主义、一个党"的问题,在武汉三镇弄得满城风雨,成为街谈巷议的话题。这种情形,使中国共产党"已到不能不答复之机会",周恩来等相继撰文予以驳斥。董必武亦于2月27日发表《我所认识的钱亦石先生》,指出:钱亦石"有科学的头脑,他追求真理,加入共产党并不是偶然的。他在研究了马列学说和第三国际及中国共产党的政治主张后,才下决心要成为共产党员的。他入党之先,既不是马马虎虎;入党以后,就始终不渝地相信共产主义。即令在极受摧残压迫的时候,总是抱定原来宗旨,向前迈进"。通过纪念钱亦石,申述了中国共产党人的坚定政治信念,回击了国民党顽固派。3月12日,董必武又发表《回忆第一次谒见中山先生》,指出中国必须遵循孙中山的指示,"实行三民主义的革命",并强调孙中山的指示具有现实意义。时值国共合作之初,为增进团结抗日,董必武巧妙地通过正面表述,批驳了顽固派的谰言。经过中国共产党人的坚决斗争,国民党顽固派的反共活动在一个阶段内不得不有所收敛。

在武汉,董必武参与了对陈独秀和张国焘问题的处理。

陈独秀在大革命失败后,沦落为托陈取消主义小组织的成员。1929年11月15日被中共中央开除出党,1932年10月15日被国民党当局逮捕入狱,全民族抗战爆发后在南京出狱。他托人转告,希望能回到中共党内。中共中央向他提出三个条件:

(一)公开放弃并坚决反对托派的全部理论与行动,并公开声明同托派组织脱离关系,承认自己过去加入托派之错误;

(二)公开表示拥护抗日民族统一战线政策;

(三)在实际行动中,表示这种拥护的诚意。

叶剑英、博古在南京与陈独秀见了面。9月,陈独秀来到武汉。董必武向他重申了中共中央的三个条件,"督促陈氏实行此项条件"①。但被陈独秀拒绝:"我不知过从何来,奚有悔。"②事情到11月底,王明、康生从苏联回国后复杂化。王明等断然否决了与陈独秀的合作,康生还在《解放》周刊上发表文章,诬蔑陈独秀与上海日本特务机关合作,每月拿日本人的300元津贴。康生捕风捉影的说法,立即在文化界人士中引起哗然,形成不小的政治风波。1938年3月16日,傅斯年、张西曼等9位知名人士发表为陈独秀打抱不平的文章。17日,陈独秀发表公开信,提出斥责。为了平息争论,挽回影响,3月20日董必武与叶剑英、博古在《新华日报》发表联名信,说明了他们与陈独秀会面的情况,"藉明真相,而杜招摇",消弭了康生文章的不良影响。

长征途中张国焘的分裂主义,给党和红军造成了非常大的损失。但党中央对张国焘采取了正确的态度,到延安后仍任他为陕甘宁边区政府副主席,并主持工作(主席林伯渠在国统区进行统一战线工作)。但张国焘拒绝改过,1938年4月上旬借祭黄帝陵之机,不经中央允许,自行跑到西安与国民党接头,并在国民党特务护送下到达武汉。周恩来、董必武等多次与张国焘谈话,对他进行挽救,劝告他改正错误,回党工作。但张国焘顽固不化,死心塌地背叛了党。为了严明党的纪律,4月18日党中央决定将张国焘开除出党。由此还引出了董必武一段艰险的安徽舒城之行。

当时,率领新四军第四支队驻守安徽舒城地区的高敬亭,由于不了解情况,对党中央开除张国焘的党籍、揭发批判张国焘的错误有抵触情绪,他排斥党中央派去四支队工作的干部,把战斗力很强的手枪团留在身边,不愿开赴抗日前线。为此,党中央派遣董必武去做高敬亭的工作。5月,董必武带着边章五和警卫员姜成前往。从武汉到舒城,路程很远,途中要

---

① 《新华日报》1938年3月20日。
② 高语罕:《陈独秀入川后》,南京《新民报》晚刊,1947年7月13日。

经过国民党桂系李宗仁军队的驻地，有的路段还经常有土匪出没。任务紧急，董必武不顾辛苦和安危，日夜兼程。姜成回忆说："从舒城到高敬亭部的驻地东蒋冲就无车可坐了。当时，年已五十五岁的董老，率领我们翻山越岭，步行了八十余里。"① 董必武也受到高敬亭的冷遇，甚至不能和连以下干部接触。"董老来不及休息，消除旅途的疲劳，就开始了紧张的工作。他以主要精力同高敬亭及其他主要干部谈话、开会，进行耐心的思想教育。董老用充分的事实揭露和批判张国焘分裂主义路线给红军带来惨重损失的罪行，分析高敬亭同志所犯错误的性质、根源及其危害。董老还深入了解那个部队各方面的情况，休息的时候广泛地接触一些基层干部和战士，同他们谈思想，谈形势，启发和教育他们要努力执行和捍卫党中央、毛主席制定的抗日民族统一战线方针。每天晚上，董老都在煤油灯下工作到深夜，或看文件写报告，或同干部、战士促膝交谈。第二天一早，东方稍露晨光，他又早早起床，开始新的一天的工作。"② 经过7天7夜艰苦细致的工作，广大指战员了解了党中央的方针、路线，了解了张国焘的错误；高敬亭对自己的错误也有了初步认识，表示服从党中央的领导，听从新四军的指挥，停止对持不同意见同志的排斥，并把手枪团改编为教导团，开赴抗日前线。董必武的舒城之行取得了预期的效果。

　　为勘察地形作游击战的准备，董必武等一行绕道金寨、黄安，翻越大别山，徒步返回武汉。这一段行程更为艰苦。途中经过了俗称"七十二道水不干"路段，"这里山峦叠嶂，荆棘丛生，逶迤的羊肠小道不时被山间小溪隔断，行人不得不时而脱鞋涉水"。董必武拄着一根木棍，跋山涉水，脚底打起了泡，腿走肿了，仍乐呵呵地继续前进。在过黄安城西"倒水河"时，大雨滂沱，河水猛涨，无法过河。姜成向当地群众借了一只黄

---

① 姜成：《舒城之行》，《忆董老》第1辑，湖北人民出版社1980年版，第195页。
② 姜成：《舒城之行》，《忆董老》第1辑，湖北人民出版社1980年版，第195页。

桶（南方农村杀猪用的大木桶）当船，找了一块一公尺长、十公分宽的木板当划桨，先将边章五送过去，然后再来接董必武。他回忆说："在这个长不过一米四五和宽不过六七十公分的黄桶里，我和董老同舟共济。当时，风在呼号，雨在倾泻，这只漂荡缓行的小舟随时都在经受着险风恶浪的撞击。……看见董老那种安详泰然的神态，我先前那种紧张心情也就逐渐平静了下来"①，他们平安渡过了河，返回武汉。

从武汉时期起，董必武密切地协助周恩来开展工作。其中的两件事对后来国共间的斗争产生了非常重要的作用，即安排熊向晖、谢和赓打入国民党内部。

熊向晖，时年19岁，1936年在清华大学加入中国共产党，是一二九运动的积极分子。1937年全民族抗战爆发后，奉党组织指示，在长沙参加战地服务团，入国民党军胡宗南部。年底随军到武汉后，一天晚上董必武在八路军办事处接见了他，转告了周恩来的指示（周恩来因事外出）。熊向晖后来回忆：

董老说，恩来听说长沙组织去胡宗南部的服务团，立即要蒋南翔推荐一位秘密党员报名参加。针对胡的特点，恩来提出几条，要出身名门望族或官宦之家，年纪较轻，仪表不俗，公开的政治面目不左不右，言谈举止有爱国进步青年的气质，知识面较广，记忆力较强，看过一些介绍马列主义基本原理的书籍和孙中山的著作，肯动脑子，比较细心，能随机应变。南翔推荐了你。恩来和我听了南翔的介绍，认为合适。……

董老向我讲了大革命失败的主要教训，我党抗日统一战线的形成和发展，以及《中共中央为公布国共合作宣言》的精神实质。董老说，国共合作共同抗日是现阶段的大局、全局。我们从多方面推动、帮助国民党抗日，服务团也可起一些积极作用，但不只是为此而要你参加服务团。目前国共

---

① 姜成：《舒城之行》，《忆董老》第1辑，湖北人民出版社1980年版，第197—198页

合作形势较好，中央还要努力加强和发展国共合作。至于我们这一愿望能否实现？蒋介石、胡宗南在抗战中会不会反共？还难以断言。恩来经验丰富，主张未雨绸缪，后发制人，先走一步，现在就着手下闲棋，布冷子。你就是恩来筹划的闲棋冷子。如果一直闲着冷着，于大局全局无损；如果不闲不冷，于大局全局有利。这是一项特殊任务，具体要求须根据情况发展再定①。

董必武详细告诉了熊向晖应注意的问题，最后说："恩来和我送你八个字：'不入虎穴，焉得虎子。'"②后来，周恩来和董必武又当面向熊向晖安排过工作。

熊向晖很快以他的机智和才能获得了胡宗南的信任，长期担任胡宗南的侍从副官、机要秘书。当胡宗南追随蒋介石反共后，熊向晖及时向党中央提供了包括胡宗南在第三次反共高潮中准备"闪击延安"、1947年进攻陕甘宁边区的军事计划和具体部署等许多十分重要的情报，在国共斗争中形成一种奇特的现象：蒋介石的作战命令还没有下达到军长，毛泽东就先看到了。因此毛泽东称赞熊向晖顶几个师。

谢和赓，广西人，其父谢顺慈与白崇禧的岳父马健卿同是清末秀才，两家为世交。30年代中期谢和赓秘密加入中共后，经冯玉祥介绍进入桂系阵营。白崇禧欣赏他的才华，经过长期考察，在抗战爆发后任命谢和赓为自己的中校机要秘书。周恩来对谢和赓的情况十分关注，多次指示他："无论怎样，也要跟在白崇禧身边。"③但是，当时谢和赓年轻气盛，工作经验不足，没有注意掩饰自己。一次，许多文化人在郭沫若家聚会，谢和赓应

---

① 熊向晖：《历史的注脚——回忆毛泽东、周恩来及四老帅》，中共中央党校出版社1996年版，第72—73、74页。
② 熊向晖：《历史的注脚——回忆毛泽东、周恩来及四老帅》，中共中央党校出版社1996年版，第72—73、74页。
③ 方可、单木：《中共情报首脑李克农》，中国社会科学出版社1996年版，第256页。

王莹邀请也前往,并当众挥毫写诗。激烈反共的桂系首要的身边亲信,竟出现在十分接近共产党的郭沫若之家,颇为显眼。为避免暴露,事后,董必武亲自召见谢和赓,给予了严厉的批评,并转达了周恩来的话:"如果下一次再见到谢和赓出现在郭家的客厅,就要考虑他的党籍问题。"[①]为使谢和赓在桂系内部站稳脚跟和开展工作,董必武给予他许多指示,并从各方面关照他、提高他,令谢和赓十分感动,以至于几十年后说:他仍经常"遐想着过去许多难忘的岁月"[②]。通过谢和赓,党组织及时掌握了桂系和蒋介石集团的许多动态,为党中央的决策提供了许多重要的参考资料。

在武汉,董必武还参加了一项重要活动:出席国民参政会。政治民主是坚持抗战、争取胜利的基本条件。这是中国共产党在抗战之初即提出的鲜明的政治主张,它得到全国各民主党派、爱国人士的普遍赞同并汇集成一种强烈的呼声,给正在表现出积极抗战的国民政府以很大的政治压力。在这种情况下,1938年4月国民党临时全国代表大会决议设置"国民参政机关"。6月17日,国民政府公布了第一届国民参政会参政员名单,中共方面毛泽东、王明(陈绍禹)、秦邦宪(博古)、吴玉章、林伯渠、董必武、邓颖超7人被聘为参政员。

国民参政会虽然不是完全意义上的民意机关,但它为各党派、各阶层、各界人士提供了一个合法议政的场所,是中共阐明政治主张、联络各界人士的一个重要窗口。同时,由于国民党成分占多数,其政治上反共趋向愈来愈严重,其他各界参政员政见歧异,有的甚至听信国民党的宣传而对中共抱有偏见,因此,参政会内的情况是复杂的,斗争是不可避免的。如何利用参政会的讲坛去扩大党的影响,推动抗战和政治民主,这是一项严重的任务。董必武和中共其他参政员沉着地迎接了这个挑战,并且终至抗战

---

① 方可、单木:《中共情报首脑李克农》,中国社会科学出版社1996年版,第262页。
② 谢和赓:《无限深情永难忘》,《忆董老》第2辑,湖北人民出版社1982年版,第146页。

胜利，他一直是党在参政会进行斗争的主角。

为使参政会切实有益于当前的抗日战争，6月28日，董必武在《新华日报》发表了《对国民参政会的意见》。此前他刚从安徽归来，一路看到国民党军队所到之处，群众逃避一空。这无异于群众对国民党军队实行"坚壁清野"，如此的军民关系必然招致军事上的大溃败。董必武深感国民政府应"积极发动广大的民众配合军队作战"，而这首先要解决发动民众的一系列问题，因此，他强调："此次参政会最具体的任务，应是讨论'抗战建国'的问题，如军事、政治、外交、民众运动等。"①7月5日，董必武又和中共其他参政员联名发表《国民参政会开会前夜，我们对于国民参政会的意见》，指出："我们代表着中国共产党参加国民参政会，诚恳地愿意在参政会内与国民党和其他各党派以及无党派关系的国民参政员同志们，亲密地携手和共同的努力。以期能友好和睦地商讨和决定一切有利于抗战必胜、建国必成的具体办法与实施方案，以便能够有效地打击与战胜日寇，并奠定使中华民国走向独立自由幸福的新国家的基础"②，表明了中国共产党人对国民参政会的看法、国民参政会的任务以及对国民参政会工作的态度。

7月6日，第一届第一次国民参政会在汉口召开，除毛泽东外，中共其他参政员出席了会议。董必武被指定为第三审查委员会（内政组）召集人之一。在十天的会期中，他遵循中共中央"明确的政治立场和诚挚的团结精神"的指示，利用各种社会关系和机会，会内会外积极开展活动。董必武、王明（陈绍禹）、秦邦宪（博古）、吴玉章等分别提出了保卫武汉、军队建设、改善县区政治机构等提案，均获得通过。经过大多数参政员的努力，大会确定了"抗战到底，争取国家民族最后胜利"的国策和"巩固

---

① 《董必武年谱》，中央文献出版社1991年版，第136页。
② 《新华日报》1938年7月5日。

各党派各界合作的抗日民族统一战线"等提案,基本取得了预期的效果。7月15日,会议闭幕,董必武和王明(陈绍禹)、秦邦宪(博古)被选为一届一次国民参政会休会期间的驻会委员。从此,参加国民参政会成为他在国统区工作的一个重要内容。

　　武汉时期,董必武还会见和结识了大量的中外人士。

　　在繁忙和紧张工作中,董必武度过了在武汉的一年。这是广泛打基础的一年,是党在国统区由大革命失败后的十年隐蔽转向重新公开活动的重要起步。艰辛的劳动开拓了前进的道路,而新的更艰苦的斗争还在后面。

第八章
CHAPTER EIGHT

雾都折冲

遏阻反共逆流

1938年10月初，董必武率领武汉八路军（通称，实际名称是第十八集团军）办事处和《新华日报》先遣人员抵达国民政府的"陪都"——重庆。从此至抗战结束，他长期战斗在这个多雾的山城。

此时，武汉即将沦陷。他先行到重庆，主要有两个任务：一是出席国民参政会驻会委员会会议。当时中共3名驻会委员中，王明（陈绍禹）、秦邦宪（博古）回延安参加中共六届六中全会，为避免中共方面无人到会，董必武赶赴重庆出席会议。二是为八路军办事处和《新华日报》社迁移重庆进行准备。10月7日，他出席了国民参政会驻会委员会的会议，听取了有关该会会务和最近外交、军事、内政设施、交通行政等项报告，并为前方将士募集寒衣捐款200元（在武汉时曾多次捐出参政员的津贴）。接着，他就积极筹办八路军办事处和《新华日报》社迁渝事宜。这并非一件易事。后来，董必武回忆了当时的情景："倭寇侵逼，国府西迁，重庆襟江背岭，为战时首都。远地来人，云集潮涌，吾辈初至此邦，颇难措足。"[①] 经过许多次的奔波、选择和接洽、商谈，最后选定在重庆机房街（今五一路）70号和棉花街30号设立八路军驻重庆办事处，选定苍坪街69号为《新华日报》社址（1939年重庆遭"五三""五五"大轰炸后，八路军办事处分设在郊区红岩村13号和市区曾家岩50号，《新华日报》迁到化龙桥）。董必武和随行的先遣人员夜以继日地忙碌，在短时间内完成了筹备工作，保证了党在国民党中枢所在地工作的连续进行，使《新华日报》在武汉停刊的第二天就在重庆与读者见面了。

---

① 《董必武诗选》，人民文学出版社1986年版，第95页。

这时，武汉会战接近尾声，社会上流传着一种"如果武汉失守，我们便不能再战"的悲观、失败的情绪。10月8日，董必武即在重庆发表演讲并随后刊登在《新华日报》上，批驳这种说法，指出"这是有害的说法"。他分析了中日双方的特点，指出敌人存在的弱点和我们存在的优点乃是持久战可以战胜敌人的条件，"握住敌人的弱点，发挥自己的优点，一定可以使抗战持久下去，一定可以把日本强盗赶出中国，获得最后胜利"。他指出，武汉之危急是不容讳言的，武汉失守当然要增加抗战的困难，"但那些困难，只要我们决心去克服，是可以克服的"，"我们断不能以一城一地之得失而萌消极悲观之念"，即令武汉失陷，我们仍然是要继续抗战的。他及时地引导人民群众认识战争发展的趋势，抛弃悲观情绪的干扰，为抗战事业努力奋斗。

董必武还勉励《新华日报》工作人员："生活要集体化、学习化，时时刻刻求进步，时时刻刻要把握住《新华日报》的工作是抗战中工作的一部分，时时刻刻要以越战越强的精神来开展《新华日报》的工作。"并具体指示：《新华日报》是中国共产党的机关报，自然是反映中共的政策主张。但是，它不仅要反映中共的政策主张，而且应反映其他各党各派以及无党派的一切有利于抗战团结的意见和主张；它不仅要表扬八路军、新四军英勇抗战的事实，而且应表扬一切抗日军队的英勇抗战的事实；它不仅指出我们自己的优点，叫大家去发挥这种优点，而且对于一切不利于抗战的缺点，亦尽量地指出来，使我们能够克服自己的缺点，一天天向进步的道路上迅跑①。

董必武的这篇演讲，有很强的现实针对性，对《新华日报》的工作和广大人民群众的抗日斗志，都产生了很大的影响。

但是，抗战的胜利是要团结全国人民尽最大努力去争取的。一年多的

---

① 《董必武选集》，人民出版社1985年版，第42—44页。

抗战实践，暴露了我国政治上、经济上、社会上存在着许多不适于抗战的弱点和缺点，董必武对此感触很深，他大声疾呼国民政府切实改进，指出："政治的改进赶不上军事的发展，如行政机构之欠调整，政治工作之不健全，群众力量之没有更广泛的动员，等等，都使抗战发生不应有的阻碍，特别是国共两党的关系，还没有达到完全真诚亲密合作的程度，使许多工作不能收到预期的结果。"这些问题，都是由于国民党坚持其一党专政而造成的，因此，董必武意味深长地说："这些弱点和缺点，只要我们不固执成见，不是不可克服的"①，婉转地批评国民党，并希冀推动其转变。10月底，国民参政会要举行第一届第二次大会，为使会议取得良好的结果，董必武在10月28日发表《对国民参政会第二次大会的展望》一文，强调参政会在武汉、广州失守的形势下，对安定国内人心、端正世界视听、击破日寇挑拨离间的阴谋，具有重要的意义。他指出："持久抗战，全面抗战，争取主动地位，争取抗战的最后胜利，以达建国的成功，这是我国抗战以来已经确定不移的国策。参政会遵照这一国策，决议政府对内对外的施政方针，实是第二次大会的最重要的任务。"根据国民党表现出的一些迹象，他还特别强调了团结抗战的意义，"参政会第一次大会已具体地表现了进一步的团结。现在的抗战，遇到了新的困难，我们全国人民只有更加团结，团结得像钢珠一样，才是克服新的困难的前提条件"②。

10月28日至11月6日，董必武出席了一届二次国民参政会。他和中共其他参政员（毛泽东仍未出席）本着"对基本国策不让步，对个别具体问题尽可商讨"的方针，积极开展反对妥协投降、推动国民政府坚持抗战建国的活动。在会上，董必武参与了许多提案，如他和陈绍禹（王明）等73人提出《拥护蒋委员长和国民政府，加紧全民族团结，争取最后胜利

---

① 董必武：《今年的"九一八"》，《新华日报》1938年9月17日。

② 《新华日报》1938年10月28日。

案》，和林祖涵（林伯渠）等21人提出《严惩汉奸傀儡案》，和吴玉章等32人提出《加强国民外交案》，和陈绍禹（王明）等22人提出《关于克服困难渡过难关持久抗战争取胜利问题案》等，并积极附议、赞助通过了爱国华侨参政员陈嘉庚从新加坡发来的"官吏谈和平者以汉奸论罪"的电报提案，一方面推动蒋介石集团继续坚持抗战，另一方面对伪谈议和，策划准备投降的汪精卫派以沉重打击。会上，董必武仍被推选为第三审查委员会（内政组）召集人之一，并参加特种委员会审查关于管理外汇及对外贸易案。会后，仍当选为驻会委员会委员。

但是，蒋介石对中共的真诚合作愿望和强烈呼吁置之不顾，他虽在日本大举侵略情况下被迫再次与中共合作，但仍顽固坚持反共立场，企图通过合作，在战场上借日本之手削弱甚或摧垮中共的武装力量，在政治上"化多党为一党"，溶化共产党。在抗战进入相持阶段后，他把更多的精力放在对付共产党上。1938年12月6日，他在桂林约见周恩来，正式提出其"溶共政策"，遭到拒绝。但他不死心，在12月12日，又约见在重庆的王明（陈绍禹）、秦邦宪（博古）、董必武、吴玉章、林伯渠等继续洽谈，拒绝了中共提出的处理国共两党合作关系的跨党办法，坚持取消共产党，将国共两党合并为一个大党。并扬言："我的责任就是将两党合成一个组织。过去我打你们也是为保存共产党革命分子合于国民党。""此目的达不到，我死了心也不安，抗战胜利了也没什么意义""这个目的至死不变"。恫吓之余，又以高官厚禄利诱。在座者董必武、林伯渠、吴玉章皆老同盟会员，蒋介石尤其下力气拉拢，甚至以"国民党的老前辈还是回国民党来吧"相劝。董必武等态度坚定，拒绝了蒋介石的要求。谈话进行了五六个小时，发生了激烈的争辩，最后蒋介石悻悻地结束了谈话。不久，蒋介石又约周恩来商谈，"又提统一两党事"，周恩来明确告之"不可能"。随后中共中央致电蒋介石，根本杜绝了他的念头："共产党诚意的愿与国民党共同为实现民族独立、民权自由、民生幸福之三民主义新中华民国而奋斗，但共产党绝不能放弃马克思主义之信仰,绝不能将共产党的组织合并于其他任何政党。"蒋介石在其通过所谓两党合并来取消共产党的阴谋破产后,又惊恐于八路军、新四军在敌后广泛展开游击战争,力量发展壮大,于1939年1月主持召开国民党五届五中全会,通过了《整理党务案》等决议案,要"限制异党活动"。会后,国民党中央秘书处秘密颁发了《限制异党活动办法》《共党问题处置办法》等一系列反共秘密文件,并成立了专事反共工作的特别委员会,开始了有计划、有领导的反共活动。

国民党政策的这一重大变化,给国共合作带来极大的阴影,由此而导致了国共间的许多矛盾和冲突,国民党进而一次次地掀起了反共高潮。处在抗日民族统一战线前卫地位的周恩来、董必武等,面临着较前更复杂、更艰巨的环境和斗争。董必武敏锐地感觉到了这种变化。

此前,在1938年9至11月,中共中央召开了具有深远历史意义的六届六中全会,纠正了王明的右倾错误,进一步确定了毛泽东在全党的领导地位。在这次会议上,董必武和吴玉章、林伯渠被补选为中央委员会委员。这是党中央对董必武的工作和能力的充分肯定。

1939年1月,中共中央书记处根据武汉和广州失守、抗战相持阶段到来的形势,决定设立中共中央南方局,统一领导华南、西南各省和江西、上海的工作。由周恩来、秦邦宪(博古)、凯丰、吴克坚、叶剑英、董必武六人为常委,周恩来任书记,董必武负责统战工作。

国民党在五届五中全会后,很快在政治上后退了,掀起了反共逆流,各地的限共、反共活动愈演愈烈。他们不许共产党在国民党统治区公开活动,到处破坏共产党的组织,逮捕共产党员。在福建、江西、湖南、陕西都发生暗杀共产党人的事件。在抗日民主根据地周围,他们接连制造磨擦事件,袭击共产党领导的抗日力量。1938年12月至1939年10月,国民党当局在陕甘宁边区制造磨擦事件150多起,其中军事进攻28起。在各地,相继发生了残杀八路军、新四军指战员的"博山惨案""深县惨案""平江惨案""新集惨案""确山惨案"等。国民党当局猖獗的反共活动,严重地损坏着全国团结抗战的局面。

善良的人们对国内局势的演变十分担忧,董必武对此也感到担忧和气愤。这时,反击并阻止国民党顽固派的反共逆流,反对分裂倒退、反对独裁专制,争取时局的好转,争取民主政治成为十分迫切且事关抗战全局的重要任务。在党中央的统一部署下,董必武配合周恩来等,全力投入了这场复杂的斗争。

国民参政会会集了各方面的代表人物,社会影响很大,董必武遵照党的指示,充分利用参政会的讲坛,在一届三次至五次参政会上,通过提案、发言等途径,揭露国民党顽固派的反共阴谋和行径,将事实真相公之于众,使各界人士了解是非曲直,端正了视听,沉重地打击了顽固派,团结和引导爱国民主力量共同与国民党的独裁统治和误国政策斗争。

1939年2月,在一届三次国民参政会上,针对国民党五届五中全会的反共决议,董必武领衔提出《加强民权主义的实践、发挥民气以利抗战案》,"颇责政府施政失当,要求对各党派予以法律上保障"[①]。提案指出:"抗战以来,我国政治上的进步,赶不上军事上的进步,更远远地落后于抗战的需要,……目前最与民众有关的,是民主自由。民众没有参与政治的机会,没有抗战的言论、出版、集会、结社的自由,永不能提高其积极性。"提案遭到国民党参政员的激烈反对,黄炎培居中调停,提案经修改通过,但面目皆非。为抗议国民党参政员的无理取闹和表达失望之情,董必武遂"告假不到会"。在第二天的会议上,董必武强调"反共是为投降作准备",态度激昂,表达了对提案未能圆满解决的气愤,并再次退席抗议。这一斗争,向社会各界反映了国民党一党专政的高压统治,暴露了其反共面目,说出了对国民党高压有同感的各民主党派、爱国人士的心愿,

---

① 《中华民国史资料丛稿:增刊》第5辑,《黄炎培日记摘录》,中华书局1979年版,第13页。

唤得了同情和支持,对后来的斗争具有重要的意义。

同年8月下旬,在就即将召开的一届四次参政会回答记者提问时,董必武再次谴责了国民党顽固派的反共行为。他指出:"国内某部分顽固分子对抗战发生动摇,甚或加深着磨擦",他们"不但没有为推进抗战国策而努力,反而进行着妨害抗战的不应有的勾当"。他痛心地说:"这种因团结不够而产生的现象均严重地影响着抗战工作"。因此,他强调本次参政会应"充实抗战国策""巩固内部团结""肃清汪派活动",尤其是"首先要加强内部团结,杜绝磨擦事件的发生"①。在9月8日参政会召开的当天,董必武和中共其他参政员联名发表了《我们对于过去参政会工作和目前时局的意见》,就政治、军事、经济、财政、外交、党派合作6个方面声明了中国共产党的立场。在党派合作问题上,揭露了在亡国危机深重的形势下,"甚至有人居然忽视亡国危险,以主要精力应用以对内,对反共及破坏国内团结的阴谋,尽力策动"。痛斥了这种行径:"煮豆与燃萁之痛,阋墙当御侮之时,影响所及,不仅动摇举国同胞对抗战胜利之信念,而且降低国际舆论对中华民族之同情。"强烈要求国民党当局"严令禁止对共产党及其他抗战党派之歧视压迫行为,严禁因所谓党籍及思想问题而妨碍到工、农、军、学、商各界人民及青年之职业及人权之保障,以便造成举国一致精诚团结现象"②。这个"意见"起到了战斗号角的作用,推动了各民主党派参政员在参政会上反对国民党一党专政的斗争。在会上,董必武领衔提出了《拥护抗战到底,反对妥协投降,声讨汪逆,肃清汪派活动,以巩固团结争取最后胜利案》,并和张澜、邹韬奋、黄炎培等提出了"民众问题"提案,要求召开国民大会实行宪政,得到广泛的响应,形成反对独裁政治的高潮。经过激烈争辩,最后通过决议:甲、治本办法:(一)请政府明令定期召集国民大

---

① 《新华日报》1939年8月22日。
② 《新华日报》1939年9月9日。

会，制定宪法，实行宪政；（二）指定若干参政员，组织国民参政会宪政期成会，协助政府促进宪政。乙、治标办法：（一）请政府明令宣布全国人民除汉奸外，在法律上其政治地位一律平等；（二）因为战时需要，政府行政机构应加以充实并改进，以集中人才，从事抗战建国工作。这是参政会上对国民党斗争的重大胜利，由此而掀起了抗战时期的第一次宪政运动高潮，向国民党的一党专政统治提出尖锐的挑战。

1939年冬，国民党掀起了第一次反共高潮，侵占陕甘宁边区关中分区五座县城，进攻山西抗日决死队和太行区的八路军总部。这理所当然地遭到中国共产党的坚决反击，陕甘宁边区军民驱逐了绥德分区五县的国民党官员，阎锡山晋军遭到很大打击，进攻太行区的石友三和朱怀冰部大部被歼灭。在其反共高潮被打退后，国民党顽固派反咬一口，对八路军横加诬蔑。董必武写了许多信分送爱国民主人士，并到许多人家拜访，揭穿国民党的谎言。当时在南方局工作的薛子正、陈于彤回忆说：

一九四〇年春，朱怀冰事件突发，国民党报纸上反而无耻地对我们横加诬蔑，推卸自己制造内战的罪责。新闻检查，密如蛛网，真实情况，遭到极严密的封锁。为了说明真相，揭穿国民党的弥天大谎，董老亲自动手，写成一封一封的信，叫我们分别送到沈钧儒、郭沫若以及当时在重庆的许多党外爱国民主人士的手中。我们临出发前，董老一个一个的交代任务，指明应该把那些事情说清楚，一再叮咛不要遗漏，不要有浮华不实之词，要如实地反映真相。除此以外，董老还有计划地亲自去找这些人士做工作。当时我们的交通工具很困难，重庆市道路又坎坷不平，他坐的是华侨送给八路军的一辆汽车，已年久失修了，年迈高龄的董老坐在这破车上，颠颠簸簸地去登门拜访，以说明事变真相，宣传党的政策，传达中央的指示。常常是一去一回数小时，时间长了，不仅得顶住疲劳，而且得饿着肚子①。

---

① 薛子正、陈于彤：《立党为公，肝胆照人》，《忆董老》第1辑，湖北人民出版社1980年版，第85—86页。

为掩饰国民党的反共行径，混淆视听，1940年4月，在一届五次国民参政会上，何应钦在军事报告中反诬共产党、八路军消极抗战，并声言要对共产党的军队"严加处分，以谢国人"。董必武依照参政会的程序，向何应钦提出质询，指出"总长所举电文，多与事实不符""其中关于山西、河北最新发生不幸事件，报告中所列电文，多属楚溪春、赵承绶、鹿钟麟、石友三、朱怀冰等报告，而十八集团军则仅举程主任所转朱彭二电"，要求何应钦公布朱德、彭德怀的电报，从而有力地揭露了国民党偏袒己方、歪曲事实真相的卑劣行径，将之反共面目清楚地暴露于众。

在这次参政会上，国民党抛出30年代初拟定的"五五宪草"，企图以此搪塞正在高涨的宪政运动。董必武和宪政期成会成员针锋相对，提出《中华民国宪草修正案》，并指出，所谓"五五宪草"，是抗战前的东西，已不适用了。现在需要的宪法，应当根据抗日民族解放战争的具体状况和社会各抗日阶层力量的对比，以孙中山的新三民主义为原则重新制定。经过斗争，否决了"五五宪草"，同时也揭穿了蒋介石的宪政欺骗阴谋。

会议期间，一起"尸谏"引起轰动。国民党第七军一七一师模范团团长朱文箴，3月底驻进鄂东黄安、礼山间，上级命令他以抗战为名进攻新四军。朱文箴在老苏区耳闻目睹，受到教育，不肯执行此项命令而自杀。他在遗书中劝国民党当局与国人不要自相残杀自取灭亡，语极沉痛。随从班长也自杀了。由于这件事发生在董必武的家乡，又是董必武多年工作过的地方，每谈及此事，大家都很自然地和董必武联系起来。一时间，这件事广为传播，激发起许多人的愤慨。朱文箴的"尸谏"，也给董必武揭露国民党顽固派的反共活动的工作增添了说服力。

在参政会之外，董必武适时发表文章，反复阐述中国共产党真诚合作、全面抗战、抗战到底的主张和愿望，不断对国民党顽固派进行揭露、警告和劝谕，借助舆论来遏制顽固派的倒行逆施。

1939年2月，针对国民党在五届五中全会后掀起反共狂潮和流传出议和妥协的论调，董必武根据日本拉吴佩孚"出山"组织伪政权之事，在《群众》杂志上发表《日寇企图搬出新傀儡》一文，指出："日寇如果想搬出吴佩孚当这个新傀儡来对抗我国人民，来维持敌占领区的安宁秩序，来动摇我抗战胜利的信心，那是徒劳的。"严正发出警告：如果有人不安分，妄自尊大，为敌人作傀儡，一定会马上遭受国人的唾骂和声讨的。提醒全国人民："我们要注意日寇在政治方面所弄的玄虚，我们要反对日寇所随意搬出的新傀儡。"并强调指出："目前抗日的都是友人，附逆的都是仇敌，不管他过去历史如何，凡甘心让日寇利用来阻挠抗战者，都一定为国人所反对。"① 尽管吴佩孚在民族大义感召下并未充当汉奸，但董必武的揭露对意欲反共、投降者是迎头一击，对坚持抗战、反对投降起了积极的作用，有力地配合了党在各方面展开的反对妥协投降的斗争。

7月12日，董必武在《新华日报》发表《我国抗战两年来的民众运动》，有针对性地指出："动员四亿五千万的民众积极起来参加抗战，是持久战能获得胜利的基本条件"，"坚持全民族抗日统一战线，是我们能够战胜敌人的中心环节"。8月13日，他又撰写发表了《"八一三"的教训》，指出："在两年中，日寇进攻我国的步骤和方法改变了许多，但要并吞我整个中国的政策是没有丝毫变更。"因而强调："我们只有抵抗才有今日，抗战则存，屈服则亡。这是血的教训，这是活的教训。"

对顽固派在各地制造的反共磨擦，他愤怒地予以谴责和声讨。

1939年6月12日，国民党第二十七集团军杨森部，根据蒋介石密令，袭击新四军设在湖南平江县东60里的嘉义岭的留守通讯处，当场枪杀中共江西省委副书记、新四军上校参议和平江留守通讯处主任涂正坤和通讯处军需员吴贺泉，并将中共湘鄂赣特委组织部长、八路军少校副官罗梓铭，江西省委委员、新四军司令部少校秘书曾金声，平江留守通讯处秘书吴渊

---

① 《董必武年谱》，中央文献出版社1991年版，第143页。

和党员赵禄吟及家属四人活埋。由于国民党严密封锁消息，7月初中共中央南方局才获知这一惨案。此案引起中共中央高度重视，周恩来、叶剑英连续致电陈诚、徐永昌、何应钦和国民党军委会及各部长官，提出郑重抗议，要求雪冤惩凶。8月1日，中共中央在延安召开追悼"平江惨案"被害烈士大会，毛泽东在会上发表了《必须制裁反动派》的演说。

在重庆的董必武非常气愤，7月8日，他和凯丰、叶剑英致电中共中央，提出扩大宣传"平江惨案"的措施：刊登追悼启事；给塔斯社发一公开文稿；在《群众》杂志上发表文章。并向中央建议：进行扩大宣传，新四军发动抗议活动，"因它能引起社会上的同情，能证明国民党反共分子向我进攻"①。中共中央采纳了他们的建议。

董必武大张旗鼓地进行了揭露"平江惨案"真相、悼念死难烈士的活动。8月3日，他撰写《献给新四军嘉义留守通讯处遇害之涂罗等十烈士》一文，严厉谴责国民党顽固派破坏抗战、破坏团结、制造谣言、制造磨擦、悍然反共的罪行，指出：制造此惨案是一种有计划有步骤地破坏我国团结的阴谋，是千百磨擦事件中最严重的一件。涂、罗等烈士是为了忠实执行统一战线而死，是被一种极毒辣极严酷的阴谋所害。通过各种场合，他向沈钧儒、张澜、黄炎培、章伯钧、李璜、林虎等民主党派领导人介绍平江惨案的经过。8月12日，他在《新华日报》发表《追悼新四军平江嘉义留守通讯处遇害烈士启事》，向全国人民公布了平江惨案真相。他愤怒地写道：国民党军杨森部抄袭新四军平江嘉义留守通讯处，"不问男女，不经审讯，立置之死，或以枪击，或竟活埋，无法无纪，逞凶恃残"。痛斥国民党顽固派：当此强敌压境、锦绣河山屡被蹂躏，面临亡国灭种危险之时，"今竟置外盗于不顾，手足无情，自相鱼肉。天下为亲者所痛为仇者所快之事，孰有过于此者乎？"他严正地指出：此类事件不是偶然的，"半载以

---

① 《董必武年谱》，中央文献出版社1991年版，第146页。

还，反共之声，与日渐长，传单小册，耳语口传，敌探肆其诡谋，奸人从而构煽，……顽固分子，反利用之以增加国内磨擦"。这是十分令人悲痛的，"噩耗骇闻，泪随声下，痛国势之日即险途，念旧友之死于非法"。惨案触目惊心地再次明确地告知人们："只有团结，才能救国，分裂立召灭亡。"①

同一天，董必武还在《新华日报》发表了《挽嘉义新四军通讯处涂罗十烈士遇害》五言律诗四首，指出："同肩国步难""束枝犹惧折"；斥责"奸人生内哄""分派竟相残"；提醒人们"我辈宜深省，毋资敌所夸"；并表明："鼠狐安敢阻，刀剑各争鸣。英灵如不昧，鸭绿奠三觥。"②全诗既充满了对死难者的哀痛，对顽固派的声讨、控诉，对抗战和自卫的坚定信心，又从抗日大局出发，对不明事理者给以训诫、规劝。

8月13日下午，八路军办事处在重庆红岩举行了追悼新四军平江嘉义留守处被害同志大会。董必武冒雨出席了大会，代表中共中央致辞，他指出：我们当前的主要任务是要为遇害烈士雪冤；要求国民党政府严惩凶顽；揭破敌寇汉奸破坏团结的阴谋；加强统一战线，挽救团结危机和坚持抗战。

在随后召开的国民参政会上，董必武等将"平江惨案"真相的小册子在会内外广为散发，使更多的人了解事实真相。

董必武等人的活动，引起越来越多的人对"平江惨案"的关注。由于中国共产党的严正抗议，也由于舆论的广泛谴责，蒋介石被迫作态敷衍，下令第九战区司令长官薛岳进行所谓调查。虽然国民党当局依旧将"犯法者文饰为有功""无辜者武断为有罪"，但其无故生非、寻衅反共的面目清楚地暴露在人民大众面前，在政治上输了理，加深了其信任危机。

---

① 《董必武选集》，人民出版社1985年版，第47—48页。
② 《董必武诗选》，人民文学出版社1986年版，第3—4页。

争取中间势力

争取和团结中间势力,是中国共产党抗日民族统一战线方针的主要内容之一,对实现团结、进步、民主,坚持抗战争取胜利有着极其重要的作用,是中国共产党人的一项重大的政治任务。董必武从武汉时期起,就注意对有关人士的联络,到重庆后则通过各种途径、各种方式大力开展此项工作。

1939年初,在国民党石友三部从事统战工作的张友渔,因环境恶化来到重庆,董必武与周恩来研究,决定派张友渔参加国民政府新成立的战地党政委员会,以设计委员名义经常与李济深、冯玉祥等联系,并以文化人的身份从事文化运动和民主运动,主要是参加沈钧儒、邹韬奋等领导的救国会的活动。张友渔后来回忆说:

> 我在重庆做救国会工作是直接受周恩来同志和董老领导的。我经常向董老汇报工作,接受他的指示。董老在我去参加救国会工作前,就工作方针做了指示,大意是说:救国会是一个进步的组织,在抗日民族统一战线中占着重要的地位,起着较大的作用,在社会上有很大的影响,同我党关系密切,合作很好,我们要做好他们的工作。他们重视我们的意见,我们也要尊重他们的意见,不可强加于人。在他们中间,有的人和我们有分歧,也要争取团结他们,不要排斥他们,不要把救国会搞分裂了。根据董老的指示,我们在救国会的工作,取得了一定的成绩。虽然,在具体工作中也曾发生过问题,但由于指导方针正确,发生问题后,解决得比较顺利[①]。

---

① 张友渔:《在董老直接领导下工作——回忆在重庆时期的几件事》,《忆董老》第1辑,湖北人民出版社1980年版,第61—62页。

开始，张友渔的主要工作是帮助邹韬奋，在邹韬奋主编的《全民抗战》上发表文章，反映敌后斗争的情况，揭露国民党顽固派破坏抗战、破坏团结的阴谋。随后，配合民主宪政运动，撰写了大量有关民主宪政的文章，与民主党派、民主人士逐步建立了广泛的联系，参加了第一次宪政运动的领导核心，曾和左舜生、张申府等共同起草宪政促进会宣言。针对国民党企图以30年代初期所拟定的、坚持一党专政的"五五宪草"来欺骗人民的阴谋，1940年4月，张友渔和邹韬奋、张申府、沙千里、钱俊瑞、韩幽桐等起草了《我们对于五五宪草的意见》，由救国会参政员沈钧儒、邹韬奋、张申府作为争取民主宪政的提案，提交一届五次国民参政会，与中共及其他民主党派参政员一起，粉碎了国民党当局的阴谋。张友渔还根据董必武阐述的毛泽东关于只有以抗战、团结、进步为基础的统一才是真统一，蒋介石要吞并抗日根据地，取消八路军、新四军的所谓统一是假统一，是亡国的"统一"的精神，撰写一些论文，用理论和实际工作说明在当时情况下，必须给予解放区以广泛的自主权，包括政治、军事、司法、教育等，在民主人士中产生了较大反响。此后直至1944年夏，张友渔一直以救国会领导成员、左翼文化人身份公开活动，在团结民主党派、民主人士开展爱国民主运动方面，做了大量的工作，卓有成绩。

祝世康，国民党中央储蓄会经理，1939年内迁重庆后，曾到八路军办事处访问。董必武与其交谈后，发现他有正义感，遂多次往访，介绍红军二万五千里长征爬雪山、过草地的艰险经历，介绍中国共产党对抗日必胜的坚定信心："只要真正做到国共合作，全国人民团结起来，胜利一定是我们的"。并以国民党的《防止异党活动办法》来揭露蒋介石不变的反共反人民的顽固性，逐渐提高了祝世康的思想认识。1939年秋天的一天，董必武、林伯渠和祝世康、方觉慧（董必武湖北同乡、同盟会老友、时任国民党中央委员）长谈直至深夜。祝世康当时对报刊登载的"曲线救国"的消息颇不理解，方觉慧介绍说，"曲线救国"一词来源于张荫梧从华北拍给何应钦的电报："为实行曲线救国计划，已与日方接洽，被委为冀中剿匪司令。"蒋介石得悉后去电嘉奖，报纸遂大肆渲染。董必武立即尖锐地指出："这就是一种厚颜无耻的勾当。说明蒋介石抗日是假，反共是真。所谓国共合作，不过是欺骗人民的手法。"董必武接着说："只有实施宪政才能发扬民主，使全国人民团结起来，一致抗日。"方觉慧说："蒋介石表示现在是训政时期，必须等到抗战结束，才算是宪政时期。"董必武一针见血地揭露说："蒋介石推迟行宪，是他坚持法西斯专政的阴谋。"祝世康回忆说：

> 我随董、林二老同方觉慧深夜长谈，对我启发很大，鼓舞我长期坚持参加爱国民主运动。从这以后，我除了经常参加黄炎培、钱新之等人主持的宪政座谈会以外，还作为发起人之一，为《宪政》杂志捐助了一笔基金①。

在争取民主党派和民主人士方面，董必武身体力行。他除利用历史关系，与国民党军政界许多人士恢复联络，与其中赞成抗战、民主、进步的人士多方接触外，还利用出席参政会的机会，以中共鲜明的抗日救国主张和爱国爱民、顾全大局的胸襟，以及自己朴诚和蔼的作风，来争取、团结民主党派、民主人士。支持他们的正当要求，照顾他们的实际情况和困难，发表他们想说又不敢说的意见，仗义执言，胸怀坦荡，逐步赢得了民主党派、民主人士的好感、信任和友情，从1939年秋起，与各民主党派、民主人士参政员的关系发生了明显的变化。揭开第一次宪政运动高潮的、在国民参政会关于"民众问题"的提案，就是经与民主党派、民主人士参政员多次商议，由董必武领衔提出的。一届四次参政会通过了这一提案，决议：推动国民政府限期召开国民大会，实行宪政。并成立了国民参政会宪政期成会，董必武和张君劢、张澜、史良等19人被指定为宪政期成会委员。

---

① 祝世康：《回忆董老在重庆期间对我的教诲》，《忆董老》第2辑，湖北人民出版社1982年版，第89页。

会后，董必武一方面出席宪政期成会的各种活动，讨论、起草宪法草案，及实行宪政的一切问题；另一方面，和吴玉章、秦邦宪（博古）等相继出席张澜、沈钧儒等举行的宪政问题座谈会，出席褚辅成、沈钧儒等邀集的促进宪政实施座谈会，参与了宪政促进会筹备会的工作，并被推选为常委，与张澜、章伯钧、黄炎培、史良、罗隆基、左舜生、张君劢、周炳琳、章士钊、李璜、陶孟和、张申府、邹韬奋、沈钧儒、刘清扬、杭立武、张友渔、韩幽桐、曹孟君等多次研讨有关宪政问题，交换看法，并向他们介绍时局和国共间的纠葛。通过这些活动，宣传了中共的方针、政策，密切了与民主党派、民主人士的关系，争取和团结了他们，并促使了他们之间的团结。张友渔回忆道：

一九四一年三月，民主政团同盟成立，主要是出于各党派自身的需要，但同董老的努力促成是分不开的。在民主政团同盟成立前，张澜住在康宁里3号，董老经常到那里同各民主党派负责人沈钧儒、邹韬奋、张申府（救国会）、黄炎培（职业教育社）、李璜（青年党）、章伯钧（农工民主党）等，以聚餐的形式，开会、讨论同国民党斗争的问题，推动他们成立了统一建国同志会，后发展为民主政团同盟。我住在张澜隔壁，董老每次到康宁里，都先到我家里，谈工作问题，听取我的汇报，给予我指示，也征求我对工作的意见，特别是有关民主宪政方面的意见。在董老的推动和领导下，各党、各派、各界人士曾组织宪政促成会，进行大规模的宪政运动①。

"统一建国同志会"成立于1939年11月23日。在民主宪政运动高涨的同时，国民党掀起了第一次反共高潮，各民主党派在斗争中感到力量分散，不易形成拳头，觉得必须把所有中间党派联合起来，才能求得各自的生存和更大的发展，并且可以参与调解国共冲突，力促国民党实施民主宪

---

① 张友渔：《在董老直接领导下工作——回忆在重庆时期的几件事》，《忆董老》第1辑，湖北人民出版社1980年版，第62—63页。

政，团结抗战。于是，出席国民参政会的各民主党派参政员便酝酿成立一个统一的组织，董必武做了许多协调工作，帮助、促使人们联合起来。"统一建国同志会"的宗旨是：集合各方热心国事之上层人士，共就国是，探讨国事政策，以求意见之统一，促成行动之团结。并有信约12条，主要内容是：接受三民主义为抗战建国最高原则，以全力赞助其彻底实行；对外抗战，对内建设，要求更进一步之统一，求得国家之统一；在宪法颁布后，立即实施宪政，成立宪政政府；各党派一律以平等地位公开存在，严格反对一切内战，尊重学术思想之自由等。该会的成立，标志着各民主党派的初步联合，并为后来民主政团同盟的建立奠定了基础，其影响是深远的。

董必武还注意对工商界的团结、争取工作。1939年初，在新四军陈毅部工作的陈钧，来到重庆八路军办事处汇报工作。在大革命时期，董必武就了解陈钧，后来在延安又有过接触，他认为陈钧很适宜开展工商界的统战工作，遂与主管南方局组织工作的秦邦宪（博古）商议，留陈钧在重庆做统一战线工作，陈钧不久打入国民政府经济部平价购销处，以此便利多方联络工商界人士，与中小工厂主建立很好的联系，推动了他们的抗日、民主积极性。后来还成立了中小工厂联合会。

重庆时期，党内通称"熊老板"的熊瑾玎担任《新华日报》总经理。由于国民党当局的阻挠和破坏，报社工作人员活动很困难，经费和纸张供应常常短缺。熊瑾玎非常着急。一天，他把这些困难一一向董必武作了汇报。董必武听了后，对熊瑾玎说："我们要开展抗日民族统一战线的工作，一切可以利用的力量，都利用起来。"他把自己一些想法告诉了熊瑾玎。

熊瑾玎很受启发，想了一会说："我认识一个国民党党员，名叫楚湘汇，银行的四行常务委员之一、湖南省银行重庆分行行长，还兼任国民党开办的第二炼油厂厂长。他很同情共产党，有爱国主义思想，我看可以争取他！"

董必武同意了，并就一些具体问题进行了研究。熊瑾玎依照董必武的指示，利用老乡关系与楚湘汇交上了朋友，取得了他的信任。后来俩人无话不谈，有什么困难互相诉说。第二炼油厂缺少一些比较熟练和勤劳的工人，恰巧，重庆的一批中共党员，没有固定职业掩护，也缺乏固定的收入，家庭生活困难，经党组织同意，熊瑾玎就把这些同志介绍到该厂当职员、当工人。他们很快成为该厂的骨干，吃苦耐劳，工作认真，使这个厂的利润增长幅度很大。国民政府经济主管部门，也把该厂评为甲等厂。楚湘汇非常高兴，他把一部分赢利作为分红，分给职工改善生活待遇，另有一部分赢利捐给《新华日报》社，帮助解决了《新华日报》的困难。在董必武和熊瑾玎的关怀、引导下，楚湘汇后来加入了中国共产党。当时在重庆亲历其事的熊瑾玎爱人朱端绶感动地说："董老就是这样具体的指导我们利用一切可以利用的力量，团结一切可以团结的人，开展工作，发展革命势力。"①

董必武还指示何世庸利用其父何遂与国民政府盐务总局总办缪秋杰的关系，打入盐务总局；指示杨显东利用其在国民党政界、工商界及银行、纱厂等方面有人缘，且是留美博士的条件，先后在国民政府经济部农本局福生总庄樊城分庄、四川省农业改进所、国民政府财政部贸易委员会桐油研究所、驻华的美国经济作战局（后改称对外经济事务局）供职。一方面寻找时机，为根据地经济发展提供一些条件。如：何世庸在董必武的指导下，通过筹办定边国民党盐务运输机构，使陕甘宁边区通过出售食盐筹集了一大批资金，购进许多急需的布匹和棉花。杨显东为新四军豫鄂挺进支队筹集了许多钱物，并提供了人员掩护，另外还有一些政治、经济情报。另一方面联系和结识了许多工商界、科技界人士，杨显东还结识了一些美国驻华人员，与他们建立了一定的联系，扩大了党的影响，并为党的工作创造了许多有利的条件。

---

① 朱端绶：《从心里送给董老的礼物》，《忆董老》第2辑，湖北人民出版社1982年版，第186页。

当时，何世庸、杨显东都不大安心在国民党机构工作，想去延安。何世庸回忆说："在一九四二年六七月间，我听说延安正在整风，就去见董老，提出我想回延安去参加整风。董老十分认真地听完了我的想法，向我解释说：'何世庸同志，你有很好的社会条件，应该从这方面多为党想想，多做点工作嘛。现在你不是一样可以学习吗！关于你想参加整风，这很好。这里有二十多篇有关延安整风的文件，你带回去好好学习'，董老耐心而又细致地开导我，直到我思想有转变的表示以后才送我走。……党的指示解答了我思想上的许多问题。我决心按董老的嘱咐，安心在国民党盐务机关埋伏下来，等待时机，为我党多办点事。"[①] 后来，何世庸被盐务总局安排到广西盐务局工作，他很好地配合了党在桂林地区的工作，并相机对云集广西的李济深、何香凝等民主人士开展工作，曾受到周恩来和董必武的称赞。针对杨显东想去延安的念头，董必武对他分析了当时国统区工作的重要意义，指出国民党正在进行反共降日的阴谋活动，破坏统一战线，所以在这里有着大量的工作要做。并强调说：干革命，最要紧的是服从革命的需要。当时，杨显东对桐油研究所不感兴趣，认为非本人专业，没什么意思。董必武告诉他，不然，可以借此机会，了解我国对外贸易的内部情况，还可以和科技界的人士多加接触，掌握他们的情况，这对我们都是有用处的。杨显东到驻华美国经济作战局后，董必武又多次指示他调查国民党的农业机构、任务及科学家的情况。杨显东回忆说：

那时候，我根据董老的指示，利用各种条件，收集有关的情报资料。同时，向外国朋友们介绍解放区的真实情况，并通过事实，说明给国民党的许多美援物资，都被贪污浪费掉了，国民党根本不可能打败日本侵略者。要战胜日本，唯有依靠八路军、新四军。

---

① 何世庸：《在董老领导下从事地下工作的回忆》，《忆董老》第 2 辑，湖北人民出版社 1982 年版，第 80—81 页。

更有意义的是，杨显东由此受到一些来华美国人士的赏识，在抗战胜利后被邀请去担任联合国善后救济总署中国办事处农业专员，并担任了国民政府行政院善后救济总署湖北分署副署长。董必武对杨显东进入这一机构很高兴，说："你能够进这个机构，对我们会有很多帮助。可以事先了解救济物资的情况，争取在救济物资的分配上，抵制国民党的一手包办。"①

应该说，这是杨显东遵照董必武的指示，进行统一战线工作的一个显著成果。

地方实力派是当时中国社会一个特殊的军事政治集团，对抗战事业乃至民主革命能够产生不可忽视的作用，董必武很注意对地方实力派的工作，到达四川不久就开展了对刘文辉的工作。

刘文辉，字自乾，四川大邑人，保定军校毕业，在川军中任过旅长、师长、军长及四川省主席、川康边防总指挥等职，曾在中原大战和西安事变时两次通电反对蒋介石，因而受到蒋介石的猜忌和排斥。抗战时期，任西康省主席，控制着川军第二十四军。1938年夏刘湘死后，成为四川地方实力派和西南地方实力派的一个主要代表人物，有一定的影响力，是一位值得重视和争取的人物。

1938年10月，董必武即和林伯渠亲往成都方正街晤访刘文辉。这是中共负责人和刘文辉的第一次正式接触。董必武、林伯渠向刘文辉介绍了中共的抗日救国方针和抗日民族统一战线政策。刘文辉也讲述了自己拥护中共抗日的方针和对蒋介石的戒备态度。董必武尤其强调了团结抗日的重要意义。他对刘文辉说："团结就是力量。不团结，一盘散沙，什么事也办不成！望您在川康内部多做些团结工作，联络军政界的朋友，去促进整个西南地区的团结，进而团结国民党内部更多的人士，坚决反对和抵制投

---

① 杨显东：《从汤池到北京——董老指引我走上革命的道路》，《忆董老》第2辑，湖北人民出版社1982年版，第42页。

降卖国活动。"①刘文辉颇受感悟,这次谈话增进了他对中共的了解。

1938年底,国民党副总裁汪精卫叛逃投敌;1939年春国民党在南昌会战中失利,南昌沦陷;5月初日军连续对重庆进行了"五三""五五"两次大轰炸,数千人遇难。一部分人因此而对抗战前途消极起来,国民党内的"亡国论"再次抬头。一时间,众说纷纭,莫衷一是。在这种情况下,董必武和林伯渠在5月间,到重庆曾家岩潘文华住所,再次与到重庆探询情况的刘文辉晤谈。董必武向刘文辉分析了国内外形势,列举中国古代抗敌入侵的优秀史例,阐释了抗战必胜、妥协必亡的道理。使刘文辉深受教育,他后来回忆说:"尔后我对抗战胜利的信念能够坚定下来,这次晤谈是有重大影响的。"②

董必武、林伯渠与刘文辉的这两次谈话,对刘文辉触动很大,推动了刘文辉的思想转化。由此,中国共产党与之建立了联系,并不断深化。这是党对西南地方实力派工作的一个良好开端。

1939年冬,在国民党掀起第一次反共高潮之际,董必武派人去进行联络桂系李宗仁、白崇禧的工作。指示:要鼓励李、白坚持抗日,做孙中山的忠实信徒,认真实行三民主义和联俄、联共、扶助农工的三大政策;建议他们与抗战爱国分子加强团结,对蒋介石要有比较清醒的认识,防止蒋介石对桂系进行分化,警惕中统、军统的特务活动;对蒋介石要求实施宪政,实现民主,反对独裁;请他们保护进步人士,支持这些人士的工作。表达了对桂系的爱护和团结愿望。经过工作,桂系首领李宗仁、白崇禧没有参加蒋介石发动的这次反共活动。

上述几个片断,虽然不能反映董必武开展统一战线工作的整个情况,但从中我们可以窥视出他对这一工作的重视、远谋和艰苦、细致入微的工

---

① 《董必武与统一战线》,武汉出版社1995年版,第110页。
② 《董必武年谱》,中央文献出版社1991年版,第145页。

作，这就为实现党对中间力量的争取和团结开创了一个良好的开端。

小憩中的忙碌

1940年6月中旬，根据党中央的指示，董必武从重庆启程回延安。

返回革命根据地，回到党中央的怀抱，是董必武久藏心底的愿望。他感到非常高兴，和同行的同志怀着急切的心情上了路，途中因天雨被阻滞留陕西耀州（今耀县）时，吟写的《暑雨》一诗，充分抒发了他渴望早日返回延安的心情。

> 暑雨连宵滞耀州，
> 农夫心慰旅人忧。
> 桥倾路圮溪水涨，
> 车不能行客自留。

回到离别三年的延安，董必武感到非常轻松和愉快。伫目凝望宝塔、延河，他心旷神怡，对延安的山川河流、一草一木都感到非常亲切。延安已经大变样，1937年，董必武率中央党校进入延安时，看到的是"民物凋敝"，三年后他欣喜地发现，延安虽遭日机轰毁，但在党中央领导下，"南北东西，日趋繁盛"，"人民经济上无复旧时负担，政治已得自由，故虽受日寇严重损害，仍有此欣欣向荣之象也"[①]。他浮想联翩，不胜感慨，在偶过"三台胜境"（石碑在延安城东北杨家岭上）时，即感赋长句——《三台即景》：

---

① 《董必武诗选》，中央文献出版社2011年版，第14页。

> 三台胜境偶留鸿,
> 缭绕山川四望中。
> 处处秋初常集雨,
> 年年春后尚多风。
> 肆陈杂货殊方产,
> 人住悬崖曲径通。
> 城郭旧容虽已毁,
> 黎民苏息乐和衷。

诗句寓情于景,情景交融,热情地赞美了党和陕甘宁边区的军民,表达了作者对延安、对人民的无限深厚的感情。

董必武此行,党中央的安排是让他休息一下,他已55岁,连续在国统区艰苦斗争3年余。但董必武在7月中旬返回延安后,立即投入了工作。

7月24日,延安各界举行纪念成吉思汗公祭大会,董必武出席了会议并讲了话,他指出:"成吉思汗是民族伟人,也是世界巨人,这是我们足以自豪的。我们纪念他,要实行民族平等,研究优良的蒙古文化,将它继承和发扬起来,构成新民主主义文化的一部分。"针对日本帝国主义企图以分裂中华民族而灭亡中国的阴谋,董必武强调了民族平等和民族团结的重要性,"我们纪念他要实行民族平等","要认清和反对日寇的分裂阴谋,团结国内各民族,共同打倒日本帝国主义,争取抗战最后胜利"[①]。

7月27日,董必武向党中央系统地汇报了自本年1月以来在重庆观察到的一般政治情况,国民党和其他党派,以及妇女、青年、宣传工作方面的情况。

8月1日、4日、7日,他连续参加中共中央政治局会议,听取周恩来关于南方局统一战线工作和党的工作的报告。

---

① 《董必武年谱》,中央文献出版社1991年版,第156—157页。

与此同时，董必武对陕甘宁边区的政权建设情况进行了调查研究。8月8日，在中共中央政治局会议上，就加强陕甘宁边区政权建设和某些工作人员的作风问题提出意见和建议。他说："过去中央苏区政府中有许多党的负责人工作，成为真正的政权。但现在边区政权人才不健全，须有大员去做。边区政府须派大员到庆阳、延安、绥德去工作，并可派外地干部去担任副职，真正使边区成为民主模范区域。他的意见十分中肯，毛泽东听后当即表示：同意董老的意见，要派大员去当县长，边区一级要加强，延安设立市委，成为特别市政府。受此推动，9月25日中共中央政治局决定成立了陕甘宁边区中央局。

随后，在陕甘宁边区召开的县委书记联席会议上，董必武作了《更好地领导政府工作》的长篇报告。针对着一些同志不愿做政府工作的情绪，他首先强调了政府工作的重要性："政府是政权机关，是一副繁重的机器。革命前是掌握在地主、资本家、豪绅、军阀们的手中。他们凭借这副机器作威作福，他们使用这副机器来保卫他们自己，来压榨我们劳苦人民。""他们有了这副机器，就有了一切。民众没有这副机器，就没有一切。"因此，董必武鲜明地向大家发问"这样关系重大的机关，我们怎能轻视它呢？"他告诫不愿做政府工作的同志："党既领导民众把这副机器夺取过来，便应当领导他们好好地使用它，使它能为自己服务。这副机器虽然繁重，我们开始虽是运用它不很熟练，耐心学习，慢慢就会使它听从我们的指挥。"他强调："一定要把政府工作，看成头等重要的工作。"为此，应当挑选最好的干部去担负政府工作，这一点"尤为重要"。

接着，董必武阐述了政府与党和群众的关系。他指出："政府是政权机关，它必须真正有权，而党是领导政府工作的。"但是，党和政府是两种不同的组织系统，党不能对政府下命令。"党只能直接命令它的党员和党团在政府中做某种活动，起某种作用，决不能驾于政府之上来直接指挥命令政府""党包办政府工作是极端不利的。政府有名无实，法令就不会有效。政府一定要真正有权。"董必武还指出：那种以为党领导政府就是党在形式上直接指挥政府的观点，是完全错误的。

董必武尖锐地指出，政府脱离群众的现象，是政府工作中很严重的病态。要使政府真正成为群众的政府，要为群众做事，为群众谋幸福，要倾听群众的呼声，采纳群众的意见，了解群众的生活，保护群众的利益。但这还不够，还要使群众敢于批评政府，敢于监督政府，一直到敢于撤换他们不满意的政府工作人员。他强调，切不可妨害群众、压迫群众、打击群众。"政府的权威，不是建筑在群众的畏惧上，而是建筑在群众的信任上。群众一经信任政府是他们自己政府的时候，政府在当地就有无上的权威。"

最后，针对某些党员犯了法而逃避政府的审判和处罚的现象，董必武明确指出，"这都是不对的"。他强调："政府所颁布的法令，所定的秩序，我们党员应当无条件地服从和遵守。"否则，我们自己必须负责，受到国家法律的制裁。他并以国民党在全中国范围内因为它的党员违法乱纪而遭受国人痛恶作为鉴戒，特地请求边区党组织通过一个决议，警告我们的党员必须遵守边区政府的法令。党员犯法，加等治罪。"党决不包庇罪人，党决不容许在社会上有特权阶级。党员毫无例外，而且要加重治罪，这更表示党所要求于党员的比起非党员的要严格得多。"[①]

董必武的这篇报告，完全适合当时的实际情况，对陕甘宁边区政权建设有着很强的指导意义和推进作用，而且即使在今天，仍具有伟大的现实意义。

在延安，董必武还参加了新文字运动委员会的活动，和朱德、徐特立、张鼎丞、王首道等到延安西川一些地方进行了视察，其间和朱德有多首诗词唱和，在忙碌中很快度过了9月份。

这时，国内政治形势在一步步地恶化。国民党在第一次反共高潮被粉碎后，把反共中心逐渐转向华中。7月16日，国民党提出所谓"中央提示

---

① 《董必武选集》，人民出版社1985年版，第53—59页。

案", 要求取消陕甘宁边区政府,代以"陕北行政公署",归陕西省政府领导;要求缩编八路军、新四军,限制其防地;要求把活动在江南和华中的八路军、新四军都集中到黄河以北的冀察两省这一狭窄地区内。为了压迫共产党接受,蒋介石决定实行新的军事冒险。9月初,国民政府军事委员会军令部向第三战区司令长官顾祝同发出扫荡长江南北新四军的命令。

为了挽救时局,中共中央连续召开政治局会议进行讨论,决定力争国共关系能有所好转。董必武曾多次出席了中央政治局会议。当时,有许多同志被国民党当局逮捕坐牢,惨遭迫害,中央决定用各种办法救济他们,为此成立了救济委员会,决定内部由陈云负责,外边由董必武负责。党中央还确定,中央今后工作的注意力,第一是国民党统治区域,第二是敌后城市,第三是我们的战区,大力加强党在国统区的工作。为了适应形势变化和加强工作,10月4日,南方局讨论了内部的组织分工,决定成立统一战线工作委员会,董必武任书记,叶剑英任副书记,下分军政、党派、社会、青年、妇女5组,分别由叶剑英、博古、董必武、蒋南翔、邓颖超负责。随着国内政治形势的复杂和斗争的尖锐,董必武承担起了更大、更重要的职责。

形势的变化,很快结束了董必武的休假。10月10日,他肩负着党中央的重托,再次启程,准备前往重庆参加即将举行的国民参政会,迎接和遏制汹汹涌起的反共恶浪。

临行,许多人为他送行,感佩他为国为党奔忙的精神。徐特立作诗称赞他:"吾子贤参政,回京一矢词","双足何时息","四海斗龙蛇"。林伯渠赋诗说他:"不因贝锦轻南国,好用批评重北山。"① 表达了浓郁的战友情谊和赞扬与勉励。董必武也颇感依依不舍,他在《答徐老延安赠别》诗中写道:"延水流潺湲,嘉岭足堪托。政行三三制,防守倚卫霍",抒发了对延安和在延安战斗的人们的深深眷恋之情。途中夜宿延安城南80公里处

---

① 《十老诗选》,中国青年出版社1979年版,第93、153页。

的富县，他浮想联翩，辗转难眠，写下了《过劳山寄延安诸同志》：

> 浅黄深碧杂丛红，
> 映日秋山到眼中。
> 结辈南驰随去雁，
> 离人北望逐飞鸿。
> 亦知此别寻常事，
> 总觉馀言方寸衷。
> 今夜鄜州看明月，
> 得毋清皎与延同①。

但是，重任在身，必须勇往直前。董必武慷慨激昂，赋诗言志："驱车从此别，巴渝暂栖泊。口舌倘可用，相期保謇谔。"②

10月12日，董必武抵达西安。这时，预定的国民参政会不开了，周恩来根据国民党全面反共的形势，建议董必武暂缓来渝。适逢林伯渠调回延安主持陕甘宁边区政府的工作。根据中共中央指示，董必武"遂补林老缺"，主持八路军西安办事处工作。

国民党掀起了第二次反共高潮，10月19日，何应钦、白崇禧以正、副参谋总长的名义发出"皓电"，将国民党的"中央提示案"以最后通牒形式提出，限令八路军、新四军在电到1个月内全部开到黄河以北。随即，国民党在各地大肆制造反共事端。在西安，国民党特务严密监视西安八路军办事处及其周围，并不断挑衅，"寻仇无休歇"。到12月份，"扣我六卡车，捕我人二八"，"不准寄书报，音信早闭阒。不许商贾售，封锁綦严切"，"月饷暗停发"，"交通横被阻"，"劫人货同越"。

针对严重的局势，中共中央决定采取有理、有利、有节的对策：对皖

---

① 《董必武诗选》，中央文献出版社2011年版，第21页。
② 《董必武诗选》，中央文献出版社2011年版，第16页。

南取让步政策（即北移），对华中取自卫政策，而在全国则发动大规模反投降、反内战运动，用以争取中间势力，揭露何应钦亲日派的阴谋挑衅，争取我在全国之有理、有利地位。并指示，党在国统区的一切组织必须"全部的完全的有秩序的隐蔽起来"，"任何地方都要严防突然事变的袭击"。遵照党中央的指示，董必武在西安，一方面会见国民党陕西省主席熊斌、第一战区司令长官蒋鼎文等，反复交涉，要求他们停止进攻，解除对八路军办事处的封锁和各种刁难，否则引起大冲突，对双方都不利；另一方面组织办事处人员加紧检点、清理文件，准备被捕时的态度与答话，准备应付突发事件。12月16日，董必武致电中共中央：已做好应付国民党进攻的各种准备。

果如中共中央预料，不久，国民党当局悍然下手了，狂暴肆虐，逆流横溢。束装应变的董必武，立即投身惊涛骇浪之中，展开了英勇的搏击。

险境中奋战

1941年1月，偏僻的皖南山区，一时间成为众多中外政治家关注的焦点：1月4日，奉命北移的新四军军部及其所属皖南部队9000余人，从云岭驻地出发绕道北上。6日，行至泾县茂林地区时，突遭预先埋伏的国民党第三战区司令长官顾祝同、第三十二集团军总司令上官云相所指挥的7个师8万余人的包围袭击。新四军部队被迫抗击，血战7昼夜，弹尽粮绝，除约2000余人突围外，其余6000余人大部壮烈牺牲，一部被俘。军长叶挺在前往谈判时被扣，政治部主任袁国平牺牲，副军长项英、参谋长周子昆突围后遭叛徒杀害。国民党制造了震惊中外的皖南事变，将国共合作抗日的局面推到了完全破裂的边缘。

中共中央立即采取措施挽救。11日，在重庆的周恩来获知新四军遭围攻的消息后，立即向国民党谈判联络代表张冲、刘为章及顾祝同、何应钦、蒋介石提出抗议，强烈要求立刻撤围让路。同时，根据工作需要，致电中共中央，提议"董老来渝，剑英四年在外，仍以能回延安参加七大为好"。毛泽东当即批示：董（必武）去渝，叶（剑英）回，伍（云甫）去西（安）。

在西安的董必武，获知皖南事变消息和接到中共中央指示后，即刻动身。在风云变幻之际，驰赴龙潭虎穴，协助周恩来处理这一抗战以来的空前危机。1月中旬，他抵达重庆。

这时，国民党发动的第二次反共高潮达到了顶点。1月17日，蒋介石以国民政府军事委员会名义发布通令，诬蔑新四军为"叛军"，宣布撤销其番号，将叶挺交"军法审判"，并通缉项英。随之，各地的反共活动亦十分猖獗，重庆的政治环境尤其险恶。

中共中央十分担心周恩来、叶剑英（2月2日方回到延安）、董必武和南方局其他重要成员的安全，于18日、20日两次发出电示，要求："恩来、剑英、必武、颖超及办事处、报馆重要干部于最短期间离渝"，"应立即设法离渝返延"①。周恩来、董必武、叶剑英、邓颖超等研究认为，这种时刻难以离开，且应坚守岗位进行斗争。1月27日，他们和重庆办事处全体工作人员致电中共中央和毛泽东、朱德：

处在政治环境极端严重的重庆办事处同志向你们保证：无论在任何恶劣的情况下，我们仍以不屈不挠的精神，坚守我们的岗位，为党的任务奋斗到最后一口气②。

表现了高度的革命责任感和大无畏的无产阶级英雄气概。

但是，为了准备应付国民党顽固派的更大迫害，减少损失，有利于以

---

① 《董必武年谱》，中央文献出版社1991年版，第163—164页。
② 《董必武年谱》，中央文献出版社1991年版，第163—164页。

后党的工作，周恩来根据党中央的指示，决定叶剑英率蒋南翔、李涛、边章五等返回延安，南方局、八路军办事处和《新华日报》社除保留少数人员外，分别实行分散隐蔽、转移和撤退。董必武参与了这项工作的布置。尤其是对有条件通过各种社会关系在国统区找到社会职业，甚至进入国民党党政军机关工作的同志，他和周恩来、邓颖超、孔原等多次谈话，反复叮嘱，告诉他们"长期埋伏，积蓄力量，以待时机"的重要意义，要求他们注意三勤（勤业、勤学、勤交朋友），并教育他们在复杂环境中注意"同流不合污"，保持共产党人的本色。为了这些同志的安全，他仔细思虑，详尽布置，慎之又慎，力求做到丝毫无差。

董必武一到重庆，就投入了粉碎国民党反共高潮的斗争。他大力协助周恩来开展工作。在国民党宣布撤销新四军番号的当晚，他出席了周恩来主持召开的南方局会议，分析国民党的下一步动态和国内局势，研究揭露国民党顽固派阴谋并与之斗争的对策。他相继拜访黄炎培、沈钧儒、邹韬奋等，后又广泛接触民主党派负责人和各界爱国人士，介绍皖南事变的真相，揭露国民党蒋介石的反共罪行。为了打破国民党的新闻统制，1月19日起，由南方局军事组起草并经周恩来审定的《新四军皖南部队惨被围歼真相》在重庆秘密散发。在读了周恩来"为江南死国难者志哀"的挽词，和"千古奇冤，江南一叶，同室操戈，相煎何急"题诗后，董必武于1月26日挥笔写下了《江南一叶是奇冤》的辘轳体4首诗，强烈地控诉了国民党顽固派的罪行：

> 江南一叶是奇冤，
> 遵令移师竟被吞。
> 吞后又加违令罪，
> 混淆黑白复何言。
>
> 百战丰功众口喧，
> 江南一叶是奇冤。

第八章·雾都折冲

> 茂林血迹斑斑在，
> 泪洒西风白日昏。
>
> 秦桧主和诛武穆，
> 赵构偏安没齿辱。
> 江南一叶是奇冤，
> 只手掩尽天下目。
>
> 将军抗日作屏藩，
> 赫赫功勋半壁存。
> 自坏长城千古叹，
> 江南一叶是奇冤①。

周恩来、董必武等组织的反击是有力的。皖南事变真相的披露，充分揭示了国民党蒋介石疯狂反共的狰狞面目，使更多的人看到：国民党不顾民族利益，把反共事情做到如此决绝的地步，破坏国共合作的责任完全在蒋介石方面，因而对之失望和不满，把同情越来越多地转到共产党方面。1月24日，董必武和周恩来、叶剑英联名向中共中央提出关于各民主党派动向的报告，充分反映了这个事实：皖南惨案发生后，他们对国民党大为失望，痛感有加强团结的必要。章伯钧、左舜生等拟发起成立民主联合会，以团结各党派、无党派民主人士和国民党左派，与我党合作共同进行民主和反内战运动。第三党因近日当局压迫，日渐左倾，主张与我党密切合作，盼我们给予切实援助。

针对这种情况，董必武又和周恩来联名致电中共中央，提议实行政治上的全面进攻，进一步打击国民党顽固派的反共气焰。他俩建议：就皖南事变真相编印各种材料在国内外发表；用新四军各支队名义发出通告，拒

---

① 《董必武诗选》，中央文献出版社2011年版，第35页。

绝国民党政府军事委员会的命令,要求恢复新四军建制,释放叶挺和被捕官兵,退还枪支器材,控告顾祝同、上官云相,要求严惩肇事将领,并声明在原地坚持抗战,决不接受任何乱命;由八路军将领发表通电,一面声援新四军,一面表示坚持抗战,保卫西北,要求发饷发弹,保护交通,抗议撤销驻桂林办事处,由延安发表一个广播谈话,并印发各地。中共中央采纳了他俩的这些建议。

对蒋介石1月17日宣布撤销新四军番号的命令,中共中央采取了针锋相对的步骤。1月20日,中共中央革命军事委员会发布命令,重建新四军军部,任命陈毅代军长,刘少奇为政治委员。同天,又发表毛泽东起草的《中国共产党革命军事委员会发言人对新华社记者的谈话》,提出解决皖南事变的十二条办法。

面对中国共产党的严正态度和坚决斗争,同时在国内外舆论的一片责难声中和英、美、苏三国政府反对在抗日战争时期发动大规模内战的外交压力下,蒋介石政治上陷入异常孤立和被动的境地。这时,又发生一件出乎蒋介石意料的事情:2月初,日军在河南大规模发动进攻,国民党汤恩伯等部15万人被包围,这对蒋介石的反共计划又是一个沉重的打击。于是,他不得不悄悄地收缩退却了。中国共产党敏锐地察觉到时局发展中的这种变化,毛泽东2月7日在致周恩来电报中说:"依我观察,他们非求得个妥协办法不可。敌人攻得如此之急,一一七命令如此丧失人心,他的计划全部破产,参政会又快要开了,非想个妥协办法,更加于他不利。"①

于是,斗争焦点转到中国共产党人是否出席第二届国民参政会这个问题上来,董必武站在了斗争的第一线。

皖南事变前十数天,即1940年12月23日,公布了第二届国民参政会的参政员名单。中国共产党方面参政员仍是毛泽东、陈绍禹(王明)、

---

① 《毛泽东年谱(1893—1949)》中卷,人民出版社、中央文献出版社1993年版,第268页。

秦邦宪（博古）、董必武、林伯渠、吴玉章、邓颖超七人。这届参政会的第一次会议定于1941年3月1日开幕。各民主党派和无党派人士纷纷表示，国民参政会开会，中共参政员的出席是必不可少的。美国总统罗斯福的特使居里也留在重庆不走，据说是专等观光国民参政会开会。蒋介石异常焦灼，他急于想把共产党人拉进国民参政会来开会，以粉饰政局，减轻国内外对他的非难，摆脱困境。

在国民党制造皖南事变、掀起反共高潮的情况下，中国共产党自然不能随便地、无条件地出席这次国民参政会。2月15日，根据中共中央指示，董必武与中共其他参政员联名致电国民参政会秘书长王世杰，声明在中国共产党所提十二条善后办法未得裁夺以前，中共参政员碍难出席国民参政会。同时将这封公函抄送各党派和有正义感的参政员20余人。这是一个爆炸性的消息，王世杰、张冲等十分紧张。张冲连续找周恩来，要求撤回公函，劝求董必武、邓颖超出席参政会，遭到拒绝。蒋介石亦焦急异常，亲自出马指挥。2月27日，他召见各党派负责人黄炎培、张君劢、张澜、沈钧儒、左舜生等，要他们出面"劝止共党参政员不出席事"。当晚，黄炎培等便与周恩来、董必武"谈至夜半始返"，劝说中共参政员改变拒绝出席本届国民参政会的主张。周恩来、董必武耐心地向他们说明了蒋介石的政策和中共的立场态度，提醒他们不要上当受骗。第二天，蒋介石再次召见黄炎培等，一面许诺以特种委员会委员的头衔，容纳包括中共在内的各党各派，一面以"如决定不出席，惟有根本决裂"相威胁，并以"委员长"名义相"劝告"，企图迫使中共同意出席会议。黄炎培等再次前来斡旋，周恩来和董必武明确表示，只要国民党不接受我善后办法十二条，就坚决不出席。2月29日和3月1日，国民党又连续派两批特使敦请董必武、邓颖超出席参政会，遭到拒绝。

这一场政治仗打得十分漂亮。周恩来在3月1日向中共中央报告了当天召开的二届一次国民参政会的情况："蒋被打得像落水狗一样，无精打彩的讲话","一百多国民党员鸦雀无声,任各小党派提议,最后延期一天"①。

为了做到仁至义尽,争取更多的理解和团结民主党派,经中共中央同意,3月2日(即国民参政会开幕的第二天),董必武和邓颖超联名发出致国民参政会秘书处的公函,提出"临时解决办法十二条",作为出席参政会的条件。同日,还发出了《周董邓致各党派领导人士书》,呼吁共同为促使"临时解决办法十二条"的实现而斗争。3月8日,针对蒋介石前两日在国民参政会对中共两个"十二条"的攻击,和参政会秘书处电促中共参政员出席会议的情况,董必武和中共其他参政员复电参政会,再次说明不出席参政会的理由。

董必武和中共其他参政员通过公函、书信、复电,粉碎了蒋介石诱骗和胁迫中共参政员出席参政会、粉饰其统治的阴谋。至此,国民党反动派所掀起的反共高潮也被迫草草收场。3月6日,蒋介石在国民参政会演说中,不得不声称"以后亦决无'剿共'的军事,这是本人可负责声明而向贵会保证的"。3月10日,第二届第一次国民参政会闭幕,在中共参政员没有出席的情况下,参政会仍选董必武为参政会驻会委员会委员。14日,蒋介石邀请周恩来谈话,答应提前解决国共间的若干问题。国民党的第二次反共高潮被打退了。

打退国民党的第二次反共高潮,使国共政治地位发生了根本性的逆转。"这次斗争表现了国民党地位的降低和共产党地位的提高,形成了国共力量对比发生某种变化的关键。"② 在斗争中,处在第一线的周恩来、董必武、邓颖超等发挥了重要作用。毛泽东在当时就给予了很高的评价:"这一次我党周恩来、董必武、邓颖超三个战士坚持了党的立场,这是有重大的意义。我认为我党此次坚定的立场是对的,给了国民党以坚决的打击,会给

---

① 中央档案馆:《皖南事变(资料选辑)》,中央党校出版社1982年版,第225页。
② 《毛泽东年谱(1893—1949)》中卷,人民出版社、中央文献出版社1993年版,第283页。

各方面以极大的影响。我们的孤军奋斗是有极大的意义。"① 历史对此给予了充分的证明。

扩大党的统一战线

第二次反共高潮被打退后，国共关系尖锐对立的状况得到一定的缓和，但是，国民党对中共的政治压迫则一点也没有放松。在其统治区域，国民党厉行特务统治，军统、中统特务肆行无忌，活动十分猖獗。在重庆的八路军办事处，受到国民党特务的严密监视，来往人员被盯梢、跟踪和纠缠，对《新华日报》，除以所谓检查经常禁登有关重要文章、消息外，还施以邮局扣寄、党政禁阅禁售、殴捕报贩及撕毁、没收等种种非法压迫，竟至"有时在大街上看《新华日报》的人都遭到逮捕"②。

与此同时，国民党将镇压的黑手伸向民主人士。1941年2月，国民党封闭了党外进步人士邹韬奋主持的生活书店成都、昆明、贵阳等分店，逮捕了贵阳分店全体职工。在桂林、重庆出版的《救亡日报》《全民抗战》《国民公论》等数十种进步报刊先后被禁止发行或被迫停刊。在此前后，因谴责国民党反共、腐败，国民党元老柳亚子被开除出党，著名爱国华侨陈嘉庚被取消国民参政员资格。经济学家马寅初怒斥孔祥熙、宋子文等发国难财而被逮捕。更有甚者，竟以捏造"救国会要在重庆暴动"的罪名监视沈钧儒、邹韬奋、沙千里，并由此制造了虐杀数百名青年的"綦江惨案"。1942年3月，国民党更以《国家总动员法》进一步剥夺和限制了人

---

① 《毛泽东年谱（1893—1949）》中卷，人民出版社、中央文献出版社1993年版，第280页。
② 杨显东：《从汤池到北京——董老指引我走上革命的道路》，《忆董老》第2辑，湖北人民出版社1982年版，第41页。

民的言论、出版、著作、通信、集会、结社等自由。并以所谓"战时青年训练团"之名，在各地设立关押共产党员和进步青年的集中营，滥捕无辜。绑架、失踪事件在各地尤其在重庆屡有发生。

国民党企图以疯狂的高压来限制中共的活动，隔绝中共与人民群众的联系，压制抗日民主运动，维护其一党专政的统治。

董必武用诗愤怒地揭露、谴责了国民党的暴虐统治：

> 果然六月惨飞霜，
> 只为沉冤未可忘。
> 重压青年集中训，
> 屡兴党狱法西方。
> 小人放肆居高位，
> 特务横行踞上床。
> 屏息面墙防偶语，
> 敢云无息或无荒①。

皖南事变前后，遵照党中央指示，秦邦宪（博古）、叶剑英、凯丰等撤回延安，南方局主要由周恩来、董必武领导（1941年9月，董兼任南方局宣传部长）。董必武密切配合周恩来，在十分艰险的环境中，一面不屈不挠地与国民党当局进行有理、有利、有节的斗争，一面坚持党的各项工作，团结和领导各界人士和广大群众继续开展抗日民主运动。

他们大力加强与民主党派、民主人士的联系。针对皖南事变后民主人士的斡旋活动，和蒋介石对黄炎培等作出的礼贤下士姿态，对组织特种委员会"完全同意"的欺骗手法，1941年3月间，董必武和周恩来等连续在13日、17日、22日、24日、27日，与黄炎培、张君劢、张澜、李璜、沈

---

① 《董必武诗选》，人民文学出版社1986年版，第77—78页。

钧儒、章伯钧、罗隆基、左舜生、梁漱溟等晤谈，说明中共对于国共关系及本次参政会的立场和态度，讨论时局和发展趋势，使他们了解事情的原委曲直，增进了解和理解。

这时，出现了一个新的政治实体。国民党制造皖南事变和厉行政治压迫，使"各小党派及中间派，对国民党大为失望"，认为"非民主团结大局无出路，非加强中间派的组织，无由争取民主团结"，于是，黄炎培、梁漱溟、张澜、罗隆基、章伯钧、左舜生等经过连续协商和筹备，在3月19日将统一建国同志会改组为中国民主政团同盟。黄炎培、左舜生、张君劢、梁漱溟、章伯钧为中央常务委员，黄炎培任主席。除少数无党派的个人盟员外，主要由三党三派组成，即第三党、国家社会党、中国青年党、救国会、中华职业教育社、乡村建设派。但是，厉行独裁统治的蒋介石极力压制新的政党组织出现。统一建国同志会成立时，曾遭蒋介石留难再三，最后以不组建正式党派为条件方才勉强同意其存在。顾虑到国民党的压迫，为了不被扼杀在襁褓中，民主政团同盟的筹组活动是秘密进行的，成立后即派梁漱溟到香港建立言论机关，希冀通过舆论宣传，造成社会影响，成为既成事实，而维护其存在并能够公开进行活动。9月18日，梁漱溟等在香港创刊了民主政团同盟的机关报《光明报》，并于10月10日正式向国内外公开宣布了该同盟的成立消息。

蒋介石在获知民主政团同盟成立后，暴跳如雷，恶狠狠地声言："不能允许这样一个以国民党共产党两党之上的自命为仲裁的政团成立。"国民党当局三管齐下，一面下令国民党各报刊不准登载中国民主政团同盟成立的消息和评论，向全国人民封锁消息。一面派人到香港，诬蔑梁漱溟招摇撞骗，谩骂民主人士是"第五纵队"，并策动港英当局查封《光明报》。第三是胁迫重庆民盟领导人。民主政团同盟主席黄炎培被逼辞职，拟继任的张君劢又被诱逼出走昆明（最后推举张澜担任民盟主席），企图一举摧垮之。

与国民党的态度形成鲜明的对比，中国共产党对民盟的成立给予了热情的支持。罗隆基回忆说：

>……民盟的发起人和领导人当时都是参政会的参政员。在抗战初期，参政会每年在重庆开会两次。参政员中各民主党派的领袖和许多民主人士就利用参政会在重庆开会的机会，经常举行座谈会、碰头会和聚餐会等交换有关时局的意见。共产党的参政员如董必武、林祖涵、吴玉章、邓颖超等是经常来参加这类集会的。周恩来只要有机会在重庆，他亦必定来参加这类集会。共产党负责人在这类集会中，已经起着政治上教育和领导的作用了。
>
>民主政团同盟在成立的时候是个秘密的组织。但对共产党来说，民主政团同盟的成立是公开的秘密。共产党对民盟始终采取鼓励、支持和帮助的态度[①]。

中国共产党对民盟的支持，首先体现在促成其诞生。在其成立之前，董必武等（他长期在重庆，与民主党派人士接触更多一些）在与民主党派领导人接触、交谈中，积极推动他们之间的团结和合作，并推动一些人士的思想转变。例如，筹划组建民盟的代表人物黄炎培，原来对国民党蒋介石有许多幻想，对共产党、八路军、新四军有许多误解，蒋介石也着意拉拢他，可以说他是比较亲近国民党当局的人物。董必武不断用事实教育他、引导他，使之日渐觉悟。1943年12月，黄炎培在《寿董必武六十》赠诗的《跋》中写道：

>余与兄自民纪廿七年七月十八日汉口中路八十三号寓庐握晤订交，六年以来，一月数晤，乃至一旬数晤，晤必纵谈时局，深佩兄于论事论人，平而不苛，深入而能客观。吾人理想，大致相同，欲从国家民族达于全人类，平其不平，乐其乐而利其利，意兄亦谓然也。中华元气，凋散已极，逐寇难，寇去而有以善其后，则尤难，兄将何以教我[②]。

[①] 罗隆基：《关于民主同盟的一些回忆》，《南方局党史资料》（三），重庆出版社1990年版，第233页。

[②] 《中华民国史资料丛稿：增刊》第5辑，《黄炎培日记摘录》，中华书局1979年版，第45页。

从黄炎培的上述话中，可以看出董必武的影响和引导，以及由此产生的黄炎培对董必武的信任和敬佩。董必武长期战斗在重庆，主持南方局的工作，且除皖南事变后的个别次外，一直出席国民参政会会议，与民主党派领导人和民主人士的接触更多一些。通过他，使民主党派和民主人士认识了中国共产党，耳濡目染，逐渐转变了思想，趋向了民主、进步。

"平而不苟，深入而能客观。"黄炎培的这个评价，惟妙惟肖，形象、恰当地概括了董必武争取、团结民主人士的基本特点：第一，实事求是，光明正大，真情相告，不讲假话；第二，尊重对方，谦让平和，肯定对方的长处，认真考虑对方的意见；第三，不苟求对方，照顾同盟者的利益，遇事为对方着想，当对方尚不觉悟时，耐心等待，耐心引导，不强人之所难；第四，坚持原则，注意从政治上、思想上积极引导对方前进，使之思想逐渐"深化"。董必武的这种交友作风，增强了对民主人士的感化效力，赢得了他们的信任和友情，也推动了他们的思想转变。

正是基于对周恩来、董必武等产生的信任，民主党派领导人在筹备民盟过程中，将成立情况、领导人选等都透露给他俩。董必武和周恩来一起，对民盟的成立给予热情的赞助，还同他们一起研究如何使其组织公开化、合法化的问题。梁漱溟离渝赴港前，曾到曾家岩50号八路军办事处拜访，周恩来、董必武热情地接见了他，帮助他筹划此行。梁漱溟到香港后，在报刊登记证、经费等方面遇到困难，南方局即指示驻港办事处大力予以协助和资助，帮助他克服了困难。民盟公开后，中共中央机关报《解放日报》不仅作了专题报道，而且发表《中国民主运动的生力军》的社论，对民盟的成立给予极高的评价，称赞它"是抗战期间我国民主运动中一个新的推动，民主运动得此推动，将有更大的发展，开辟更好的前途"①。

中共中央和在重庆的周恩来、董必武的热情支持，使民主政团同盟领

---

① 《解放日报》1941年10月28日。

导人十分感动，在民盟初创的困难时期，他们充分体会到中共的积极扶助的诚意，他们对周恩来、董必武的拜访、邀晤增多，并屡屡向国民党当局提出"善意应付共产党"①，不断趋向与中共的合作。

民盟成立后，周恩来、董必武非常注重与民盟领导人的协商和交流。当时，国际风云变幻，1941年4月13日，苏日签订中立条约；6月22日，苏德战争爆发；美日谈判，扑朔迷离。国内，抗日战争进入最困难的时期，国统区物价飞涨，国民党的统治益趋腐败、黑暗。民盟许多人对此颇感困惑。董必武和周恩来经常与他们研讨时局，分析形势，坚定他们的信心，并帮助他们在各地发展组织，开展活动，使中共与民主党派、民主人士的关系进入一个新的阶段，并不断向密切合作发展。

1941年5月，中华民族大众同盟（后改为"中国民主革命同盟"，简称"小民革"）在重庆成立。这是在周恩来、董必武指导、推动下成立的秘密政治团体。它不以组织群众运动为职责，而主要以团结各民主党派积极努力，共同斗争，推动国民党统治集团上层实行抗战、实行民主为宗旨。其核心成员中有许多是国民党上层左派，如王昆仑是国民党候补中央委员，是立法院院长孙科"太子派"圈内人；屈武是监察院院长于右任的女婿；赖亚力是冯玉祥的秘书；刘仲容是白崇禧的高级参谋；刘仲华是李宗仁的秘书；狄超白是李济深的秘书；另外还有救国会的著名人物，如金仲华、闵刚侯、曹孟君、孙晓村、吴觉农；有东北救亡总会的高崇民、阎宝航；有第三党的潘菽；有梁希、涂长望等科学家（后来是九三学社的骨干）。王炳南、阳翰笙代表中共参加，亦为其核心成员。当时也为核心成员的侯外庐回忆说："小民革"的这些人，"所（以）有这样的决心和行动，相当程度上，直接取决于我党政策和领导的英明。周恩来同志领导下的南方局，

---

① 《中华民国史资料丛稿：增刊》第5辑，《黄炎培日记摘录》，中华书局1979年版，第30页。

在国统区执行党中央统战政策的水平和艺术,我个人认为是卓绝的"①。周恩来、董必武等的身体力行,证明了中共执行统一战线政策的襟怀和至诚,吸引并转变了处于惶惑状态的爱国者。

"小民革"是周恩来、董必武进行统一战线工作所取得的又一显著成果。其核心成员经常碰头开会,在领会中共的策略方针后,各自回到自己的党派组织和工作岗位,以自己的影响力,结合实际配合中共的斗争。它在坚持抗战、团结、进步,争取国民党上层人士中可以争取的分子,分化顽固派等方面起了重要的作用。

1943年,重庆又成立了一个以国民党上层进步人士为主组成的民主政党团体——三民主义联合会。它是针对皖南事变后国民党政治上日益倒退的状况,经周恩来、董必武的大量工作而建立的。筹建该会的十人成员之一甘祠森回忆说:

> 抗战期间,中共中央南方局成效卓著地贯彻执行党的革命统一战线政策,把一切爱国进步力量都调动起来,汇入人民革命的洪流,为争取人民革命的伟大胜利做了大量工作。三民主义同志联合会就是在周恩来、董必武等南方局领导同志的关怀下组成的。从民联这样一个小小的角度,也可看出中共南方局是怎样疏导百川,汇聚洪流的②。

三民主义同志联合会的发起人是谭平山、陈铭枢、杨杰、王昆仑、郭春涛等,以团结国民党内民主进步人士为宗旨。"他们的这些想法,也是分别受南方局领导同志的启发和帮助才产生的。"③他们先是组织了民主同

---

① 侯外庐:《在中国民主革命同盟中的活动》,《南方局党史资料》(三),重庆出版社1990年版,第193—194页。
② 甘祠森:《回忆三民主义同志联合会》,《南方局党史资料》(三),重庆出版社1990年版,第222页。
③ 甘祠森:《回忆三民主义同志联合会》,《南方局党史资料》(三),重庆出版社1990年版,第222、225页。

志座谈会，相约国民党上层人士和教育界、工商界上层人士中有相同感受、认识者参加，组织规模逐渐扩大，到这年9月，正式组织了三民主义同志联合会。

从民主同志座谈会成立开始，董必武就给予非常的关注和支持。甘祠森回忆说：

……南方局的几位领导同志，都知道有这个座谈会，十分关怀。有一次董必武同志去到谭平山家，谭要孙荪荃来找我也去谈谈。我向董老汇报了座谈会情况。董老听起来很感兴趣。最后董老微笑着对我说："你们这个座谈会搞得很好嘛。抗战的胜利，民主的实现，要靠大家去做才有希望。你们交了许多同情革命的朋友，也是对我们党的支持嘛。"①

参加三民主义同志联合会的祝世康回忆了他参加的起由和经历：

董老不仅给我分析抗战形势，还反复给我讲解中国共产党的抗日民族统一战线政策，使我认识到广泛联系爱国人士的重要性，并且身体力行。杨杰、邓初民、谭平山、郭春涛、陈铭枢、章伯钧、陶行知等来我家聚餐座谈。不久，杨杰建议组织"三民主义联谊会"，以加强国民党内爱国人士的团结，推举我起草章程。后来谭平山主张把"联谊会"改为"联合会"，这就是"民联"的开始②。

从1944年起，"民联"作为一个政治组织参加了爱国民主运动。由于其构成人员所具有的特殊的社会地位，在当时国统区产生较大的影响。后来在解放战争中，他们在策动国民党军政人员起义、促进和平解放等方面，发挥了重要的作用。

---

① 甘祠森：《回忆三民主义同志联合会》，《南方局党史资料》（三），重庆出版社1990年版，第222、225页。
② 祝世康：《回忆董老对我的教诲》，《忆董老》第2辑，湖北人民出版社1982年版，第89页。

这一时期，董必武配合周恩来，开展了多方面的工作。如发动国民党元老朱蕴山去做桂系实力派的工作；派遣华岗以中共代表身份去联系刘文辉；派张文澄、方文彬、杨才等对云南地方实力派进行调研和联系；派遣周新民、李文宜到昆明配合民盟开展工作；并先后和周恩来一起会见美洲华侨领袖司徒美堂、宗教界人士吴耀宗、新西兰友人路易·艾黎等，和他们讨论世界和中国抗日的形势，介绍中共的抗日主张及华侨、宗教政策等。董必武还应吴耀宗的请求，给他开了一张学习书单，并赠送《共产党宣言》《列宁传》等书籍。

针对国民党对人民群众施行的高压统治和对抗日民主运动设置的种种禁网，董必武协助周恩来，进行了多种别开生面的斗争，打破了皖南事变后重庆的沉闷政治空气，扩大了中国共产党的影响，扩大了统一战线，推动抗日民主运动继续发展。

1940年12月，国民政府立法委员、中国银行顾问、中国经济学社社长、重庆大学商学院院长马寅初，在演讲中怒斥国民党权贵利用抗战发国难财，"直斥孔、宋贪污，语侵椒房"[①]，蒋介石恼羞成怒，下令逮捕入狱。重庆大学学生和社会各界人士参与营救，终不得释，于是便将马寅初的生日提前到3月30日（本是农历五月初九）以庆祝他60大寿名义抗议国民党当局的逮捕。周恩来、董必武、邓颖超给予了积极的支持。3月24日，他们联名赠送了一副寿联："桃李增华，坐帐无鹤；琴书作伴，支床有龟。"寿联是董必武撰拟并亲笔书写的，颇具匠心。"坐帐无鹤"，意指寿堂里缺少老寿星；"支床有龟"，是说马寅初在狱中以琴书为伴，生活十分艰苦，连床都短腿，只好以龟来支撑。"有龟"的谐言"有归"，指总有一天马寅初会获得自由。鹤、龟在中国传统文化中，代表长寿之意。这副寿联，搭配妥帖，构思精巧，既向马寅初先生庆贺生日，祝其健康长寿；又赞扬他

---

① 《新华日报》1941年11月20日。

坚持真理、嫉恶如仇、拍案而起的斗争精神；还巧妙地揭露和抨击了国民党顽固派，昭示了中国共产党人爱国爱民、主持正义的胸怀。

以此为开端，随后南方局连续举行了多次祝寿活动。这年11月14日是爱国将军冯玉祥60寿辰，董必武作祝寿诗：

> 上将勋名日月高，
> 时危草野起英豪。
> 龙争虎斗风云会，
> 豕突狼奔海宇骚。
> 力赞中枢抗强寇，
> 性耽佳句弄柔毫。
> 吟诗寿世原余事，
> 语妙并州快剪刀①。

随后几天举行的郭沫若50诞辰暨创作生活25周年纪念活动，把中共南方局开展的庆贺活动推向了高潮。这是周恩来精心设计的"一场意义重大的政治斗争"和"一场重大的文化斗争"，目的是"发动一切民主进步力量来冲破敌人的政治上和文化上的法西斯统治"。董必武参与了这个活动的组织工作，南方局为此特电成都、昆明、桂林、香港和延安等地党组织，希望各地配合。11月16日下午纪念大会在重庆中苏友好协会举行，冯玉祥主持，周恩来、老舍、黄炎培、沈钧儒、张申府和苏联来宾，及国民党方面的潘公展、张道藩，在会上致贺词。参加大会的有重庆文化界、学术界、新闻界、各民主党派、各群众团体的代表人物2000余人，董必武出席了大会，并在当天《新华日报》出版的《纪念郭沫若先生创作二十五周年特刊》上发表了贺诗，称赞郭沫若坚忍不拔的革命精神，希望

---

① 《董必武诗选》，中央文献出版社2011年版，第42页。

他勇往直前，为国家、民族的光明前途继续奋斗，并在祝愿中表达了抗日必胜的坚定信念："他年驱逐倭奴后，濯足扶桑共举卮。"

这次祝寿活动，是进步朋友在皖南事变后的第一次欢聚一堂。它显示了进步文化界团结战斗的力量，一扫第二次反共高潮以来笼罩在重庆上空的沉闷政治空气。

此后，董必武和周恩来又相继向沈钧儒、梁希、鹿钟麟、洪深等庆寿，以此推动他们为抗日、民主、进步奋斗。

周恩来和董必武还采取了缅怀逝世者以激励世人的斗争方式。追悼张冲便是一例。

张冲，字淮南，浙江乐清人。曾任国民党中央组织部调查科总干事，1935年起任国民党中央执行委员，1941年任国民党中组部副部长。按照蒋介石的用人原则：地缘、学缘、亲缘，他符合地缘一项，为蒋介石亲信圈中人，长期作为国民党方面的主要谈判代表，与中共代表谈判。周恩来、董必武等有时在谈判中与张冲争论得十分激烈，各执己见，难达共识，有时还不欢而散。1941年8月11日，张冲在重庆病逝。

张冲在土地革命时期是狂热的反共分子，"伍豪启事"就是他策划炮制的。但他从1935年起，为第二次国共合作的形成和维护作出了积极的努力，其态度是坚定的。因此，中国共产党对他的逝世深表哀悼，在11月9日的追悼会上，周恩来送去"安危谁与共？风雨忆同舟"的挽联，董必武以中共七参政员名义挽悼张冲：

大计赖支持，内联共外联苏，奔走不辞劳，七载辛勤如一日；
斯人独憔悴，始病寒继病疟，深沉竟莫起，数声哭泣已千秋。

同时，《新华日报》出版"悼念张淮南先生逝世"专页，刊登了他的遗像和生平介绍，发表各方面的文章和题词，号召全国人民学习和发扬他的爱国精神，加强民族团结，共同为神圣的抗日战争出力。

周恩来、董必武领导南方局对张冲的各种形式的悼念，既表明了共产党人对他的真诚哀悼，对他奔走两党合作业绩的赞颂；又说明了中共对加强国共合作抗日的殷切希望，在皖南事变后的严重形势下，以此来推动国民党内一部分人改变态度，维护和促进两党的合作。周恩来、董必武等表现出的这种诚挚感情和宽阔气度，使国民党中一些人士深受感动。

针对国民党内消极抗战情绪弥漫的情况，在张自忠（字荩忱）将军襄樊战役壮烈殉国三周年之际，《新华日报》于1943年5月16日出版《张故上将自忠殉国三周年纪念特刊》，周恩来写了题为《追念张荩忱上将》的代论。董必武也特赋诗纪念：

> 汉水东流逝不还，
> 将军忠勇震瀛寰。
> 裹尸马革南瓜店，
> 三载平芜血尚斑。

董必武还参加了钱亦石逝世四周年纪念活动，和悼念《大公报》总编辑张季鸾、小麦育种专家沈骊英的活动，并先后发表《悼张栗原先生》《哭潘怡如》诗、文，悼念他们二人。

通过这些追悼活动，向社会宣示了中国共产党的基本立场：不管什么人，也不计较过去的作为，只要他抗日、救国救民、维护国共合作，为国家和民族做出有益的事情，我们就欢迎、就肯定、就赞扬。从而使更多的人感受到中国共产党人的伟大胸襟，使抗日民族统一战线政策更加深入人心，对统一战线的发展产生了推动作用。

舌战何应钦

1943年，国民党又策划发动了第三次反共高潮。这年2月，蒋介石审定下达了《对陕北奸区作战计划》，指令"西北王"胡宗南及驻宁夏的马鸿逵、驻青海的马步芳，将有关部队"于现地掩蔽，作攻势防御"，俟机"转取攻势"。3月3日，蒋介石的《中国之命运》出版，全书以反对共产主义、宣扬法西斯主义和封建主义为中心内容，诬蔑共产党、八路军、新四军为"新式军阀""新式割据"，暗示两年内一定要"解决"中国共产党。国民党顽固派大肆宣扬此书，并大量出版反共、反民主的书刊，为新的反共高潮制造舆论准备。5月25日共产国际为适应各国革命斗争的需要，宣布解散。蒋介石随即密电胡宗南，说：共产国际解散对奸党是沉重打击。命胡乘此良机，闪击延安，一举攻占陕甘宁边区。随后，何应钦、白崇禧来西安与胡宗南密谋策划。6月18日，胡宗南在洛川召开反共军事会议，准备分九路"闪击"延安。

武汉时期在周恩来、董必武指示下打入胡宗南部、担任胡宗南机要秘书的熊向晖，通过秘密电台，及时将胡宗南的军事部署报告给中共中央。

这时，周恩来已离开重庆，董必武主持南方局工作。7月4日，毛泽东急电董必武，指出："蒋介石调集二十余师兵力包围陕甘宁边区，战事有在数日内爆发的可能，形势极度紧张。请立即将上述情况向外传播，发动制止内战运动。特别通知英、美有关人员，同时找张治中、刘斐交涉制止，愈快愈好。"[①] 同一天，朱德明码致电胡宗南，内称：自驾抵洛川，边境忽呈战争景象。道路纷传，中央将乘国际解散机会，实行"剿共"。我兄已将河防大

[①] 《毛泽东年谱（1893—1949）》中卷，人民出版社、中央文献出版社1993年版，第449页。

军向西调动，弹粮运输络绎于途，内战危机，有一触即发之势。当此抗战艰虞之际，力谋团结，犹恐不及，若遂发动内战，必致兵连祸结，破坏抗战团结大业，而使日寇坐收渔利，陷国家民族于危亡之境，并极大妨碍英美苏各盟邦之作战任务。7月6日，朱德又致电蒋介石、何应钦等，抗议国民党军进犯陕甘宁边区的挑衅行为，要求制止内战，呼吁团结。

此前，董必武从国民党扣压7月1日《新华日报》纪念中国共产党成立22周年社论、派兵监视报馆的迹象中，已警觉到国民党要进行新的反共冒险，并向中共中央作了汇报。在收到毛泽东指示后，立即将朱德致胡宗南及蒋、何电，毛泽东7月2日起草的《中共中央为抗战六周年纪念宣言》，7月9日延安各界群众大会呼吁团结、反对内战的通电，朱德7月9日、10日为抗议国民党军寻衅、炮击陕甘宁边区关中分区致胡宗南电等，秘密印发各报馆、各外国使馆、各中间党派和文化人士，并设法寄往成都、桂林、昆明各界和地方实力派。同时，董必武一面与张治中等交涉，一面组织南方局、八路军办事处和《新华日报》人员晤访各民主党派、民主人士，揭露国民党的内战阴谋。

这是一次漂亮的宣传战，民主党派、民主人士闻讯十分愤慨，章伯钧等甚至表示：如国民党军队进攻延安，他们拟在四川发动反蒋军事活动进行策应。国际反法西斯盟国对蒋介石发动内战感到震惊，苏联认为："中国局势严重，将有内战"，明确反对。美国和英国政府认为，如果此时中国发生反共内战，只会使日本得到好处。美国陆军参谋长马歇尔电询宋子文，表示严重关切，告诫国民党"勿用武力"。遵照本国政府指令，苏、美、英三国大使警告蒋介石不要发动内战。史迪威并说，如中国内战，他必将飞机带走。外国记者也纷纷向国民党中央宣传部长张道藩提出质询。与此同时，陕甘宁边区部队一次又一次地击退了国民党军的试探性进攻，各解放区军民纷纷掀起声势浩大的反对内战、保卫边区的群众运动。在中国共产党的揭露、声讨，全国人民的反对和国际舆论的谴责下，蒋介石被迫命令胡宗南停止军事行动。7月11日,蒋介石、胡宗南致电朱德,表示无意进攻陕甘宁边区。12日,胡宗南令其第一军军部撤回华阴,九十军军部和第二十八师由洛川一带开回韩城、合阳。国民党的第三次反共高潮被制止了。

在这场斗争中,董必武领导南方局在揭露国民党内战阴谋方面发挥了重要作用,毛泽东曾致电称赞他:"你的工作很得力。"①

董必武清醒地认识到,反击顽固派的斗争并没有结束。7月中旬,他致电中共中央,建议组织力量批判蒋介石的《中国之命运》一书,对国民党顽固派继续展开一个宣传攻势。中共中央肯定了他的建议。随后,遵照毛泽东的指示,董必武动员南方局、八路军办事处和《新华日报》及地下党的同志,秘密印发了延安《解放日报》相继发表的《评〈中国之命运〉》《再接再厉,消灭内战危险》《杜绝国内的法西斯宣传》《没有共产党,就没有中国》等重要文章及一些材料,利用各种场合,向社会各界、各方人士秘密散发。《新华日报》《群众》杂志也连续发表《希特勒墨索里尼怎么办》《法西斯丧钟响了》《彻底扑灭法西斯毒害》《彻底消灭法西斯》等文章。揭露蒋介石崇尚封建主义和法西斯主义,力图推行反共、反民主独裁统治的思想实质,产生了很大影响。

不久,董必武在国民参政会三届二次会议上,与国民党顽固派进行了面对面的斗争,演出了"舌战群顽"的精彩一幕。

三届二次参政会召开前,因已听说国民党顽固派企图利用参政会通过反共决议,董必武便打算不出席会议,以示抵制。国民党派其中央委员、国民参政会秘书长王世杰前往敦劝,并作出保证会上不作反共言论的诺言。于是,董必武在9月17日即会议召开前一天的下午,前往参政会报到,代表中共方面单独出席会议。但到会议第四天,国民政府军委会参谋总长

---

① 《毛泽东年谱(1893—1949)》中卷,人民出版社、中央文献出版社1993年版,第456页。

何应钦利用作军事报告的机会，大肆攻击中共和十八集团军"不顾全大局，扩充实力，袭击友军，破坏抗战"，"割据地盘，破坏统一，滥发钞票，破坏金融，大种鸦片，破坏政令"等。

董必武在何应钦报告后，依照议事规则，立即对何提出口头质询，用事实逐点加以批驳。

第一，关于抗战问题。董必武说：抗战初起，政府号召守土爱国，人人有责。十八集团军挺进敌后，保护求解放的人民，和敌后人民打成一片，这是他们的国民天职；扩大他们的游击区，就是紧缩了敌占区。政府四年多没有补充他们一颗子弹，三年多没有给他们一文钱，纵然如此，十八集团军还是牵制住敌人十几个师团的兵力，粉碎了敌人的无数次"扫荡"。这些战绩，我们都报告了军事委员会，政府不嘉奖这样的军队和人民，反谴责他们不遵守军令和政令，有什么道理呢？今天何总长代表军事委员会作报告，检讨年来的战事，为什么对十八集团军那样艰苦的敌后作战一字不提呢？难道不值得一提吗？这不是一件小事，这是对十八集团军几十万人抗战的抹杀，对敌后几千万人民抗战的冷淡！敌占区的粮税在十八集团军未到以前，是被敌人收去了。十八集团军到后，当地人民解放了，组织人民政府，征粮征税，供自己游击队支用，有什么不好呢？难道说人民解放了，还应让敌人征粮征税吗？

第二，关于磨擦问题。董必武说：何总长所举中共和十八集团军的"不法"行为，有的仅是片面的，有的是毫无根据的！磨擦是由于十八集团军挺进到敌后，某些国民党军队奉命跟在后面去抢地盘搞起来的。皖南新四军军部请准北移，在茂林遭受围攻，就是国民党军队制造磨擦最明显的事例。试就何总长提到的几件事来说。新四军和江苏韩主席德勤的关系，先磨擦得厉害，后相安无事者一年多。今年1月中旬，敌人向韩主席驻地进攻，新四军第三师即黄克诚师协同韩部抵抗，血战4日，韩部不支，霍守义师颇有损失，向东退到黄师防区内，黄部给以粮食、医药、人伕的供给，霍师长曾致函道谢。韩主席率保安司令王光夏向西退，到达新四军第四师师长彭雪枫的防地，事先没有接洽，王光夏向来和新四军不和，王部到达彭师地区后，又捕捉地方上政治工作人员，惹起冲突，结果是王光夏司令输了。当时彭师不知韩主席也在其中，后来知道了，马上欢迎韩主席，送还人枪，并护送韩主席到他所要去的地方。如果存心磨擦，何以不留住韩主席和所获人枪？于总司令学忠在鲁南受敌攻击，十八集团军协同于部作战，没有十八集团军给他帮助，他是不容易退出来的，何总长为什么反说十八集团军袭击于总司令呢？国军预备第八师陈孝强部受敌压迫，退到太行山以南十八集团军驻扎的区域，太南区对陈部供给粮食、医药、人伕，曾得到陈师长热烈感谢的信。后来陈师受敌"扫荡"，陈孝强被俘，这笔烂账又写在十八集团军项下较为撇脱。我们曾把陈孝强感谢的信抄给军委会，不知何总长寓目否？何总长在报告中只说磨擦的现象，没有说磨擦的原因，这不能解释问题，更不能解决问题。何总长说延安造谣说中央派兵进攻边区，延安是否造谣，请看事实。今年六七月之交，胡宗南总司令把防守黄河边的三个军抽调两个军，即第一、第九十两军，另加一个炮兵旅、一个重炮营，增派到陕甘宁边区方面去，各师的番号、原驻的地点、新移的地点，我都告诉了张治中部长，转报何总长。朱总司令在7月4日、6日、7日，都有电报告中央。7日，胡部已开始炮击。胡宗南的这种部署，不知军事家的观察如何，我们非军事家的人，只能说这是军事进攻。

第三，关于"扰乱金融"。董必武指出：皖南事变后，政府在1941年春即停发十八集团军军饷。敌后流行的是伪币，解放区既领不到中央银行的银圆兑换券，又不能让敌人的伪币通行，社会急需流通手段，在这种情况下，解放区人民政府只好发行地方货币，以为地方的流通手段，这有什么应受非难的地方呢？而且各解放区的货币量都是大体按照各区商品周转量发行的，币值很稳定，不像大后方银圆券值一日数跌，这是有目共睹的事。难道说解放区这样做，不是稳定金融而是扰乱金融吗？

第四,关于"陕北种鸦片烟"。董必武指出,这是毫无根据的诬蔑。这种说法自去年西安传出来,《新华日报》曾公布了延安新华社对这些谣言的驳斥,并请全国全世界公正人士去调查,至今尚无人去查。但有一点请注意,凡是产鸦片的地方,就不能产粮食。陕甘宁边区人口不到二百万,除老弱妇女外,能生产者不过三四十万人。那里被重重封锁,老百姓自身要粮食吃,此外还有军队、公务人员、学生,需要不少的粮食,边区不仅自给,还供给北面榆林邓(宝珊)、高(双成)二部驻军的粮食。如果地方种了鸦片烟,哪里来的这许多粮食呢?何总长为什么反根据西安来的谣言,而不考虑一下《新华日报》辟谣的记载呢?

第五,针对何应钦宣称的国民党对中共"宽大为怀"的说法,董必武揭露说,我们在事实上完全感觉不到。仅以医药为例。十八集团军四年多没有领到政府一片药。林彪师长来重庆后,两次请委员长批给药品,委员长均嘱张治中部长转告何总长照给,第一次几个月没有批示,第二次虽给批文,但从此石沉大海,直到现在没有发给。三年前英国朋友巴义华到华北敌后,看到十八集团军医药最困难,特地回国募集了两卡车药品和手术器材,运到重庆经卡尔大使帮忙,运至陕西三原,全部被扣,至今尚未发还我们。这些是否算得"宽大"呢?难道说何总长所说政府的宽大为怀就是这样宽大的吗?

针对蒋介石当时以"公"与"诚"号召中国的说法,董必武进一步指出:当国的人真正是公与诚,中国的事没有弄不好的。大公可以服人,至诚可以感物。关键是能否矢志奉行,见之于事实。凡事必须依照真正的公与诚去做,才能把中国弄好。我不知何总长有此同感否?①

董必武的质问和批驳,有理有据,铿锵有力,会场上鸦雀无声,非国民党参政员恍然大悟,频频点头。按照参政会议事规则,参政员质问后,

---

① 《董必武选集》,人民文学出版社1985年版,第85—95页。

由报告人答复。但何应钦面红耳赤,无言以对,一副窘态。国民党参政员王普涵、李汉鸣、王亚明遂起来捣乱,一起攻击董必武,连黄炎培也认为,他们如此"实违反议事规则"①。董必武立即起来质问:"今天大会到底是讨论何总长的报告,还是讨论我的询问?我的询问应由何总长负责答复。讨论我的询问,是违反议事规则的。若不能照规则进行,我声明退席!"②遂愤然离去。当晚,又致函国民参政会主席团,声明不再出席本次大会,以示抗议。

董必武的这场斗争,揭露了国民党顽固派的反共阴谋,博得了民主党派和进步人士的普遍赞誉。许多人认为他"机智""勇敢""明敏",对他"至感佩慰"。会后董必武综合了各方面的反映:于震瀛认为我们宣传大成功,乘机把要说的话都说了,国民党人士也认为我们胜利,他们失败。几个老头都认为很好,向来没听到的话都听到了。王世杰也发牢骚说:"对共产党既不用武力解决,又不愿政治解决,这是自告党的政策破产。"③国民党的谷正纲则是另一番感叹:"董必武讲话,地上掉颗针都可以听得出来。为什么共产党有这种老头子,而国民党没有?"④当时有人写了一首五言律诗赞扬董必武:

> 为国谋团结,奔驰大后方。
> 只凭三寸舌,胜过万条枪。
> 暴露言辞尽,从容任务偿。
> 声明离议席,理直气轩昂⑤。

---

① 《中华民国史资料丛稿:增刊》第5辑,《黄炎培日记摘录》,中华书局1979年版,第40页。
② 《董必武选集》,人民出版社1985年版,第85—95页。
③ 《董必武年谱》,中央文献出版社1991年版,第187页。
④ 《杨玉清文史著述选》,中国文史出版社1990年版,第17页。
⑤ 熊瑾玎:《舌战群魔》,《忆董老》第1辑,湖北人民出版社1980年版,第208页。

主持南方局

根据中共中央的指示，1943年6月28日，周恩来离开重庆回延安参加中共七大的筹备工作和整风学习。董必武代理南方局书记，担负起重任。

第三次反共高潮被阻止后，国民党对重庆中共机关的压迫更加露骨。特务公开对红岩、曾家岩施行包围、盯梢，"出外必盯，且盯至关系人家中，令警察查户口；来客则盯入大门，甚至企图混进红岩"[①]。遵照中共中央和周恩来的指示，董必武领导南方局采取了相应的对策：通知在外直接联系人员在一个时期内不要来两岩（红岩、曾家岩），统战委员会在外之据点也停止联系；约会、密件均须面约及口头传达，禁止由交通传递；两岩内部文件均由汽车上下山时携带；外出人员要经批准，用汽车送等。并改变了秘密联系办法，用以防止国民党特务的破坏。

为了减少同志和朋友们的危险，董必武选择位于闹市区的民生路208号《新华日报》营业部二楼作为会客地点，约定一些不便到曾家岩、红岩的人在这里会晤。营业部除卖《新华日报》外，还卖进步书刊。进出来往的人很多，约定的人可以挤在人群中，避开特务的监视，伺机上楼。董必武在这里会见了多方人士。中共一些秘密党员，也常到这里汇报工作，传送情报。对党的干部，董必武"十分注意保护"。1944年夏天的一个晚上，他从夏衍联系的唐瑜那里获悉：叛徒郭谦充当了中统特务，到重庆认捕张友渔。董必武立即派徐冰用汽车把张友渔接到红岩八路军办事处隐蔽起来。果然，当晚就有几个人到张友渔原住处"查户口"，扑空后怏怏离去。张友渔在回忆这件事时非常感慨，他说："董必武的领导是何等的具体，掌

---

① 《董必武年谱》，中央文献出版社1991年版，第188页。

握情报又是何等的及时呀！"①

同时，董必武领导南方局大力进行整风学习。南方局的整风运动，紧跟中央的部署。1941年10月6日，成立了南方局高级学习组，共25人，周恩来任组长，董必武任副组长。先研究思想方法论，接着研究中共党史，至1942年2月，高级学习组学习约16周，每周9小时。整风运动在全党普遍开始后，南方局于1942年6月成立学习委员会，由周恩来、董必武负责，并在《新华日报》出版《团结》副刊，领导和推动各级党组织进行整风学习。在协助周恩来领导整风运动的同时，董必武特别向大家强调要有毛泽东倡导的学习没有时间就"挤"、学不进去就"钻"的精神："学得毛公双字诀，挤钻如意更何求？"②办事处一位青年根据毛泽东的教导，提出"太忙就挤，不懂就钻"的口号，董必武和周恩来很赞赏，把这个口号贴在办事处二楼图书室墙上，作为大家整风学习的座右铭。董必武以身作则，在工作之余反复阅读了《共产党宣言》《反杜林论》《费尔巴哈和德国古典哲学的终结》《共产主义运动中的"左派"幼稚病》《实践论》《矛盾论》《新民主主义论》等著作，做笔记，参加小组讨论，十分勤奋。这期间，他先后在《新华日报》发表《宗派主义在对外关系上的排外性》《我所看见的一年整风运动》等文章，畅谈自己整风学习的体会。指出：宗派主义"在党内阻碍党的统一团结，对党外阻碍党与非党人士的团结"。强调党必须与群众密切联系，要团结全国各抗日党派、各阶层，首先必须与党外人士民主合作，这个原则是永久的、不变的；共产党员"不仅要善于依据党的政策去领导党外人士，同时也要善于向党外人士学习"。号召党员运用批评和自我批评的武器，解决党的局部或党员个人身上旧的传统和

---

① 张友渔：《在董老直接领导下工作——回忆在重庆时期的几件事》，《忆董老》第1辑，湖北人民出版社1980年版，第66页。

② 《董必武诗选》，人民文学出版社1986年版，第52页。

不正之风,"我们党所以能够进一步布尔什维克化,就在于他一认为还有什么不正确的残余存在,他就毫不留情地加以揭发,加以纠正,一直要把那些不正的残余肃清为止"①。董必武的这些文章,对党外人士深入认识中共和整风运动、促进南方局整风运动的发展,产生了积极影响。

周恩来返回延安后,董必武全面领导南方局的整风学习,有的放矢地抓了干部的思想政治教育工作。

1943年夏秋之交,《新华日报》在编辑过程中暴露出一些问题。时值反击国民党的第三次反共高潮,《新华日报》《群众》杂志却刊登了几篇大捧国民政府主席林森,宣传宋子文、苏州反省院长等国民党官僚和两年实行宪政等文章。有时,对蒋介石、国民党也采取头条大题排版,含糊了中共党报的旗帜。1943年11月21日中共中央宣传部对此提出批评,要求作详细检查和具体的改革。

实际上,董必武在10月初已发现了这些问题。10月8日、15日,他连续主持召开座谈会,用自我批评方式,批评了这些不健康或内容错误的文章。在接到中宣部指示后,又于11月26日、12月7日,召集《新华日报》编辑部负责人员和红岩、曾家岩负责对外宣传的有关同志座谈、讨论,再次对《新华日报》《群众》杂志发表错误观点的文章提出批评,阐述了思想与感觉、理性与感性、理智与感情的关系问题,指出之所以会出现错误是由于:(一)政治警觉性不高;(二)整风运动不深入,未深刻研究毛泽东著作和思想;(三)编辑工作组织不周密,阅稿和检查都有漏洞。随后,董必武领导对7月以来的《新华日报》再次进行了检查,进行细致的理论剖析,通过具体分析来提高大家的认识。在此基础上,对《新华日报》人员进行了调整,加强报社领导、编辑力量。使"新华军"(对报社工作人员的昵称)在坚持抗战、坚持团结的斗争中,成为一支出色完成党的任

---

① 《新华日报》1942年10月31日、1943年2月6日。

务的生力军。

在对国民党发动的第三次反共高潮予以坚决反击后，为了维护国共合作的统一战线局面，1943年10月5日，毛泽东电示董必武：延安对国民党已取缓和态度，并表示愿意恢复两党谈判。"以后谈判由你担任。"①董必武遂相继与邵力子、王世杰晤谈，表明："我党的基本态度，是希望坚持抗战、团结、进步、民主，两党关系是可以好转的"②，中共愿意恢复两党谈判，欢迎政治解决，并提出改善两党关系的具体办法：双方停止刺激感情；国民党撤退包围陕甘宁边区的军队，同时对胡宗南增兵包围、威胁陕甘宁边区之事提出质问。10月12日，在应邀会见蒋介石时，董必武再次向蒋提出：希望将胡宗南的部队改成6月前的状况。蒋答复："总要慢慢地调动，决不会在国内用武的"，并要邵力子、王世杰与董必武联系。经过这样多次晤谈，国共两党间紧张的状态再度得到一定程度的缓解。

当时曾经决定，为抗议三届二次参政会通过的反共决议，董必武不出席本届参政会驻会委员会的第一次会议。邵力子、王世杰先后来敦劝。董必武根据斗争情况，致电中共中央，提出："我不出席第一次会议，在政治上的作用不大，因我党已宣布政治解决，对王、邵的私人关系，恐引起不融洽之感，特别是对邵会影响以后谈话的桥梁。"③10月10日，毛泽东电复："你应出席国民参政会驻会委员第一次会议。"④15日，董必武出席了这次会议。这一着，对密切与邵力子等人的关系，有积极的意义。后来邵力子在抗日民主运动中有着值得称道的表现。

与此同时，董必武继续领导大力开展了党对各方面的统一战线工作。

经过前一阶段的大量工作，中共与民主党派的关系取得了重大进展。

---

① 《毛泽东年谱（1893—1949）》中卷，人民出版社、中央文献出版社1993年版，第475页。
② 《董必武年谱》，中央文献出版社1991年版，第189页。
③ 《董必武年谱》，中央文献出版社1991年版，第189页。
④ 《毛泽东年谱（1893—1949）》中卷，人民出版社、中央文献出版社1993年版，第475页。

在三届二次参政会召开前，民主同盟向董必武告知了他们的决定：参政会如有反共提案或通过反共决议，他们将不联署，不举手。三届一次参政会召开时，张澜、张君劢、左舜生等拒绝出席，虽经蒋介石派张群、王世杰、熊式辉、周炳琳等敦请，"固不应"，"隐示抗议"。表现出对国民党统治的不满和厌倦。

蒋介石对民主党派表现出的这种离心离德趋向，十分恐慌。为了摆脱日陷孤立的窘境，他又玩弄新的手腕：1943年9月召开的国民党五届十一中全会宣布：于战争结束后一年内，召开国民大会，制定宪法而颁布之，并由国民大会决定施行日期。在同月召开的三届二次参政会上，蒋介石佯装得十分恳切，声言："政府自当依此方针，悉力以赴"，"热烈的期望"参政会同仁积极协助推进。10月20日，国民党成立"宪政实施协进会"，蒋介石指定褚辅成、张君劢、黄炎培、胡霖、邵从恩、王云五、左舜生、陈启天、傅斯年和中共方面的周恩来、董必武为会员。董必武还被指定为常务会员，搞得煞有介事。这一新的宪政欺骗，一时又蒙蔽了一些中间人士。

董必武遵照中共中央的指示，一方面与民主党派领导人和民主人士张澜、黄炎培、沈钧儒、章伯钧、左舜生、王造时、冷遹等许多人密切联系，交换意见，告诉他们"不要过于乐观，要静观国民党事实表现，蒋及国民党每遇一次危机，即来一次宪政欺骗，毫无诚意，不要上当"[①]。另一方面，参加宪政实施协进会的活动，提出应对宪法草案、国民大会代表、言论开放等问题进行研究，要求民主政治，要求国民党现时至少采取一些代表民意的步骤。他与民主人士密切配合，共同提出了提高国民参政会权限、废除图书杂志审查、政治结社自由、开放言论、出版自由、切实奉行训政时期约法、国民党将军队与党分开等提案和建议，直接指斥国民党的一党专

---

① 《董必武年谱》，中央文献出版社1991年版，第188页。

政统治。同时，董必武连续出席重庆各党派人士举行的宪政问题座谈会，讲话指出："民主是讨论宪政的先决条件，民主更是今天动员人民参加抗战、加强团结的先决条件。没有民主，没有言论、出版、集会、结社的自由，就不能实现人民总动员，也不能认真的由人民研究宪草，宪草也就不可能实现。"① 通过这些活动，逐渐破除了人们对蒋介石的幻想，引导民主宪政运动正确地向前发展，并使民主人士与中共的合作更趋向密切。

这一时期，董必武领导南方局在对外统一战线方面也继续获得了新的进展。此前，周恩来领导南方局对在重庆的外国人员做了大量工作，打下很好的交往基础。南方局外事组同志继续与苏、美、英大使馆，美国军事代表团及外国记者联系，向他们散发有关解放区的材料和宣传中共的主张、政策等。尤其是应美国军事代表团和美使馆情报处的请求，向他们提供了华北、华中日军部署情况、八路军和新四军作战的情况和根据地民主建设和生产的情况。从1944年春开始，《新华日报》开辟了"战地通讯"专栏，介绍各抗日根据地的斗争情况。这一切，引起外国记者和美军代表团的极大关注，更增加了他们访问延安的兴趣。

1944年2月，董必武接见英国记者斯坦因等，在向他们介绍了中共军队1943年作战情况、边区民主建设成就和人民生活丰衣足食的景况，以及国共间存在的问题和中共对国民政府寻求"政治解决"态度表示欢迎后，邀请他们前往陕甘宁边区和敌后根据地访问。这正中斯坦因等下怀，他们久有此想，因国民党当局阻挠而无法实现。董必武的谈话和邀请，再次强烈地激发了他们的这个念头。恰值此时，国民政府发言人在新闻发布会上，自欺欺人地否认对共产党地区实行封锁。斯坦因等立即抓住这一机会，联名上书蒋介石，要求前往延安采访，措辞颇为强烈。蒋介石思忖再三，指令国民党中宣部筹组"中外记者西北参观团"，在国民党领队严格控制下

---

① 《董必武年谱》，中央文献出版社1991年版，第196页。

前往延安，企图达到既敷衍外国记者，又能够诋毁、丑化中共的目的。为此，何应钦、戴笠、徐恩曾和胡宗南、祝绍周（国民党陕西省主席）及属下官员，都神经过敏地忙碌起来，绞尽脑汁密谋筹划，安排大批特务冒充翻译、招待员、听差和洋车夫等，对中外记者尤其是外国记者进行监视，布置一大群特务和官员充作从陕甘宁边区和敌后抗日根据地逃出来的"难民"，进行排练，准备向中外记者"控诉"中共的"罪行"，如此等等。

董必武获知国民党组织中外记者西北参观团的消息后，立即致电延安，建议为迎接他们做准备工作，并和办事处人员与中外记者多次接触，向他们转达毛泽东、周恩来的欢迎电报，同时向他们透露了国民党组织特务冒充群众准备诬告中共的情况，引起中外记者的警觉。5月17日，中外记者参观团一行21人，启程前往延安，得到提示的记者凭着敏锐的观察力，很快就识破了国民党特务玩弄的把戏，并对此嗤之以鼻。他们冲破国民党的限制，真实地观察和报道了陕甘宁边区（一部分外国记者还去了晋绥抗日根据地），颇受鼓舞，颇多赞誉，丰获而归。

不久，美军观察组也突破国民党的阻挠，进驻延安。

蒋介石苦心设置的篱樊被突破，其欺骗宣传崩溃了。中共对外联系进入一个新的阶段。

同时，党对工商界的统一战线工作，也取得可喜的成效。随着国民党统治的日益腐败，其经济统制政策对民族工商业的压迫、榨取愈来愈烈，使许多中小工厂濒临倒闭，严重地损害了全民族的抗日大局。董必武领导南方局为此开展了大量工作。从1943年起，董必武通过海燕织布厂负责人田钟灵（海燕）和裕服织布厂负责人李学民，联系承织军布的布厂同业主，发起组织了军布业联谊社，并直接领导他们开展了反对国民政府军需署勒索掠夺民营布业的斗争。在董必武指导下，田钟灵、李学民等发动100多家民营布厂老板，背着军需署交下的欠圈短码的棉纱，隐于黄山公路旁，当蒋介石乘车经过时，一起拦路请愿，最后迫使军需署赔偿了短欠的棉纱。从1939年起一直在中小工厂主中活动的陈钧，这时遵照董必武的指示，辞去国民政府经济部平价购销处专员的职务，创办一个铁木机厂，以小业主的身份发动中小工厂主开展斗争。陈钧回忆说：

……当时在国民党反动统治下，中小资本家们受官僚大资产阶级的剥削严重，处境困难，特别是国民党政府的花纱布管制局交给资本家的棉纱少，而要上缴的棉布却很多，在办手续时还要行贿。为了争取中小资产阶级的共同利益，根据董老的指示，在新年聚餐时，推出几十个中小资本家的代表到行政院长孔祥熙家请愿，要求改善换布条件等，经过谈判斗争，取得了胜利，使中小工厂主获得了一些经济利益，也促进了中小工厂主的团结。后来成立中小工厂联合会时，他们都纷纷来登记参加。董老很重视这件事，亲自出席在迁川工厂联合会址召开的中小工厂联合会的成立大会。我担任大会执行主席，首先请董老讲话，他讲话的主要内容是团结抗战，发展民族工业，发展民族经济，巩固抗战。

一九四五年，通货膨胀，物价飞涨，不少工厂缺乏资金，周转困难。联合会开会时，许多工厂主要求贷款。董老听了我的汇报，认为这件事是关系到发展民族工业的大事，应该向国民党政府要求紧急工贷。经过研究，我们向国民党政府提出了五百亿元紧急工贷的要求。后来经向翁文灏院长交涉，得到了两百亿元的贷款，使一些厂得到了复员的资金（复员回上海），另一些厂则得到了一些周转棉纱，能继续维持开工生产[①]。

通过这些斗争，团结了中小工厂主，扩大了中共在工商界的影响。同时，董必武在民主宪政运动中，与工商界上层进步人士不断接触、交谈，推动他们联合起来为抗战、民主、进步而斗争。在他的引导和其他因素的共同作用下，以工商界进步人士为主，组成了一个新的民主党派——民主

---

① 陈钧：《忆董老在重庆对中小工厂主的统战工作》，《忆董老》第2辑，湖北人民出版社1982年版，第85页。

建国会。

斗争是为了团结，这是中国共产党处理抗日战争时期国共斗争的基本出发点。在对国民党发动的第三次反共高潮给予坚决反击后，中国共产党继续努力维护国共两党的合作，1944年初，中共中央决定：为保持国共间之平静，争取抗战最后胜利，延安报纸力避刺激国民党，各根据地力避由我启衅。并通告董必武：为协调国共关系，拟派林伯渠，于春夏之交赴渝一行[①]。经过协商，5月2日林伯渠到西安与国民党代表张治中、王世杰谈判。5月17日，林伯渠偕王若飞抵达重庆，继续谈判（王若飞来渝任南方局副书记）。但是，国民党顽固坚持反共立场，确定对谈判的"根本态度"是"注重其宣传性，而不期待之成功"[②]。由此，决定了这场谈判是非常艰巨和难有预期成效的。

董必武也介入了这场谈判。5月19日，他和林伯渠会见蒋介石，提出取消对陕甘宁边区的封锁和释放叶挺等要求。蒋虚意应付，答说可以研究；但对党派合法问题，避而不答，说：首先是军事问题，民主以后再谈。22日，林伯渠将中共提出政治民主化、承认一切抗日军队、承认中共及各党派之合法地位、释放政治犯、承认边区政府和抗日根据地政权等20条要求，交给王世杰、张治中。王、张阅后，认为所提太多，有的无异宣布国民党罪状，拒绝接收和转交蒋介石。根据接谈以来的情况和蒋介石在刚刚结束的国民党十二中全会上的讲话，董必武和林伯渠、王若飞分析、总结后，于23日致电中共中央，提出应改变谈判方针：蒋介石仍采取顽固的态度，因此，"我党对蒋的方针必须随情况的改变而改变。不然会被蒋利用去加强国民党内对于一党专政的信心，且向盟国粉饰我国的所谓团结局

[①] 《毛泽东年谱（1893—1949）》中卷，人民出版社、中央文献出版社1993年版，第492、494页。
[②] 选自中国第二历史档案馆：《1944年5月—1945年1月国共谈判史料》之陈布雷拟定之《林祖涵来渝事件应付之要点》，1944年2月。该文件现藏南京第二历史档案馆。

面,同时,使英美难于说话,使民主党派不敢硬挺,使国民党内以孙科、邵力子为首要求实行民主的力量不能抬头,对于促进全国团结抗战进步,将无所得。"提出:"只有继续揭露蒋之欺骗,不给他敷衍捧场,才能真正对团结抗战有利。"6月3日,中共中央复电,同意他们的估计和谈判方针,并将修改后的提案12条和口头要求8条,一并电告,指示他们据此同国民党谈判。

此后的谈判,进一步证实了董必武、林伯渠、王若飞的判断:蒋介石绝无解决问题的诚意,只是作出谈判姿态给中外看。因此,他们商定,不闭谈判之门,也不存急切解决问题之想,而以主要精力向各方面宣传边区民主抗战的成绩、推动国统区的民主运动。在谈判的同时,与民主党派人士、美英苏使馆和美军代表团广泛接触,并与文化界、妇女界和一些教授、学生、工商业者谈话,宣传中共政治主张,介绍陕甘宁边区和敌后抗日根据地的对敌斗争、民主建设和经济、文化建设情况。当时,民主党派担心中共与国民党单独解决问题,经董必武等反复陈述中共主张和此次谈判目的、方针,打消了他们的疑虑,坚定了他们与中共合作开展民主运动的信心。这年9月,美国总统私人代表赫尔利到重庆,董必武和林伯渠多次与之会谈,介绍中国抗战和解放区的情况,阐述中共关于国共两党关系、结束一党专政、成立民主联合政府等主张,使赫尔利认识到"中共武装组织训练都好,力量强大,为决定中国命运一个因素;中国国民党政权不民主";中共应取得合法地位,蒋介石应实行民主,释放政治犯等[1]。

这时,国民党正面战场出现了非常严重的局面:日本帝国主义为挽救其日渐蹙促的战争形势,假其余勇,从1944年4月起发动了"一号作战",企图将中国大陆与东南亚占领地连接起来。国民党军队大都一触即溃,形成豫湘桂大溃败,造成严重的军事危机。针对这种形势,董必武立即开展

---

[1] 《董必武年谱》,中央文献出版社1991年版,第217页。

了两方面的工作。一是向中共中央建议，派遣干部在敌后组织游击队，获得同意后，他派遣曾任中共湖南工委书记的周礼和谢竹峰、张春林等秘密回湖南发动敌后各县人民进行武装斗争；指示东江抗日纵队沿粤汉路向北发展，要求广东地下党组织一面筹划开展武装斗争，一面设法与琼崖游击队取得联系，以敌后游击战争打击日本侵略军。二是进一步加强对西南地方实力派的工作，鼓励和推动他们团结起来，保卫西南。他派张友渔去成都加强与刘文辉的联系（此前已派华岗到昆明对龙云开展工作），为搞好这一工作，董必武将同他直接联系的张志和（曾在刘文辉部任师长）、田一平（曾任川军军长潘文华的秘书）、杨伯恺（和川军将领邓锡侯有关系）的关系交给张友渔，使他们互相配合进行工作。当时，川、康、滇、粤、桂地方实力派对蒋介石的统治产生了十分不满，他们曾提出一种打算：从东南经滇、川到西北，对重庆形成马蹄形包围，希望共产党在西北先发动军事反蒋，他们在双十节再来一个大发动。董必武等劝止他们不要妄为，而应在国民政府法令中抓住有利于实行地方自治的东西，放手去做，使自己比国民党政府更民主更进步，在政治上则着重向蒋介石要求民主。董必武的这些布置和工作，完全适应了当时的抗战形势。

　　豫湘桂战役进一步暴露了国民党统治的腐败和无能，为了挽救危局，推动抗战、民主运动向新的阶段发展，中共中央拟议提出召开全国各党派会议、改组国民政府的主张。董必武、林伯渠、王若飞等就此进行了调查研究，连续复电中央，认为这是切合时局发展的正确主张，会得到民主党派、地方实力派和国民党内孙科、覃振等一些人士的赞同。当时，曾拟议用中共中央名义正式提出改组政府的主张，董必武、林伯渠根据了解的情况报告中央：民主党派不赞成，因如此会引起国共大争论，他们不便表态。中共中央接受了这个意见，并指示他们相机办理。这时，正值三届三次国民参政会召开，董必武和林伯渠经过研究，决定利用林伯渠在参政会报告国共谈判问题时提出。9月15日，林伯渠在国民参政会大会上，报告了四个半月来与国民党代表王世杰、张治中谈判的经过及迄今无结果的原因，代表中国共产党提出了挽救危局、准备反攻的救急办法："希望国民党立即结束一党统治的局面，由国民政府召开各党各派、各抗日部队、各地方政府、各人民团体的代表，开国是会议，组织各抗日党派联合政府，一新天下耳目，振奋全国人心，鼓励前方士气，以加强全国团结，集中全国人才，集中全国力量，这样一定能够配合盟军反攻，将日寇打垮。"[1]

国民党对中国共产党的这一主张十分惊恐，其中央社在16日发表林伯渠报告时，将召开国事会议、结束一党专政，建立联合政府一段全部删除。董必武当即指示《新华日报》全文刊登林伯渠的报告，使社会各界广为所知。

中国共产党关于民主联合政府的主张，在国内外引起了强烈反响。在国统区立即掀起一个广泛的民主运动。董必武领导南方局大力推动这个运动的发展。9月24日，在重庆各党各派各界代表冯玉祥、覃振、邵力子、张澜、沈钧儒、黄炎培、章伯钧、李璜、左舜生、王昆仑、屈武等500余人的民主集会上，董必武指出：

政府要求人民的，人民都做到了。而人民所要求政府的则一项也未做到。如果不实行民主自由，中国就将亡国。要真正实现自由民主的中国，就只有实现林伯渠代表中共提出的召开国是会议，成立各党派民主联合政府。只有这样，才能全面动员起来，团结全国人民，把日寇打出去[2]。

随后，在民盟等组织召集的宪政座谈会上，在中苏文化协会的茶话会上，在重庆各界追悼邹韬奋逝世大会上，及各种座谈会、宴会和会谈中，董必武广泛宣传中共建立民主联合政府的主张，并向各民主党派提出："各

---

[1] 《新华日报》1944年9月17日。
[2] 《董必武年谱》，中央文献出版社1991年版，第214页。

党派应进一步密切联系，共同奋斗，以建立民主自由之中国。"①

这时，出现一个插曲。11月7日，美国总统私人代表赫尔利飞往延安，经过三天谈判，与毛泽东签署了《中国国民政府、中国国民党与中国共产党协议》，主要内容是：改组国民政府，成立联合政府和联合军事委员会，承认所有抗日党派的合法地位。赫尔利颇为自信，不但签了名，且表示要说服蒋介石同意。为此，周恩来于10日抵达重庆。但是，这个协议遭到蒋介石的拒绝，赫尔利亦背约弃诺。于是，董必武协助周恩来，和国民党代表王世杰、宋子文及赫尔利谈判，并会见蒋介石。蒋介石要中共交出军队，然后才承认中共的合法地位。并妄称：我做的就是民主，人家说我不民主，我不愿辩论。周恩来、董必武坚持联合政府主张，对蒋所称"政府的尊严不能损害"予以批驳。董必武还当面揭穿说：赫尔利说"委员长"愿做华盛顿，很高兴。但目前不仅没有实行宪政，就连训政时的约法也未实行，请委员长督促政府实行才好②。将蒋一军，蒋介石为之语塞。

国共谈判已经搁浅，而中国革命蓬勃向前发展，为迎接抗日战争的最后胜利，中共拟召开七大。根据中共中央的周、董回延安参加七大的指示，12月7日，董必武和周恩来一起飞返延安。20日，他向中共六届七中全会报告了南方局近年来的工作以及国民党的有关军事、政治、经济及各党派、地方实力派的具体情况。毛泽东对此作了很高的赞誉："董老的报告很好。大后方工作有成绩，南方局、办事处、《新华日报》做了很好的工作。"③董必武非常激动，把表扬看作是对自己的更大鞭策。

---

① 《董必武年谱》，中央文献出版社1991年版，第218页。
② 《董必武年谱》，中央文献出版社1991年版，第219页。
③ 《毛泽东年谱（1893—1949）》中卷，人民出版社、中央文献出版社1993年版，第567页。

"六十"祝寿

在重庆期间,经南方局刘少文、钱之光、潘梓年、章汉夫、徐冰等发起,1944年1月3日在重庆隆重举行了庆祝董必武六十寿辰的活动。

其实,此时董必武尚不满60岁。他在给黄炎培的谢寿信中,作了说明:"武驽劣骎,久忘生日。同志中好事者不谅,以意为之。强言一月三日为武寿辰,已嘱非是,而距六十则尤远。武生于一八八六年,至一九四六年才周六甲之数。"① 南方局同志的祝寿活动,主要是从政治上考虑:通过祝寿活动,突破国民党对共产党的封锁,进一步扩大党在国统区的影响。同时,也是出于对董必武的崇敬和爱戴,借以宣传他的崇高品德和革命精神。

祝寿活动颇为热烈,颇有声势。

中共中央发来贺电,对他的历史功绩给予了很高的评价:

董必武同志:

庆贺今年您的六十大寿!您过去的革命奋斗,贯串了辛亥、五四、北伐、内战一直到抗战的各个历史阶段,为着中华民族解放写下了光荣的史迹。您是中国共产党创始者之一。二十二年来,您经历无数艰辛,始终不息地为党工作。现在,您正代表着党站在抗日民族统一战线的前卫地位,高举毛泽东同志的旗帜,不屈不挠地奋斗着。您是中国民族解放、社会解放的老战士,您是中国共产党的模范的领导者之一。中国共产党、中国人民为庆祝您的生日将感到光荣。

中国共产党中央委员会
一九四四年元旦②

---

① 《董必武年谱》,中央文献出版社1991年版,第194页。
② 《董必武选集》,人民出版社1985年版,第99页。

和董必武一起战斗在龙潭虎穴的徐冰、许涤新、钱之光、熊瑾玎、陈家康、潘梓年等联名写了《必武同志六十寿辰献词》，对董必武作了全面而具体的称颂。和董必武朝夕相处的第十八集团军办事处全体职工和驻渝家属赋诗《祝董老六十大寿》，他们把董必武看作是自己的楷模：

地缺天崩六十年，
高擎赤帜独当先，
诛心有论追良史，
强项无惭对昔贤。
抗日不虚程二万，
承风争止士三千。
笑看桃李庭前发，
雨露从知未枉然。

虎穴刀丛惯险虞，
万千魑魅视如无；
中流独力撑危局，
内助英雄亦丈夫。
天下几能称大老，
苍生何幸见楷模；
红岩此日传佳话，
百寿图成晋一觚①。

各民主党派和社会知名人士郭沫若、沈钧儒、黄炎培、陶行知、邓初民、张申府等纷纷赋诗著文，祝贺董必武六十大寿。

对党中央的赞誉和各方人士的祝贺，董必武"感奋不寐"。他始终把

---

① 《新华日报》1944年1月5日。

工作成绩归功于党和人民，对自己要求十分严格，"自愧在这中间没有更多更大的贡献，使党给我的工作做得更好些"，表示要继续"纠正自己的错误，弥补自己的缺点"。1月3日，他给中共中央发了谢寿电：

中央委员会：

  奉读中央元旦贺电，不胜感激之至。我在中央领导下不断地学习和工作着，抗战以来，特别在以毛泽东同志为首的中央领导下学习和工作着，感到无上的光荣。我党二十二年来伟大的发展，光辉的成绩，已博得全中国、全世界要求从政治上和经济上得到解放的各种族、各阶层人民的赞扬。在抗日民族统一战线中，党的成功是空前的，正因为全党在毛泽东同志旗帜下，才获得了这样的成功。我自愧在这中间没有更多更大的贡献，使党给我的工作做得更好些。我愿在继续整风中纠正自己的错误，弥补自己的缺点，成为毛泽东同志旗帜下一个名实相符的战士，随着中央随着全党同志继续为完成民族解放和社会解放的任务而奋斗；不管在什么地方，不论在什么时候，要毫不犹豫地坚守着中央分配给我的岗位。

董必武　叩江①

他以诗向大家的祝贺表示感谢：

恰逢令节为生日，
柏酒延年共举卮。
诸子情深殊可感，
藐躬德薄不相宜。
新中国仅雏形具，
大亚东惊怪影驰。
实现民权要努力，

---

① 《董必武选集》，人民出版社1985年版，第98—99页。

同登仁寿域何疑。

"我似老牛鞭不动",
后推前挽总蹒跚。
愚公未惜移山力,
壮士须怀断腕观。
大局隐忧为破坏,
小民私祝是平安。
晨鸡屡作声喔喔,
反复叮咛报夜阑①。

祝寿活动达到了预期的目的。赠答诗文并非一般客套,而是在歌颂中国共产党,歌颂抗日民族统一战线政策,同时触及时局,交换看法,提出警觉,互相勉励。尤其引人的是:这是在国统区、在国民党统治的心脏地区,为闻名中外的共产党领导人公开祝寿。仅此一点,意义就非同寻常,尤其是在国民党加剧反共、特务活动猖獗的时期,它的含义远远超出了祝寿活动的本身。

出席联合国大会

返回延安后,董必武参加了中共六届七中全会及主席团会议。同时,与皖南事变前夕撤回延安的家人团聚,结束了"四载未亲儿女面"的生活。

然而,时隔不久,他又出发了:前往美国旧金山,出席联合国成立大会。

---

① 《董必武诗选》,中央文献出版社2011年版,第129页。

第二次世界大战的爆发，宣告了第一次世界大战后建立的国际组织——国联彻底解体。建立新的世界组织，就成为国际反法西斯盟国间协商的一个重要议程。1943年10月，美、苏、英、中四国签署的《普遍安全宣言》，正式提出了建立国际组织的问题。此后，四大国为此进行了多次磋商，逐渐就有关问题达成协议。1945年2月，美、英、苏三国首脑在雅尔塔会议上，商定于同年4月25日在美国旧金山召开联合国成立大会。随后，美、英、苏、中、法五国联合向有关国家发出了邀请。

国际社会对联合国的成立非常重视，各大国纷纷吸收各方面代表组成阵容强大、颇有代表性的代表团前往出席。国民政府却企图以国民党一党独揽，蒋介石指示宋子文物色清一色的国民党人组团。这自然引起中国共产党人的强烈反对。

2月18日，周恩来致电正在调停国共矛盾的新任美国驻华大使赫尔利，说明中国目前没有民主的联合政府，现有的国民政府完全是国民党的独裁统治，既不能代表解放区9000万人民，也不能代表国统区广大人民的公意。因此，出席旧金山会议的中国代表团中，国民党的代表只应占1/3，中共和民主同盟的代表应占2/3。国民党代表中还应包括国民党民主派的代表。如此，才能体现出中国人民的意愿，否则绝不能代表中国和解决任何问题。赫尔利复电予以拒绝，说旧金山会议的中国代表"须由政府及蒋介石选择"。中共中央采取了坚决斗争的态度。3月5日，周恩来致函国共谈判的国民党代表、国民党中央宣传部长王世杰，据理力争，表达了中共的强烈要求。

3月9日，周恩来将致王世杰信的内容通知已回到美国的赫尔利，并再次要求其转达罗斯福总统。赫尔利见中共态度强硬，担心国共就此破裂，慌忙从美国复电周恩来，要求中共切勿作最后决定，待他返华再行商谈。

同时，根据中共中央的指示，中共南方局工作委员会（董必武返回延安后组成，书记王若飞）积极向各民主党派和民主人士宣传中共的主张。

3月13日，向民主同盟领导人传看了周恩来致王世杰和赫尔利的信，23日又向他们通报了争取旧金山会议代表斗争的进展情况。中共的合理主张得到各民主党派的拥护。

美国总统获知中共意见后，致电蒋介石提出，中国政府代表团中，包括中共或其他党派之代表，并无不利。事实上，如采此一做法，甚或有利可见。

面对中国共产党的坚决反对和美国政府的干预，蒋介石被迫改变了决定。3月27日，国民政府公布了出席旧金山会议中国代表团名单，中共方面吸收了董必武，其余九人是宋子文（团长）、顾维钧（副团长）、王宠惠、李璜、吴贻芳、魏道明、胡适、张君劢、胡霖。但仅给中共一个代表名额，仍体现了蒋介石对中共的敌视和排斥。为了大局，中共中央决定派董必武前往参加旧金山会议。

肩负着党中央的重托，4月6日，董必武由延安乘飞机抵达重庆。逗留期间，他先后出席了民主同盟、国民参政会、重庆妇女界组织的欢送会，向各界人士介绍说："本党中央派本人出席旧金山会议，是代表敌后解放区一万万同胞，向国际表示吾人的意见"，"全为代表吾人之爱好和平、力求民主团结的委曲求全精神，并为国际和平而奋斗"，并勉励民主人士为民主团结、实行联合政府共同努力奋斗。同时，听取了许多人对出席旧金山会议的希望和意见。

经过简短的准备，4月12日，董必武偕秘书陈家康、章汉夫启程，绕道印度转赴美国，于21日到达纽约。旋即随中国代表团赴旧金山。

1945年4月25日，联合国成立大会在美国旧金山歌剧院开幕。出席会议的有50个国家282名代表。董必武和中国代表团全体成员一起参加了大会。

这是中国共产党高级领导人首次出席正式的有世界各主要国家代表参加的重要国际会议，颇受国际社会重视。董必武非常珍视这千载难逢的机会，积极开展国际统一战线工作。除参加大会外，还出席了组织及程序第三小组委员会及大会安排的其他活动。5月1日，出席了中国代表团举行的记者招待会，并回答了记者的有关提问。虽然当时国共矛盾日益尖锐，但董必武在代表团尽量尊重、体谅其他代表，求同存异，在有关联合国宪章讨论中协力合作，为中国代表团的工作作出了积极的贡献。

  会议期间，董必武访问了旧金山市华侨居住区，先后参观了中华会馆、中华学校、东华医院、孙逸仙公园等，出席了旧金山救国总会举行的侨众宣传大会及一些华侨组织举办的宴会、酒会等。5月18日，他在章汉夫、陈家康和在美国工作的徐永瑛协助下，用英文发表了《中国解放区实录》，印制5000册，在联合国各代表团、新闻记者和一些外国朋友中广为散发，向全世界介绍中国共产党领导下的抗日根据地在政治、军事、经济、文化等方面所取得的伟大成就，介绍八路军、新四军和抗日游击队在抗日战争中发挥的巨大作用。随后，6月5日，在旧金山华侨宪政党、致公党举办的演讲大会上，董必武作了《中国共产党的基本政策》的长篇讲演，全面地阐述了中国共产党坚持抗战、坚持团结、坚持民主进步的基本政策。

  关于抗战，他指出：九一八事变发生后，中国共产党即提出了鲜明的抗日主张。七七事变以来，中国共产党坚持了抗战，"中共将领没有一个投降敌人的，也没有一个知名的共产党员做了汉奸。……日寇诱降也好，诱和也好，从来未以中共为对象"。八路军从1937年、新四军从1938年深入敌后起，即成日寇的死敌。现在他们抗击着在华日军的56%（即22.5个师团32万人）和伪军的95%（即80万人）。在过去八年中，他们打了115120次仗（截至1945年3月的统计），即平均每天作战40次左右。连敌人也承认他们和八路军、新四军打仗次数最多。日本《朝日新闻》1944年1月15日载北平13日电说："华北军发表昭和18年（1943年）度综合战果，充分说明了过去以重庆军为对手的华北军，在今天完全转变为以'扫共'战为中心的事实了"，在交战15000次中，和中共军队的作战占七成五，即 11430 次；在交战的 200 万兵力中，半数以上都是中共的军队。董必武指出："那些诬蔑中共领导的军队不打仗的人的胡说，是不攻自破的。"针对着中共军队仅打些小仗的说法，董必武说："八路军、新四军没有飞机，没有大炮，当然只能打规模不太大的仗"。但战果是辉煌的：消灭日伪军 136 万余人，收复国土面积 90 余万平方公里，解放老百姓 9550 万人。同时，八路军、新四军发展到 91 万人，民兵有 220 万人。

中国共产党是怎样团结人民的呢？董必武指出：第一，在军民关系上，实行"军民合作""拥政爱民"。一方面军队要打仗，要帮助人民，使人民觉得八路军、新四军是真正人民的军队，是保护人民，为民族流血的；另一方面人民要帮助军队，爱护军队。政府是民选的，因此军队和人民要拥护政府、服从政府。在解放区，政府、军队、人民之间没有矛盾和冲突，只有和谐团结。第二，在地主与农民关系上，实行减租减息，使地主和农民的利益暂时协调，相互关系得到改善。第三，在劳资关系上，改善工人生活，保护资方合理利润，使双方关系得到调整，团结一致，协力从事战时生产。第四，在知识分子和工农劳动者关系上，一方面使知识分子接近工农，消除轻视体力劳动和工农劳动者的现象，另一方面提高了工农大众文化水准，增进两者的团结。第五，在各阶级、各党派关系上，我们的口号和任务是：实行民主政治，在民主制度的基础上，把各阶级、各党派及一切抗日力量团结起来。

共产党在民主方面做了哪些工作呢？董必武说：第一，在解放区保证人民有民主权利，有集会、结社、言论、出版、信仰等自由，工人有工会组织，在延安有解放区总职工委员会，会员达 99 万人，青年、妇女等也有自己的组织。第二，解放区保障了人权和财权。非依法律由合法机关依照合法手续不得任意逮捕，而且必须依照法律，以合法程序予以审判和处置。人民的私有财产，完全受到法律的保护。第三，解放区保障人民有选举和被选举权。凡是到年龄的公民，不分阶级、性别、信仰、财产，都有这项权利。第四,解放区不论政府或参议会中,都实行了"三三制"。保证共产党员在其中不超过1/3的名额,这种制度就是和各党派、无党派人士更好地团结合作。中国共产党主张民主政治,反对一党专政,从其本身起就不做一党包办的事。这些措施,保证人民有充分的民主权利,保证政府是民主的政府。

董必武还介绍了中国共产党在目前的政策。他指出,第一,中国共产党反对所谓的国民大会,因其代表是国民党指定的,战争状况中又不可能重新选举,"今天唯一实际可行、容易做到的实现民主团结的办法,只有召开党派会议,成立民主联合政府"。第二,关于战后经济发展问题,中共主张民主主义的经济。对大企业,如铁路、水电站等私人资本无力举办的,应由国家经营;对私人资本的经营,应予以奖励和保护;对小的生产合作,应尽力提倡和帮助,使之普遍发展。对土地问题,主张"耕者有其田",但目前条件不成熟,还是采取减租减息的政策;除奖励国人投资及海外侨胞的积极投资外,对于外资,在遵守中国政府法令的前提下,也一样地欢迎。第三,关于外交关系,必须改善和加强与苏联的友好关系,同时和美英法三国及其他盟国的关系,也需改善和增进。第四,关于少数民族问题。向来主张国内各民族必须平等,而各少数民族都应该有民族自决权。

董必武最后说:中国共产党总的目标是:建立一个独立、民主、自由、团结、强大、繁荣的新中国。"中国共产党将继续根据这些政策,坚持抗战,坚持团结,坚持民主进步,加倍努力,使我们能在抗战最后胜利后建立起这样的一个新中国。"①

6月16日至20日,他的这篇演讲稿连载在当地《华侨日报》上,对海外侨胞增进对中国共产党的认识产生了重要作用。

6月26日,联合国大会一致通过《联合国宪章》。大会指导委员会以

---

① 《董必武选集》,人民出版社1985年版,第105—118页。

中国抵抗侵略最先，特准为签署《联合国宪章》的第一签字国。董必武以中国代表之一的身份，在宪章上签了字。当晚，他和中国代表团一起出席了旧金山会议的闭幕式。

会后，董必武转赴纽约，更广泛地开展统一战线工作。他会见华侨进步人士，多方接触侨胞，特别是华侨劳动群众，并会见美国部分上层人士，曾应纽约华美协进会之请，到该会举行的讨论会上作《中国问题的关键》的演讲，他访问了中国人民的朋友史沫特莱、史迪威的女儿及赛珍珠等。还约见了在纽约工作的党内同志，帮助他们了解国际国内形势和党的方针政策，提醒他们注意工作方法，依靠基本群众开展工作："要同美国人民友好相处，多做增进友谊和介绍中国革命形势的工作。美国是个帝国主义国家，要居安思危，顺境时要考虑到逆境，听到它说好话时要考虑到它还没有说出来的坏打算。在美国的中国革命同志人数很少，这就要求我们认真走群众路线，深入社会，团结多数。要注意做好华侨群众的福利工作。队伍在精不在多，要能立得住脚，要有长期打算。"①

在美国，董必武接受了华侨爱国侨胞的赠款，加上自己节省下来的外汇2600多美元，替《新华日报》购买了3万美元的印刷设备，还替有关部门买了其他的急需物资。

在逐一完成各项任务后，根据党中央的指示，董必武于1945年11月20日偕章汉夫离开纽约，26日安抵重庆。

这时，伟大的抗日战争已经以中国人民最后取得辉煌胜利而结束。中国面临着走向何方的抉择，光明与黑暗的斗争正在激烈地进行，董必武立即又投入这场决定中国发展前途的斗争中。

---

① 唐明照：《董老在美国》，《忆董老》第2辑，湖北人民出版社1982年版，第29页。

第九章
CHAPTER NINE

迎接解放

参加政协会议

抗日战争胜利后，蒋介石力图迅速恢复和加强其在全国范围的独裁专制统治。他视中共为实现其目的的最大障碍，必欲除之而后快。但是，由于中国共产党及解放区力量的壮大；国际国内强烈要求和平、反对内战舆论的影响；国民党军队尚远在西南、西北，且"精神疲惫、内容空虚、战斗的力量和纪律皆不甚健全"，"不能不在一个相当的时间休养整训"，因此，蒋介石在积极准备内战的同时，又玩弄"和谈"的阴谋。1945年8月14日、20日、23日，他连续三次致电毛泽东："特请先生克日惠临陪都"，"共同商讨""国际国内各种重要问题"，"共定大计"。中共中央洞悉其奸，"请毛往渝全系欺骗"。但为了制止内战，力争和平民主，戳穿蒋介石的阴谋，教育广大人民，8月23日，中共中央政治局会议决定：毛泽东赴重庆同蒋介石进行谈判。8月28日，毛泽东偕周恩来、王若飞抵达重庆进行举世瞩目的重庆谈判。经过43天的谈判斗争，10月10日，国共双方签署了会谈纪要（即《双十协定》）。国民党被迫表示同意和平建国的基本方针，承认各党派的平等合法地位和人民的某些民主权，并允诺"召开各党派代表及无党派人士参加的政治协商会议"。双方商定，国共间悬而未决的问题，如解放区政权、国民大会代表及人民武装等问题，在继续协商无果后提交政治协商会议解决。政治协商会议，一时成为国内外各界人士关注的一个焦点。

就是在这种形势下，董必武回到了重庆。在他出席联合国大会期间，中国共产党在延安召开了第七次全国代表大会，总结了领导民主革命24年尤其是全面抗战八年的经验，制定了党的政治路线，选举了以毛泽东为首的中央委员会。董必武当选为中央委员和政治局委员。12月15日，中共中央决定重建南方局（一称重庆局），董必武任书记，王若飞任副书记。

其时，政治协商会议即将召开。董必武立即参与了筹备中共代表出席的工作，一方面，与国民党当局交涉，解决中共代表来渝的一些具体问题；另一方面与黄炎培等民盟领导人密切联系，交换对政协会议的意见，并向他们转告了中共通过民主途径解决问题的主张，请他们也在纲领、联合政府、宪法草案及国民大会等方面预作准备。12月14日，他接受《新民报》记者浦熙修采访，通过媒体宣传中共关于政治协商会议的方针政策。他表示：政治协商会议召开前必须先停止内战，揭露国民党的内战阴谋说，"谁在打谁，只要一看战争的地区便知，老百姓的眼睛是雪亮的"。针对青年党所谓中共舍弃联合政府不谈，而专谈军队与地方问题的指责，他指出："中共始终没有放弃联合政府的主张，政治协商会议还是由国共谈判产生的，在政治协商会议中将拟具一个《共同纲领》，来改组政府，组织联合统帅部，组织临时联合政府，再由此产生真正的国民大会，成立正式的联合政府。谈判时是各种问题都要谈到的，直到现在政府还是坚持先要解决军队问题，可以推想当时谈判的困难。"对于军队问题，他强调国共双方军队应该"整个缩编"，并指出："为什么共产党的人民自卫的军队就该被剥夺？其实军队国家化，是中共一向所主张的。但要交与民主的政府，非交与另外的党，所谓法统问题也该考虑到事实。"他并强调："政治的清明问题单靠一个人是搞不好的，要确定个民主的总方向，方向不定，永远要乱。"他的上述意见，对民主党派和全国人民了解中共主张，起到了良好的作用。

12月16日，周恩来、叶剑英等抵达重庆。中共出席政治协商会议的代表团正式组成，周恩来、董必武、王若飞、叶剑英、吴玉章、陆定一、邓颖超七人为代表。

停止内战是促成政治协商会议召开的前提条件。当时，蒋介石在美国军舰、飞机帮助下，赶运军队向八路军、新四军"接收"抗战果实，各地连续爆发内战。12月18日，中共代表团举行中外记者招待会，周恩来发表谈话,并回答记者的提问,强调"首先待解决的是停止内战问题"。随后,周恩来、董必武、王若飞、叶剑英与国民党代表张群、王世杰、邵力子等多次商谈,要求立即无条件地实行停战。12月23日,董必武又和周恩来、叶剑英访晤来华调解国共冲突的美国总统特使马歇尔,欢迎他的到来,希望在国内实现停战和建立联合政府。董必武并向他提议,邀请其他党派和各种政治、文化、经济团体代表见面,了解他们的要求,获得同意。12月27日,中共代表将无条件停止内战的三项提议递交国民党代表,并在1946年元旦正式公布。国民党由于全面内战的准备尚未就绪,又迫于国内外进步势力的压力,被迫同意停战建议。1946年1月5日,国共双方达成《关于停止国内军事冲突协议》,决定停止一切军事冲突;组成停战三人委员会;在北平设立军事调处执行部;推举国共之外公正人士八人组成军事考察团,会同国共双方考察冲突地区的军事、交通状况及有关恢复和平的事项。停战问题出现曙光。

与此同时,董必武广泛和各界人士接触,他先后单独或和中共其他代表一起与张澜、梁漱溟、郭沫若、李烛尘、缪云台、钱新之、傅斯年、贺国光及救国会、第三党、民主建国会、青年党的领导人交谈,商议有关政治协商会议问题。1月9日,他同叶剑英、邓颖超出席妇女联谊会为招待政协代表举行的茶会。当有人问道:"政治协商会议的意见交政府执行,如政府不执行怎么办?"董必武当即指出:"政治协商会议的代表是有权力交政府执行的。但如它不执行,这不是代表应怎么办,而是要问大家应怎么办?政治协商会议的代表是各方面选出来的,……因此在执行决定上,是应由社会力量来监督的。"① 为了动员人民群众起来为实现政治目标而斗争,周恩来、董必武、王若飞商定,组织重庆各界进步力量开展活动,同政协内部争取和平民主、反对内战独裁的斗争结合起来。于是,指定许涤

---

① 《新华日报》1946年1月10日。

新等具体组织并推动民主建国会、陪都文化界政治协商会议协进会和由救国会改组的中国人民建国会等邀集各界代表，于1月11日成立政治协商会议陪都各界协进会。并在政协会议期间，每天举行各界民众大会，邀请政协代表到会报告这一天开会的情形，听取群众的批评和建议，以推动政治协商会议的进行。

经过多方努力，国共双方在1月10日达成停战协定。同一天，政治协商会议在重庆国民政府礼堂开幕。董必武和中共其他代表出席了会议。他在"政协"会上发挥了重要作用。1月13日，他和陈立夫、陈启天、梁漱溟、王云五被会议推举组成五人小组，负责协调会议议程、议题及分组办法。随后，会议代表分别组成"政治组织组""施政纲领组""军事组""国民大会组""宪法草案组"五个组。董必武被指定为"施政纲领组"和"国民大会组"成员，并为"施政纲领组"召集人之一。

在1月14日的大会上，国民党代表团向政治协商会议提出一个"扩大政府组织案"，并由王世杰加以说明。其方案是国民政府原有委员不变动，另增加1/3委员，由国民政府主席向国民党中央执行委员会"提请选任党外人士充任之"，并规定"遇有紧急情形时，国民政府主席得为权宜之处置"，其方案实质上仍是维持国民党一党专政的局面。当天，董必武代表中国共产党向大会报告了关于改组政府问题的主张。他重申了中共对改组政府问题的基本态度，指出，从1944年起，中共就正式提出建立联合政府的问题，并一直坚持这个主张。但鉴于国民党方面"不喜欢联合政府这个名称"，中共现在采取"在现政府的基础上来改组"的态度。接着，他提出了中国共产党的具体主张："应有一个共同纲领，在共同纲领的基础上改组政府"，"结束训政，国民政府委员会为最高决策机关，最好有权决定人选，至少是政府中的重要职员应由委员会选定"，"在政府主要职员中，大党所占地位不要超过1/3"，"国民政府主席的命令要经过会议通过，而且要有人副署"，"防止手令制"，"政府的改组应包括国民政府下属各院部会的改组,使各党派与无党派民主人士有广泛的机会参加政府工作"①。董必武的报告实际上是对国民党提案的反驳,得到民盟代表的坚决支持。

在15日的第五次会议上,董必武代表中国共产党作了关于共同施政纲领的意见的报告,阐述了中共关于和平建国的基本方针,提出"各党派长期合作","坚决避免内战",以和平民主团结统一为基础,"迅速结束训政,实施宪政","人民应有身体、思想、信仰、言论、出版、集会、结社、通讯、居住、迁徙、营业、罢工、游行示威、免于贫困、免于恐怖之自由","扩大政府民主基础,国民政府应成为全国各党派及无党派公平而有效参加的政府","筹备国大,制定宪法","实行地方自治,废除保甲制度","改组军事委员会成为各党派共同领导之机构","改革财政经济,取消苛捐杂税","改革文化教育,废除党化教育"10项主张②。第二天,中共代表团向政治协商会议提出《和平建国纲领草案》,草案以国共《双十协定》为依据,阐述了中共在施政纲领上的立场和要求,得到民盟的支持,成为后来大会通过的《和平建国纲领》的基础。

在军队问题上,会议发生了激烈争论。周恩来在会议上就此作了报告,指出军队国家化与政治民主化必须同时实行,并具体提出了军队国家化的12点办法。董必武同中共其他代表一起,向各方说明军队国家化必须以国家民主化为前提,揭露国民党所谓先军队国家化才能政治民主化的主张,其实质就是想吃掉人民军队、解散人民武装。同时,他还针对中间势力提出的"国共双方都把军队交出来,共产党在军事上做些让步,国民党在政治上做些让步"的错误主张,进行了耐心的说服劝导,消除了一些人不切实际的幻想。

根据会议进行的情况,1月23日,政协成立综合委员会,由国民党、

---

① 卓兆恒等:《政治协商会议资料》,四川人民出版社1981年版,第168—170页。
② 卓兆恒等:《政治协商会议资料》,四川人民出版社1981年版,第194—197页。

共产党、民盟、青年党及无党派人士五方面各派二人组成，职责是充分协商各种议案，达成协议。董必武和周恩来代表共产党参加该委员会，进行工作。

经过周恩来、董必武等中共代表团的大量工作，密切团结了以民盟为代表的中间势力，推动政治协商会议顺利进行。1月31日，在经过22天的广泛讨论后，政协召开第十次会议，逐项讨论并通过了政府组织、国民大会、和平建国纲领、军事问题及宪法草案五项决议。在讨论通过和平建国纲领时，黄炎培提出成立"人民自由保障委员会"的提议，中共和民盟代表一致赞同。董必武当即表示希望这个委员会能很快成立，"中共代表团决定将全体加入为发起人"①。2月9日，人民权利保障委员会筹备会成立，董必武和冯玉祥、沈钧儒、邵力子等25人被选为筹备委员。他在会上发表讲话，强调保障民权的重要意义，号召全国人民组织起来，靠自己的力量保卫人权②。董必武将此看作为保障政协会议决议实行的重要步骤。

维护政协决议的斗争

政协会议是成功的，它给经历长期战争苦难和封建压迫的中国人民带来了和平、民主、建设的希望，受到全国人民的欢迎。但是，政协会议所作的决议还仅只是书面文字的东西，更关键的问题是落实和执行它。毛泽东当时就指出"来日大难，仍当努力"③。董必武也清醒地认识到，蒋介石国民党是不会心甘情愿放弃一党专政和独裁统治的，必然要进行破坏和捣乱，将会有严重的斗争。对此，他有着充分的思想准备。

---

① 《新华日报》1946年2月1日。
② 《新华日报》1946年2月10日。
③ 《毛泽东年谱（1893—1949）》下卷，人民出版社、中央文献出版社1993年版，第56页。

2月10日，董必武和王若飞由重庆飞抵延安，向中共中央汇报有关政协会议的情况。出于对蒋介石本性的深刻了解和对中国革命的高度责任感，11日，他和王若飞就当时正在进行整军谈判问题向中共中央提出书面意见。提出：（一）中国革命失掉军队就失去一切，无论在任何情况下都不要忘记控制在手；（二）力争和平，避免内战，但又要有不怕内战的准备，才能在内战发生时有力量制止内战；（三）力争全国和平民主统一是在不丧失解放区政权和军队根本上的统一，丧失了解放区的政权及军队的基础，全国民主也难争到；（四）马歇尔的整军计划是在用一种新的方法来消灭我们军队；（五）他的国共军队合编及分驻计划，有使我们军队被化掉的危险。这些意见是建立在对国内外形势正确分析的基础上的，具有科学的预见性，为党中央的决策提供了参考依据。毛泽东在批示中给予了很高的评价："此意见书所取立场及态度是正确的，因而是可以预见与预防将来之危险的。"①

董必武于13日与王若飞、秦邦宪（博古）等飞往重庆，他要出席即将召开的宪草审议委员会。接着发生的事情，证实了他对国民党当局的预料，他继续进行不懈的斗争。

国民党破坏政协决议的严重行动发生在宪草审议委员会。该委员会是根据政协会议决议，由各党派代表25人、无党派人士5人、专家5人共35人组成。主要任务是根据政协会议通过的宪法修改原则，对国民党在抗战前制定的《五五宪草》进行修改。中共方面董必武和周恩来、吴玉章、博古、何思敬五人参加。2月14日，该委员会开始活动。在此后的会议上，国民党代表对政协会议通过的宪法修改原则提出多种责难，要求对其中关于国民大会的几点规定进行修改；认为中央政制中"实行民主政治，建立议会制"的规定不适用于中国，应予修改；反对制定省宪；对有关人民之

---

① 《董必武年谱》，中央文献出版社1991年版，第245页。

权利义务、选举、基本国策及宪法修改权等规定也要求进行修改。其真实意图是要否定政协会议对独裁统治的限制。

中共代表与国民党及依附之的青年党代表进行了激烈的辩论，坚决主张维护政协会议决定的各项原则。中共的这一主张得到民盟代表的支持。董必武参与了这场短兵相接的斗争。他多次发言，强调要维护政协会议对于宪草的修改原则。在讨论中央政制问题时，他代表中共作主发言，驳斥了对议会制的责难，坚决主张维护政协会议通过的议会民主制度。指出，采取议会制度，有利于各党派的合作，可以使政局安定。对一些人以行政院为最高行政机关的提议，他表示赞成，但强调行政院必须对立法院负责。他的这个发言，是对国民党破坏政协决议行为的有力反击。

但是，国民党极力要把中国引向黑暗之中去。这期间，国民党特务的活动更加猖獗。2月22日，他们组织暴徒捣毁《新华日报》营业部和民盟机关报《民主报》营业部，打伤《新华日报》工作人员四人、《民主报》工作人员五人。当天，中共代表团周恩来、董必武、王若飞、吴玉章、陆定一、邓颖超、博古七人向国民党当局提出抗议："政协会议团结成功之后，较场口血案未了，继续发生今日之有组织之暴行，显系贵党内部一部分反苏反共反民主的反动派，企图破坏盟国合作，造成国内分裂，破坏政府威信，推翻政治协商会议决议之阴谋活动"，"要求政府惩办凶手、解散特务机关、道歉、赔偿共产党及民主同盟所受之损失，并保证不再发生类似事件"①。第二天，又向蒋介石发出同样内容的抗议信。但是，国民党的反共行动并没有收敛。不久，又连续发生成都《新华日报》营业分处和西安八路军办事处被捣毁的严重事件。3月7日，董必武等七人再次向国民党当局提出抗议，指出："生命自由日在特务威胁之中，一切民主团结工作均难进行。"② 结果仍是迟迟得不到答复。

---

① 《解放日报》1946年2月26日。
② 《董必武年谱》，中央文献出版社1991年版，第247页。

3月1日至17日,国民党召开六届二中全会。蒋介石在向会议的报告中说:"政治协商会议所决定的修改宪草原则有若干点实在与五权宪法的精神相违背",宣称:"我绝对不会抛弃五权宪法而不顾的",提出要对政协宪法草案中的"荦荦大端,妥筹补救"。于是,会议在发出一片反共叫嚣的同时,提出旨在推翻政协修改宪法草案原则的宪法草案五点修改原则;在改组政府问题上,不仅避开结束训政不谈,反而要把各党派推选的国民政府委员拿到国民党中常会去"选任";在整军问题和停战问题上,也有许多违反政协决议的做法。

这是国民党向后倒退的严重步骤。3月18日,中共中央发言人就此发表谈话:"国民党中许多有力人士现正试图改变政治协商会议的若干原则决定,特别是关于宪法原则的决定,此举将不能得到中国共产党、其他民主党派及广大人民的同意。政治协商会议的决议是各党派全权代表共同协议一致同意的结果,凡所决定都切合国家的需要与人民的期望,特别是关于宪法原则的决定,尤得国内外舆论一致赞美,认为非此决不足以奠定国家民主化的基础。"中国共产党"对于信守政治协商会议的一切决议,更认为是各政党政治信誉与国家百年大计所关,因此中国共产党绝不动摇地坚持政治协商会议一切决议,特别是宪法原则决议,必须百分之百实现。反对有任何修改,并呼吁一切民主人士与全国人民准备为此神圣的任务进行严重的奋斗"[①]。

3月19日,董必武在宪草审议委员会第七次会议上,针对国民党对政协决议的肆意破坏,强调:"必须坚持政协的一切决议,目前应召开政协的综合小组讨论,保障原有政协决议不能有任何动摇。"[②] 同时,为了维护政协决议,董必武和周恩来、王若飞致函国民党代表邵力子、王世杰、张治中、张群,指出因国民党六届二中全会通过的各项决议案,动摇了政协

---

① 《解放日报》1946年3月19日。
② 《董必武年谱》,中央文献出版社1991年版,第249页。

会议的五项决议，政协闭幕以来，各地暴徒暴行层出不穷，人民自由毫无保障，请他们于18、19日下午至中共代表团驻地商谈实施政治协商会议决议的具体办法。19日下午，他们三人与王世杰、邵力子举行了会谈，但是由于蒋介石已经决定一意孤行，董必武等的努力没有取得结果。

这时，国民党又玩弄新的阴谋，企图利用国民参政会实现其二中全会所定的方针，推倒政协会议决议。周恩来、董必武立即洞察其奸，致电中共中央，建议不出席即将召开的四届二次参政会，并获得中央同意。3月20日，董必武就此回答了新华社记者的提问。他指出："我们预料本届参政会对政治协商会议一切决议，因会中某集团占有极大数量，一定会在各种掩饰下加以动摇。""重复国民党二中全会之各幕活剧，以谋不利于团结"，故"认为出席本届参政会会议定将无补于事"，至于在意料中的各种造谣、诬蔑，我们准备在会外加以答复①。既避免了被不明真相人们的误解，又将国民党的阴谋公之于众，使人民群众有所警觉。果然，国民党操纵这次参政会通过了攻击政协决议和中国共产党的许多议案。

国民党在六届二中全会后，疯狂地撕毁政协决议和停战协定。4月1日，蒋介石在四届二次参政会上公然宣称："政治协商会议在本质上不是制宪会议"，如它"果真成了这样一个会议"，那"是决不能承认的"。4月3日，国民党大批军警宪特悍然搜查北平军调部叶剑英委员的军事顾问滕代远的寓所，捕去滕代远的秘书李新、《解放报》总编辑钱俊瑞等44人。同时，国民党精锐部队猛烈进攻驻防中长铁路重镇四平街的由中国共产党领导的东北民主联军，并围攻中原解放区和东江纵队。国内政治形势在迅速地逆转。但同时，蒋介石又玩弄欺骗手法。4月15日，他约集政协综合小组各方代表，商谈"国大"和政府改组问题，表示"国大"要在5月5日召开，希各方在本月20日前提交国大代表及国府委员名单。鉴于国民

---

① 《新华日报》1946年3月21日。

党对政协决议和停战协定的肆意破坏，毫无诚意，4月21日，董必武和中共代表团其他成员一起发表严正声明，拒绝提出国府委员和国大代表名单，敦促国民党解决各项问题。指出："内战蔓延，时局严重，国民党拒不实施各项协议，继续坚持一党独裁，在此种严重情况下，中共目前已无提出国府委员及国大代表之可能，只有各项问题解决后才能考虑。"公开揭露了国民党当局，使蒋介石的企图破产。

董必武对蒋介石国民党的出尔反尔、一意孤行十分气愤。刚刚发生的"四八"空难更使他愤怒、悲痛交加。4月8日，王若飞、秦邦宪（博古）因国民党推翻政协决议，冒着恶劣气候从重庆乘飞机回延安向中共中央报告、请示工作，飞机在山西兴县黑茶山失事，王若飞、秦邦宪（博古）和乘该机返回延安的叶挺（出狱不久）、邓发和黄齐生等17人全部遇难。战友们殉国了，董必武深深沉浸在哀痛之中，而造成他们罹难的原因，又令董必武怒发冲冠。4月19日，他出席了重庆各界3000余人追悼王、秦、叶、邓、黄诸先生大会。21日，出席了中共代表团、四川省委、八路军办事处和《新华日报》社举行的追悼会，并讲了话，在《新华日报》发表了悼念"四八"烈士的文章。他沉痛地指出："王、秦、邓、叶诸同志及黄老先生是为了维护政治协商会议的决议而飞延安，为奔走和平民主团结统一而遇险死难。我们共产党人要把他们未竟事业一肩担负起来，争取政治协商会议决议的实行，争取和平民主团结统一在中国早日胜利。"①

烈士的死，更激发了董必武与国民党斗争的激情。"国家如此多事，人民如此多难，反动势力如此嚣张，人民正需要自己的战士，来为中国的和平民主团结统一，作努力的奋斗"②。年届花甲的他，继续坚毅地投入了特殊而又艰巨的战斗。

---

① 《新华日报》1946年4月19日。
② 《新华日报》1946年4月13日。

宣化店之行

1946年3月24日，董必武受中共中央委派，自重庆乘飞机抵达武汉。他的目的地是中原解放区。他在回答记者问时说："这一行的任务有三：第一是代表中共中央慰劳边区军民；第二是向边区军民解释关于停止冲突的问题；第三是帮助解决边区军民的粮食恐慌。"①

中原解放区是在抗战胜利后由三支部队会合而成的：一支是原在鄂豫边区的李先念、郑位三等率领的新四军第五师；一支是在豫湘桂战役后挺进湘粤地区开展敌后游击战争、抗战胜利后北返的王震、王首道等率领的八路军三五九旅南下支队；一支是从河南中部南下进行敌后抗战的王树声等率领的嵩岳军区部队。1945年10月24日，这三支部队在豫西的桐柏山区胜利会师，以新四军第五师为主体组建了中原军区，李先念为司令员，郑位三为政委。

在蒋介石看来，中原解放区的建立似乎威胁着国民党军出川的大门，于是纠集大量兵力，向这个地区进逼。为了避免冲突，根据中共中央指示，中原军区机关和主力部队从12月下旬起，主动撤出这一地区，由平汉路西向东转移，准备到安徽五河一带，向新四军主力靠拢。当1946年1月行进到湖北礼山（今大悟县）和河南光山一带时，"停战令"颁发。中原军区恪守停战协定，立即停止行进，临时在以宣化店为中心的这块地区就地待命。

这个地区在鄂、豫两省的交界处，东西长约200里，南北宽约50里。在这狭小的地区内，突然密集着原在行进中的中原军区部队9个旅6万余

---

① 《新华日报》1946年4月19日。

人，在态势和地形上都处于十分不利的地位。

蒋介石蓄谋先下手消灭这支处在国民党军队四面包围中的部队。他利用停战期间，调集11个正规军26个师约30万人，以郑州绥靖公署主任刘峙为总指挥，紧紧地包围这块地区。"停战令"颁发后的3个多月中，他们先后挑衅、进攻240多次，并在宣化店地区周围构筑碉堡6000多座，将中原军区及所属3个军分区分割成"品"字形，断绝对这个地区的粮食、医药供应。

中共中央对中原军区面临的严重处境十分关注。毛泽东曾为此发出很多指示，周恩来在与马歇尔、国民党代表会谈时，多次要求国民党撤围，让中原解放军完成转移。董必武也参与了商洽、解救工作。3月间，十八集团军、新四军驻武汉办事处主任郑绍文来到重庆向中共代表团汇报情况。在中共代表团于3月18日举行的中外记者招待会上，郑绍文和广东人民抗日游击队东江纵队政委林平报告了他们部队遭受国民党军围攻的处境，将国民党军的封锁压迫公之于社会。

董必武就是在这种情况下，前去帮助中原军区解决困难的。

一到武汉，董必武立即和国民党湖北当局有关部门商谈解决中原解放区军民的粮食问题。此前，经周恩来与国民政府粮食部长徐堪商谈达成一项协议：由解放区的张家口、上党、太行、山东卖两万吨粮食给国民党控制的北平、太原、新乡、济南等市，由国民政府粮食部在武汉拨粮或款给中原解放区。董必武为催促国民党当局落实此协议，反复交涉，耗去六天时间。

3月30日，他抵达中原军区所在地宣化店，代表中共中央慰问抗战有功的中原军区军民。在31日中原军区举行的欢迎会上，董必武异常兴奋，他热情赞扬这支有赫赫战功的人民军队，说："新创这部队时，我曾尽了一份力量，现在又看到这支部队在故乡成长壮大，特别高兴。"在谈到中原军区目前处境时，愤慨地说："你们在八年抗战和几个月的反内战中，为国家为民族为人民出了很大的力量，然而今天不仅未得到褒奖，反而被反动派封锁着围困着，受苦挨饿。"他转告中原军区军民："党中央、毛主席及全国各地同志都很关心你们"，我就是"代表党中央来慰问你们，也可以说是代表全国各地区的同志来慰问你们"。他满怀激情地指出："我相信经过八年艰苦磨炼的同志是可以克服这些困难的。""只要大家一致团结在党的周围，在李先念、郑位三同志和中原军区的领导下，是有办法克服困难的。"[1]董必武的讲话使中原军区干部和战士很受鼓舞。

在宣化店，董必武除帮助中原军区解决迫在眉睫的粮食问题之外，还和李先念、郑位三、王震等研究了各方面的工作，尤其是下一步同国民党斗争的策略，告知他们：应争取全部合法转移，但亦要作交涉不成，遭大规模袭击的准备，此时只有坚决地突围。根据了解到的情况，4月1日董必武电报中共中央及周恩来、叶剑英：目前中原军区最困难的是财政，伙食勉强可以维持到5月底，夏衣全无着落，请周、叶在三人会议上提出，并提出"关于伤病员、家属妇女小孩及部队转移分几次出发等问题亦望尽快研究，详定计划"[2]（后经周恩来与军调小组的美国代表商议，国民党同意将2000多伤病员和非战斗人员撤送到河南安阳，为后来部队突围减轻了负担）。

同时，董必武广泛接近群众，找战士谈心，向百姓嘘寒问暖，了解情况，做各方面的工作。4月2日，他就国内形势向中原解放区的《七七日报》记者发表谈话，列举大量事实说明："国民党二中全会的目的是推翻政协会的决议，仍企图以'五五宪草'的体系来维持一党专政。这是今天民主潮流中的一股逆流，是中国法西斯分子的一幕丑剧，是值得我们全国人民警惕的。我们必须全力争取使中国成为一个和平民主团结统一的国家，而不是内战和独裁的国家。"[3]在中共中央中原局创办的民主建国大学及宣

---

[1] 《董必武年谱》，中央文献出版社1991年版，第250页。
[2] 《董必武年谱》，中央文献出版社1991年版，第251页。
[3] 《董必武年谱》，中央文献出版社1991年版，第251页。

化店士绅和临时参议会驻会代表举行的欢迎会上，董必武都讲了话，揭露国民党的阴谋，宣传党的方针，提醒人们认识形势、进行斗争。

4月7日，董必武离开宣化店，在距武汉十公里的戴家山，突遭国民党军警的无理检查，留难达一个半小时。返回武汉后，他继续为解决中原解放区的困难多方奔走。时在国民政府行政院善后救济总署湖北分署就职的杨显东回忆说：

……董老视察了中原解放区，特意路过武汉。他亲自到分署看我。来不及寒暄，便沉重地对我说："大军被围，粮食紧张，医药困难，要赶快想办法去接济。"并表示马上会有人来具体联系。当晚，我上德明饭店看董老，向他汇报我们的准备工作。我说："我们一定全力以赴，但人力还不够，能不能支援一百个自己人？"董老说："可以马上来一些人，但不会有那么多。"又说："不论条件如何缺乏，粮食、物资，一定要抓紧调去，越快越好。"

时间虽然那么迫促，董老还是不顾疲劳地又为我分析当前的形势。他说，国民党的攻势，终究会被我们压下去，这主要还不是我们的力量比他们强，而是他们自己太腐败。他又再三交代：对中原解放区的支援，关系重大，斗争中要密切注意策略，尽量团结一切可以团结的力量。他还具体提到了当时湖北省的民主人士，如张难先、李范一等。

根据董必武的联系和安排，王震随即以中原军区参谋长的身份来武汉联系救济物资。杨显东陪王震去见联合国救济总署汉口分署署长沙克诺夫。他是杨显东在重庆相识的关系最好的一位美国进步人士，对杨显东很尊重，颇愿接受杨显东的意见。杨显东向沙克诺夫极力强调联合国制定的战后救济工作三大原则：不分宗教、不分种族和不分政治（党派），强调应予中原军区救济。沙克诺夫的工作被做通，他当场宣布：对中原军区一视同仁，决不例外。杨显东回忆说：

三天后，由王震将军、沙克诺夫署长和我随带六大卡车的面粉，由同情我们的加拿大医生巴尔开车为前导，作为试探性的支援，从汉口直接奔赴中原军区的宣化店。沿途不断遭遇国民党布置的阻碍和干扰。由于有沙克诺夫在场，国民党怕洋人，他们不敢过于放肆。我们的车队，终于克服了许多困难，胜利到达宣化店，受到郑位三、陈少敏、许子威等党、政、军领导同志和指战员的热烈欢迎。……

　　从那以后，分署继续将粮食、医药、被服、器材、罐头食品等，运往宣化店①。

　　这是董必武为解决中原军区困难工作的一个侧面，从中充分反映出他对中原军区危急处境的焦虑和争取援助的辛苦奔波。

　　在武汉，董必武又写信给中原军区指战员和边区人民，再次给以慰问和鼓励。

　　4月18日，董必武返回重庆后，立即向各界揭露：由于国民党军队对中原解放区不断地蚕食进攻和封锁，"边区军民的生活非常困难，无论军民，每天都只能吃一顿稀饭"。针对国民党的宣传，他特别指出：这次政府拨借给新四军五师的物款，事实上是用北方解放区的粮食交换的。通过事实揭露国民党撕毁政协决议和停战协定，围困、进攻中原军区的罪行，让人民认识国民党的真实面目。

　　董必武此行，不但缓解了中原军区十分紧张的粮食困难，而且极大地鼓舞了他们的斗志，对他们坚持在中原地区斗争及后来的突围斗争，都产生了积极的作用。

---

① 杨显东：《从汤池到北京——董老指引我走上革命的道路》，《忆董老》第2辑，湖北人民出版社1982年版，第43—45页。

虎穴斗顽

1946年5月5日，国民政府宣布还都南京。国共谈判的中心随之移到南京。5月16日，董必武继周恩来等之后抵达南京。中共中央重庆局遂改称南京局，设在南京梅园新村的17号和斜对面的30号，对外则称中共代表团南京办事处。南京局下设外事、地下、群众、财经工作委员会，宣传部、组织部、党派、军事、资料组和办公厅、政治研究室。董必武分工负责地下工作委员会和财经委员会，协助周恩来进行工作。

此时，"蒋系有意识的走向战争，但做法尚保存两面"。5月24日，他狂妄地向中共提出：坚持"接收东北主权"，"恢复交通"；要求授予美方代表在执行停战令、军队整编和恢复交通中有"最后之决定权"；东北中共军队只能驻扎在新黑龙江或合江省即旧吉林省境内。6月17日，国民党在所谓《整军方案》补充办法中更苛刻地提出：中共军队退出热河和察哈尔两省及烟台、威海两港口，国民党则向青岛、天津各增驻一个军；东北民主联军退出哈尔滨、安东（今丹东）、通化、牡丹江和白城，只能驻在齐齐哈尔、海兰泡和延吉三地。其目的是或压迫中共屈服，或造成破裂，且将责任推给共产党。

中共中央已经预见到全面内战不可避免，但还是决定"竭力争和平，哪怕短时期也好"。循此方针，董必武与周恩来、陆定一同国民党代表王世杰、邵力子、张群、张厉生等进行谈判，拒绝其无理要求。6月21日，中共代表团提出对案：（一）宣布东北长期停战，并重申全国停战命令；（二）立即协商恢复全国交通之具体办法；（三）定期商定全国及东北整军办法；（四）重开政治协商会议，迅速改组政府。并对国民党当局查封北平《解放报》和新华通讯社提出抗议。但被国民党拒绝。

为了使民主党派和民主人士了解真相，董必武做了大量工作。5月28日，民盟五代表张君劢、梁漱溟、黄炎培、沈钧儒、章伯钧由重庆抵南京，董必武与周恩来、陆定一等当天即去访晤，介绍近一月的谈判情况，交换对时局的意见。次日，又与黄炎培"长谈至深夜"。后又与李维汉多次往访民盟、青年党代表。6月18日，他俩出席民盟和无党派人士的集会，出示蒋介石提出的新方案，全面说明国共谈判恶化的经过：关于交通案，三代表本有定稿，送蒋介石后被改得一塌糊涂；碉堡全不拆毁；人事方面仅准中共推荐雇员，考不及格则不用；路警每一公里设五人，皆由国民党派；把已协商的方案全部推翻了。关于三人小组最后决定权，中共一再让步，提出三人小组意见不统一时，由美方代表单独报告上级，不必经他人会商；最高三人会议决定之原则执行不一致时，得由美方代表决定，但蒋介石仍不接受。关于东北整军案，蒋介石规定中共驻军仅限于延吉、海兰泡、齐齐哈尔三处，每处一师，共三师。除原定一师，此增加之二师须移苏北中共两师充之。关于察、热两省，蒋介石提出须由中共全让出，威海卫、烟台亦须让出。凡此种种，中共自然无法接受。董必武通过具体事实，向第三方面揭露了蒋介石对中共的苛刻和假和谈、真内战的面目。

针对一些民主人士的疑惑，董必武和周恩来、邓颖超、陆定一联名于6月11日给马叙伦、陶行知等复信，指出："中国政事之败，民生之苦，于今已达极点，而国民党统治集团中之好战分子，依然恃美国武器之资助，积极进行全面反共之内战"；重申中共"夙主无条件停止国内一切冲突"，"愿本一向和平民主团结统一之职志，进行谈判"，并希望"诸先生再接再厉，制止内战，挽救国运于阽危，张民主之大纛"①。接着，董必武于6月18日专程赴上海，邀请马叙伦、林汉达、郭沫若晤谈，介绍时局，与他们商讨制止内战的办法，推动爱国民主运动的发展。

---

① 《解放日报》1946年6月23日。

民主人士行动起来了。6月23日,上海各界群众10余万人举行反对内战、要求和平的示威游行,欢送马叙伦、阎宝航、吴耀宗、盛丕华、雷洁琼、黄延芳等10位代表前往南京请愿和平。这一声势浩大的和平请愿运动是前所未有的。但引起国民党的仇视。当请愿和平的代表当天下午到达南京下关车站时,遭到国民党当局精心策划指挥的所谓"难民"的包围毒打,暴行延续5个多小时,马叙伦等4人受重伤,记者与欢迎人员12人受伤,这就是著名的"下关惨案"。董必武和周恩来、邓颖超等得悉后,深夜赶赴医院慰问马叙伦、雷洁琼等被暴徒殴伤者,中共代表团立即对国民党放纵暴徒逞凶打人提出严重抗议。25日,董必武和周恩来等宴请上海请愿代表,向他们阐述了中共争取和平的经过。29日,复致函他们,再次表示慰问,并望再接再厉,为和平民主而努力。通过这一事件,许多人士抛弃了对蒋介石的幻想。

1946年6月26日,国民党围攻中原解放区,全面内战爆发。但国民党仍企图利用谈判掩盖其军事进攻,并以种种无理条件迫使中共终止谈判,以便把分裂和内战责任推给中共。为了戳穿蒋介石的阴谋,"把谈判作为教育人民的工作",周恩来、董必武等继续与国民党代表折冲。7月2日,董必武和周恩来去会见蒋介石,蒋重复要求中共接受其整军方案补充办法,让出苏北、安东、胶济线等地,并蛮横地拒绝周恩来提出召开三人停战委员会和政协综合小组讨论军事、政治问题的建议,双方终至"无话可谈而散"。而会晤的唯一成果是成立一个五人会议讨论地方政府问题。国民党方面为邵力子、王世杰、陈诚,中共方面为周恩来、董必武。7月3日至10日,双方连续四次商谈,国民党顽固坚持要求中共从五个地区撤走,周恩来、董必武予以批驳和拒绝,商谈以无结果告终。

蒋介石在发动全面内战的同时,又公然对爱国民主运动进行疯狂的镇压。7月11日和15日,国民党特务连续在昆明街头用美制无声手枪暗杀了民盟中央委员李公朴和闻一多。噩耗传来,董必武十分愤怒。17日,他和周恩来等向国民党当局提交的抗议书中愤激地写道:"如此野蛮、卑鄙手段,虽德意日法西斯国家政府犹不敢肆意为之。中国号称反法西斯胜利国家,四项诺言,言犹在耳,而特务暴行,接踵而至,遍及全国。殴打未已,暗杀继之。一城之内,五日之间竟至续演杀人惨案两起,不知政府当局何以自解耳!"①他们给李公朴、闻一多夫人发去唁电,沉痛地指出:"此种空前残酷、惨痛、丑恶、卑鄙之暗杀行为,实打破了中外政治黑暗之记录。中国法西斯的狰狞面目至今已暴露无遗。一切政治欺骗已为昆明有计划的大规模的政治暗杀枪声所洞穿。""中国法西斯暴徒如此横行,虽极猖獗疯狂,实法西斯统治的最后挣扎,自掘坟墓"②。抗议书和唁电在次日的《新华日报》上公开发表,在国统区产生巨大反响。7月28日,董必武又在《新华日报》发表《争民主的牺牲》一文,强烈指斥国民党的反动统治:李公朴、闻一多两先生被暗杀"是反动派有计划、有组织的特务暴行"。"国民党一党专政的国民政府建立着各式各样的特务机关,纵容这些特务机关蹂躏人民,无恶不作。"并告知人民:"无论反动派怎样疯狂与残暴,都不能挽救它垂死的命运,一个坏政府想靠特务的恐怖来维持其黑暗统治是可能的吗?"号召一切爱好和平民主的人们要"更团结、更勇敢地继续举起民主主义的光荣旗帜前进!"在获知民盟主席张澜在李、闻追悼会上遭特务围辱后,董必武和周恩来等致电慰问,并再次指出:"不粉碎特务系统,中国人民不能安全,民主政制无法建立。为民主,必须反特务。"③高扬起反对蒋介石独裁、特务统治的旗帜,给民主人士极大的鼓舞。

发动全面内战后,蒋介石的气焰十分嚣张。8月6日,他通过新近担任美国驻华大使的司徒雷登,向中共转达:一、让出苏皖地区;二、让

---

① 《新华日报》1946年7月18日。
② 《新华日报》1946年7月18日。
③ 《董必武年谱》,中央文献出版社1991年版,第263页。

出胶济线;三、让出承德与承德以南;四、东北在10月15日前退至黑龙江①、兴安省及嫩江省与延吉;五、鲁、晋两省须退出6月7日后占领地区。否则,停战、改组政府都无从谈起。周恩来当即断然拒绝:"绝对不能接受,一条也不行。"9月上旬,国民党宣布并调集军队进攻张家口。张家口是晋察冀解放区的政治军事中心,这是国民党决心实行最后破裂的严重步骤。继续商谈已不能取得进展了,为了不让国民党制造谈判还在继续、还有希望的假象,周恩来与董必武等商议并报中共中央同意后,于9月16日离开南京前往上海,并声明"已暂退出南京政治谈判,不再与政府及美国代表进行'无意义'之磋商"。董必武遂担负起领导中共南京局日常工作的责任,并负责与国民党和美国"调停人"的联系。

这时,所谓"国民大会"问题突出了。按照政治协商会议决议,先成立联合政府,然后由联合政府筹备召开国民大会。但蒋介石在发动全面内战后,7月3日,国民党以国防最高委员会名义悍然宣布:决定于本年11月12日召开国民大会。周恩来、董必武等于7月7日对之提出强烈抗议,指出:"此举完全违反协商精神,我党坚决反对",并郑重声明:"关于国大诸问题,在获得协议之前,我党不受任何片面决定之拘束。"②民主同盟也提出了抗议。但国民党置之不理。9月,复要求各党派提出国大代表名单。9月6日,董必武就此向马歇尔提出备忘录:"政府单方面决定于一九四六年十一月十二日召开国民会议是不合情理的,中国共产党决不接受这种未经政治协商会议讨论的、单方面的决定。"9月28日,董必武和周恩来等再次致电国民党代表张厉生:国方擅自召开"国大",在未经协商以前,我方不能提出国大代表名单。拒绝了国民党的无理要求。董必武并多次与民盟代表梁漱溟等就此商谈,推动他们与中共达成一致。

---

① 抗战胜利后,国民党把东北划分为九个省,这里提的"黑龙江"省是新划的黑龙江省。
② 《董必武年谱》,中央文献出版社1991年版,第260页。

周恩来前去上海，国共谈判陷于停顿。作为"调停人"的马歇尔、司徒雷登着急了，他俩联名函请周恩来返回南京商谈。周恩来以再谈"于真正和平决无补益"，"徒骗人民"回绝。为了阐明中共主张，揭穿骗局，9月底至10月上旬，董必武与马歇尔、司徒雷登进行了多次会谈。针对马、司所谓"目前可以停战，蒋介石表示愿意停战"的说法，董必武予以坚决的反驳：国民党军队正大举进攻张家口、哈尔滨、安东及苏北，尤其是进攻张家口，在此种情况下，有何方法保证停战？！并对美国政府在8月30日以1.75亿美元价码将8.25亿美元的战时剩余物资廉价转让给国民政府的做法提出严肃的批评："现在中国正处在内战局面中，而美国政府恰恰在这个时候，出售物资给交战的一方，这就必然增加处在另一方面的中共的困难。""因此，我们不得不提出抗议。"①9月27日，董必武以记者谈话方式，对美国政府的做法公开进行谴责："美国在调处中变成一面倒，从帮助法西斯统治、摧残民主，一直到帮助打仗。在内战扩大时，出售大批剩余物资给国民党一党政府就是一个证明"，要求美国政府"改变对华政策"②。《新华日报》将此发表，在社会上引起极大的震动。

　　9月30日，董必武和周恩来等联名致函国民党政协代表孙科并转蒋介石，严正指出：如果政府不立即停止对张家口及其周围的一切军事活动，中共不能不认为政府业已公然宣告全面破裂，并已最后放弃政治解决的方针。其因此所造成的一切后果，当然全部责任均应由政府方面负之③。同时，向马歇尔提出同样内容的备忘录。这是中共对蒋介石国民党的最严重警告，置若罔闻的蒋介石最后自食其果。

　　为了施行欺骗，10月2日蒋介石在致马歇尔备忘录中，提出所谓"最大限度的让步"两条：（一）国府委员会名额给中共8名，民盟4名，中

---

① 《董必武年谱》，中央文献出版社1991年版，第266页。
② 《董必武年谱》，中央文献出版社1991年版，第266页。
③ 《新华日报》1946年9月27日。

共可推荐一名无党派人士,共 13 名,中共应立即交出国府委员和国大代表名单;(二)迅速规定中共 18 个师的驻地,限期进入。双方就这两条达成协议,政府即宣告停止军事行动,同意召开三人会议。10 月 6 日,蒋介石又答应暂停进攻张家口 10 天,条件是中共出席三人小组或五人小组会议,讨论其 2 日备忘录的条件。在 10 月 4 日与马歇尔的会谈中,董必武指出:蒋介石对进攻张家口问题不回答,即表示无诚意;把国大问题作为停战的先决条件,更加表明其简直不愿意停战。告知马歇尔:中共的要求是停止进攻张家口,恢复 1 月 10 日停战协定的效力。针对蒋介石休战 10 天的允诺,10 月 8 日董必武向马歇尔、司徒雷登声明:坚决不能接受。如此限期完全是战胜者对战败者所施行的强迫,而不是对等地位的讨论。他指出:蒋介石提议的实质"在于利用休战得到补充。10 天之后,如果我们不接受政府的条件,又继续进攻"。再次重申中共的要求是:"完全停止进攻张家口及其周围,政府的部队退回到原来的位置,保证停战。"蒋介石的欺骗再次落空。

10 月 11 日,国民党军占领张家口。蒋介石被"胜利"冲昏了头脑,当天下令于 11 月 12 日召开"国民大会",悍然关闭了和平大门。但他仍作出和平姿态,诱骗第三方面。困惑于内战危机的第三方面竟受之诱骗和鼓动,幻想从绝境中挽救和平。张君劢、黄炎培、沈钧儒、章伯钧、罗隆基、左舜生、李璜、胡霖等穿插奔走国共之间,多次恳劝周恩来返回南京谈判。为了给他们面子,给他们教育,10 月 21 日周恩来在第三方面代表和国民党代表吴铁城、邵力子、雷震等陪同下,回到南京。但事实很快击穿了第三方面的幻想:蒋介石与大家会面仅仅八分钟,即避去台湾;第三方面的和谈方案又连遭否决。事实清楚地暴露出国民党对和平谈判没有丝毫的诚意,第三方面的调解失败。这期间,董必武紧密地配合周恩来做第三方面的工作。他和李维汉、邓颖超同第三方面代表多次接谈"停战"问题,针对国民党坚持各党派先提出"国大"名单,才可考虑停战的条件,董必武等指出：停战与交"国大"名单，本为两个问题。按"政协"决议，系先改组国民政府及行政院，然后由联合政府召开"国大"，名单也只能提交人民政府。蒋介石拿交名单作为停战之条件，撇开"政协"决议及程序不谈，实为偷天换日的手法。并明确告知第三方面：提出国大代表名单，并不能保证停战，必须实行政协决议和停战协定。11月4日，他向记者指出：中共以诚意渴望和平，对于恢复和谈并无何意见，但对国民政府先提出国大代表名单，然后始下停战令一点认为无考虑必要。在同第三方面谈话时，他明确宣布，中共绝不以国大名单交换停战。蒋介石加紧诱骗第三方面，宣布"国大"延期三天以待，国民党政客四处游说，分化和诱压第三方面。民盟一些人一度动摇，准备给蒋介石写信。周恩来、董必武等往见他们，周恩来语重心长地对他们说："20多天追随诸位先生之后，一切都是为了实现政协决议及停战协定。现在国民党要分化中共与第三方面，用心是把中共踢开。现在有人去跳火坑，进'国大'。我们愿意谅解各位的苦衷，但我们必须坚持政协决议。希望有一天仍能在一起为和平民主奋斗。"①董必武也对他们进行了耐心的劝告，提醒他们认清大局。为了推动第三方面清醒认识，11月10日起，董必武和周恩来连续与第三方面和国民党的代表举行非正式综合小组会议，反复强调：国民党的所谓"国大"，违反"政协"决议，应予停止。当国民党代表提出要考虑宪草审议问题时，董必武当即予以反驳：如果国大不停开，宪草的审议就无从进行。经过周恩来、董必武等的说服、帮助，民盟代表坚定起来，表示一切行动以政协决议为依据，不参加违反政协决议的"国大"。11月14日，民盟主席张澜宣布："民盟决不参加一党国大。"周恩来、董必武等的工作获得成功，蒋介石嫁罪中共、诱骗民盟的阴谋彻底破产。

11月15日，国民党一意孤行地召开了其一党包办的"国大"。19日，

---

① 中共中央文献研究室：《周恩来年谱》，中央文献出版社1989年版，第704页。

周恩来率李维汉、邓颖超等中共代表团10余人飞返延安。为了宣传群众、联系群众和教育群众，根据中共中央指示，董必武继续留下，主持中共南京局和中共代表团驻南京、上海办事处。

和平之门已被蒋介石关闭，但美国"调停人"还想重开谈判。11月29日，司徒雷登约见董必武，说国民党要打延安被美国的压力制止了，提议在召开"国大"的同时召开三人会议。对此只会给国民党粉饰的谈判，董必武当即予以拒绝："在'国大'召开的情形下，三人会议无事可谈，也无保障。美国调停的作法要改变，否则将适得其反。"①12月4日，他复向马歇尔递交备忘录：

> 周恩来将军嘱我将下列电报递交阁下："由于一党操纵的'国大'的召开，政协协议已为蒋介石主席撕毁无遗，国共两党间已无谈判之基础。然为符合全国人民争取和平与民主之愿望，本党主张，如国民党立即解散正在开会的非法国大，恢复一月十三日停战令时之军队原防，则两党仍可重开谈判。乞将上述各点转致蒋主席。"②

此备忘录表明了中共为挽救时局、重开谈判的诚意和最后所作的努力。

1947年1月7日，马歇尔发表离华声明，并于次日返国。在声明中，他虽然批评国民党当局"对于余促成真正联合政府之一切努力，几无不加以反对"，却又称赞其"国大"为中国民主政治之出路，同时指责中共坚持和谈的两点基本原则是"不愿促成公允之妥协"，"而促使谈判中断"。这实际上在为蒋介石的内战独裁政策辩护，把国共谈判破裂的责任推到中共身上。为了澄清马歇尔声明给人们造成的糊涂认识，董必武于1月12日发表《评马歇尔离华声明》，指出："中国内战比赫尔利来华时规模大得多，百分之九十的国民党军已动员，美制之飞机、坦克、大炮现正

---

① 《董必武年谱》，中央文献出版社1991年版，第275—276页。
② 《董必武年谱》，中央文献出版社1991年版，第275—276页。

与人民作战。""如无美国之装备、运输，中国的内战决打不起来。""美帝国主义者应负中国内战之责任。"他尖锐批驳了马歇尔，指出："马歇尔既赞成政协，又誉违反政协之非法国大制出之伪宪法为中国之出路，显系瞎说。"①

董必武非常注重对民主人士的工作，保持与黄炎培、张澜、章伯钧、罗隆基等的联系，并多次晤谈，予以引导。1947年1月，民盟一届二中全会提出了努力促成和谈、重开政协、实行政协决议等不切实际的主张。董必武一次次登门造访民盟领导人，向他们说明：蒋介石要彻底消灭人民力量，我国人民唯一的道路就是将解放战争进行到底，一切和平空谈，都无济于事。他的说服工作，紧紧围绕"促成政协路线"实行这个中心话题。因为，"政协路线就是毛主席《论联合政府》的路线，这将是今后长时期的奋斗目标。为什么我们现在的口号不叫'政协会议'，而叫'政协路线'呢？因为政协决议已被他们破坏，……所以决议是会变的，但路线不能变，党派协商、共同纲领、联合政府是不能变的。"1月10日，他在政协周年纪念日对记者发表谈话，有针对性地指出："政协路线乃是解决中国问题的正确路线，也是中国人民从封建主义和法西斯主义桎梏下求得解放的路线。今后解决中国政治问题，仍非遵照这条有历史意义的路线不可。有人企图违反政协路线是行不通的。"②

蒋介石很快就遇到了危机，在军事上虽然占领解放区大片土地，兵力却被歼灭53个旅。从1946年12月起，由抗议美军强奸北大女学生罪行引发的规模巨大的抗暴爱国运动席卷国统区。蒋介石感到震惊，他迫切需要获得喘息的时间。1947年1月15日，他会见司徒雷登，请求司徒雷登向中共转达：恢复和谈，已派张治中为代表，不附带任何条件，甚至张治

---

① 《新华日报》1947年1月13日。
② 《新华日报》1947年1月12日。

中可以去延安商谈。16日，司徒雷登向中共代表团转达了蒋介石的意见。根据中共中央指示，董必武转告国民党当局：同意恢复谈判，但必须实现两个最低先决条件：（一）废除国民党违背政治协商会议决议而制定的伪宪法；（二）国民党军队退出去年1月13日停战协定生效以后侵占的解放区的一切土地，恢复去年1月13日的军事位置。并说明，这是真正可以保障和平、实现民主的先决条件，是必须做到也完全可以做到的。否则，无法保证以后谈判中所获得的协议不再被国民党撕毁。"如果答应原先提出的两项条件，和谈即可在南京恢复。否则，派代表团前往延安也无济于事。"①根据中共中央指示，董必武暂住上海，对美、蒋双方表示冷淡。这种针锋相对的斗争，使蒋介石的"和谈"骗局破灭了。

蒋介石在"和平"攻势破产后，决定驱赶仍留在国统区的中共代表团人员。根据中共中央"要准备撤退，但国民党不撵就坚决不走"的指示，董必武领导办事处人员坚持斗争到最后。2月28日，国民党出动大批军警特务包围中共上海办事处，禁止出入，限令撤退。董必武一面向上海国民党当局提出抗议，指出："褫夺中共人员自由系非法活动"，要求"将包围办事处之军警撤走，以便我们办事人员得以摒挡一切，准备撤退事宜"。一面对办事处人员进行革命气节教育，嘱咐大家宁死不向敌人屈服，准备应付一切可能发生的事变。并组织办事处人员清理和销毁文件。为了让外界知道办事处被围，董必武在电话中幽默地向记者说："马思南路（办事处所在地）现在的保安人员是足尺加三，我们不能出来拜访你们了，通电话规定莫谈国事，只好在这里向你们表示问候吧！"②巧妙地把情况透露给新闻界和社会人士。经过坚决斗争，上海办事处人员得以全部撤往南京会集。

---

① 《马歇尔使华》，中华书局1981年版，第458页。
② 刘昂：《董老领导我们战斗在虎狼窝里——记中共代表团被迫撤离上海、南京》，《忆董老》第1辑，湖北人民出版社1980年版，第76页。

在董必武领导下，中共代表团的撤退工作组织得十分周密。董必武先后往访张治中、张群、邵力子等，向民主人士及美国大使司徒雷登辞行，并在3月5日举行记者招待会辞别。3月7日，董必武率中共驻南京、上海工作人员74人撤离南京。在机场，他向各界人士发表颇带感情色彩的书面讲话：

> 必武等今日被迫离此，感慨莫名。十年来从未断绝之国共联系，今已为国民党好战分子一手割断矣！彼等此一举动，显然企图配合政府之改组，俾求得美国政府公开的大量援助，借以鼓励前方颓落之士气，镇定后方动摇之人心，并残酷迫害日见猛烈之民主爱国运动。好战分子之中外友人，似亦认为不妨一试。内战显将继续，人民之灾祸必将更大更深。然而，此种以千百万人性命为赌注之极大冒险，因其违反全体爱好和平人民之愿望，终必失败无疑。好战分子行将自食恶果。彼等中外友人，亦将后悔莫及。目前虽战祸蔓延，我们中共党员仍一本初衷，竭力为和平民主奋斗到底。当此握别之际，必武等愿以此与全国一切爱好和平民主人士共勉①。

讲话既表示了对国共关系断绝的惋惜，更强调了中共为和平民主奋斗到底的决心。这是中共代表在国统区公开发表的最后一篇讲话。

临上飞机，董必武向送行的人们意味深长地说："再见之期，当不在远。"历史的发展证实了他的预料，两年零一个半月后，人民解放军解放南京，宣告了国民党反动统治的覆灭。

当天，董必武等回到延安，周恩来、朱德、刘少奇、林伯渠、邓颖超、杨尚昆等到机场迎接，中共中央热烈欢迎他们的胜利归来。至此，他结束了在国统区长达十年的斗争。

---

① 《董必武选集》，人民出版社1985年版，第124页。

华北主政

董必武回到延安的时候,延安城正笼罩在一片紧张的战争气氛之中。

国民党在全面进攻解放区失败后,便集中兵力重点进攻山东和陕北两个解放区。1947年3月13日,胡宗南指挥15个旅14万人,分两路直扑延安。在陕甘宁边区的人民解放军只有两万多人,鉴于敌强我弱,中共中央决定暂时放弃延安,以"蘑菇"战术在运动战中消耗和歼灭敌人。于是,董必武披着一身征尘,马上随中央直属机关,东渡黄河,转移到山西临县。

3月29日,中共中央政治局会议决定:毛泽东、周恩来、任弼时留在陕北领导全国解放战争;由刘少奇、朱德、董必武组成中央工作委员会(后增加康生、彭真),刘少奇任书记,前往华北进行中央委托的工作。根据中央决定,董必武在协助叶剑英等对撤到晋西北的人员进行工作安排后,于4月19日随安子文支队前往华北。经兴县、岚县、崞县(今原平县)、龙泉关等地,于6月初到达晋察冀中央局所在地河北省阜平县城南庄。

4月16日,中共中央决定成立华北财经办事处,职责是统一华北各解放区的财经政策,调剂各区之间的财税关系和收支,董必武被任命为办事处主任。这是一项光荣而艰巨的任务,对董必武来说是一项全新的工作,他感谢党中央的信任,勇敢地承担起了这个工作。这时,有几个会议要召开。于是,董必武在城南庄稍作停留,即出发南下,越过平汉铁路封锁线进入冀中、冀南解放区,6月下旬,在衡水主持召开了解放区救济工作会议。会后,经武邑、威县、邯郸、武安到达涉县冶陶,与晋冀鲁豫中央局薄一波等相会,就支援前线和统一华北财政经济等问题进行了磋商,出席了正在举行的晋冀鲁豫解放区财经工作会议,并讲了话。接着,他复经衡水、河间,到达中央工委所在地平山县西柏坡。

人民解放战争的迅猛发展，要求普遍地彻底地消灭封建土地制度，以进一步发动广大农民。为此，中央工委于1947年7月17日至9月19日由刘少奇主持召开了全国土地工作会议。董必武和朱德等被选为会议主席团常委，参与了会议的领导。在开幕式上，他讲话指出：土地问题，在中国历史上许多年前就已提出来了，但都没有解决。中国共产党成立不久便认识到了这个问题的重要性，但也还没有彻底解决这个问题，这次土地会议，就是要解决历史上许多年来没有解决的问题。现在农民要求土地，我们革命的政权是保障满足农民的要求的。他强调说："中国目前一定要解决这个问题。我们不能解决这个问题，那中国革命就不能成功，能解决这个问题，中国革命才一定会胜利。"因此，他着重指出："土地改革是目前工作的基本环节，确是这样的。"① 会议期间，董必武受大会主席团委托，对农民分得土地后，如何减轻他们的负担，进一步调动他们从事生产的积极性等问题，进行了调查研究。8月27日，他向大会作了《土地改革后农村生产问题》的报告。分析了农村经过土改、农民分得土地后，出现缺乏"其他生产资料，如耕畜、农具、种子、肥料"和"在新条件下从事生产的技术和经验"，以及"农民也有怕变天的思想"而影响生产等各种问题，有针对性地提出了12条解决办法：使农民对目前生产的重要性有正确的认识、提倡农村副业、在自愿原则下组织农民互相变工和组织合作社、举办农民救济和农村贷款、组织农业和副业的技术研究、加强农场对附近农村生产的援助、机关部队应帮助驻地的农村生产、奖励农村的商业和运输、银行贸易部门应确定帮助农村经济发展的方针、兴修水利、植树造林、发展畜牧等。他着重指出："领导和组织生产，为党和政府的主要任务之一"，强调党和政府一定要实行精简，厉行节约，严禁贪污，谨防腐化，"大家必须节衣缩食，争取胜利"。他还就土改后发展生产的方向作了简明

---

① 《董必武选集》，人民出版社1985年版，第129—131页。

深刻的阐述。他的这个报告，对推动解放区农村生产的发展有着极强的指导意义，被作为会议的主要文件之一下发。在土地会议推动下，各解放区很快掀起了土地改革的高潮，保证了农民在经济上、政治上获得了解放，大大地调动了广大农民的生产积极性和革命积极性，使革命战争获得了取之不尽、用之不竭的人力物力资源，极大地支援了人民解放军进入战略反攻。

7月14日，华北财经办事处正式开始工作。董必武致电各解放区，要求将各解放区对财经工作的决定，有关财政、经济、银行、贸易的各种重要法令，工作计划及出入口贸易、币价比值等材料报送财经办事处，以资参考。在大量调查研究的基础上，他于8月1日制定了《华北财经办事处组织规程》，经中共中央批准后下发中共华东、晋冀鲁豫、西北等中央局和晋绥中央分局，确定华北财经办事处的任务是："制订华北解放区国民经济建设的计划，审查各解放区的生产、贸易、金融计划并及时作必要的管理与调剂；掌握各个区的货币发行；筹建中央财政及银行"等。为完成上述任务，董必武领导华北财办采取了一系列切实可行的办法和措施：撤销了各区间的关税壁垒，规定了各区货币兑换办法，促进了各区间的民间贸易往来；以发展生产保障供给为财经工作的总方针，确定了战时解放区财经工作的基本路线，调剂战时脱产人数、供给标准和人民内部之间的矛盾；协同各战略区负责人，调剂了贫富区的财政；反对了存在于财经工作人员中相当严重的山头主义、本位主义，等等。在9月中旬召开的晋察冀边区财经会议上，他强调了统一财经工作的极端重要性，指出：现在各战区内部连成一片，各战区间也连接起来了，要发展生产，支援全国范围内的战争，特别是运动战，财经工作必须统一。在这年年底，他相继筹备召开了华北兵工生产和华北交通工作会议，明确提出，当前的中心任务是支援解放战争，要"一切为着争取战争胜利，一切服从战争需要"。经过会议讨论及其贯彻执行，先行统一了华北各地兵工生产的计划和领导，由杨立三主持其事。接着迅速实现了华北、西北和华东各解放区公路、铁路、河运、邮电工作的统一。在1948年3月，又在石家庄召开金融贸易会议，讨论筹备对华北各解放区统一货币和贸易的问题。

针对各地出现的一些贪污浪费现象，董必武主持华北财办，在1948年1月4日发出《关于反贪污反浪费的指示》。指出：目前，贪污现象日益严重，这种现象如不纠正，将大大加重我们的财政困难，使我们战争难于长期支持；且日益腐蚀干部、腐蚀党员，损害党的政治影响，必须动员干部对各种贪污浪费现象进行斗争、批评与自我批评，揭发各部门的贪污浪费现象，引起全党警惕。并强调，对教育无效或犯罪行为超过一定限度的，就必须执行纪律，不能姑息。要求各地立即刹住这种现象，防止和杜绝之。

濒临失败的蒋介石益加疯狂。1947年10月12日，民盟西北支部负责人杜斌丞被国民党反动派杀害。董必武闻讯，在悲愤中赋诗《闻杜斌丞先生在西安遇害，为长句吊之》：

> 大颡虬髯骨相奇，
> 胸罗武库是吾师。
> 共推国士谋能断，
> 屡作罪言安复危。
> 当路芳兰宁有幸？
> 噬人瘐狗竟无知。
> 秋风惨淡西安市，
> 万户伤心泪暗垂①。

当获知国民党强迫民盟于10月26日解散，沈钧儒、史良等避走香港后，董必武致电周恩来，建议对赴港民盟成员生活困难者，酌予接济。

---

① 《董必武诗选》，人民文学出版社1986年版，第108页。

对人民解放军转入战略进攻取得的伟大胜利，董必武无比兴奋和喜悦。中秋之夜，万里晴夜不挂一丝浮云。他仰望皎洁的明月，思绪缭绕，浮想联翩，即兴写下：

> 秋月光如水，
> 今宵分外明。
> 太清云不滓，
> 永夜露无声。
> 仰望莫能即，
> 徘徊有所萦。
> 南征诸将士，
> 对此若何情？①

他为南征的人民解放军将士英勇善战、屡建奇功和祖国即将解放而热情讴歌。

人民解放军凌厉的战略进攻，很快打破了国民党的全面防御和分区防御体系。1947年11月，晋察冀野战军一举攻克石家庄，使晋察冀和晋冀鲁豫解放区连成一片。经过1948年初的连续作战，除太原孤城正在围困之中外，敌人留在华北解放区中心的据点全部拔除，晋察冀、晋冀鲁豫解放区与山东、晋绥解放区完全衔接。1948年4月21日，西北解放军收复延安。在革命胜利发展的形势下，中共中央于3月23日离开陕甘宁边区，东渡黄河。4月27日，周恩来、任弼时等先行抵达西柏坡。董必武和刘少奇、朱德热情欢迎战友们的到来。4月30日，在毛泽东主持下，中共中央书记处在阜平县城南庄召开会议，中共中央和中央工委完全会合。会议作出了晋察冀、晋冀鲁豫解放区合并的决定。5月，中共中央、中央军委宣布，将晋察冀、晋冀鲁豫两解放区合并为华北解放区，成立中共中央华北

---

① 《董必武诗选》，人民文学出版社1986年版，第105页。

局、华北军区和华北联合行政委员会。刘少奇兼任华北局第一书记，薄一波、聂荣臻任第二、第三书记，聂荣臻任华北军区司令员，薄一波任政委。董必武任中共华北局常委和华北行政委员会主席。6月，中共中央决定撤销华北财经办事处，成立中央财政经济部，董必武任部长。

董必武肩上的担子更重了。

他向中共中央提交了华北金融贸易会议的报告，报告中称：今后的经济建设，不但要发展农业，而且要发展工业，不但要建设乡村，而且要建设城市。我们已有可能和必要从分散的地方经济逐步发展向统一的国民经济。货币发行，首先保证生产建设，其次保证战争供给，同时要掌握发行数量，避免物价急剧上涨。必须保护工商业者的财产所有权、经营自由权及正当的营业利润，慎重处理工商业中的劳资关系。7月30日，中共中央批准了这个报告，下发华北、华东、西北中央局和晋绥分局并转各地政府党团和各财办，要求遵循执行。在8月2日的中央工作会议上，他就财经工作提出建议：要求币制统一，财政也必须统一；生产建设也应统一；如果金融、财政、贸易统一起来，必须有统一的机构。中共中央肯定了他的建议，于10月决定成立华北财经委员会，统一领导华北、华东、西北的财经、经济、金融、贸易、交通等工作，任命董必武为该委员会主任，薄一波、黄敬为副主任，方毅任委员兼秘书长。根据中共中央决定，董必武于9月上旬通令各地，确定了分别在各个解放区流通的北海币、冀钞、西北农币、边币的兑换比值，要求各地严防商业投机和货币投机，竭力维护比价，防止市场物价波动。经过充分准备，从10月20日起，上述货币在华北、陕甘宁和晋绥解放区实现了互相通用。在各区货币统一流通的基础上，又决定将华北银行、北海银行、西北农民银行三行合并，成立中国人民银行，发行中国人民银行券，使华北、华东、西北三区在货币方面实现了统一。同时，又进一步调剂了各地区的财政，统筹了各地区的贸易，审查并建立了各种经济法规，收集整理了有关财经工作的大量资料，促进了三区在财政、金融各方面的统一，为支援全国解放战争和发展生产创造了极为有利的条件。

与此同时，董必武主持了筹备召开华北临时人民代表大会，建立华北人民政府的工作。经过一系列准备，华北临时人民代表大会在1948年8月7日在石家庄开幕。董必武当选为大会主席团常务主席。在开幕词中，他满怀激情地说：华北临时人民代表大会"将成为全国人民代表大会的前奏和雏形。因此，它是中国民主革命历史中划时代的一次大会，在中国民主革命历史上将占有光荣的篇章。""我们这个人民代表大会，体现了我们解放区的政权是革命的政权，是人民的政权，是新民主主义的政权。"他指出大会的任务是讨论确定华北当前的重大任务：定出将来政府的施政方针，讨论两个边区政府的工作报告、某些基本政策、新政府的组织，以及政府和各代表的提案等①。大会组织了《华北解放区施政方针》《华北人民政府组织大纲》《村县（市）人民政权组织条例》《农业税则》等审查委员会。董必武被推选为《华北人民政府组织大纲》审查委员会召集人。

为了开好大会，董必武在8月14日华北临时人民代表大会党员大会上，强调了必须团结党外人士和发扬民主的问题。他指出："今天民主革命已进入更复杂的情况，必须注意团结党外人士。""要真正彻底消灭国民党，还要费很大力量争取更多的人们。"他说："必须善于运用政权团结人民，现在将来都要用民主方式，发扬民主精神。""要倾听不同意见，不要一听不同意见就不耐烦；要坚持说理态度，说得使人心服；要坚持少数服从多数。"②他的这些论述，至今仍是非常宝贵的。

在董必武为首的大会主席团领导下，会议经过讨论，决定正式合并晋察冀边区行政委员会和晋冀鲁豫边区政府，成立华北人民政府。8月18

---

① 《董必武选集》，人民出版社1985年版，第199—202页。
② 《董必武年谱》，中央文献出版社1991年版，第312页。

日，选举董必武、聂荣臻、徐向前、薄一波、黄敬、蓝公武、杨秀峰等27人为华北人民政府委员，组成华北人民政府。8月19日，大会胜利闭幕。9月22至24日，在华北人民政府委员会第一次会议上，董必武当选为华北人民政府主席，薄一波、蓝公武、杨秀峰为副主席。会议并通过了各部长、各会主任、各院长、华北银行总经理及秘书长、劳动局长等的任命。9月26日，董必武率全体干部就职视事，宣告华北人民政府正式成立。他在讲话中，明确提出，今后华北人民政府的中心任务是，"实施华北政府的施政方针""建立各级人民政权""从各方面发展生产""支援前线"。并强调要建立一套正规的制度和办法，"我们是人民选举出来的，我们要向人民负责，人民要求我们办事要有制度、有纪律，无纪律无制度一定办不好事情。政府规定的制度一定要遵守，不遵守就是违反纪律"①。在政权初创时期，他的这些话很有针对性，而且是使政权廉洁、有效率所必须具备的。

在华北临时人民大会期间，中共中央于9月8日至13日在西柏坡召开了政治局扩大会议（即九月会议）。董必武出席了会议，并作了重要发言。他指出：我们的财政是在战争需要、供给标准和减轻人民负担三个矛盾中跳舞，战争需要必须满足，供给标准必要时还可降低，人民负担已很重，我们今天不一定要实行军事共产主义，但也很难不要捆紧肚子，财政必须统一起来。关于学习工业和做生意问题，建议中央组织一个考察团到东欧学习工业管理、工商及行政工作，可派二三十人。关于建政工作，建议改变不善于运用政权、什么都是党委一马当先的状况，并尽快搞好市、县、村人代会条例草案，党中央批准应由政府通过颁布。关于教育问题，建议赶快恢复、整顿中小学，训练师资，提高教员的政治和物质待遇，各

---

① 《董必武选集》，人民出版社1985年版，第206—208页。

级党委要经常讨论教育工作①。从这个发言中,充分体现出董必武对新中国各项事业的精心擘画和远虑卓见。

华北人民政府成立后,立即领导各界群众和各行各业,掀起了空前的生产和支援前线工作的热潮。董必武在总结支前工作所取得的显著成绩时,十分满意地指出:由于党政军民上下团结一致的努力,只在短短的几个月里,华北人民政府就动员组织了4700余万人力、1700余万畜力支援前线,供应了各种军需物资8.7亿斤,有力地保证了平津、徐州、晋中、察绥、淮海以及大军南下、西进等重大战役的军需供应,保证了各路解放大军的胜利进军。

董必武领导大力开展了建立华北各级人民政权的工作。在华北人民政府第一次政务会议上,讨论并通过了统一规定各行署、市府名称、组织机构,并任命了正、副主任及市长,成立了以谢觉哉为主任委员的华北人民政府法制委员会。随后,又发布了统一各行署司法机构及审级的通令,规定县司法机关为第一审机关,行署、区人民法院为第二审机关,华北人民法院为终审机关。接着又相继组织了太原、保定军事管制委员会,任命了市长人选。1948年11月18日,平津战役尚未进行,董必武即提出成立市政干部训练所,为接管华北各大城市,尤其是接管平津训练市政干部。为了提高人们对人民新政权的认识,10月6日他在人民政权研究会上明确指出:我们的政权是"无产阶级领导的、以工农联盟为基础的,包括爱国民主人士共同组成的人民民主政权。实质就是无产阶级领导的,工农联盟为基础的人民民主专政。""政权的组织形式就是人民代表大会,……这个代表大会,就是一切权力都要归它。我们由人民代表大会选举政府,政府的权力是由人民代表大会给的,它的工作要受人民代表大会限制。"号召大家要研究人民代表大会代表怎样产生得好以及怎样发扬民主把人民代表大

---

① 《董必武年谱》,中央文献出版社1991年版,第313页。

会开得好等问题①。董必武认为以往我们在解放区建立的革命政权，一般还是军政府性质的，还没有取得建设完备的人民民主政权的经验，这就需要通过实践加以摸索，逐渐完备各级人民民主政权的建设。因此，他在整顿基层政权时，提出要积极为建立各级人民代表大会或代表会议作好准备，并在土改已经完成的地区，进行了用普选方法产生各级人民代表大会的重点试验。经过一系列的探索和试验，董必武于1949年7月对村县政权建设提出了明确的方针和具体的步骤，指出："建政工作只能在土地改革已经完成的基础上去做，没有经过土地改革的地区，封建的生产关系未改变，民主建政是没有基础的。""现在就是要在土改的基础上建立人民民主专政的组织形式，小村可用村人民大会，大村可成立村人民代表会议，产生村人民政府。县一定要用县人民代表大会或代表会议产生县人民政府。"②同时他还特别强调了搞好建政工作必须注意两条原则：一是要发动群众，二是要加强党的领导。1949年8月，董必武出席了北京市各界人民代表会议，在讲话中他列举大量事实，说明按照完备的民主形式建立起来的人民民主政权的优越性和巨大成功，指出：许多从前的反动政府所不能解决的问题，都经民主政府运用民主方式和人民商量，得到人民的协助而获得解决。在以董必武为首的华北人民政府和各级党委的领导下，华北地区普遍进行了村、县、市人民代表会议和同级人民政府的选举工作，为人民政权的建设积累了经验。

为了做好政府工作，董必武非常重视对干部和工作人员的思想教育。他向华北人民政府全体工作人员提出四项要求：（一）要重视政权工作，安心政府工作，不要过分考虑地位、兴趣、待遇；（二）要注意学习新鲜东西，学习不会的东西，新参加工作的特别要注意学习政策。老干部也要

---

① 《董必武选集》，人民出版社1985年版，第214、218—219页。
② 《董必武年谱》，中央文献出版社1991年版，第338页。

学习新同志的知识,同级和上下级也要互相学习;(三)注意节约物力、人力、时间,反对浪费;(四)新老同志要团结①。1949年6月,在华北人民政府各部和北平市人民政府处长级以上干部座谈会上,他针对当时有一些人不愿做政府工作的思想,着重阐述了政府工作的重要性,指出:"政府是政权机关,是掌握国家政权的。""如果没有政权,我们共产党的政策再好,也不过是一篇不能实现的好文章。"要求各个干部努力提高和加强自己的能力,提高效率,克服困难,搞好工作②。针对政府工作中暴露出的官僚主义倾向,他多次强调:必须克服官僚主义作风,注意克服形式主义,并强调政府干部中党员与非党员应团结合作,共同努力③。人民政协召开后,一些干部说"早革命不如迟革命","从前没有他们,革命还不是一样胜利"?对团结、优待民主人士有意见。针对这种情绪,董必武在华北人民政府科长以上党员干部会议上,着重强调了建立革命统一战线的重要性。他说,把革命进行到底,"用人民解放军的武装力量,肃清一切反革命,这是主要的,但不是唯一的,我们应该而且必须采取各种方式,争取一切可能争取到的人士归向革命,以孤立反革命"。"我们联系得愈广泛愈紧密,我们的敌人愈少空子可钻,我们就能愈快愈便利地完成现阶段的革命任务。""不团结民主人士,不争取可能争取的朋友,我们便会犯关门主义的错误,我们便陷于孤立,便不能取得革命的彻底胜利。"有鉴于此,"我们从中央到地方将要建立的政府,一定是人民民主联合政府,一定要有民主人士在内"④。他的经常而有针对性的教育,既提高了干部的思想认识和政策水平,又保证了当前工作的顺利进行。实践证明,这种工作方法行之有效。根据中共中央提出的加强纪律性、克服无政府无纪律状况的指

---

① 《董必武政治法律文集》,法律出版社1986年版,第50—54页。
② 《董必武年谱》,中央文献出版社1991年版,第331、338页。
③ 《董必武年谱》,中央文献出版社1991年版,第331、338页。
④ 《董必武政治法律文集》,法律出版社1986年版,第59—65页。

示，董必武认真检查了政府工作中存在的忽视民主集中制现象和地方主义、本位主义等问题，分析产生上述问题的主要原因在于"思想问题和组织领导问题"，因此，他提出必须一方面开展整党整风的思想检查，坚决克服一切无组织、无纪律状态，与官僚主义、"游击作风"和形式主义作严肃的斗争；一方面制定并颁发办事通则，要求各级干部严格遵守。他率领华北人民政府首先从自身做起，实行了严格的请示报告制度，加强了调查研究，开展了自上而下的工作检查，揭发了官僚主义和不负责任现象。同时，派出监察小组到各地巡视，对违法和失职案件进行检查和处理。经过一段时间的努力，各级人民政府的工作逐步走上了正轨。

　　健全和完善政权建设，就必须重视法制建设。董必武对此十分重视。1948年10月16日，他在《论新民主主义政权问题》的报告中，强调指出："建立新的政权，自然要创立新的法律、法令、规章制度。一定要建立新的。否则就是无政府主义。如果没有法律、法令、规章制度，那新的秩序怎样维持呢？因此新的（政权）建立后就要求按照新的法律、法令、规章制度办事。这种新的法律、法令、规章制度，就要根据无产阶级和劳动人民的意志和利益来拟定。"[①]而旧的法律、法令是不能沿用的。1949年3月31日，他签署训令：废除国民党的六法全书及其一切反动法律。指出：国民党反动统治阶级的法律，是为了保护封建地主、买办、官僚资产阶级的统治与镇压广大人民的反抗，是广大劳动人民的枷锁。因此，反动的法律和人民的法律，没有什么"蝉联交代"可言，而是要彻底地全部废除国民党的法律[②]。为此，他领导司法部门举办训练班，帮助司法干部树立革命的法律观点，要求他们以人民政权确定的法律、法令为依据，总结人民革命多年来的审判工作经验和处理方法，开展人民的司法工作。为了促进新中

---

① 《董必武选集》，人民出版社1985年版，第218页。
② 《董必武政治法律文集》，法律出版社1986年版，第45—46页。

国的法学研究,他还发起建立中国新法学研究会。1949年6月26日,他出席发起人大会,当选为新法学研究会筹备委员会委员。在这次会上,他再次指出:国民党的六法全书及其一切法律虽然废除了,但要完全粉碎旧法律的思想体系,则还需要加以彻底的批判。目前我们虽尚无完备的法典,但解放区已有很多单行条例、纲领、命令、法律大纲、决议等供我们学习研究。号召大家"学习马列主义和毛泽东思想的社会观与法律观,共同努力,建设新法律完整体系"[①]。为此,他领导华北人民政府做了大量工作,在一年多时间里,制定了一系列的法规、法令、条例(有人统计,仅1948年10至12月内,董必武签发的条例、政令不下50种),为以后逐步建立比较完善的人民法律,开创了基础。

对于教育工作,董必武明确提出必须向正规化的方向发展。华北人民政府成立不及一月,他就主持研究有关教育的问题,指出中学教育必须正规化。提出从整顿和发展中小学教育入手,切实搞好中小学的教育改革。在华北小学教育工作会议上,他反复强调,小学教育是国民教育的基础。对于当时教育界存在的游击作风、无纪律无制度的现象,他给予严格的批评,要求迅速扭转过来,使学校教育以提高文化为主,把教育质量提高一步。1949年6月1日成立了华北高等教育委员会,董必武当选为主任委员。他多次主持召开华北高等教育委员会会议,研究讨论了高等学校的招生原则、毕业生的训练与分配、文物与图书的管理以及大学院系调整、课程改革等问题。同时,他还注意了社会教育工作,大力提倡开办冬学和民兵夜校,在新解放的城市创办干部学校,培训失学失业的知识分子,使之成为市政管理和建设干部,为做好大中城市的接管工作创造必要的条件。

董必武卓有成效的领导,有力地推动了华北人民政府各项工作的开展。这个时期,人民解放战争以排山倒海之势迅猛地向前发展。1949年1

[①] 《董必武年谱》,中央文献出版社1991年版,第332页。

月31日,三大战役中的最后一个战役——平津战役胜利结束,北平和平解放。2月20日,华北人民政府迁入北平。董必武进北平后,遂将华北人民政府的工作,同夺取解放战争在全国的胜利,同建立全国统一的人民民主政权的工作,更直接、更实际地联结起来。根据中共中央的指示,成立了两个委员会,研究筹划调整华北行政区划和变更华北人民政府组织的问题,为成立中央人民政府进行准备工作。

1949年3月5日至13日,中共七届二中全会在西柏坡召开。会议集中讨论了彻底摧毁国民党统治、夺取全国胜利和党的工作重点由乡村向城市实行战略转移等问题,制定了全国胜利后党在政治、经济、外交等方面的基本政策,号召"全党务必保持谦虚、谨慎、不骄不躁和艰苦奋斗的作风"。董必武出席了这次在革命转折关头召开、具有重大历史意义的会议。他精神振奋,努力将会议精神贯彻到各项工作之中。

又一个具有历史意义的日子来到了:3月25日,中共中央和人民解放军总部由西柏坡迁至北平。董必武同华北区党政军领导干部、北平各界人民代表、民主人士一起,前往西苑机场热烈欢迎毛泽东、周恩来、朱德、刘少奇、任弼时等,热烈欢迎党中央进驻北平。此后,他以更多的精力进行筹备中央人民政府的工作。

他还先后代表中共中央或华北人民政府出席了中国妇女第一次全国代表大会、华北新民主主义青年团第一次代表大会、中华全国青年第一次代表大会、中华全国铁路职工临时代表会议、中华文学艺术工作者代表大会、中华全国社会科学工作者代表会议筹备会、中华全国教育工作者代表会议筹备会、中苏友好协会筹备会等会议,他在强调要厉行节约、艰苦奋斗、加强学习、紧密团结、为人民服务的同时,对有关工作的方针和任务也作了说明。他认为:工、青、妇工作都要在中国共产党"总方向的领导"和"总任务的号召"下,更好地开展起来;文化教育、文学艺术、社会科学等事业都必须"以马列主义、毛泽东思想为指导";各项工作都必须"为建设新中国而努力",而工作重心就在于经济建设。4月27日,董必武和朱德在中南海颐年堂主持召开了华北农业座谈会,仔细听取了各方面的专家对发展华北农林业、水利、科研事业的意见和建议。7月18日,他又专门召开了农业生产会议,强调"这次会议应使我们的干部和群众弄清农业生产的重要和位置"。他告诉工作人员:"目前中国革命在全国已取得基本胜利,我们今后的任务就是和平建设,即进行各种政治的、文化的、经济的建设。而经济建设中主要是生产建设,即工业建设、农业生产以及交通建设等。董必武在会议上作了农业发展道路的报告。他说:"要使农业高度发展,非使农业机械化和电气化不可。但要做到这一点,便必须依靠工业的发展;同样,工业生产也要农业供给食粮和原料。"农业发展的道路是"必须合作化"。他指出:"要使农业生产提高,必须运用科学,……使农民能够把科学知识与其实际经验密切地结合起来。"他的高瞻远瞩的讲话,使与会代表耳目为之一新。一位劳动模范说:"董主席使我们看到搞好农业生产,不只是当前支援全国解放战争的需要,而且是和平过渡时期的重要任务。董主席站得真高,看得真远啊!"[①]

董必武还多次接待陆续到达北平的各方面代表。当颜惠庆、邵力子、章士钊、江庸、黄启汉等以私人身份于2月14日飞抵北平商讨和平建国问题时,董必武曾与他们个别洽谈。26日,他和林彪、罗荣桓、聂荣臻、叶剑英、薄一波、彭真等一起,主持召开北平市欢迎李济深、沈钧儒、马叙伦、郭沫若、谭平山等各方面民主人士大会。他和叶剑英讲了话,他说:"中国共产党和人民解放军在进行解放战争中,曾得到各方民主人士的支持,现在已取得了决定性的胜利。今天,诸位又一致坚决地主张实现毛主席的八项和平条件,要求彻底摧毁国民党反动政权,争取真正的和平,这是我们今天共同奋斗的政治目标,也是我们能亲密团结的政治基

[①] 胡传章、哈经雄:《董必武传记》,湖北人民出版社1985年版,第248页。

础。"他高瞻远瞩地指出:"目前除了革命战争以外,我们还面临着建设新民主主义国家的极繁重的任务。我们更应团结起来,我们应当制定有利于全国人民的政治纲领和政策,在这种纲领和政策的基础上,为中国人民民主革命的彻底胜利而奋斗。"[①]他先后迎接了张澜、史良、罗隆基及发动和平解放湖南的程潜等,参加了与"小民革"领导人的聚会,出席了在张治中寓所举行的"八一三"纪念晚会。7月6日,和中共中央华北局书记薄一波、华北军区司令员聂荣臻在北平六国饭店设宴,招待在北平的各民主党派和人民团体的代表及民主人士200多人,以纪念"七七"抗战12周年,庆祝新政治协商会议筹备会成立。宾主欢聚一堂,他讲了话。8月28日,他同毛泽东、周恩来、朱德、林伯渠等前往车站迎接由上海北上的宋庆龄。积极开展新形势下的统一战线工作,为新中国的诞生做了大量筹备工作。

1949年春夏,中国人民解放军以飞流直下之势,相继解放南京、上海、武汉、杭州、南昌及西安等地,推翻了国民党在全国的统治。革命战争迅速取得全国性胜利的大好形势,为新政治协商会议的召开奠定了基础。经过中国共产党与民主党派、民主人士的广泛协商,6月15日至19日,新政协筹备会在北平召开第一次全体会议,选出以毛泽东为主任,周恩来、李济深、沈钧儒、郭沫若、陈叔通为副主任,由21人组成的筹备会常务委员会,筹备新政协会议。董必武当选为常委,并负责政协筹备会第四小组的工作,主持起草中央人民政府组织法。

第四小组共有25人,出席政协筹备会的23个单位中,除了文化界民主人士外,均有代表参加该小组。董必武虽然已有领导制定《华北人民政府组织大纲》的经验,但仍非常缜密地进行这项工作。6月18日,小组举行了第一次全体会议,广泛地交换了意见,推举出他和张志让等7人组成

---

① 胡传章、哈经雄:《董必武传记》,湖北人民出版社1985年版,第248页。

"起草中华人民共和国政府组织机构提纲草案委员会"。在23日该委员会会议上,他作了《政府组织纲要中的基本问题》的报告,对国家名称、国家性质、最高政权机关及其组织原则等提出了初步意见,经讨论一致通过。7月8日,他主持召开第四小组第二次全体会议,对《政府组织纲要中的基本问题》进行讨论,推定由董必武、张奚若、阎宝航、王昆仑、张志让等五人组成起草委员会,起草组织法的初步草案,董必武为召集人。他们五人经过多次研讨,并征询钱端升、王之相、邓初民等专家的意见,提出了初步草案。8月17日,第四小组全体会议修正通过了该草案,提交政协筹备会常务委员会。8月27日,政协筹备会常务委员会又指定董必武(召集人)与黄炎培、马叙伦、张奚若、李立三对该初步草案再次修改。经过反复讨论和修正后,9月13日、17日,政协筹备会常务委员会和筹备会全体会议原则通过了这个组织法。董必武顺利完成了主持起草中央政府组织法的重要任务。

经过充分准备,9月21日,中国人民政治协商会议在北平隆重召开。董必武出席了会议并当选为会议主席团成员。在会议召开的第二天,他受政协筹备会委托,向大会作了《中华人民共和国中央人民政府组织法的草拟经过及其基本内容》的报告。报告了草拟该组织法的经过,并对其中主要内容如国家名称、国家性质、政府组织原则、政协的性质和作用、中央人民政府委员会的组织和职权等问题,逐一加以解释和说明。会议一致通过这个《中央人民政府组织法》。9月30日,大会选举了中央人民政府委员会和政协全国委员会。董必武当选为中央人民政府委员和政协全国委员会委员。

第十章
CHAPTER TEN

开国之初

更有笋尖出土忙

1949年10月1日下午3点,毛泽东、刘少奇、周恩来、朱德……依次登上天安门城楼。

28响礼炮向全国人民宣布:我们已经取得了新民主主义革命的基本胜利!

一个湖南口音的声音向全世界宣告:中华人民共和国中央人民政府今天成立了!

这时的董必武就站在毛泽东的身后。他的表情是那么深沉!那么凝重!

这是因为在上海参加中国共产党第一次全国代表大会的13位代表中,或血洒沙场,或半途而废,只有毛泽东和董必武两位走上了天安门。他们是幸存者,他们是幸运者,他们更是历史重任的担当者。因此,在全国人民喜气洋洋的喜庆日子里,董必武也与人民同喜,但他想得更深一些,更远一些。

开国之初,百废待兴。董必武忙得不可开交。10月19日,他出席了中央人民政府第三次会议,被任命为中央人民政府政务院副总理兼政治法律委员会主任,从而开始了他协助周恩来领导国家政权建设和法制建设的新历程。

董必武非常重视政权工作。还在民主革命取得全国胜利之前,他就担任了华北人民政府主席。在他领导下的华北人民政府的工作有如下特点:一是工作重心转到城市,但并不忽视农村;二是开始着手和平建设,但并不放松对战争的注意和支持;三是积极参加中央人民政府成立的准备工作,没有放松、等待的现象。华北人民政府为中央人民政府的建立作了组织上的准备。中央人民政府的许多机构,就是在华北人民政府所属有关各机构的基础上建立起来的。1949年10月28日，董必武以华北人民政府主席的名义，通知华北人民政府所属各机构于10月31日停止办公，结束活动，并向中央人民政府政务院正式办理移交手续。此后，董必武领导制定了《政务院及其所属机关的组织条例》《惩戒违法失职人员暂行条例》及《任免国家机关人员条例》，建立了国家机关的办公制度及办公程序，加强了国家机关的组织建设和思想建设。

政权建设的实践使得董必武有条件从理论上思考政权建设问题。他不止一次地论述政权和政权建设的极端重要性。他指出："革命者所以重视政权，因为他们只有夺取了政权，才能开始实现自己的政治主张。摧毁旧政权机关，依照革命人民的意志建立起新政权并加以巩固，这些都是建设新社会的先决条件。"而且只有建立新政权机关，才能实现被压迫被剥削阶级的彻底解放；只有建立人民民主专政政权，才能保障我国顺利地过渡到社会主义社会。

新中国成立初期，董必武很忙，常常是一个会接着一个会。毛泽东和周恩来去苏联谈判，订立中苏友好同盟条约时，董必武就更忙，一方面要及时同在苏联的毛泽东和周恩来保持联系；另一方面全国这么一个大摊子，多少工作在等待着他。但是董必武毕竟已是六十有三的人了，积劳成疾。1952年春天，他终因肺炎病倒在床上。

连续的高烧不得不使董必武静卧休息。躺在床上的他，思想并没有休息。他睁着眼睛仔细打量着自己的住所。这是一个很大很大的院子，坐落在北京小石桥的附近，大致分成南北两个部分，北院是正院，南院是一座后花园。南北院由东西走向的一组房子分开。这组房子的东南角有一敞亮的房间，这就是董必武的卧室。他的床紧靠着东墙，离南墙只有一步的样子。南墙外靠东边有一丛翠竹。它们那朝朝夕夕的轻唱，和投在窗上、墙上的竹影，对董必武来说，都是多么有生命力，且有声有色。对于翠竹，董必武想要咏它，大概也不是一日两日的事了，但是一直没有机会，就是因为太忙。现在卧病在床,董必武有更多的机会来欣赏这些翠竹。翠竹在微风中,浅吟低唱,把他送入宁静的梦乡,月光下,翠竹的清秀枝叶,从窗外映入他的眼帘,竹影随时而异,姿态变化万端。更重要的是翠竹有着高风亮节的品格。这引起董必武的思绪万千。一天晚上,从窗帘上望出去,月光洒满庭院,一片银白,翠竹在夜光下摇晃,董必武的诗兴大发,写下了《病中见窗外竹感赋》:

> 竹叶青青不肯黄,
> 枝条楚楚耐严霜。
> 昭苏万物春风里,
> 更有笋尖出土忙[①]。

诗言志。董必武借咏翠竹来表达他当时的心境。新中国的成立,这是多么值得高兴的事。当初他们13人从全国各地来到上海,不正是为了解民于倒悬,救民族于水火之中吗?现在目的达到了,这能不高兴吗?他当然为胜利而兴奋,也正因为胜利而更加忙碌。他把已经取得的胜利,看作是万里长征的第一步,看作是夺取新的更大胜利的起点,看作是实现解放全人类伟大理想的开端。虽然年过花甲,他仍以笋尖自喻,要像嫩笋长成翠竹那样,继续为党为人民的利益,为社会主义事业和共产主义理想奋斗不息。

接收国民党政府文案

1949年4月21日,由于国民党政府拒绝在《国内和平协定》上签字,毛泽东和朱德发布了向全国进军的命令。人民解放军百万大军开始渡江作

---

① 《董必武诗选》,中央文献出版社2011年版,第236页。

战。当解放军突破长江防线时，原在南京的国民党政府慌忙逃往广州。4月23日，解放军占领国民党的统治中心南京，宣布了延续22年的国民党反动统治的覆灭。

中华人民共和国中央人民政府成立以后，立即着手处理南京的接收事宜。10月25日，董必武出席了政务院第二次政务会议。根据会议的决议，董必武和陈云、邵力子等组成了政务院指导接收工作委员会。稍后召开的政务院第五次政务会议上，陈云作了政务院指导接收工作委员会工作报告，并决定组建指导接收工作委员会华东区工作团，由董必武担任团长。

12月8日，董必武率领工作团前往南京，统筹处理华东区有关前国民党政府中央各机关人员、档案、图书、财产、物资等接收事宜。

南京，这里曾经是国民党统治的中心，是蒋家王朝的首都。这里也曾经是董必武生活、工作和战斗过的地方。但此时的南京已非昔比。过去嚣张一时的蒋介石已经逃到了台湾海峡那边的小岛上去了。昔日的中共和谈代表团负责人，今天已成为政务院指导接收工作委员会华东工作团团长。

当飞机降落在南京机场时，董必武环视周围，对身边的工作人员说：南京是个好地方，不仅风景秀丽，而且也是几个朝代建都的地方，是历来兵家必争之地；国民党统治了20多年，做了很多坏事，现在终于回到人民的手里来了。今后的南京在党和政府的领导下，一定会建设得更加壮丽……

董必武率工作团到达南京时，适逢南京市第二届各界人民代表会议开幕。12月11日董必武到会发表了讲话，说明了中国共产党和人民政府对旧人员的政策，号召人民团结起来，战胜前进中的暂时困难。22日，在他的主持下，召开了华东地区前国民党政府中央各机关人员会议。董必武在会上透彻地分析了当时的政治形势、经济状况、国家与个人的前途；勉励大家加强学习和改造，树立为人民服务的观念，同全国人民一道为恢复国民经济而努力。

为了帮助原国民党政府工作人员改造，董必武关心华东革命大学南京分校的工作。这个学校的学员是原国民党政府的职员，上至伪立法委员，下至科员文书，也有少数高级军官以及技术人员、教员和中小知识分子。为了更有效地改造他们，董必武亲自审查了学校的办学方针、课程设计、教学计划。

董必武还非常关心这些人的安置问题。当时我们党内有人对使用这些留用人员，存在一些不正确的认识，认为这些人在国民党统治下做事多年，旧思想、旧作风太深，历史和社会关系也复杂。董必武知道这种情况后，尖锐地批评这种思想，并毅然决然指令华东区接受使用这些人，按因材致用的原则给这些人分配适当的工作。为了不占用各有关机关的编制和不增加地方财政的开支，规定这些人在试用期间所有的经费开支（包括个人的生活费）统由中央直接拨款，不要地方负担。试用时间为半年，如在试用期间，使用单位认为此人可用，即应转为该单位编制中的正式工作人员，否则仍可退回分校继续学习和改造。

正是由于上述方针，经过一个多月的努力，接收、训练、安置了国民党政府中央机关各系统的旧人员2000多人。

董必武的态度之所以如此坚决，一是因为有党的方针政策作为依据。中共中央明确提出了"包下来"的原则和实行"三个人的饭五个人吃"的政策。① 董必武是依据对党的政策的深刻理解来开展工作的。二是他有在华北接收原国民党华北各机关职员的经验。因此，董必武更有把握做好这项工作。他对国民党留下的档案、资料、图书非常重视，特别嘱令"片纸只字都要妥为保存"。根据董必武的指示，工作人员共接收各种档案、图书等6000多箱。这些都成为研究民国史的珍贵材料。

接收工作是一件政策性非常强的工作。董必武深知责任重大。他不是

---

① 《中共中央文件选集》，中共中央党校出版社1992年版，第460—461页。

坐在高级宾馆里批公文、听汇报，而是深入群众，亲自了解各个组的接收情况。对于董必武在接收工作的态度，他身边的工作人员深情地回忆：

> 董必武在南京的时间虽然只有一个月左右，但他不论在南京期间或是在回北京以后，一直关心和支持这项工作任务的进行。凡是向他请示有关接收工作问题，他都亲自作答，而且具体帮助。如有书面请示，他经常是亲自批阅，有时虽由别人拟稿，他也一定亲自审阅，亲自修改，甚至如标点符号也不放过，然后亲手签上自己的名字。……当他把南京的接收工作安排就绪，行将回北京的时候，他并不是自行决定，而是首先给周恩来打电报请示能否回京。作为党的创始人之一，党中央政治局委员，又是副总理，把自己的一切行动严格地置于党的领导之下，这种组织性、纪律性实在是一般人所想象不到的，也是永远值得我们敬佩和学习的。

"不许饿死一个人"

战争留下了后遗症，社会生产力遭到空前破坏，人民抗御自然灾害的能力急剧下降。1949年，新中国刚刚诞生，正当获得解放的人民群众，在中国共产党和人民政府的领导下，满怀喜悦的心情为解放全中国、为医治战争创伤、把工作重点转移到经济建设上而奋发图强、继续前进的时候，一场空前的水旱灾，又重重地压在中国人民头上。不少老解放区和新解放区，先是久旱不雨，造成旱灾，继而霪雨连绵，暴雨如注，加上台风强袭，许多地区河堤决口、洪水泛滥，造成历史上罕见的特大水灾。据当时中央有关部门和华北领导机关统计，全国受灾面积1亿亩，灾民4000万（占全国已解放区域人口的五分之一），灾区遍及华北、华东、中南各地。

这是自1931年以来最严重的自然灾害。

灾民在呼救！

中共中央和毛泽东对此非常着急。

各级人民政府本着组织生产自救，社会互助，以工代赈和辅之以必要救济的方针，使灾民顺利地度过了春荒。但是，1950年，全国许多地方又不断地发生各种自然灾害，特别是在夏秋之际，相当广泛的地区大降暴雨，河流水位猛涨而形成特大的洪水。不少地方河堤决口，或河水漫溢，造成了严重的灾害。

中共中央和人民政府为动员各地紧急防汛，彻底战胜洪水，救济灾民，成立了中央防汛总指挥部和灾民寒衣劝募总会。董必武兼任中央防汛总指挥部主任和灾民寒衣劝募总会主任委员，肩负领导和指挥防洪救灾的重担。

河北省是全国重灾区之一。河北省又是董老从蒋管区返回解放区之后亲自领导的地区和长期工作和生活的地方。他非常熟悉河北省这次特大水灾形成的全过程。他和其他同志一起夜以继日地指挥冀中、冀东的防汛抢险。凡属紧急防汛事务，董必武都及时处理，许多有关水情，防汛的电报、文件，董必武都亲自签发。

灾情日益严重，董必武心急如焚。

为了熟悉河北省的水灾历史和河流变迁，董必武查阅了许多县志，多次邀请水利专家座谈根治河北的水灾问题。

董必武在给杨秀峰的电话中及时将中央救灾的指示传达给河北省领导和人民。

他传达中央的精神说，救灾工作十分重要，决不能有任何官僚主义态度。救灾工作不是简单的放赈、做一番慈善事业，而是我们党和国家争取解放战争的全面胜利并进行和平建设的一系列工作中的一个组成部分。对这个工作要高度重视，要和经济建设结合进行。

针对当时的政治形势和国内外各种政治力量对新中国能否经得起这次重灾的压力所发表的各种议论，董必武明确指出，三座大山是我们中国人民贫困、灾难的总根源。河北省的严重"天灾"，就是国民党只顾发动内战、任意破坏河堤的"人祸"造成的，现在外国反动派，想借口我国灾情，制造谣言，破坏救灾，甚至幸灾乐祸，妄图趁火打劫，他们的阴谋是不会得逞的。中国人民既能在战争中战胜强大的敌人，解放自己，也必然战胜灾荒、医治战争创伤，搞好建设。任何悲观失望、怀疑动摇的情绪，都是不必要的。

董必武对河北人民战胜自然灾害充满了信心。他说："河北是老解放区，河北人民在八年抗战中，同时经历了四年灾荒，在那样的艰苦条件下，既能把日本帝国主义打跑，又能把灾荒度过，这是河北人民创造的奇迹，是很有说服力的事例。"董必武加重语气说："人定胜天，我相信这一次河北人民不仅能克服一切困难，战胜灾荒，而且可以通过救灾，发展生产，提高自己的生活水平。"

讲到这里，董必武兴奋地告诉杨秀峰，毛主席、朱总司令、少奇同志、周总理，都很关心河北人民的灾荒。河北省委和省人民政府给中央报来的有关救灾的许多电报、信件、简报资料等，中央领导同志都看过了。中央同意河北省委提出的自力更生、生产自救的救灾工作方针，表扬河北灾区干部深入重灾区、重灾户与人民同甘苦的好作风。中央认为，河北干部没有辜负老解放区的光荣传统，准备向全国通报河北的救灾经验。

接着董必武严肃地指出，据有关报告反映，冀东的重灾区已发现灾民外流逃荒，并有大量灾民断炊躺倒，中央对此极其关心。董必武告诉杨秀峰说，陈云已决定从东北调拨几亿斤粮食支援冀东、津南灾区，对最困难的地方要实行急赈，你们要立即组织力量搞好运输发放工作。董必武说，当然，急赈只是一种辅助办法，关键是搞好灾区副业生产，要生产自救。

董必武郑重地指示：中央要求全国各地灾区，立即采取措施，避免灾民外流。各级政府应本着对灾民高度负责的精神，做深入细致的工作，保证做到不饿死一个人。

说到这里，董必武提高了声音说："救灾工作是关系到几百万人生命的大问题,也是关系到人民民主专政能不能巩固的大问题。我们的党已是全国执政的党,我们要对人民的生命绝对负责。在旧社会,饿死人的事是经常发生的。那时,人民痛恨帝国主义、封建主义、官僚资本主义。现在,人民有了灾难,尽管灾难的形成不是人民政府的责任,但是,人民政府要承担起救灾的重任,不要怕背包袱。我们如果不敢提出'不许饿死一个人'的要求,那我们还算什么人民政府。"

董必武强调指出:能不能做到不许饿死一个人,是对各级人民政府的考验,是对各级干部的考验。这样可以克服官僚主义,密切政府与人民的联系。如因官僚主义饿死人,一定要严肃处理,给予处分。

董必武的电话指示,特别是"不许饿死一个人"的号召,立刻传遍全河北。

为了落实董必武"不许饿死一个人"的指示精神,河北省委和人民政府采取了许多救灾措施。

有布置有检查。董必武经常询问河北的救灾情况。当获知由于各级政府的努力完成救灾后,董必武非常高兴。

周恩来非常关心救灾工作,他指示要组建灾区工作组到灾区进行慰问,并协助地方及时解决灾区的重大问题。董必武负责落实周恩来的指示。工作组在出发前,董必武亲自找工作组成员谈话。他说:"你们这次到灾区去责任很大。灾区几百万人正在与大自然搏斗;他们为保护国家和人民生命财产的安全,为夺取救灾斗争的胜利,许多人表现了不怕牺牲,不畏艰险的革命英雄主义和忠于人民利益的崇高品格。对于这一切,你们要及时报告,并由新华社发报道,以教育人民,鼓舞斗志。灾区有什么重大问题,你们要协助地方政府认真解决,需要中央解决的问题也要及时发电报来。"

工作组遵嘱到灾区开展救灾和慰问工作,一旦发现重灾区有人的确缺粮少衣,缺乏医药,便发电报向董必武反映。董必武立即指示有关部门很快给重灾区送去了粮食、衣服和医药等。

当工作组完成任务从灾区返回北京时，董必武又立即听取工作组负责同志的汇报。他说，一定要与灾区的人民心连心。

1949年10月，察哈尔北部发现鼠疫，严重危害着人民的健康和生命安全。董必武奉命于10月27日召开紧急会议，决定成立中央防疫委员会。他亲自担任这个委员会的主任。会议讨论并制定了各项紧急防疫措施。随即成立了防疫总队，组织1000多名医务人员开赴疫区，进行了大量的防疫灭灾工作。在董必武为首的中央防疫委员会的领导下，经过全体防疫人员和广大群众的共同努力，迅速制止了鼠疫的蔓延。为了控制疫区的扩大，沿疫区建立了四道防线，封锁了交通。到11月初，鼠疫已停止蔓延，疫区逐渐缩小。11月11日，在周恩来主持召开的政务院第五次政务会议上，董必武作了防疫工作报告，对防疫工作进行了全面总结。

灾情、疫情的控制，这算是一个了不得的胜利。董必武由衷地为这个胜利而高兴。但是抗灾的胜利并不等于任务的最后完成，还有许多灾民需要救治。当时国家的财政状况非常困难，由于收支不平衡，财政赤字达18%，也就是说，国家暂时拿不出更多的钱来救济灾民。在这种情况下，根据以往中国共产党领导人民战胜困难的经验，董必武采取了"生产自救、以工代赈、社会互助、政府救济"等项政策和措施，领导了新中国的救济工作。1950年4月，董必武领导召开了中国人民救济代表会议，并在26日的会议上作了《新中国的救济福利事业》的报告，阐述了新中国救济福利事业的政策和办法。

1950年全国又有7000万人受灾。9月18日，董必武发起成立了皖北苏北河北灾民寒衣劝募会，他亲任总会主任。总会成立后，董必武同几位副主任联名向各大区军政委员会、华北各省市政府发了电报，要求这些地区成立分会开展劝募寒衣运动。在几个月内，劝募寒衣超过600万套，使数百万灾民得以御寒。

一份爱心十分情，董必武对灾区人民倾注了全部爱心。人民受灾，他心急如焚；人民遇难，他心痛如割；人民取得抗灾的胜利，他由衷地高兴。他的心永远跟人民一起跳动。不仅如此，他要求各地政府主要负责人"应到所属灾情最严重的地区去视察和指导工作"。正是因为他的精心指导，人民取得了抗灾救灾的胜利，稳定了民心，这对巩固新生政权有着直接的意义。

第十一章
CHAPTER ELEVEN

创建法制

要有法可依

国家和法，都是统治阶级实现其统治的重要工具。在中华人民共和国成立前夕，董必武就指出，国家没有法制就不能成为一个国家。这个思想来之不易，是他长期实践经验的科学总结。

董必武是非常重视法制建设的。

早在1927年大革命时期，董必武在湖北领导革命斗争时，就针对当时湖北阳新、监利两县土豪劣绅破坏革命的反动行径，提出并制定了《惩治土豪劣绅暂行条例》《审判土豪劣绅暂行条例》，有力地支持了蓬勃发展的农民运动。

在第二次国内革命战争时期，董必武于1934年担任中央苏区最高人民法庭庭长时，曾亲自主审贪污分子等罪犯，以提高人民法制的威力，维护革命秩序。1936年他任陕甘宁边区政府代理主席时，曾花大力气组织军民镇压土匪叛乱和地主的反攻倒算，保护了农民的既得利益。同时，他不遗余力地加强边区政府的民主建设，保护人民民主权利。

1948年他出任华北人民政府主席，在实践的基础上对法制问题的认识进一步加深。他运用无产阶级的国家观，结合自己的实践，对国家政权和法制问题作了精辟的论述。阐述了夺取政权、打碎旧的国家、废除旧法制和建设新政权的极端重要性，强调指出革命的根本问题是政权问题。同时他把政权建设和法制建设密切联系在一起，他说："政权是一部分人代表特定的阶级，运用国家的权力，发号施令，叫人民做什么事情，或者禁止人民不得做什么事情。"

华北人民政府在自己整个活动期间，依据马克思主义的法律观，制定了一套有利于巩固人民民主政权的法律制度，为革命胜利后开始建立全国性的人民民主法制，打下了良好的基础。1949年4月1日，华北人民政府根据中共中央的指示，由董必武签署发布了《为废除国民党的六法全书及一切反动法律的训令》。这一训令引导了后来全国司法运动的开展，促进了社会主义法制的建立。

新中国成立后，新的社会制度的建立为创建新型的法制提供了可能。董必武出任中央人民政府委员会委员、政务院副总理、政务院政法委员会主任，主管全国政法工作。他全心地投入创建新型法制的工作。

为了迅速战胜财政经济的严重困难，争取国家财政经济状况的根本好转，中国共产党召开了七届三中全会，正确分析了形势，提出了完成上述任务的方针政策，并在1950年开始付诸实施，在全国开展了抗美援朝、土地改革、镇压反革命、"三反""五反"等一系列重大社会改革运动。董必武除直接参与领导这些运动外，更把主要精力放在创建法律制度上，为这些社会改革运动提供法律依据和法律武器。他清醒地认识到，社会主义民主是社会主义法制的基础，而社会主义法制又是社会主义民主的保障。人民，只有掌握了政权，并通过国家机关把自己的阶级意志宣布为法律制度后，才能有效地发挥国家的职能和巩固人民民主专政。为此，1949年10月21日，董必武在政法委员会第一次会议上，就明确提出了必须逐步建立各种完善的法律。他在领导制定中央人民政府组织法以后，又领导政法部门按照中国人民政治协商会议共同纲领的规定，彻底废除了国民党反动政府的一切反人民的法律、法令和司法制度，先后制定了《中华人民共和国土地改革法》《中华人民共和国婚姻法》《中华人民共和国惩治反革命条例》《中华人民共和国惩治贪污条例》《中华人民共和国民族区域自治实施纲要》等各项重要法规，以及工会法、农协组织法、劳动保险条例、私营企业条例、人民法庭组织法和革命军人、革命工作人员、革命烈军属、民兵、民工五个优抚暂行条例等具体法令。

接着，他领导或参与制定了《人民法庭组织条例草案》《中华人民共和国人民法院暂行组织条例》《中央人民政府最高人民检察署试行组织条例》《各级地方人民检察署组织通则》《全国犯人劳动改造条例》等等。

1954年在筹备召开第一次全国人民代表大会期间，创建法制的步伐也在加快。1954年3月22日，董必武组织政务院、军事委员会、政法委员会、法制委员会、内务部的有关人员和民主人士等20余人举行座谈会，审查《中华人民共和国兵役法》（草案）。4月20日，又主持召集了第二次座谈会，对草案再次提出修改意见。经过多次修改后，《兵役法》于1955年2月7日的全国人大常委会第五次会议讨论通过。

宪法是国家的根本大法。董必武为制定我国第一部社会主义性质的宪法作出了巨大贡献。制定宪法是项既重要又复杂的工作，党中央和毛泽东对此非常重视。毛泽东亲自担任宪法起草委员会主任，董必武则是这个委员会的重要成员。1954年3月23日，宪法起草委员会举行第一次会议。会上，毛泽东代表中国共产党提出了《中华人民共和国宪法草案》初稿。董必武参加会议并聆听了毛泽东的发言。5月，董必武出席了全国政协组织的宪法草案座谈会。9月，第一届全国人民代表大会如期举行，董必武作为湖北省的代表出席了大会。9月20日，他和其他代表一起，举手通过了《中华人民共和国宪法》。

新中国成立初期即已着手的法制建设，由于宪法的制定而进入一个新的发展阶段。一届人大一次会议重新制订了有关国家机关的一批重要法律，包括全国人民代表大会组织法、国务院组织法，等等。这些法律中凝聚了董必武的心血。

在第一届全国人民代表大会上，董必武当选为最高人民法院院长。随后，他领导法院党组草拟了《中华人民共和国刑事诉讼法》（草案），于1957年6月24日拟定并印出初稿。7月19日，董必武就草拟刑事诉讼法的经过及其中的几个主要问题，向彭真任书记的中共中央法律委员会作了报告。7月22日，董必武就送审刑事诉讼法写信给彭真，建议按中共中央指示修改后，作为刑事诉讼法的"蓝图"交给全国人大常委会法律室再"加工制造"。在长期领导法制建设的过程中，董必武积累了丰富的经验，并广泛研究了社会主义国家和资本主义国家的民法、刑法、诉讼法、民刑事诉讼程序法等。他想以此作为借鉴，根据我国的实际，在马克思列宁主义法学理论的指导下，制定我国社会主义的基本法典。

让人民当家作主

1954年9月15日，第一届全国人民代表大会第一次会议隆重开幕。董必武作为人民代表中的一员出席了这次会议。他在大会上作了《五年来政治法律工作中几个问题和加强守法思想问题》的发言。

他说："从一九五三年起，在全国各地先后开展了空前的规模巨大的普选运动，使人民民主制度走上了更充实更完备的新阶段。五年来政权建设的经验证明，凡是认真发扬了民主，把人民政府的一切重大问题都提交人民代表会议或人民代表大会，在大会或小组会议上展开讨论，并且充分进行批评和自我批评的地方，那里人民的积极性和创造性就能够得到发挥。政府工作就有朝气，就可以少犯或不犯官僚主义的错误。"因此，今后必须"进一步发挥人民代表制度的优越性，保证宪法的贯彻实施，以利于社会主义建设和社会主义改造的顺利进行"。

董必武的这一番话是对新中国政权建设历史经验的科学总结。为了说明这个问题，我们不能不让历史翻到1949年。

政权问题是革命的根本问题。中华人民共和国的成立，标志着人民已经夺取了全国政权。现在面临的问题是如何巩固政权，如何把政权的根基深深地扎在人民群众中间。通过全国解放前夕在华北的建政实践，董必武明确提出：新中国的人民民主专政的国家机关要不断加强，要在民主集中制组织原则的基础上,开好各级人民代表会议和人民代表大会,正式产生各级人民政府,使政府与人民保持最密切的联系。

根据共同纲领的规定,我国建立人民代表大会制度,采取了由解放初期各界人民代表会议制度代行人民代表大会职权,再到普选的人民代表大会的做法。董必武对这一新生的政治制度和做法十分重视,他说:"只有人民代表会议或人民代表大会制度才能代表我们政治生活的全面,才能表示我们力量的源泉。"他认为:"这个制度是最便利于广大人民参加国家管理的组织形式,也是防止社会主义公仆变为社会主人的最好办法。"

如果说,在国民党统治下,董必武不可能把他的"让人民坐天下"的思想付之实践的话,如果说,在董必武主政华北期间,还只能将他的这一思想在局部变为现实的话,那么中华人民共和国成立后,就为董必武实践其政权建设思想提供了更广阔的天地。为了确立各级人民代表会议制度,1950年,董必武领导组织了政法草案审查会议,下设以邵力子为组长的区乡建设小组,准备制订、修改有关人民代表会议制度的规章。为此,董必武派政法委员会的干部深入北京、山西、察哈尔、河北等省市进行调查研究,及时总结政权建设的经验和发现存在的问题。1950年7月,董必武在全国民政会议上作重要讲话,再次强调搞好建政工作,并主持讨论了有关区、乡各界人民代表会议和区、乡人民政府的四个组织通则草案。8月又主持审查这些组织通则草案,并提出了修正草案。对此,中央政法委党组也进行了研究,最后汇总交政法草案审查会议审定。10月25日,董必武把这四个组织通则分送毛泽东、朱德、刘少奇、周恩来、任弼时、林伯渠等审核。这些组织通则的制定,为新中国的区、乡基层政权建设提供了依据。

在董必武的思想中,他始终认为县级政权建设是政权建设的关键,开好县级各界人民代表会议和人民代表大会,才能为区乡各界人民代表会议和人民代表大会提供示范。为此,1951年6月,董必武向周恩来及中共中央建议召开华北县长会议，研究召开各界人民代表会议问题，以便先从华北地区开始召开各界人民代表会议，取得经验后再推广到其他大行政区。周恩来及中共中央接受了董必武的建议。经过精心准备，1951年9月23日华北县长会议开幕。董必武作了《论加强人民代表会议的工作》的报告。

他在报告中指出，人民代表会议和人民代表大会是我们国家的"基本制度"，要创造条件，在华北以至全国范围内，使县级人民代表会议普遍代行人民代表大会职权，以正式选举县人民政府；要求按人民政府组织通则，设立县民政、财政、教育、公安等科或局，成立县人民监察委员会、人民法院和人民检察院。

董必武在报告中严肃地批判了一些错误观点。他指出，认为群众觉悟不够是"毫无根据的说法"。他还批评了"怕有坏分子当了代表"而拒绝召开人民会议的观点；批评了"干部条件不够"的观点；批评了"太麻烦"的观点；批评了"人民代表会议不起作用，可有可无"的观点；批评了"人民代表会议不如干部会顶事"的观点；批评了"干部是否比代表差"的疑问；批评了"人民代表会议仅为联系群众、动员人民完成政府布置的工作任务的工作方式"的观点。他明确回答了"谁是主人，谁是长工"的问题。他说："正确的回答应当说，人民是主人，人民代表和政府干部都是长工。"他指出，"打天下的不坐，坐天下的不打"的说法完全不对，"这是一种脱离群众、坐在群众头上的反人民的思想。""这是从个人的利益出发，居功自大，不满人民当家做主的表现。"

在报告中，董必武阐述了党和国家政权机关的关系问题，提出了三条原则。一是党对政权机关的性质和方向，给予确定的指示；二是通过政权机关及其工作部门实施党的政策，并对他们的活动实施监督；三是挑选和提拔忠诚而有能力的干部到政权机关中去工作。董必武认为，这些就是党对国家政权机关实行正确领导的主要方针。

当我们联想到党的十一届三中全会以后的社会主义改革,特别是在政治体制改革中的现实,我们不能不佩服董必武的远见卓识,他在这次会议上所阐述的一些原则对今天仍然有指导意义。董必武的报告送给周恩来后,周恩来作了修改后并批示"可以发表"。

华北县长会议后,董必武又根据县、乡政权建设中存在的问题,分别于1951年10月18日和12月3日给中共中央华东局和毛泽东写信,提出"各地建政工作除必须党来领导外,下级政权机关的建立,党应经过上级政权机关领导着去做较好些;县、乡两级建政工作,目前县级建政是关键;县、乡建政是一件大事,在组织上和思想上都要有充分的准备。"

信很快被呈送给毛泽东。毛泽东阅信后,对信中的内容和意见非常重视。第二天毛泽东便回信给董必武。信中说:

> 我认为你给华东局的信的内容是正确的,可以抄发华东以外各中央局负责同志一阅,促其注意。

1953年1月13日,中央人民政府委员会通过了关于召开全国人民代表大会及地方各级人民代表大会的决议,并确定在当年召开由人民普选方法产生的乡、县、省(市)各级人民代表大会,并在这个基础上召开了全国人民代表大会。这是我国各族人民政治生活中的一件大事。2月6日,董必武在人民政协第一届全国委员会第四次会议上发言时指出:"普选的人民代表大会制度,是我们国家的基本制度。通过它的实行,就可以吸引全国人民进一步以主人翁的自觉来管理国家政权,从而百倍地加强我们国家机关,更加有力地……完成大规模的国家建设计划。"会后不久,董必武就从政法委员会抽调干部,到山东济南市进行普选工作和召开人民代表大会的试点,总结经验,以便在全国推广。

1953年9月,中共中央正式公布了党在过渡时期的总路线,同时开始执行发展国民经济的第一个五年计划。全党和全国人民积极投入了全面开展社会主义建设和社会主义改造的伟大斗争。为了使政权建设促进并保证社会主义建设事业的发展，董必武于10月31日在第二次全国民政会议上作了《认真领会过渡时期总路线，做好民政工作》的报告，着重论述了政权建设和经济建设的关系。

他在报告中指出，经济建设已成为我们国家和人民的中心任务。我们要建设的是新民主主义的经济，是过渡到社会主义的经济，我们国家工业化是社会主义工业化。所以我们人民民主专政的政权愈强化，就愈能有力地领导和保证新民主主义的经济建设和社会主义工业化的实现。加强人民民主政权的建设是保证贯彻执行总路线的必要条件。

在各级人民代表会议的基础上召开的第一届全国人民代表大会，通过了宪法，选举了新的国家领导机关。这时，为适应战争环境建立起来的军管会，就基本完成了它的历史使命。到1955年8月22日，经中共中央政治局会议决定，董必武与张鼎丞、罗瑞卿负责开始研究军管会的撤销问题。他们搜集了军管会的历史资料，调查研究了它的现状，并同高克林、吴德峰等进行了讨论，于12月22日向中共中央作了《关于军事管制委员会问题的报告》，提出了具体撤销方案。1956年3月24日，中共中央政治局会议讨论批准了这个方案。从此，起临时政权组织作用的军管会就正式在全国范围内由地方各级经人民代表大会选举产生的政权机关所代替了。

政法工作要为经济建设服务

五十六十匆匆过，

而今忽及古稀年。

先忧后乐吾何敢，

> 尊圣希贤志则然。
> 老去愈知学不足，
> 春来弥觉物增妍。
> 风和日丽精神旺，
> 准拟勤劳作业便。

这是董必武大约在 1955 年写的一首七律诗。这首诗既是当时大好形势的描述，也是董必武心情的写照。新中国成立后的短短几年内，中国确实发生了深刻的变化，一年比一年变化大，甚至一天一个样。因此，董必武从内心深处感到"春来弥觉物增妍"，也深刻地感受了祖国河山"风和日丽"，他本人的精神也特别振奋，为党为人民更加兢兢业业，更加勤奋地工作。

新中国成立时我们面临着极其困难的财政经济状况，因此中共中央提出争取国家财政经济状况的基本好转是当前阶段的中心任务。全国人民响应中共中央的号召，为争取财政经济状况的基本好转而忘我地工作。董必武虽然分管政法工作，但仍然关心国家的经济建设，他认为人民民主专政的国家政权的工作应以领导生产为中心，政法工作应当为经济建设服务。这是人民的国家人民当家作主的基础。在华北人民政府工作期间，在华北地区战争已经结束而继续支援全国解放战争的相对和平的环境中，董必武领导的政府工作就曾确定了"以生产为中心的工作方针"。新中国成立后的 1950 年 9 月 22 日，董必武与林伯渠、陈云、聂荣臻、李立三、李书城、蔡畅等到北京车站欢迎出席全国战斗英雄代表会议和全国工农兵劳动模范代表会议的代表，在欢迎大会上致辞时，董必武强调指出，召开两个会议的意义是要把巩固国防和恢复经济的工作更提高一步，以推进新中国的伟大建设事业。

1952 年，董必武向中共中央写了《关于进一步加强政权建设及民政工作的一些问题的报告》。朱德看到这个材料后，提出了政权要以领导生产为中心的意见。周恩来把朱德的意见转给正在大连视察的董必武。8月10日，董必武写信给朱德，表示完全赞同他的意见，说明过去多次批评有些同志"把建政工作和中心工作对立起来，总想找出一个时间专搞建设"的错误思想，提出："今后应确定人民民主政权是领导人民政府的一切重要工作，当前是以领导生产为中心。我们政法工作同志，包括我自己在内，关于加强建政工作必须在思想上确实认清这一点。"董必武说："除在思想上确认人民民主政权要以领导生产为中心外，在实际工作中应经常以贯彻这种思想为标的。"他希望中央书记处诸同志在地方党负责同志来京报告工作时，"问问他们那里的民主建政工作，并问他们：党领导生产是否经过地方政权机关的领导去实现的"。他相信，只有这样，"人民民主政权才有了中央人民政府法令为建立地方政权机关组织形式的根据，有了领导生产为中心工作的具体内容，又有党的领导同志不断地注意，提示和督促，加强民主建政的工作就较容易做了"。

  大连，是一个美丽的海港城市。中央考虑到董必武已是年逾花甲的老人了，为了他的身体健康，1952年安排他到大连休息。董必武到大连后对自己要求非常严格。在大连时，董必武住在老虎滩招待所。有一次饭吃了一半便停下来，他让服务员把管理员请来，笑呵呵地问："管理员，大连的油菜不长叶吗？"管理员迷惑不解地答："长啊！"董必武和颜悦色地对他说："那我吃的油菜怎么全是梗，没有叶呢？"管理员恍然大悟地回答："油菜叶有虫子，吃了对身体不好，全扔掉了。"董必武听了后耐心地对他说："农民种点菜不容易，贪黑起早，风吹日晒，咱们可不能糟踏农民的劳动成果啊！菜叶有虫子好好洗洗，虫子洗掉了，照样可以吃嘛！"管理员很受感动，从此食堂就按董必武的要求给他炒油菜。

  说是到大连休息，其实董必武并没有休息，而是深入厂矿企业作调查研究，约见地方负责人商谈工作。在工作中董必武非常尊重地方干部。旅大市的一位负责干部约定去看望董必武。这天，董必武吃过午饭就到会客室等候,而这位同志因处理一件紧急事情不能按时前来,又没有打招呼。董必武就坐在那里等着。他身边的工作人员劝他到室外散散步。董必武坚持说,"地方的同志要来见我,我出去散步像什么话!我们要尊重地方的同志"。就这样,董必武一直坐在那里等了很久。到吃晚饭时,董必武走出来,看到西房的平台上站着一个人,他就问,那是谁?警卫员回答:"要来看望您的那位同志。"董必武听了戛然止步,忙问:"你怎么早不告诉我呢?"警卫员连忙解释,那位同志刚到,面条已经煮熟,再过一会该凉了,等吃完再接见吧!"马上会见!"董必武严肃地说。会见结束后,警卫员把面条端来,董必武却把面碗推到一边,先教育警卫员:"我是中央来的,人家地方干部来见我,你们就做主不通知我,让人家在那里等着!怎么这样不尊重人。"董必武就这样尊重地方同志,注意文明礼貌,并从中央和地方关系的原则上考虑问题和教育自己身边的工作人员。

在大连期间,董必武和谢觉哉于8月25日同东北局负责同志谈了一个多小时的话。在谈话中,董必武在说明开好县级人民代表会议必要性的同时,强调了人民政权要以领导生产为中心的指导思想。回到北京后,董必武继续思考着政权建设与经济建设的关系问题。

1953年4月,董必武领导召开了第二届全国司法会议,确定了人民司法工作为经济建设服务的方针。

1955年3月,董必武在全国代表会议上作《司法工作必须为经济建设服务》的发言,充分肯定了人民司法为经济建设服务的方针,并进一步提出了司法部门在为完成五年计划而奋斗的过程中应该做些什么的问题。在国家领导工作实践中,董必武始终注意我国工农业及其他各项建设事业的发展。他讲社会主义改造,同时讲社会主义建设;讲生产关系改革,同时讲生产力的提高和生产技术的改进。他主张这两个领域里的革命的结合和统一。而中国共产党领导的生产关系的一切改革,其最终目的就是要解放和发展生产力,要为人民谋利益。这是董必武的一贯思想。董必武是一位脚踏实地、实事求是的革命家，不崇尚空谈。他把司法工作必须为经济建设服务的方针贯彻到实践中去。

为此，董必武提出，人民司法工作同公安检察工作相配合，通过审判活动，把斗争锋芒指向危害国家安全和破坏经济建设的反革命分子和间谍、特务分子，并打击不法资本家和贪污盗窃分子。与此同时，通过对厂矿企业中的责任事故案件的处理，加强对职工群众的法制教育。据不完全统计，从 1953 年 4 月至 1955 年 3 月，在交通运输系统一共建立了 11 个铁路运输专门法院和两个水上运输专门法院。最高人民法院内部增设了铁路、水上运输审判庭，省、市法院内增加了经济建设保护庭或组。这些为贯彻司法工作为经济建设服务的方针起到重要作用。

公证在经济建设中有重要作用。为此，设立了 294 个公证处，仅 1954 年办理的公证就达 12.3 万多件。县级人民法院设立了巡回法庭 3800 多个，后来逐步改为人民法庭。在不少厂矿企业中设立了同志审判会，在城市街道和农村普遍设立了调解委员会。这些，对正确区别和处理两类不同性质的矛盾起了积极作用，尤其是对经济建设案件的审理起过积极作用。仅据 1954 年 1 月至 9 月的统计，各省市法院审理了有关经济建设的案件达 15.8 万余件，有力地贯彻了司法工作必须为经济建设服务的方针。

对于上述贯彻司法工作必须为经济建设服务方针的措施，董必武或给予了直接的指示，或给予了间接的关心。比如公证处的问题，董必武就明确指出，要逐渐增设公证处，以解决各部门、各企业单位间的财产争议；政府部门和较大企业加设法律室，以帮助推行合同制。

新中国成立后，恢复国民经济的工作是十分繁忙的，由于贯彻了司法工作必须为经济建设服务的方针，经济建设有了法律保证，因而能够紧张有序地进行。这其间包含了董必武的巨大贡献。

"建立一个很好的统一战线"

毛泽东曾经在民主革命时期就提出统一战线是战胜敌人取得革命胜利的三大法宝之一。那么，新中国成立后，还需不需要统一战线？统一战线这个法宝还灵不灵呢？董必武对此作了科学的回答。

董必武认为，巩固人民民主专政，必须重视社会主义时期党的统一战线工作，必须区分敌我矛盾和人民内部矛盾，分清是非界限。只有这样，才能加强团结，扩大新生政权的社会主义基础。这是他领导政权建设和法制建设的一个重要的指导思想。

他说过："如果我们建设了一个全国范围的、广大群众性的、布尔什维克化的党，也有了一支质量俱优的人民军队，但却不能很好地建立统一战线，那末我们就很难取得革命的胜利，更不能把胜利巩固下来。"他甚至还认为"其实不懂得很好地建立统一战线，党的质量也就不能算高"。

他提出，建立一个很好的统一战线，是"党的基本政策之一"。这是因为，新中国建立以后，革命的对象仍然是帝国主义、封建主义和官僚资本主义，党的统一战线对象仍然是最广大最可靠的同盟者农民阶级、很好的朋友小资产阶级、仍然是朋友的民族资产阶级和开明士绅，以及一切可以争取团结的人。他说："我们一定要把革命的对象缩得很小，把我们团结的对象尽量扩大，用一切方法来孤立敌人，扩大我们自己的力量与影响，这就使我们易于彻底消灭敌人，而统一战线就是孤立敌人、扩大我们自己力量的政策。"

对于统一战线的认识，党内认识并不完全统一。在取得全国政权后，甚至有人产生了一些错误观点。有人认为统一战线是统战部门的事；有的人对统一战线工作一般是拥护的，但是碰到具体问题就发生矛盾。董必武认为这些都是不应该的。他还分析了产生这种现象的认识根源，特别是针对一些老干部"我们打了这样久的仗，为什么现在反而把人家捧得这样高"的观点，董必武认为这样很不应该，"如果统一战线搞不好，革命胜利不能巩固，你的老资格也是没有用处的"。他批评了在这个问题上的"左"右两种倾向，尤其是因为胜利而瞧不起党外民主人士、轻视统一战线的关门主义倾向。

在"三反"运动中，政法机关中有的同志，有时疏于向党外领导请示汇报。董必武知道这一情况后，认为应该对干部进行教育，他亲自到彭真家中，同彭真商量解决办法，决定召开党组会进行教育。彭真曾在有关文件批示："我们在各部委的工作同志，关于本单位政府工作中的问题，对党外行政首长，应协商者必须协商，应报告请示者，必须报告请示，这是一条必须经常注意的原则。"董必武也批示："彭真同志的意见很对，我曾当面与于彤同志谈过，关于行政方面的事，都要与在行政上负责的人商量办，其意见与彭真同志的指示完全一致，希在党内把这些观点弄清楚。"接着召开了党组会，董必武和彭真对犯错误的同志给予了极严肃的批评，以具体的材料，对犯错误的同志进行一次极为深刻的统战思想教育。

有一次，董必武把准备在一个会议上作报告的讲稿，要工作人员送给有关负责同志征求意见。他还交代，如果有的人年纪太大，或工作很忙，写书面意见不方便，则要工作人员分别拜访，记回意见来。有几位同志在原稿上提了些修改意见，董必武看后对工作人员说："修改意见我仔细看过两次，绝大多数都可采用。"张奚若在一句话上改了一个字，董必武看后还说："你看这不是一字之师吗？"董必武在工作中向来尊重党外人士，从来不搞"一言堂"。有一次政法委员会机关搬家，董必武要工作人员分别向各位行政首长征询可否。就连政法学会筹备会什么时间开会好，他也嘱咐工作人员分别征求意见。董必武处处讲民主，尊重党外人士，总是想到使他们有职有权，以发挥其积极性，让他们各得其所，各尽其才。

董必武广交朋友。1955年春，谢和赓、王莹等冲破美国当局的重重阻拦，终于回到祖国。董必武在百忙中抽时间接见他们，一见面发现他们没有穿大衣便关切地问："冷不冷？衣服够不够御寒？在招待所的生活怎样？对北京的天气适不适应？"还说："现在你们已经回到自己的家里了！生活上有什么需要，尽管向组织报告。"他还热情地留他们吃饭，一边用餐，一边叙谈。董必武勉励王莹等发挥自己的聪明才智，为祖国的建设服务。

董必武时刻记着党外朋友，就连住房，他也首先考虑是否有利于做统一战线工作。北京解放后，董必武住在东城锡拉胡同，房子不大，办公室只有十四五平方米，会客室多来几个客人就不能回旋。有一次苏联驻华大使罗申要来拜访董必武，没有办法只得布置在机关会客室接待这位大使。管理机关事务的同志要董必武搬进中南海，他总是一再婉言辞谢。最后一次来催他搬家，言辞殷切，董必武仍不同意。等这位同志刚一出门，他就对身边工作人员说："我若搬进中南海，原重庆、上海时期往来的许多老朋友，要找我就没有现在这样方便了，这对工作不利。总理工作很忙，在统战工作方面我能分担一些劳累，就应该多分担一些。"在以后的数十年，董必武处处以身作则，认真执行党的统一战线政策，把社会上各阶级进步人士团结在党的周围，为社会主义事业而共同战斗。

董必武在做统一战线工作时，坚持求同存异。1951年开始，中国共产党开展了思想改造运动，12月15日，董必武在中央人民政府民族事务委员会第二次扩大会议上作了政治报告。他说，社会上有各种阶级的思想，当前开展的思想改造运动，就是"要以无产阶级的思想为领导"，马克思列宁主义、毛泽东思想就是"中国革命的领导思想"。他指出，我们必须在思想的基础之上达到一致。这种一致"并不妨碍其他方面的不一致"，但若没有这种政治思想上的一致，就没有行动上的一致，只有有了这种一致，才能更加团结，国家就不会分裂。董必武强调要改造思想，思想改造的"最好标准就是为人民服务。大家都要拿这个标准来衡量自己，看一看我们的思想，我们的行动，是不是为了人民，对人民有益无益"。

正是由于董必武认真执行党的统一战线政策，把一切可以团结的人团结起来，把一切可以争取的人争取过来，为恢复国民经济而奋斗。

历史会记住董必武在统一战线工作中的重大贡献！

第十二章
CHAPTER TWELVE

法官生涯

执法如山

在1954年9月召开的第一届全国人民代表大会上，董必武当选为中华人民共和国最高人民法院院长，开始了他的第二次法官生涯。

董必武的第一次法官生涯是在第二次国内革命战争时期，他于1934年担任中央苏区最高人民法庭庭长，负责革命根据地的审判工作。由于当时革命根据地在全国范围内还只是局部的胜利，因此，中央苏区最高人民法庭管辖的范围也是局部的，而且战事紧张，对罪犯的审判也得服从战争的需要。1954年出任中华人民共和国最高人民法院院长后，才是真正意义上的全国最高人民法院院长。他深知自己的责任重大，因此特别注重执法部门的依法办事。他认为，正确审判案件是依法办事的重要环节。他要求对待每一个案件，都要采取对党、对人民、对革命高度负责的态度，始终坚持贯彻实行有反必肃、有错必纠的方针，执法必严，铁面无私。

解放初期的审判任务是繁重的。仅据解放初三年的统计，司法部门处理了600万件以上的刑事、民事案子。由于董必武的严格把关，其中90%以上的案件的处理是正确的，但是由于各种原因也有10%左右的案件错办。对这些错办的案件，董必武认为这是绝对马虎不得的，必须重新审理改正。1953年4月11日，在第二届全国司法会议上，他着重强调："处理错判、错杀案件是关系人民生命财产和党与政府在人民群众中的政治影响的问题，我们应当认真地、严肃地、仔细地处理，那种简单、粗暴、鲁莽的态度是有害无益的。"他严肃而尖锐地指出："司法工作当前的严重问题有两个，就是错捕、错押、刑讯逼供和错判、错杀。"他认为这是非常严重的问题，必须立即纠正。如何纠正呢？他提出，执法者要严禁刑讯逼供，屡禁不止的，"那就应当受法律制裁"。对于错捕、错押的，"应该采取迅速的步骤去查明释放,不要迟延"。在处理这类问题时,必须坚持"不要打击好人,但是也不要放松了反革命"的原则。对于错判的,必须加以纠正,只要纠正了错误,人民就欢迎,但是特别注意防止反革命分子钻空子,向人民政权进攻。

董必武在执法过程中,铁面无私。河北省有一个专员,因三角恋爱关系,枪杀了女方。河北省法院判决后送最高法院审批。董必武认为原判违背了我们的法制精神和有法必依、执法必严的原则,指示河北省法院要依法重新判处。他强调指出,法律必须人人遵守,任何人不得例外,任何人没有特权,共产党员或高级干部更没有非法杀人的权力,遵守法律就是尊重党的意志和工人阶级的意志,如果不认真执行,纸写墨载,成为具文,就会损伤党和国家的威信。高级干部非法杀人,尤其不可宽恕。在董必武的主持下,这一案件被重新判决,党纪国法得到正确执行,正义得到伸张。

在司法改革期间,接到平原省某县群众检举该县法院一个审判员违法乱纪的油印传单。董必武看后,对工作人员说,执法枉法,害处极大,如不严肃处理不能整肃官箴,但事实真假怎样,必须调查清楚。于是就指示组织小型调查组,到那个县同当地有关机关一起调查研究,发现那个人是从国民党政府接收下来的人员,参加新的工作后仍旧习不改,在执法过程中严重违法,造成恶劣影响。董必武知道情况后指示必须严肃处理,且要郑重。有一次接到东北局判处一个干部死刑的电报,但电文不详,不好决定。董必武就叫工作人员立刻用长途电话通知东北局司法部,要他们暂缓执行,同时派出专人去沈阳调查,核实无误之后,才给以正式答复。董必武就此事曾告诫说:"从历史经验看,多杀人后果并不好,错杀人更是极大的错误,国民党草菅人命,就是我们的反面教员。"董必武在司法事务中,执法必严,但绝不冤枉一个好人;处理必以事实作根据,用法严允公正,不纵不枉。

董必武在办案中坚持有错必纠的原则。1955年10月,董必武在新疆考察工作结束后，返回北京途经某地时，当地司法部门的一位领导同志向他反映说，这年的夏秋，由于当地干旱，群众迷信，举行拜神求雨，干部强行禁止，引起纠纷。有的人动手打了干部，闹到县里，动手打干部的几个群众因此被判为"现行反革命"，有的判死刑，有的判了无期徒刑。判决结果报到省里，省委书记也批准了，因法院有同志持不同意见，还没有执行死刑。董必武听了这个情况后，即在当地党、政、司法干部座谈会上指出要教育干部，分清两类不同性质的矛盾，发现错判，要及时改正。他重申了毛泽东在这一年最高国务会议上提出的方针："提高警惕，肃清一切特务分子；防止偏差，不要冤枉一个好人。"并将毛泽东的指示题赠给这个省从事司法工作的同志。这个省省委立即组织省地县三级工作组，重新调查，重新审理，发现这个事件是由于群众的迷信思想和干部的工作方法简单急躁所引起的群众纠纷事件，根本的问题还是教育群众破除迷信和改进干部的工作方法问题。工作组向省委作了汇报。1956年8月27日，该省高级人民法院对此案重新作出裁定，将原判死刑和无期徒刑的六人，除一人改为劳动教育外，其余全部改正为教育释放。有关方面将这一结果报告给董必武，他感到非常欣慰。1956年7月6日，中共中央法律委员会举行第一次会议。董必武参加了这次会议。会议肯定了镇反、肃反的伟大成绩，同时指出存在的主要缺点是错捕、错判了一些人，决定最高人民法院、最高人民检察院、公安部、司法部联合组织六个检查组，分别去东北、华北、华东、中南、西南、西北各区，对捕、判、管、改等工作进行检查，严格贯彻"有反必肃，有错必纠"的方针，发现问题，及时解决。

为了保证司法公正和执法如山，仅靠个人的作用是不够的，还必须依靠制度。董必武深刻认识到这一点。他担任中华人民共和国最高人民法院院长后，就开始着手从建立制度入手以保证审判的正确性，既不冤枉一个好人，又不放过一个坏人。

董必武坚持在最高人民法院的各审判庭按合议制审理案件，并实行公开审判。他根据最高人民检察院军事检察员的起诉，决定公开审理几起间谍案，又选择了四件刑事两审案件公开审理，既把人民法院的审判活动置于广大群众的监督之下，又借机向参加旁听的群众进行生动的、具体的法制教育。

董必武还坚决贯彻两审终审制。1955年2月4日，最高人民法院和司法部联合向地方法院和司法部门发出了《关于贯彻执行两审终审制的通知》。3月11日，董必武主持召开了最高人民法院审判委员会第一次会议，讨论决定了审判委员会在当前的工作任务、工作方法和会议制度。他强调在国家立法机关制定完备法律的条件尚未成熟前，必须从我国的实际情况出发，调查研究，实事求是地总结审判的实践经验，为立法机关草拟实体法和程序法提供广泛而又可靠的实际资料；同时通过总结经验，提高人民法院审判工作的质量。

依照新的法律开展审判工作这是一件新鲜事，需要在探索中前进。董必武指示最高人民法院作探索的模范。从1955年到1956年，最高人民法院分别对刑事案件的罪名、刑种、量刑幅度和14个大城市高中级人民法院刑事、民事案件的审理程序进行了总结。为了总结罪名、刑种和量刑幅度，最高人民法院调阅了各地的19200多卷的刑事案档案；为了总结审理程序的经验，最高人民法院派出了几个工作组，与下级法院结合，首先把14个大城市高中级人民法院已经和正在实行的刑事、民事案件审理程序的材料，进行了收集和整理。随后董必武主持最高人民法院审判委员会成员讨论总结了京、津、沪等13个大城市高中级人民法院民事案件审理程序的经验。董必武认为，这些措施的目的，在于充分发挥集体智慧，保证办案的准确性。

董必武相信群众的直接或间接参与是保证办案的准确性的重要条件。因此，他加强了对人民群众来访的处理接待工作。仅据1954年10月至1955年3月的统计，他领导最高人民法院处理来信3825件，接待来访群众 954 人。其中属于诉讼问题的申诉和不服从各级人民法院判决或裁定的申诉占大多数。董必武认为，这是审判监督，保证办案准确性的一项重要工作。

杰出的法学理论家

长期的司法实践为法学理论思考创造了条件，而董必武又善于总结实践经验，并上升到理论高度，成为中国共产党内杰出的法学理论家，对法学的科学研究精深，成果丰盛。

早在 1948 年 7 月 17 日，董必武就写信给谢觉哉、陈瑾昆、李木庵、张曙时、杨秀峰，转达了刘少奇关于赶快草拟民刑两法的意见，在信中提出了"以法学为人民服务"的思想。后来，他又提出"法学是一种科学"，是人民进行社会主义革命和建设的武器之一。这个思想非常重要，成为我国司法实践和法学理论研究的重要指导思想。为此，董必武对成立研究法学理论的机构和法学理论研究本身倾注了满腔热情。

为了组建我国政法理论研究团体，1951 年 12 月，董必武主持成立了中国政治法律学会筹备委员会。这个筹备会是在以沈钧儒为主席的中国法学研究会筹备委员会与以林伯渠为主席的中国新政治学研究会筹备委员会合并的基础上建立起来的。1952 年 2 月 23 日，董必武以中央政法委党组书记的名义，向毛泽东、周恩来和中共中央报告了成立中国政法学会筹委会的情况。7 月 15 日，在中央政法委的有关会议上，董必武说明了中国政法学会筹委会筹备学会成立的进展情况，提出了正式成立学会的时间，介绍了成立学会会议的安排，阐述了学会的方针和任务，取得了到会同志的赞同。会后，董必武在中南海的小船上向周恩来作了口头汇报。1953 年 3 月 28 日，董必武又向周恩来写出书面报告，根据历史和现实的发展情况，国内和国际的迫切需要，陈述了正式成立中国政治法律学会的必要性。为了省人、省钱、省时间，他建议在即将召开的第二届司法会议后紧接着召开学会的成立大会。

4月6日，周恩来批示同意董必武的安排。

4月22日，中国政治法律学会成立大会在北京隆重举行。这是中国法学研究史上的一件大事。各界法学研究人员聚首北京，研究法学研究中的重大问题。出席大会的代表425人，约占经审查登记的学会会员的2/3。大会通过了学会章程和学会成立宣言，选举了学会领导机构。董必武当选为主席。

学会章程规定，中国政治法律学会为全国性的学术研究团体，它的主要任务是：团结全国政治法律工作者，学习和研究马克思列宁主义关于国家与法律的理论，批判资产阶级反人民、反科学的政治法律观点；发扬我国人民民主制度与革命法制的精神，进行全体国民应遵守国家法律的宣传教育工作，以推进国家建设；致力保卫世界人民民主自由及民族独立的工作，联合国际民主法律工作者，促进世界和平民主运动。

宣言向全国及全世界宣告，鉴于我国已经开始了有计划的经济建设，中国政治法律学会的宗旨就是：要求政法工作者加倍地努力，"为进一步巩固人民民主专政和加强人民革命法制而斗争，以保障经济建设的胜利进行"；同时要"和世界人民在一起，加倍地努力，为维护世界和平、民主和正义的原则而团结奋斗"。宣言号召我国政法工作者"必须更加紧密地团结在马克思列宁主义的旗帜之下，继承并发扬我国人民革命的法制与法学的光荣传统，彻底肃清一切资产阶级反动的政治法律观点的影响，用科学的国家与法律的理论来武装自己的头脑。"宣言指出，只有这样，中国政法工作者"才能担当起自己的光荣任务，获得更大的成就"。

会后的5月6日，董必武将学会成立的情况专题向中央政法委党组并向毛泽东和中共中央作了报告。

法学研究需要阵地。中国政治法律学会于1954年5月1日创办了《政法研究》。董必武亲笔题写了刊名，并撰写了发刊词，进一步阐明了政法学会的方针和任务。

为了进一步加强法制建设，董必武多次强调要大力开展法制宣传。1954年5月，他在中国共产党第二次宣传工作会议上作了《关于党在政治法律方面的思想工作》的重要讲话，再次提出必须广泛宣传，使广大群众认识"法律是国家的最高权力机关依照规定的程序制定出来的，是全国人民的意志经过一定的形式表现出来，又经过一定的手续讨论通过的。"它的意义是庄严的，通过它的手续是慎重的。因此必须注意培养人民群众的守法思想。他进一步论述了教育人民守法，共产党员和国家干部必须以身作则，成为守法执法模范的重要意义，指出："目前应该很严肃地提起国家工作人员的注意，大家应该守法，并领导人民群众来守法，这对贯彻我们党的总路线有重大意义。"在这次会议上，董必武还正式提出关于在中国科学院建立法学研究所的问题。他认为应该让我国的法学"登上科学之门"。这一年的10月5日，董必武又就这个问题向刘少奇、邓小平写了报告，建议由中国政法学会担负起筹备中国法学研究所的责任，研究所属中国科学院。1956年9月19日，在中共八大上，董必武再次提出迅速建立法学研究所的建议。后来，中国科学院的法学研究所就是在董必武积极倡议和推动下建立起来的。

1956年9月15日至27日举行的中国共产党第八次全国代表大会，是以毛泽东同志为核心的党的第一代中央领导集体率领全党进行探索中国自己的建设社会主义道路并取得初步成果的大会。在会上，董必武作了《进一步加强人民民主法制，保障社会主义建设事业》的发言，对我国的法制建设、司法实践作了理论上的探索，提出了许多深刻的思想。

他说："为了实现尽可能迅速地把我国建设成为一个伟大的社会主义国家的宏伟目标"，"党就必须采取积极措施，健全我们的人民民主法制，以便进一步保卫人民民主制度，巩固法律秩序，保障人民民主权利，保护公共财产，更有效地发挥人民群众的积极性和创造性；同时，继续肃清反革命分子，继续同一切违法犯罪的现象作斗争，保障社会主义建设事业的顺利进行。只有进一步加强人民民主法制才能适应党所提出的任务。"

在论述怎样加强人民民主法制建设时，董必武明确提出："依法办事是进一步加强法制的中心环节。""凡属已有明文规定的，必须确切执行，按照规定办事；尤其一切司法机关，更应该严格地遵守，不允许有任何违反。"他说："反对一切随便不按规定办事的违法行为。今后对于那些故意违反法律的人，不管他现在地位多高，过去功劳多大，必须一律追究法律责任。对于那些不知道法律的人，不仅要教育他懂得法律，还要教育他遵守法律。依法办事就是清除不重视和不遵守国家法制现象的主要方法之一。"

董必武提出了要进一步加强人民民主法制，关键在于加强党对法制工作的领导。他要求各级党委必须把法制工作列入工作议程，定期讨论，定期检查。党的监察委员会要关心法制工作，认真地监督党员必须遵守国家法制。这样才能保证加强人民民主法制建设。

董必武对司法实践经验的总结和对法学理论的研究，对加强我国法制建设具有重大的现实意义和深远的历史意义。可惜的是，由于后来一段时期我们党在指导思想上犯了"左"的错误，伴随着全党对建设符合中国国情的社会主义建设道路探索的中断，也伴随着中共八大所取得的一些正确理论成果遭到错误的批判，董必武的一些法学理论成果也受到了不公正的待遇。

造就法律人才

加强法制建设需要法律人才；提高司法水平需要人才；深化法学理论同样需要法律人才。总之，人才是最重要的。在董必武的头脑中，人和人才问题占着十分重要位置。

新中国成立后,董必武就协助周恩来,迅速地建立了政治法律委员会以及内务部、公安部、司法部、法制委员会等政法部门。不久,各地司法局以及公证机关、律师制度等也先后建立。1951年5月,董必武领导中央政法委员会讨论决定省级以上人民政府建立政法委员会,确定该委员会负责指导与联系民政、公安、司法、检察署、法院、监察委员会等机关的工作,并处理相互间的组织与工作关系。

随后,董必武又以很大的精力领导了司法队伍的整顿和建设。1952年9月,中央政法部门按照董必武的指示,组织了四个联合视察组,到华东、中南、东北、西北进行有重点的调查研究,发现司法干部队伍存在严重的组织不纯和思想不纯。他立即向中共中央提出建议,必须有步骤、有计划地改造全国的司法机关和干部队伍。在中共中央、中央人民政府政务院的支持下,1952年下半年,董必武领导了在全国范围内开展的司法改革运动。在运动中,他作了多次重要讲话,论述了这一改革是建立与健全司法机关的重要组成部分,是镇压反动派,保护人民的直接工具,是组织与教育人民进行阶级斗争的有力武器。他还论述了彻底改造与整顿各级司法机关的极端重要性,指出:人民的法律,是便利维护自己的权利和对敌斗争的锐利武器,必须将司法人员中的坏分子从审判部门中清除出去。到1953年2月底,全国司法改革运动基本结束。这次运动使全国司法干部队伍在组织上更加纯洁,在政治上、思想上得到了提高。

在改造旧司法人员的同时,董必武非常重视有计划、有步骤地培养政法工作干部。他多次指出:加强培养政法干部,是我们党领导政治法律工作方面的迫切任务之一。他针对全国解放以后政法干部极为缺乏的状况指出,过去对政法干部的培养问题注意不够是可以理解的,若今天再注意不够,政法建设就很困难了。又说:对于干部培养,如果现在不考虑到将来工作发展的需要,等到事到临头再筹办,是会赶不及的。因此,董必武一开始就积极抓紧政法干部的培养和政法院校的筹建工作。1950年5月，董必武主持召开了政法委员会党组干事会第一次会议，研究了对大学政法院系的课程改革问题。1951年5月，他向中央提出了建立中央政法干部学校的建议，并亲自领导筹办和调配干部、教师工作。

董必武根据毛泽东的指示，于1952年6月召开了第一次全国政法干部训练会议。在开幕会上，他提出要把补充和训练政法干部的工作放在解决政法干部问题的第一位。会议确定，在教育部的领导和政法主管部门的协助指导下，各大学的政法院系，要以马克思列宁主义、毛泽东思想关于国家和法律的观点为指导，对青年知识分子进行系统的训练；分办司法与行政的轮训班；大行政区政法干校或院校和省市县司法行政轮训班要有专人讲课；通过民族学院政法课和民族事务委员会选送民族干部进政法干校学习等办法，训练和培养民族政法工作干部。董必武要求政法干部必须学习和掌握马克思列宁主义毛泽东思想关于国家与法律的理论，同时必须学习和掌握辩证唯物主义的思想方法。

1952年10月，董必武又全面具体地提出了训练政法干部的意见：（一）各大学的政法院系：以马克思列宁主义毛泽东思想关于国家和法的学说，对青年知识分子进行系统的训练；（二）政法干部学校：对政法干部进行轮训；（三）各省市开办政法干部轮训班。

全国高校院系调整时，撤销了北京大学法律系。董必武得知后，立即指示必须恢复和重建。他亲自给北京大学法律系调配了领导干部，对办学方针、课程设置、教学计划等都提出了具体的要求和意见。在他的关心与推动下，北京、上海、重庆陆续成立了政法学院。他还提出办中级政法学校，在普通中学设立宪法课，配备宪法课教师等一系列积极的主张。

要使政法干部的政治素质和业务素质迅速提高，可以从多方面努力，其中重要的一条就是让政法干部从文山会海中解放出来。在董必武的领导和督促下，政法部门作了有益的尝试。1951年10月政法各部门联合召开了秘书工作座谈会,讨论通过了《简化政法各部门间公文处理的几项办法》;同时,由最高人民检察署、最高人民法院、政法委员会、内务部、公安部、司法部、法制委员会、民族事务委员会、中国人民救济总会、中国红十字总会、政务院人民监察委员会联合制定了一个《简化公文公约》,规定八条简化公文注意事项。政法部门许多负责同志都在这个公约上签了名。

为了扩大会议效果,董必武决定根据秘书工作座谈会的提议,在不影响保密的情况下,由政法各部门联合举办反文牍主义公文展览会。同年11月4日,他签署通知,指出办这样的展览,"在提倡精简节约当中,有其政治意义,请各部门首长积极支持秘书工作人员完成此项任务"。20日,董必武为展览会题词:"文牍主义是官僚主义的支流。文牍的层转手续多,履行的范围广,拖延时日不解决问题。这不是对人民负责应有的方法和态度。我们机关工作人员反对文牍主义,必须简化机关组织的层次,简化公文的手续,才能提高这方面的工作效率。"这一展览引起了强烈反响。展览原系政法部门巡回展出,借以自我教育,改进工作之举。后因参观者越来越多,超过估计人数,各部门纷纷要求参加展出,向展览会送材料。政法部门为此特发了启事,宣布12月16日暂时停止参观,要求自愿展览展示材料的各单位于9日至12日内将展品送交中央法制委员会办公厅,要求各参观单位14日前接洽登记,以便作好准备,到时继续展出。中央政法各部门,当时在董必武的领导下,不仅是这样在总结、在宣传、在要求,而是在这样行动着,照此实践着。

董必武对政法干部要求很严,一旦发现政法战线存在各种问题,他批评起来非常严厉。1954年3月29日,董必武在第二届全国检察工作会议上讲话时,要求检察工作人员"站稳立场,依靠群众,提高警惕,不顾情面"。9月24日,他在一届全国人大一次会议上发言时,尖锐地批评有些政法工作人员不愿充分发扬民主,存在官僚主义、衙门作风,甚至有压制群众批评，实行报复打击的违法乱纪行为，指出不告不理、孤立办案、手续繁琐、刁难群众等旧法制观念仍然在影响着政法工作者；指出有的人甚至颠倒黑白，敌我不分，错判案件，严重影响了党和政府同人民群众的联系。1955年3月，在党的全国代表会议上，董必武发言指出司法工作中还存在着错捕错拘、刑讯逼供、不调查研究、重口供轻证据、主观臆断、草率结案、曲解审判独立、孤立办案等不正之风，提出要加强辩证唯物主义的思想教育，要系统批判资产阶级唯心主义，要提倡调查研究、实事求是的工作作风。5月下旬，董必武领导最高人民法院会同司法部，召开了有各省市高级人民法院院长、各司法厅局长和部分市中级人民法院院长参加的司法座谈会，一面坚决贯彻肃反方针，一面检查批判了司法工作中存在的先入为主、偏听偏信、主观臆断、轻信口供、不重证据等错误的审判思想作风。他再次指出这是资产阶级唯心主义思想在我们审判工作中的反映，必须坚决克服。

　　董必武对政法工作既要求严格，又关心周到。1949年11月，以董必武为团长的中央接收代表团到南京去接收国民党政府有关档案时，工作人员发现了董必武曾经坐过的一辆黑色小汽车。大家在一起议论：认为很有纪念意义，提出把小汽车带回北京。董必武知道后，很严肃地批评身边工作人员说："你们想干什么？我和你们约法三章：不许向地方要东西，更不许以我的名义在任何部门搞活动，不许接受礼物。你们要是违反了，我就要送你们到公安局去。"从那次以后，不论是谁调到身边工作，他都要首先申明这个约法三章。身边工作人员谁也不敢违反这条规矩。

　　严格要求是一个方面，另一方面是关心周围同志。当身边工作人员生病了，他亲自打电话为生病的工作人员联系医院；当身边工作人员家庭生活发生困难，他就会想办法接济；每到春节除夕晚上，就通知身边工作人员和家属一起团聚，董老和蔼地为大家敬酒说："一年来你们工作辛苦了，祝你们节日愉快！"

董必武关心政法干部，严格要求政法干部，促进了政法干部的成长。不少政法干部正是在董必武的谆谆教诲下迅速成长，成为政法战线的骨干力量。

第十三章
CHAPTER THIRTEEN

漫漫求索

踏遍青山人未老

早在 1931 年毛泽东就提出了"没有调查就没有发言权"的科学命题,并为全党树立了深入调查研究的榜样。董必武向毛泽东学习,深入农村、工厂、部队、学校调查研究。全国解放以后,他虽年事渐高,体弱多病,但仍然老骥伏枥,壮心不已。他风尘仆仆,先后视察了全国除西藏、台湾外的其他省、市、自治区,足迹踏遍祖国河山。

1952 年 7 月,董必武与谢觉哉等一起离开北京,先后到沈阳、大连视察。第二年 5 月,又南下南京、镇江、无锡,先后在这些地方了解情况,指导工作。1955 年 9 月,新疆召开一届人大二次会议,决定成立新疆维吾尔自治区,中共中央和国务院派出以董必武为团长的中央代表团前往祝贺,董必武欣然赴乌鲁木齐。在成立庆典大会上,他发表了热情洋溢的祝辞。他对新疆人民的生产和生活非常关心,不顾旅途的辛劳,在新疆视察工厂企业和农业生产合作社,在新疆各族人民中访贫问苦,把党中央和国务院以及全国各族人民的温暖送给新疆各族人民。9 月 30 日,这天正逢中秋佳节,皓月当空,董必武在乌鲁木齐和新疆各族人民欢度佳节和庆贺新疆维吾尔自治区的成立。能歌善舞的维吾尔族姑娘和小伙子踏着优美的民族音乐的节奏,翩翩起舞,一派欢乐祥和的景象。董必武的心情特别高兴,目睹眼前的一切,引起他的诗兴,提笔写下:

> 今年乌市过中秋,
> 共庆当前喜事稠。
> 各族人民团结好,
> 大同社会可营求。

10月3日董必武离开乌鲁木齐，回京途中，又视察了甘肃兰州和青海的西宁市、湟中县以及陕西的临潼。恶劣的自然条件、历朝历代统治阶级的昏庸腐朽，使这些地区不断地沙漠化，封建文人发出"西出阳关无故人"的哀叹。新中国成立后的短短几年，由于政策对路，由于广大人民当家做主，并调动了人民群众的积极性，过去的戈壁荒滩开始变样。董必武一路看到这些变化，心中由衷地高兴。10月3日他在酒泉飞机场招待室用诗记录他的见闻。诗中写道：

    在昔称绝塞，
    将为工业区。
    石油多始掘，
    煤铁富无虞。
    岂地爱其宝？
    缘人迷了途。
    自当家做主，
    荒瘠变膏腴。

回到北京不久，他出席了全国政协二届二次会议，作了《关于肃清一切反革命分子问题》的报告，同时部署了第三届全国司法工作会议和中国政治法律学会第二次年会的准备工作。

1956年9月召开的中共八大上，董必武继续当选为中共中央委员。在八届一中全会上当选为中央政治局委员和中央监察委员会书记。尽管他的地位更高了，但他始终把自己看成是普通一兵，而且对自己要求更严格了。他接到湖北省召开一届人大第四次会议通知后，便马上向中央报告，如期赶到武汉参加会议。在湖北期间，他到湖北省青年大会作报告，针对青年人当时的思想实际，向青年们分析国内国外的形势，分析我们面临的各种困难，阐述中国社会主义革命包含着改变生产关系和改革生产技术双重任务的道理，号召青年依靠党的领导，学习马克思列宁主义的思想方法，继承和发扬革命光荣传统，增产节约，克服困难，以共产主义的忘我态度为建设祖国努力奋斗。后来，董必武收到华中师范学院学生孙玉山1957年1月11日的来信，信中提出关于工农群众的生活问题和其他问题。董必武高度重视群众来信，当月的25日，他就亲笔回信给孙玉山，对工农群众的生活状况和党的有关政策作了详细说明，具体、耐心地帮助孙玉山同学正确看待这些问题。他还为华中农学院建院题词："勤俭建国。"

1958年10月15日，董必武到成都、重庆视察。在重庆期间，他接见了参加公安会议的人员和重庆市各条战线的青年社会主义建设积极分子，视察了工厂，同重庆玻璃厂领导人和四川游泳训练队队员进行了亲切交谈。他特别教导青年要牢记革命胜利来之不易，勉励大家更加奋发努力，建设社会主义的新中国。重庆是董必武在抗日战争时期生活和战斗过的地方。11月9、10两日，董必武参观了曾家岩周公馆和红岩村，面对旧居，他回忆那时的情况，过去的战斗生活历历在目。参观周公馆时，他在诗中写道：

> 八年抗日此栖身，
> "三打维支"笑语新。
> 戴笠为邻居在右，
> 总看南北过门人。

这首诗真实地反映了当时的艰难处境，国民党特务时刻注视着住在周公馆的中共人士。中共人士时刻都面临着危险，但是。他们不畏强暴，不避艰险，仍然保持着革命乐观主义的态度。

在参观红岩村时，董必武用诗来描写八年抗战的历史。当年"孰论持久战？谁写败降书？"今天这些问题已是真相大白。他称赞"红岩荒谷耳，抗日显生辉"。在抗日战争时期，重庆是国民党的战时首都，但"此地多昏雾"，延安是抗日战争时期中国共产党抗日指挥部所在地，尽管地处西北高原，毛泽东"斯人若紫微"，给中国抗战带来胜利的希望。董必武回忆当年"吾人遭迫害，履险总如夷"。

11月24日，董必武离开重庆，前往武昌，出席了11月28日至12月10日举行的八届六中全会。会后，即赴广州，到广东新会视察工作，参观那里的农业展览和废物利用展览，访问了新会纸厂、农机厂和玻璃河水电站，看了老峰山劳动大学。1959年初，到广西南宁考察工作。于二三月间偕罗荣桓、聂荣臻由柳州赴桂林，途中遇到罗瑞卿，"遂结伴冒雨赴阳朔"。桂林是我国著名的风景区，自古就有"桂林山水甲天下"的诗句来赞美她。漓江两岸，奇山异石，美不胜收。董必武身临其境，感受更深。在诗中写道：

> 漓江春水渌悠悠，
> 细雨昙天结伴游。
> 两岸奇山看不尽，
> 碧莲峰下泊行舟。

如果说在桂林，董必武为那里的美景所陶醉；那么1959年3月3日他与聂荣臻却是怀着对毛泽东十分崇敬的心情专程前往韶山和长沙的。在韶山，董必武伫立在毛泽东旧居前，崇敬之情油然而生：

> 门外双塘贮白水，
> 宅旁层岭植青松。
> 风和日丽春游快，
> 土壁茅檐剑气冲。

在长沙，董必武住了五天。他踏着毛泽东青少年时代的足迹，参观了爱晚亭、天心阁，这些都给董必武留下了非常深刻的印象。当然印象更深刻的是新中国成立后长沙人民当家作了主。离开长沙时，他写下了：

> 长沙居五日，
> 北上挂车行。
> 阁忆天心胜，
> 亭留爱晚名。
> 清泉饮白鹤，
> 杂树啭黄莺。
> 好景今逾昔，
> 劳人自主盟。

董必武的足迹遍及祖国大地。为了提高调查研究的质量，他不仅了解当地的现实，而且了解当地的历史。1961年他赴宁夏考察。为了了解现状，他参加了多次会议，听取宁夏回族自治区有关领导的汇报，接见各县县委书记、地委书记以及其他方面人士，参观银川市容，还深入青铜峡水电站工地和广大工人见面，到银川郊区北塔人民公社和社员座谈，等等。为了了解宁夏的历史，在繁忙工作之余，不顾78岁的高龄，阅读了不少有关宁夏地区的历史资料，如《朔方道志》，范长江著的《中国的西北角》等书籍，为工作提供了不少方便。

董必武每到一地，把党中央和毛泽东的关怀送给广大人民。他反对把领导人和群众相隔离的做法，如戒备森严，前呼后拥，兴师动众。当他在宁夏视察贺兰山植树造林和游览风景区的时候，看了过去军阀马鸿逵在贺兰山腰所修盖的别墅、戏台、警卫哨所后，便赋诗讽刺道："……军阀图宴安，周围列哨戍，人民起革命，巨帚扫旧污……"。充分反映了董必武对反动统治阶级的仇恨和对劳动人民的热爱。董必武在视察工作之余也为祖国雄伟壮丽的河山所感动。他写了许多颂扬山川、凭吊古迹的诗，都浸透了对祖国的爱。然而，他格外强调的是由于人民当家做了主人，使祖国的山川景色也格外增添了光彩。如《游厓门返舟中望凤山龙子塔》中有"工农自作主，山塔秀益饶"，《游昆明大观楼》中有："昔日说大观，达官贵人兴。今日说大观，才具人民性"等诗句。还有《游安宁温泉曹溪寺》《游晋祠》《游西湖》等诗作，都蕴含了这样的感情。

"一涉浮夸便不真"

> 马列为宗起凤毛，
> 由虚务实续弦胶。
> 事经分析知矛盾，
> 主次当心莫溷淆。
>
> 党所追求是真理，
> 一涉浮夸便不真。
> 落实本来容易事，
> 好同群众共劳辛。

这是董必武在 1959 年 5 月 25 日写成的一首诗，题目是《偶成》。其实，这首诗并不是偶然写成，而是他长期观察、长期思考的必然结论。

1956 年社会主义三大改造完成后，中国进入了全面建设社会主义时期。如何在社会主义条件下进行经济建设，这对中国共产党人来讲是一件崭新的事情，正如毛泽东所说，许多东西对于我们还处在自然王国之中。正因为这样，在中共八大前后，以毛泽东同志为核心的党的第一代中央领导集体率领全党开始了艰辛的探索。对于这段历史，正像《中国共产党的七十年》的评价那样：

> 如何在中国建设社会主义，全党缺乏足够的理论和思想准备。……在中国建设社会主义，远比在中国进行民主革命艰难和复杂得多。革命道路不能照搬外国，建设道路同样不能照搬外国。在开始建设的时候，党号召过"学习苏联"。这有其历史的必要性，并且有收到积极效果的一面。但是苏联经验并不都是成功的，苏联的成功经验并不都适合中国的情况。学习苏联终究不能代替对自己道路的寻求。中国自己的建设社会主义的道路究竟应该怎样走，党没有可能事先作好充分的理论准备，只能根据马克思主义的基本原理同中国实际相结合的原则，总结自己的经验，借鉴外国的经验，在实践中进行探索。探索中国建设社会主义的道路，能不能比探索中国革命的道路，少经历一些大的曲折？党希望做到这一点。后来的历史表明，我们未能避免大的曲折，我们对在中国建设社会主义的艰巨性和复杂性估计不足……①

事情的确如此。毛泽东率领全党追求的是真理。但是这种追求后来中断了。在上层出现了急于求成的思想情绪，在下层则发生了浮夸现象。董必武以追求真理的态度和作风，决心对"大跃进"中出现的一些问题进行调查研究。他对"左"倾错误造成的严重后果，十分痛心。他认为，"党所追求是真理，一涉浮夸便不真"。后来，他又严肃地提出，提倡"敢想、敢说、敢做"，但定要合乎科学，力求纠正"左"的错误。于是，1959年5月董必武同朱德、林枫一起赴东北，用了一个月的时间，先后视察了辽宁、吉林、黑龙江三省，听取了三省省委和一些市委的工作汇报，并深入葫芦岛港口、锦西石油五厂、沈阳金属研究所、沈阳重型机器厂、辽宁省林业土壤研究所、抚顺大伙房水库、抚顺露天煤矿、高坎

---

① 胡绳：《中国共产党的七十年》，中共党史出版社1991年版，第284页。

人民公社、鞍钢、本溪钢厂、大连海港、大连机车车辆厂、大连造船厂、旅顺港、旅大水产养殖场老虎滩分场、长春第一汽车制造厂、长春净月潭水库、长春电影制片厂、长春地质勘探学院、长春光学精密机械仪器研究所、哈尔滨制铝厂、哈尔滨新发人民公社等许多工厂、农村、机关、学校、部队,进行广泛的调查研究。回到北京后,董必武与朱德、林枫分别就吉林、黑龙江两省情况向邓小平汇报,并请邓小平将报告转给毛泽东、中共中央。

在报告中,董必武根据调查所得来的情况提出了许多重要的思想和建议。报告认为,"东北大豆比关内的好,但是收购价格低于关内……这是不合理的,至少应该拉平。在收购办法上,可以采取中央有关部门和地方每年签订合同,使地方有计划地安排生产,在保证完成出口任务外,还留有必要的机动数。对于产大豆区的农民,在食油和豆制品(豆腐、豆饼)方面适当给以照顾也是合情合理的"。报告中提出了反对"一刀切"做法的思想。认为"山区生产必须从山区的特点出发",要"靠山吃山",要"确定山区以林业和多种经营为主的生产方针",要"全面开发和利用山区",要解决"森林砍光"和"林木过熟"的问题,"粮食生产只要求自给和每年略有贮备就可以了,既不要从外边调粮进去,也不指望山区调粮出来"。这个方针"适用于全国其他山区"。报告认为,"去年大跃进以来,由于抓紧了粮食生产,忽略了多种经营,产量下降,不论对人民和对国家来说,都是一个损失。"报告还积极主张:"积极安排黄金生产"。认为这是"扩大积累、扩大进口的一个简捷便宜的办法",报告建议"要规定超产提成制度,允许地方在提成范围内从国外进口一些地方上需要的物资",报告批评"现在是一两收一两,没有提成,不能鼓励生产"的错误做法。针对当时过分强调重工业的发展,轻化工业、交通运输、市政建设没有相应地跟上去,"形成了三条短腿",报告建议要采取措施"补上"短腿。

这些建议和批评与当时浮夸风盛行的风气有不"协调"不和谐之处，但它的的确确是一些真知灼见，这反映了董必武热爱真理、追求真理的高贵品质。

1959年7月2日至8月1日在庐山召开了中央政治局扩大会议。毛泽东在会议开始的时候提出18个问题，主要是关于当前形势、今后任务以及一些具体政策。他认为总的形势是成绩很大，问题不少，前途光明。要求大家在充分肯定成绩的前提下，认真总结经验教训，进一步统一认识，动员全党完成1959年的"大跃进"任务。

庐山会议前期是为了纠正已经发现的"左"倾错误。董必武作为中央政治局委员参加了会议。他为党能够及时发现问题又能及时解决问题而感到欣慰。7月14日，彭德怀对于会议未能透彻地解决问题和统一认识深感忧虑，写信给毛泽东，陈述自己的意见，希望能得到毛泽东的理解和支持，以利于会议正确地总结经验教训。毛泽东看到彭德怀的信和听到张闻天等支持彭德怀的发言后，心中感到强烈不满，认为是"右倾"，于是在党内发动了批判"右倾机会主义"的运动。这就是董必武在《将离庐山》诗中所说的："神仙会上是非生。"董必武对毛泽东是非常崇敬和信任的，相信毛泽东能够在重大问题上把握好社会的前进方向。因此，他在诗中认为彭德怀等是"垂尾翘高闹右倾"，而且是"漏网巨鱼今上钓"，这些看法具有明显的时代痕迹。但董必武的心愿是美好而又善良的，他希望"经过辩论求团结"，大家都团结在毛泽东为核心的中共中央周围，把社会主义建设事业"劲头鼓足推前进"。但是后来的结局有些出乎董必武的预料，反"右倾机会主义"的斗争打断了纠"左"的进程，并将"左"倾错误推到新的高潮。

在这以后，董必武又视察了四川、云南、贵州、广东、海南岛、湖北、安徽等地。1960年5月在安徽视察时，董必武详细询问了利用沼气的发展情况，仔细参观了阜阳县大寺沼气发电站和沼气研究所，对阜阳县大搞沼气感到非常满意。他指出，这是解决农村能源问题的一个重要途径，对解决照明、烧水、煮饭、开动机器和提高肥效都有作用。接着，到河南、山西，询问了河南洛阳拖拉机厂的生产情况，参观了山西省的工业展览会，视察了三门峡枢纽工程、晋祠人民公社、太原钢铁厂、太行仪表厂、大同煤矿等。10月15日，董必武又到湖北、江西、福建、广东视察。在江西，参观了景德镇瓷器展览馆，访问了革命根据地井冈山、瑞金。在这里，他又回到了26年前生活、战斗过的地方，抚今追昔，对革命根据地人民的艰苦创业精神作了热情歌颂。10月28日，他在茨坪写下了《访问井冈山》：

> 革命摇篮地，
> 井冈山著名。
> 境连湘赣省，
> 人集茅茨坪。
> 四面重峦障，
> 五溪曲水萦。
> 红根已深植，
> 今日正繁荣。

11月1日，董必武一行到达瑞金。这里曾经是红色根据地。"昔日红都迹尚留，公房简朴范千秋。"他希望人民到这里参观学习，继承革命的光荣传统。在瑞金，他遇到了曾经支持过革命的根据地父老乡亲，故友相逢格外亲，打开话匣子回忆起当年的岁月，"父老相逢情谊稠，翻身故事话从头"。

11月9日，董必武游览了厦门集美鼓浪屿日光岩。隔海相望，遥想台湾岛还在国民党的统治下，又想起了历史、想起了现在，题诗一首：

> 日光岩上望台澎，
> 逆顺殊途今古情。

> 势蹙一隅依美帝，
> 风流千载忆延平。
> 探囊可得收金马，
> 决策终须捕海鲸。
> 国土合当全解放，
> 首应逼退入侵兵。

董必武在诗中表达了全国人民同台湾同胞的骨肉深情和实现祖国统一的强烈愿望。

在湖北、江西、福建、广东视察过程中，董必武亲眼看到一些违背客观经济规律的"左"倾错误给国民经济和人民生活造成了严重困难，就抱着对党对人民负责的态度，决定上书中央。11月20日，董必武在给中央的信中写道："江西今年上调的粮食比往年多，……合计十五亿五千万斤的任务。""他们怕今后成为例子，年年都按这个数上调，江西就负担不了。……这点可否请国务院五办和粮食部门予以注意？""和江西、福建两省负责同志谈话时，均反映出木炭炼铁这一问题。……这对劳动力的消耗，对森林木材的损害，都是很大的，铁的成本也减不下来。……我听到其他的省也有用木炭炼铁的情形。特提请计委、经委和冶金工业部门考虑，可否在分配任务时，凡是用木炭炼铁的地区，逐渐降低其木炭炼铁的任务？可否要各地区开发煤源，逐渐做到用煤炼铁，完全不用木炭炼铁呢？"另外，对处理各省外流人口等问题，也都提出了重要建议。

董必武的态度是科学的。他的上述建议是发生在庐山会议以后，那就更难能可贵了。

关心军队建设

> 立国边防重，
> 军人责任多。
> 善邻虽有策，
> 残敌尚操戈。
> 飞降空中伞，
> 偷航海面梭。
> 随时加警惕，
> 让房叹蹉跎。

这是1957年2月15日董必武在海南视察慰问国防将士写下的诗句。在董必武心目中，新中国成立后，我们的工作重点转移到经济建设上来，但是帝国主义灭亡中国之心没有死，国内也还不太平，因此，加强国防建设仍然十分重要。他每到一地视察，只要条件允许，就要去看望解放军将士，叮嘱解放军"立国边防重，军人责任多"，表现出对军队建设的关心。

1950年，他曾经强调建立强大的空军和海军的必要性和迫切性。1954年2月，董必武任全国人民慰问解放军代表团总团长，率代表团赴各地慰问中国人民解放军。2月20日，在北京举行的慰问大会上，他亲手将慰问纪念章佩戴在朱德的胸前。

1959年6月13日，董必武和朱德到旅顺海军基地视察。

旅顺，地处辽东半岛的南端，与山东半岛的威海卫刘公岛遥相对峙，共扼渤海咽喉，地势险要，是我国首都的海上门户，具有极重要的战略地位。清朝政府的北洋水师就在旅顺口和威海卫建立起海防要塞，作为水师的两个基地。由于封建王朝的腐朽和统治者的卖国投降，在中日甲午战争中，北洋水师全军覆没，旅顺和威海卫先后被日寇占领。战争失败，割地赔款，给中国人民带来了深重的灾难。

1894年11月，中日甲午战争开始不久，日本侵略者就攻占了旅顺，进行了惨绝人寰的大屠杀，整个旅顺，尸横遍地，仅有少数人幸免于难。坐落在旅顺口北郊的万忠墓，就是历史的见证。

在1904年的日俄战争中，旅顺这块中国的土地成了日俄两个帝国主义厮杀的战场，旅顺人民又遭受了一场浩劫。

回忆这些历史，董必武的感受更加深刻，希望中国人民受欺负的历史一去不复返。

到达旅顺稍事休息后，当时的旅顺海军基地司令员刘华清向朱德和董必武等介绍了旅顺地区的历史，汇报了我军接管基地以后的建设和海军的发展训练情况，并陪同朱德、董必武等参观了日俄战争的遗迹，在电岩和老铁山观看了海军高炮和岸炮的操作表演、舰艇训练，接见了基地的干部。董必武一行还检阅了"长春号"驱逐舰，登上这艘军舰出航。水兵们在甲板上列队等待敬爱的首长。当走到板桥处时，朱德请董必武先行。董必武一再推辞。朱德说："董老，你是国家副主席，应该走在前边。"董必武说："你是老总，总司令检阅自己的战士，应该走在前边嘛。"最后还是董必武走在后面才结束这场"争论"。

检阅从舰右舷开始。董必武和朱德仔细观看了指挥台和武器装备，询问了舰上官兵的训练、学习和生活情况。他们对这次视察看到的基地建设、海军训练、官兵的组织纪律、精神面貌等给了很高的评价。在二炮台休息时，董必武对基地领导同志说："我们的海军是从无到有，搞了十来年是很有成绩的，现在已经有了一定的基础。我国海岸线很长，保卫祖国的安全，保卫社会主义经济建设，一定要建设一支强大的海军。"海军基地和舰艇的官兵希望董必武和朱德视察后留下赠言。在舰政委代表全舰官兵的恳求下，董必武挥毫写下了《赠长春舰》：

> 人民海军，由无到有。
> 萌芽苗壮，气摄戊丑。
> 固我海防，功垂不朽。
> 宣扬国威，出力恐后。
> 建设跃进，工农携手。
> 戒骄戒躁，落实持久。

当军舰驶近大连时，董必武用望远镜仔细观察了三山岛，并询问了长山列岛等沿海岛屿的情况。他说："这些岛屿是旅顺大连的前沿阵地，海军一定要协助陆军把这些岛屿建设成为坚不可摧的堡垒，我们一定要记住甲午战争的历史教训。我军要依靠全体指战员的革命英雄主义，依靠战术素质的提高，依靠军队和人民的坚强团结，以挫败敌人的挑衅和对我国领海、领土的侵犯。一旦战争打起来，要坚决守住这些岛屿，打败敌人从海上的进攻，保卫首都，保卫伟大祖国的神圣领海、领土和主权。"

1964年，董必武再次视察旅顺海军基地，他看到基地的变化心里非常高兴。参观后，他兴致盎然，在基地负责同志陪同下，从海军第一招待所的会客厅步入仅有一壁之隔的餐厅。他一见餐桌上摆满了酒菜，不声不响地穿过餐厅走上楼梯，进了他休息过的房间。董必武的秘书走下楼来说：中央有明文规定，待客不准摆宴，为什么还准备这么多酒菜？！董必武说不把酒和名菜撤掉，今天的午饭他不吃了。

董必武罢宴的消息传出，大家都很着急。基地的负责同志亲自向董必武说明：我们没有特别准备什么，虽然备了些海味，那是战士们打捞上来的。我们有个潜水中队，它就驻扎在这个招待所附近。平时有潜水任务时，战士们自己也拿网袋，把捞上来的海物送到厨房，大家改善生活。他们左说右劝，就差没把战士们找来作证。最后，还是把酒和名菜全部撤掉，仅留下几盘普通菜和战士们捞上来的少量海物,这样董必武才下楼吃了这顿午饭。

董必武热爱解放军,歌颂解放军,大力支持军队建设。1957年8月1日是中国人民解放军建军30周年。还在7月28日,他就欣然命笔,写下了《祝贺八一建军节》:

> 义旗八一举南昌,
> 争取人民大宪章。
> 土地要归农所有,
> 工时须以八为常。
> 狂澜欲倒同心挽,
> 旭日方升旦气扬。
> 卅载威名常胜号,
> 只缘军属党中央。

董必武到祖国各地视察,曾几次同聂荣臻、徐向前等元帅以及其他军队将领同行。尽管他是党的创始人之一,又是国家副主席,而且年事已高,但他对元帅们尊敬有加,在可能的情况给予关照。甚至到后来的"文化大革命"中,朱德、叶剑英、陈毅等老帅受到冲击,董必武不顾个人安危,多次向别人介绍这些老帅的历史功绩。

因为工作性质,董必武同军队干部接触不多,但他关心着部队干部。一遇到我军高级将领逝世,他的心情特别沉重。1961年3月,陈赓不幸英年早逝,董必武获悉后,心里非常悲伤,想起当年在一起的战斗生活,他挥笔写下了《挽陈赓大将同志》的诗句,回顾了陈赓的战斗一生和不朽功勋,更为陈赓的早逝而惋惜。他在诗中写道:"羡君年富多材勇,国栋何期早作仙。"他相信我们党的事业会后继有人,相信陈赓开创的业绩会"忠荩流芳万古新"。

1964年8月,董必武视察内长山要塞区,为要塞区题词:

> 静以制动,
> 守以为固。
> 团结军民,
> 日求进步。
> 磨砺以须,
> 不慌不怖。
> 国防重责,
> 恪恭是务。

这些都表达了董必武关心国防建设,关心军队建设的拳拳之心。

第十四章
CHAPTER FOURTEEN

甘为民仆耻为官

不知重忽至，总觉任须肩

1959年4月，在第二届全国人民代表大会第一次会议上，董必武当选为中华人民共和国副主席。面对高位，董必武心中十分坦然。5月11日，他在给侄女董良润的信中写道："我被选为国家的副主席，较之我原任的最高法院院长自然职位是高了，荣誉更大了，责任也就更重。我只有更加黾勉供职，才能无负于人民和你们对我的期望！"他向友人表示："深感职高任重，难以负荷，枉承函贺，愧不敢当。"他怀着"不知重忽至，总觉任须肩"的心情，对于朋友的称赞感到受之有愧，不断警惕和鞭策自己："雀噪身依树，牛行尾接鞭。颂承颜赧赧，惕若意乾乾。"他曾自喻笋尖，也曾自比老梅，"原是枯枝新吐艳，好花似为老人开"，决心为党的事业，为人民的事业，奋斗到生命的最后一息。他一再明确表示："新功未建惭高座，老本无多啃早完。如驽马将长恋栈，得栖梧意学鸣鸾。"

无论是比喻笋尖，还是自称老梅，这都是董必武的自谦之辞，而请求让位于年富力强的同志的思想却在1956年就已经萌生。1956年董必武已达70高寿了。他在《七十自寿》的小记中写道：

> 1944年1月在重庆，友好为我六十生日称觞，多赐诗祝寿。当时重庆政治空气恶劣，友好晤面不易。借祝寿集会为避禁网之一法，实则彼时我距六十尚有两年，故漫应之。酬诗中借用东坡"我似老牛鞭不动"一句，今忽忽十二年，我已届七十矣。回忆坡翁句，仍符我状[①]。

董必武觉得自己年纪大了，身体又不好，不能像年轻同志那样干起工

---

① 《董必武诗选》，中央文献出版社2011年版，第248页。

作来精力充沛，不知疲倦，应当遵照自然规律，自觉让位给年富力强的同志。于是他当面向中央有关同志报告了自己的想法，第一次提出了请求。当时中央没有同意。

1958年10月，董必武写信给中央，请求考虑他的身体状况，不再安排他担负实际工作责任的职务。他写道："担任最高人民法院院长的职务，工作未做好，又常在病中，问心实在不安。这意思不是现在起的，前年已向彭真同志谈过。明年春天即将召开二届人大，这意见请中央在重新安排国家机关工作人员时，予以鉴核。"中央还是没有同意。

1959年3月，董必武第三次写信给党中央提出改换工作的问题。他在信中请求中央考虑自己的能力和体力，不安排担负国家机关的任何实际职务，只安排一个不负实际工作责任的名目就够了。

经过再三申请，党中央和毛泽东批示同意改换董必武的工作，并希望他勉为其难、为党担担子，继续为人民服务。董必武服从中央的安排，出任中华人民共和国副主席职务。

这个时期正是我国处在严重经济困难的时候。董必武严肃认真地挑起了这副担子。作为国家副主席，他肩负起接待国宾和外国驻华使节递交国书等大量的外事活动。

说到外事活动，曾经在董必武身边工作过六年的刘国安深情地回忆：

1950年夏天，全国刚解放不久，外事活动一天一天增多，党和国家的领导人仍然穿着战争年代的一些衣服。于是政务院总务部门来人联系给首长做衣服，并拿来几种料子的样品。董必武说："我有在南京办事处时穿的衣服，不用做了，谢谢组织上的照顾，还是先给其他同志做吧。"我在一旁说："你的衣服都已旧了，现在全国解放了，不做点新衣服怎么行呢？"董必武说："全国解放了，可是我们要搞社会主义经济建设，一动手就要钱，我们的国家就像刚成家，还未立业，哪里有钱呢？人民虽然不再受剥削了，但生活还是很艰苦的。我们的生活已经不错了，不要再向国家伸手要这要那。"我连连点头，把总务部门的那位同志送走。实际上，董必武的衣服既少又旧，内穿的背心成了网，仍在继续穿；衬衣是补丁加补丁，还舍不得丢；一双皮鞋也是解放前穿了十几年的，前掌都断裂了，皮面也破了，我说买双新的，董必武说："嘿，这皮鞋的底还是好的，式样也好看，打上油就很好嘛！"他继续穿着这双皮鞋接待外宾。当时总务部门多次告诉说：首长要买什么东西，可以拿发票来报销。而董必武却嘱咐我："不要什么都去报销，要多体贴国家，为国家节约开支。"他严于律己，廉洁奉公，是我们国家工作人员的表率[①]。

董必武在外事活动中，严格要求自己。还在他担任国家副主席之前，他曾三次出国。

第一次是1945年董必武代表中国共产党和中国解放区人民到美国旧金山出席联合国成立大会，在联合国宪章上签了名。第二次、第三次是1954年、1958年分别代表中国政府、中国共产党和中国人民参加东欧国家的国庆典礼和党的代表大会。在国外，他一切遵照党中央的外事政策和方针办事，大事决不自专；遇到新的情况和问题，及时向国内汇报请示；待人接物，谦虚谨慎，不卑不亢。回国后，亲自动手给党中央写出书面报告。

1954年董必武率团到东欧去参加国庆庆典。东道国送给中国代表团每位团员一笔数量可观的生活费，照顾客人们买些日用品或纪念品。代表团的活动日程安排得很紧，没有时间花这笔钱。个别团员要求给点自由时间去一次当地的商店。作为团长的董必武不仅没有同意，而且在代表团工作会议上和大家一起商量这笔钱应如何处理。他建议留给我国使馆作为公用。有个团员表示不同意，说按照财政制度，使馆没有这个收入项目，怕不好办。董必武向当时在场的我国大使问道："这样做可不可以？"大使说可以。

---

① 刘国安：《在董老身边的六年》，《忆董老》第1辑，湖北人民出版社1980年版，第222页。

于是全体团员就都把钱留给使馆充作公用了。

在临出国前,董必武15岁的儿子对一位随行的工作人员说他想要一架照相机。这位同志出国后在聊天时随便提到这件事。使馆同志就给买了一架照相机带回北京。这件事自始至终董必武一点都不知道,只是当他看到孩子摆弄照相机,追问情由才真相大白。董必武狠狠地进行了批评,并指示秘书立即带上相机和相当于这类相机市价的一笔款到外交部去作检讨,请外交部决定处理办法:留相机,还是留款。外交部办公厅主任王炳南深知董必武一贯严于律己,公私分明,经过再三考虑,最后留下了相机。

董必武担任国家副主席时已年事很高,再也没有出过国,但在国内的外事活动还是很多。按照惯例,接受国书,只需做短暂的礼节性交谈,无需进行长时间谈话。董必武却认为这是加深两个国家的相互了解、增进双方友谊的一个机会,因此他常和大使交谈一两个小时。每次见面前,他要认真看材料、看书,了解该国的政治、经济、历史、文化、资源等情况,事先做好准备。以他的高龄,他对情况的熟悉和数字的记忆,常使外交部陪同接见的同志感到惊讶。

1962年春天,董必武忽然得了三叉神经痛,其后一个时期,多次发病,发病时疼痛剧烈,不能张口,不能吃饭,不能讲话,也不能入睡。有时外国大使到任,而国家主席刘少奇和另一位国家副主席宋庆龄或不在京,或工作忙,不能接见。但必须尽快安排接受国书,不然要被误会为怠慢。董必武只好请医生为他做三叉神经麻醉,带病坚持接见。董必武还以中国政法学会会长的身份接待了许多外国法律工作者的访问。

除了外事活动,董必武作为党政领导人之一出席党和政府召开的各种重要会议,参加一些部门的工作会议,并在这些会议上认真地贯彻党中央有关重大问题的决议精神。1959年4月,他先后出席了政法部门召开的全国公、检、法先进工作者会议和全国残废军人、烈军属、复员军人积极分子大会,并在两个会上分别作了《正确总结经验,把政法工作做得更好》和《做出更优异的成绩》的讲话。他赞扬了政法部门取得的成绩,要求把政法工作提到更高水平。针对某些人过分强调我国立法工作不完备的说法，他指出："……我们不追求形式。只要合乎马列主义原则，合乎实际需要，……草创伊始，不会那么完善。……只要我们在实践中不断地总结，不断地修改，就一定能够一步步完善起来的。"

造福子孙

森林，是人类赖以生存的条件之一。由于长期战乱，我国森林资源遭受了严重破坏。1958年由于我们党在指导思想上犯了急于求成和违背客观规律的错误，大搞了土法炼铁土法炼钢，我国森林资源又一次受到严重破坏。因森林资源破坏，我国的自然环境受到直接影响，加上其他原因，出现了国民经济的暂时困难局面。为克服经济困难，中国共产党制定了"调整、巩固、充实、提高"的八字方针。到1964年，我国迅速战胜了由于种种原因所造成的暂时经济困难，形势开始全面好转。但是，当时的林业状况同国民经济的发展极不相适应，木材短缺的矛盾十分突出。同时，由于林业发展缓慢，加上其他一些原因，北方、南方一部分省区，仍在遭受着特大洪水灾害或长期的严重干旱。因此，迅速发展林业，从根本上改变这种状况，已经成为国家的一件极为重要和紧迫的大事。

对于森林遭到破坏和它给我国国民经济所带来的严重影响，董必武看在眼里，记在心上。他下决心要在他的有生之年，为子孙后代造福。

在中央，董必武并不分管林业，甚至没有让他管具体工作。在他看来，中央没有分配什么具体的工作，那是照顾他的身体，可他是个共产党员，看到应该做的工作就要去做。植树造林是为子孙后代造福的大事。要有人鼓吹一下，推动一下。这恰恰是他力所能及的，应该责无旁贷地去做。

1963年年底，在二届全国人大四次会议上，董必武作了林业问题的专门发言。会后他到各地视察林业，宣传林业，动员全民大办林业。

1964年1月上旬，董必武在武汉视察工作，正值湖北省召开全省林业会议。1月8日，他出席会议，并接见了参加会议的各地、市的专员、市长和省直有关厅、局的负责同志。董必武在讲话时指出："我们中国的林业应当赶上像芬兰、瑞典这样的先进国家。如果像现在这样发展，到底什么时候才能克服我们的困难？"他列举了国家对木材的需要量和林业的现状后说："现在是否可以提'大办林业'的口号呢？我看现在可以提这个口号。我们要急起直追，赶上去，实现林业的现代化，跟上国民经济建设的需要。"

讲话的第二天，董必武离开湖北南下，在武昌到广州途中，他心情很不平静，不停地注视着铁路两旁的山山水水，他看到武昌至岳阳段沿途植树很少，就亲笔记下来，告诉陪同的省委领导同志。他看得那样仔细，连坪石到广州段有几处缺树还没有补栽都记下了。夜深了，董必武仍然不时地望着窗外，无法入睡，欣然命笔写下《人民公社生产队要大办林业》和《铁路公路旁植树》两首诗，期望在不远的将来，祖国到处是"满眼青葱茏"的美好景象。

到广东以后，董必武视察了广东省的林业先进地区湛江。过去，湛江是个缺材少林地区，自然灾害十分严重。后来，湛江人民响应毛泽东"绿化祖国"的号召，每年春节期间，党政军领导带头植树，大搞群众性的造林运动。经过七八年的努力，使雷州半岛的自然环境和气候条件起了很大变化，地下水位升高了，缺柴的问题大部得到解决。董必武视察后，非常赞赏他们的经验。后来，他谈及林业问题，曾多次提到湛江地区的经验，并且反复强调，大办林业必须首先解决思想认识问题。董必武说："过去提出发动群众植树造林，大都是从国家木材缺乏、人民需要的经济效益方面考虑得多，把植树造林同实现农业为基础的总方针联系不上。因此，过去对植树造林的问题，林业部门考虑得多，其他部门却想得少，认为这是林业部门的专业职务，自己用不着重视。殊不知植树造林搞得好的地区，可以保持水土，改良土壤，防旱防涝，防沙防风，对保证农业丰收，能起重大作用。湛江电白县委为了农业丰收，先从植树造林做起，取得了农业林业两丰收。""植树造林不单纯是一个解决国家木材缺乏、人民需要的问题，也不是林业部门的职责问题，而是保证实现农业为基础的总方针的一个极为重要的问题，各方面都应当从自己的角度，重视植树造林问题，把它当成自己的任务。"

5月，董必武出席了中共中央工作会议。在会上他作了书面发言，提出了关于植树造林工作的设想，建议把广大农村充分利用四旁植树和铁路、公路利用两旁隙地植树作为重点，号召人民公社生产大队领导农户大办林业；铁路、公路要把植树作为本身业务的一个组成部分。他设想，如果按5000余万农户，每户年植树10株树计算，每年可植树5亿余株；又据铁路、公路章程规定，路两侧应留隙地15米宽，除去不能植树的地段，按十七八万公里计算，每公里可植800至1000株树，30年成材可得650万到850万立方米木材。他还设想各省区利用驻屯军队有计划地在荒山荒地植树，再动员学生作为植树造林的一股巨大集体力量。他在同年6月份给湖北省委书记张体学的信——《植树造林工作应注意解决的几个问题》中，就如何解决植树造林中的思想问题、如何建立各种制度、做出规划、确定林权、收益分配，甚至连育苗、经费、技术指导等细节，都提出了具体措施，还特别强调要加强对植树造林的领导。

8月，董必武风尘仆仆从北京来到山东烟台地区。董必武到烟台的重要任务是，发动军队和地方一道大搞植树造林。因此，董必武视察当地驻军时，专门找部队的领导同志谈造林问题。部队领导同志告诉董必武每年均组织干部战士参加地方植树造林时，董必武听后非常高兴，并详细询问部队是怎样认识这件事的？怎样发动的？怎样同地方规划组织的？造林成活率多少？等等。董必武越谈兴致越高，再三鼓励部队："如果全国的解放军同志都像你们这样,每年抽点时间同群众一起造林,不用多长时间,绿化祖国的宏伟目标一定能够实现。"董必武把这个部队造林的情况转告烟台地方党委和人民政府,要他们同驻军具体商量安排,使军民联合造林更加广泛、深入地开展起来。

公路、铁路两旁的绿化工作,一直得到董必武的关怀。1965年夏天,林业和交通部门准备在武汉召开公路绿化现场会。董必武得到这个消息后,立即把交通、林业部门的同志叫到他的办公室,在天气炎热的中午,董必武顾不得休息,兴致勃勃地作了很多具体指示。几天以后,会议在武汉召开,董必武又亲自致电祝贺。

正如董必武说过的一样,大办林业"不是今天干一下算了,而是要一直贯彻下来"。他是这样说的,也是这样做的。1965年夏天,董必武不顾武汉的炎热天气,再次到湖北省检查一年来的造林绿化情况。这次视察,他的足迹所及,接触人员之多,远远超过了80高龄老人身体状况所允许做的事情。董必武先后用8天时间,视察了漳河水库和四湖排灌工程,经过武汉市和孝感、荆州、宜昌地区许多县境,检查了沿途的造林情况。董必武不仅同湖北省委领导、省林业部门的领导同志和工作人员谈林业工作,而且还到基层,亲自同农民、学生谈造林问题。视察以后,董必武系统地向湖北省委作了指示,鼓励广大干部、群众要把造林工作"终身地搞下去"。湖北省委当时发出了学习董必武这次视察工作指示的《通知》,指出:"董老是八十高龄的人了,这样热爱林业,关心林业,我们青年人、中年人怎么能不好好地干!我们必须遵循董老的指示,以'身在荒山,胸怀祖国'的雄心壮志,老老实实地干,把我们的工作落实到每一个生产队、每一个山头、每一块苗圃、每一片幼林,力争在尽快的时间内,把全省四旁、荒山都栽上树!"

为了从根本上改变林业的落后面貌。董必武提出"要制定一个植树造林的规划"。他认为,全国应有全国的规划,省区应有省区的规划,专区、县应有专区、县的规划。为使规划切合实际，必须从调查研究入手，首先从一个县做起。调查本县宜林荒山、河流、铁路、公路、水库、渠道等有多少，能植树的农户、军队、学生、铁路公路的道班、养路工人各多少。有了植树的面积，有了参加植树的人力的总和，就可以定出一年绿化的面积，也就可以作出几年可以绿化全县的规划。如果各省区都这样做，就可以作出全国的规划。

董必武认为，规划制定之后，最关键的工作就是加强领导。他说，省、地、县、公社各级党委应有一书记或副书记分工管林业，省、专、县、社应有一省长或副省长、专员或副专员、县长或副县长、公社主任或副主任分管林业。各级党委和政府召开工作会议时，必须布置造林工作，领导干部下去检查工作时，植树造林是检查工作的主要内容之一。他相信，各级领导高度重视，植树造林必定会在全国普遍地持久地展开。

1965年1月，第三届全国人民代表大会第一次会议在北京举行。董必武继续当选为中华人民共和国副主席。这时他已是80岁的高龄老人了。他仍然关心着植树造林工作，每到一地视察，都要询问林业的有关问题。1966年3月4日，董必武写信给陶铸，介绍了山东烟台后方驻军积极响应植树造林的材料和他1964年8月同烟台地区专员讨论地方与驻军配合植树造林的意见，希望开展植树造林成绩突出的中南地区的同志考虑这些设想和意见"是否可以实行"。3月上旬，他到广东、广西视察工作，3月中旬来到湖北，于12日在武昌接见了出席湖北省第二次贫下中农代表大会的代表，并同他们亲切交谈。4月5日，他在武昌接见了出席湖北省林业会议的全体代表，指出植树造林必须狠抓，具体地抓，才能见效。同时，他同省委负责人座谈了林业问题，询问了植树造林的情况，指出："山林权问题不解决，群众的积极性不好调动起来"，并说明部队造林和学校造林的作用很大，都是"长远的事，要长期做"。他强调中国是一个大国，建设事业和群众生活都需要大量木材，但现在砍伐过多，更新跟不上，"要真正成用材林,还是靠栽树"。

董必武这样热心抓植树造林,可从他给子女讲的故事中得到启示。董必武说:有一个当官的,自己坐着轿子,到了河边,见老百姓都涉水过河,他自己下轿,叫轿夫用轿子把老百姓抬过去;后来又有一个当官的,见到老百姓涉水过河的情景,就发动老百姓修建了一座桥,从此解决了老百姓过河的问题。前者是位好心人,但只能解决眼前问题;后者是位有心人,从长远上解决了老百姓过河的根本问题。董必武问:这两位当官的,哪位更好一些呢?他用这个浅显易懂的故事,讲出了一个带根本性的道理:共产党和人民政府既要为人民群众谋眼前的利益,更要为人民群众谋长远的根本利益,不可只当那种送轿子让老百姓过河,却不为老百姓造桥的"官"。

故乡情

对于生他育他的红安,董必武存有深情厚意。新中国成立后,尽管他工作非常繁忙,还是抽出时间三次回到故乡。

1956年3月的一天,董必武第一次回到阔别多年的故乡。他刚住下,消息便传开了,前来看望他的人接踵而至。年逾七旬、须发霜白的董必武,非常高兴地迈出大门和大家打招呼。不一会儿,看望他的人越聚越多,执勤的同志感到为难,有位领导干部示意劝阻,董必武立即摆了摆手,说:"不碍事,这是回到老家来了,我想和大家见见面。"说着,他缓步走到院子中间,和来看望他的干部、群众一一握手交谈。乡亲们都鼓起掌来,董必武也跟着鼓掌。

回乡的第一天,董必武连续接见干部、群众四五起,回到卧房,坐在一张藤椅上,对县委负责同志说:"我们党和国家不能没有保卫制度,正如不能没有法制一样。这是为了什么呢？从根本上说，还不是为了群众！人民群众是国家的根本。我们党的干部、包括中央的干部，都是从群众中来的，要是脱离群众，谁能保卫谁？所以，我们的保卫工作要立足于群众。当然，我们的工作是有基础的。这叫领导和群众的一致性，这也是真正的铜墙铁壁。"

第二天，他到处走访，同群众见面。第三天，董必武在县委机关会议室亲自主持座谈会，邀请的代表非常广泛。大家陆续到来，董必武一直迎候在楼梯口。先到的同志见董必武没入座，也都不愿意就座。董必武笑着说："今天你们是客人，我是主人，快坐，快坐。"大家还是不坐。最后董必武与大家一起坐下，并打趣地说："我们都不是客人，都是主人，都是新中国当家做主的人，对吗？"说得大家心里热乎乎的。

座谈会开始后，董必武请大家谈谈这些年故乡的变化，谈谈群众的想法和要求。大家畅所欲言，董必武感到非常欣慰，并留大家一起吃了晚饭。

董必武在红安县城逗留了四天，在他即将告别乡亲的前夕，还依依不舍地坚持要到外面去走走看看。这时轻风拂面，晚霞染红了天际，他缓步来到新建的礼堂门口。

这里，曾经燃烧过农民运动的烈火，响起过秋收起义的枪声。当年，董必武从这里出发，走遍大江南北，好不容易走到北京；今天，他千里迢迢，从北京回到阔别多年的故乡。抚今追昔，感慨万千，董必武无限深情地说："胜利来得多不易，革命总算有今天！"他还告诫陪伴他漫步的县委同志："过去打江山，我们靠群众；现在搞建设，我们同样要靠群众。县城的变化是群众的力量，人民群众是革命的动力。俗话说：国以民为本呀！"

当县委负责人再次当面向董必武建议修复旧居时，他坚决拒绝说："我已多次讲过不要修，现在再讲一遍，还是不要修。红安是老苏区，当年为革命牺牲的烈士很多，要修就修个烈士祠堂或革命纪念馆。我家房屋的旧址，将来若有可能，最好办个文化馆。我愿意把我的藏书献给家乡，让苏区群众的子孙后代，多学点科学文化知识，好用来建设社会主义祖国和人民的幸福生活。"

按照董必武的意见，红安县烈士陵园很快建立起来了。董老的旧居一直到他逝世也没有修复。

1958年3月，董必武第二次回到红安。到红安的第一天，董必武就到马鞍山水库工地视察，当数千名民工发现董必武来到工地，立刻爆发出一片热烈的掌声和欢呼声。董必武向民工频频招手致意，高声说："我向你们表示慰问，祝你们早日修好水库！"董必武对家乡的水利建设十分重视，走一路问一路。为了促进工作，鼓舞群众的干劲，每到一个水利工地，不是口头赞扬，就是题字、题词，或写诗祝贺。一天，董必武视察到了火连畈。火连畈岗峦起伏，沟谷纵横，在山丘、岩岭之间，插花的片片稻田，因为缺水，历年产量很低。董必武说："红安是个山区，地势高涸，历史上的荒年，干旱要占十之八九。红安人世代都愁苦在缺水、缺粮上。"在他的鼓励和敦促下，火连畈水库从当年开始测量、第二年动工，经过奋战，于1959年全部竣工。消息传到北京，董必武很高兴，亲笔题书"火连畈水库"五个大字，随信寄给红安县委。

在万胜乡叶家畈村，董必武拜访了县劳动模范徐正修大妈。随行的同志告诉董必武，徐大妈在民主革命时期是送子参军的"模范群众"，解放后，因积极劳动又评为"劳动模范"，董必武高兴地称赞徐大妈"人老心红"，并当即赋诗：

> 举国闻名徐大妈，
> 一心革命世堪夸。
> 妇联以彼为旗帜，
> 试验田兼五好家。

在七里坪逗留期间，董必武旧地重游，一往情深。他几乎走遍每条街巷，凭吊烈士，瞻仰革命遗址遗迹，喜看新中国成立后七里坪的巨大变化，……抚今追昔，思绪萦怀，辗转难寐。3月14日清晨，董必武写下了题为《红安七里坪》的脍炙人口的诗句：

> 残垒犹存旧战痕，
> 义军根据地传名。
> 而今建设能跃进，
> 不愧当年七里坪。

1962年5月11日，董必武第三次回到故乡。这一次回故乡，董必武的心情并不轻松，因为全国正处在经济困难的时候。他到红安时，正赶上红安县委在开会，县委将前几年工作上的失误，和现在对群众生产、生活上的安排，向董必武作了详细的汇报。董必武听后说："你们在纠正偏差，吸取教训方面开始迈出了可喜的一步。"接着语重心长地说："一个共产党员在任何时期都要实事求是，不能说假话，不能随风倒。"又说："一个人难免有缺点和错误。有了缺点和错误，当然是坏事。认识了，改正了，坏事可以变为好事嘛！从一些情况看，你们开始在认错改错上下功夫，这就很好。只要干部的精神振作起来了，群众的面貌就会变好的。"

董必武不顾年事已高坚持要到农村、到水库工地去视察。5月12日，他来到了金沙河水库。到大坝时，陪同的同志见坡陡路滑，忙上前去搀扶。董必武说："我自己来，不用扶。"下坡时，他也不要人扶，还说："二万五千里长征，路难走吧，我就没有人扶。"董必武还一语双关地说："我希望你们也不要人扶，在哪里跌倒了就在哪里爬起来，要人扶干什么！"

董必武关心红安县城改建南门河桥和安装自来水的事。他说，城南这条河《县志》有记载，叫"倒水河"，它"北接大别山麓千壑溪流，南与万里长江一脉汇合"。过去，河床低下，常走竹簰，曾有"岸阔沙如雪，桥横水不波；秋深场事毕，雨霁竹簰多"的诗句。董必武走上木桥，站在桥头,以商讨的口气说:"木桥平时倒没有什么,一到发洪水,两边就隔断了。最好是不是改建个钢筋混凝土的?"又说:"红安县城有史以来都是吃井水,井太深了,很不方便,加上矿物质多,味道咸苦。你们在考虑改桥时,可不可以把自来水的问题也一起解决。"言谈中透出对故乡人民的热爱和关心。

觅儿区是红安县的重灾区。董必武一直惦记着那里的人民,执意到现场去看一看。当地领导向他汇报了人民自救和各级政府组织抗灾的情况,才稍微放心一点。在觅儿区,董必武看到山上树木的生长情况,希望当地领导在现有的基础上,把营造用材林和经济林结合起来,因地制宜,多种点速成树。董必武答应调拨一点好树种,弄一点"全身是宝"的榛子树苗。一切计议得妥妥帖帖,他才缓步走下山包。董必武像是告诫又像是期待地叮嘱:在困难时,越是要深入了解情况,关心群众,把群众的冷暖、疾苦装在心里。干部自己一定要谦虚谨慎,碰到困难不要灰心,只要不脱离群众,与群众同甘共苦,不搞特殊化,群众就会与干部同心同德,那就没有克服不了的困难。

董必武对家乡特有的泡酸豇豆和臭豆腐、臭皮子十分喜好,当他看到饭桌上摆着家乡菜,他就会会意地淡淡一笑。也许他看到家乡菜,就格外容易回忆起家乡红安和他的童年吧?也许又回忆起那个大家庭纷纷乱乱地分粥的场面了?也许会回忆起煤油灯下,嗡嗡的纺车声或者是织布梭敲打着织布机的清脆的噼啪声,在伴着他夜读?

红安,是养育董必武的故土。董必武站在山上,红安的一切尽收眼底。红安的一切又是那么熟悉!那么让人难以忘怀,那么让人牵肠挂肚!

就要离开红安了,董必武还是那么依依不舍,那样一步一回头……

给亲友的爱

董必武对自己要求非常严格，同样，他对自己的亲属、朋友和子女都同样要求，用一种特殊的方式来表示自己对他们的爱。

还在大革命高潮时期，董必武在武汉国民政府担负要职。他的一位亲戚从家乡来到武汉，要求董必武给他安排工作。董必武坚持说："你是一个很好的劳动力，适宜到农村种田，要我介绍工作，我就介绍你回黄安去种田。"董必武对自己的弟弟、侄儿们，同样坚决劝他们回家去做工种田，或在本地参加工作。因此，有的弟弟、侄儿有些意见，说："过去我们姓错了一个董字，受尽反革命派的压迫；现在他有了办法，也不给我们想点办法。"董必武听了以后，总是做些说服教育工作，丝毫不动用自己的权力给亲友们安排差事。

新中国成立后，董必武担任了政务院的副总理。家乡的人一方面写信祝贺，另一方面也提出了安排工作或调动工作的要求。董必武两次写信给他的侄子良熏，告诉亲友："大家都很艰难，应把生活艰难看成一个较普遍的现象，而不是我家独有或特有的现象，我们就用革命的方法来解决这类的问题。革命胜利以后不是别的，就是把帝国主义、封建主义、官僚资本主义和特权打倒，中国人民在发展生产的基础上……较易取得谋生的机会。"他批评："我们社会上有一种陈腐的甚至很坏的旧观念，就是鄙视劳动，认为不劳动而能生活，生活得比劳动者还好才算幸福。革命了，这种旧观念必须纠正过来。我们应该以劳动生活为光荣。不劳动，除了疾病老弱不胜者外，就不得食。现在还做不到，逐渐是要这样做的。"他希望"目前社会上有正当职业的人，应当安心从事于其原有的职业；没有职业的人，应从劳动方面去找职业。"他劝侄子"好好在农村办小学，把小学办得适合于当地农民的需要"。他还说："我在政府工作地位很高，但我们都是供给制，除个人吃穿住宅不成问题外，不能额外开支。说明这点，使你们知道，我们共产党人所领导的革命，和过去的改朝换代不同。"

董必武的侄子董良新写信给他，说是想到北京来看望伯伯。董必武在信中告诫侄子要以工作为重。他在回信中说："你想来京看看我们，这意思是可感的。但你已有一定的工作岗位，'三反'运动后业务工作必是很紧张，我们伯侄单纯为一次见面而耽搁工作是不好的。还是把这个念头扔掉好好做革命工作吧！"他鼓励良新照自己所说的"争取做一个光荣的共产党员"，并提醒他"千万不要自满"，因为"自满是进步最大的障碍"。

董必武的姐姐同他的感情很深。外甥在红安七里坪私营商号工作。他写信给舅舅，要求舅舅跟有关方面打招呼，帮助他换一个好一点的工作。1953年12月29日，董必武给外甥回信，批评他想凭借私人力量找好工作的想法。他在信中明确指出："想凭借我的力量去找较好的事是错误的"，是"直接违反中央的政策"。反复教育他们："一切革命工作都是为人民大众谋利益，人民大众的利益问题解决了，革命者个人利益的问题也就在其中解决了"，但是，"决不应该把革命作为谋个人利益的手段"。他劝导和勉励他们不要想离开私营商店马上转到国营店去工作，而是"应该设法鼓励私商积极地经营合法的业务，响应人民政府的号召，自动接受国营经济的领导（要劝说私商自愿不要勉强）"，"应当促成自己工作所在的私营商业和国营经济的合作"。他还指出："你如果是青年团员，要调动工作，应向团组织请求，不应向我个人请求。"

后来，有个侄女要求介绍进北京的某学院上学，有的亲属请求批给供销物资，有的过去身边工作人员因犯了错误请求他出面讲话改变处分，有的老友的亲属提出帮助将其从边疆调回内地等，董必武都耐心教育，一一谢绝。凡属合理要求，他都劝导他们应通过所在单位的组织解决问题。

为了省事、省时，董必武干脆写了一封通函，打印出来，分别寄给家人和亲友,对他们事先进行教育。

在董必武的教导下,他的侄儿、外甥、侄孙、侄孙女、侄外孙等都一直安心在农村,安心于自己的岗位。就是自己的亲弟弟,董必武也多次写信,鼓励他努力学习,不断进步,特别强调要他"学习脚踏实地地工作和老老实实为人民服务的作风"。

董必武有一个姐姐住在武汉。她是董必武同辈人中唯一的亲人。刚解放时,姐夫来北京看望董必武,自称是董必武的姐夫,而没付给三轮车师傅的车费。董必武知道后发了一次大脾气。他后来还对子女们说:"那时候刚解放噢,共产党人怎么样?许多人在看,许多人还不了解共产党的官和国民党的官究竟有什么区别,你姑父的做法恰恰说明共产党领导人的家属和国民党官的家属是一个样儿的。这叫我能不生气?"董必武又说:"做什么事都要考虑到对党的影响,这才是共产党员咧!"以后他把姐姐接到北京住,姐姐去世后,董必武写诗悼念她。

董必武有三个子女。他对子女期望甚殷却要求很严。1963年1月28日,他给子女取字:给老大良羽取"凭翔",祝愿他"蓄势如鹰隼,奋飞健翼张";给老二良翚取"萃斌",愿她"学尊资","武能御外侮,斯文亦在兹";给老三良翮取"劲宣",愿他"如鹏飞有意,指标向天津"。从这里我们可以看出董必武对子女的殷切期望。

董必武深深地认识子女要成才,首先要有好的思想素质。因此,还在子女求学期间,董必武就注重加强对子女的思想教育。

那是解放初期,董必武重病初愈,在一次吃午饭时,他沉吟地背诵了"锄禾日当午"全诗,他拿着筷子,缓缓地拨动碗中米饭的神态很是深沉,尤其是"粒粒皆辛苦"一句,抑扬顿挫的浓重乡音动人肺腑。

这也许是董必武想起了幼年时清苦的生活;也许是他想起了长征时搓的几粒青稞;也许是看到自己的子女生活甜蜜却不知劳动的艰辛……

董必武问儿女:"'粒粒皆辛苦',你们懂不懂?从耕到种,除草、施肥、灌溉，如果风调雨顺，没有虫害，春种才能秋收！"不仅要求子女背诵这首诗，而且要求他们体会诗的意思，珍惜每一粒粮食。孩子吃饭时，他要求碗里不能剩一粒饭，桌子上掉的饭都要捡起来吃了。

董必武经常对儿女加强人生观教育。他曾对女儿提出"人的一生主要靠什么"的问题。他说：人的一生要"靠自己努力学习，靠正确的指导思想，靠老老实实地工作，靠组织。不是靠父母，也不能靠父母"。

董良羽是董必武的大儿子，是董必武52岁时出生的，中年得子，当然是值得高兴。但是，董必武并没有因此娇惯大儿子。当儿子在外面参加工作时，他并没有利用自己的权力把儿子调回北京。董良翚是董必武唯一的女儿，自然是掌上明珠。在良翚22岁生日，董必武写诗勉励女儿，在诗中千叮咛万嘱咐，表达了慈父严师的厚爱之情，董良翮是董必武的最小的儿子，中学毕业后，董必武就把他送到了农村。1969年4月董良翮新婚不久，董必武就催董良翮夫妇下乡。董良翮提出过了五一节再走，意思是过了节，也度了蜜月。董必武不同意，说："为什么要在城里过蜜月？不过蜜月，婚后生活就不好？！我就不相信！过了'五·一'，还有'十·一'！农民的'五·一'一辈子都在农村过的；人家能过一辈子，你们就怕多过一个？"董必武淡淡一笑，又说："既然下决心到农村去，就要有决心说走就走。不要拖！不能拖！"说到这里，董必武右手自上而下地迅速有力地一划。儿子看到父亲的决心就再也不多说，第二天就带着新婚妻子回农村去了，从此也开始了自立的人生道路。

1969年下半年，董必武的小儿子到河北晋县农村劳动刚刚半年，就听说当地党组织要发展他入党。董必武说："不能因为他是我的儿子，就这样快地吸收他入党，一定要让他再磨炼一个时期才好。"董必武让夫人何莲芝写信，给那里的党组织说明这个意思。过后，他还是放心不下，又要何莲芝亲自到晋县向当地同志再三强调：千万不要因为孩子是干部子女就讲情面，要严格要求，只有真正具备了共产党员的条件，才能吸收他入党。

董必武的夫人何莲芝是一位老红军,他们是1937年在延安结婚的。她是董必武的革命伴侣和亲密助手,1933年入党,土地革命战争时期打过仗,负过伤,参加过长征,在陕甘宁边区做过基层政权工作;抗日战争时期跟随董必武在武汉、重庆、南京、上海,面对敌特包围和白色恐怖,长期同反动派周旋。"一个朋友初次见到何莲芝同志时,先以为是佣人,后来听说是董夫人,使他惊异了。"新中国成立后,在自己的工作岗位上,任劳任怨,尽心竭力,做好工作。她原来的级别是行政13级。1956年国家机关干部调整工资,人事部门拟定的提级名单中,有何莲芝的名字。名单也由最高人民法院党委讨论通过,只待最后院长审批了。董必武看过名单,对其他同志提级表示同意,提起毛笔唯独把何莲芝的名字勾掉了,还特地找有关同志强调说:"何莲芝的级别不要提了,还是先提别的同志吧!"

在董必武的影响下,何莲芝保持着战争年代艰苦奋斗的传统。1965年2月,董必武到广州疗养。何莲芝带着女儿随后到广州同董必武共度春节。前去接她的工作人员在软席车上没有找着,只见她们从硬席车厢下来。何莲芝认为自己和孩子不能要公家买票,自己买硬席票就行了。工作人员问怎么不带一个人照顾?何莲芝说:"人民火车上的乘务员照顾得很周到,何必浪费一个人呢?"

关心年轻一代

董必武对年轻一代寄予极大的期望。他在1959年和1962年两次接受《中国青年》杂志记者访问时指出:青年是建设事业的生力军,应在祖国建设事业中贡献更大的力量。要搞建设没有学问,没有健康的身体是不行的。青年时期正是精力最充沛的时期,应该抓紧时间学习和锻炼身体,不断地提高自己的文化和理论水平,提高自己的工作能力,增强自己的体质,为党为人民更好地工作。青年要立大志,要树立正确的世界观,懂得用辩证唯物主义和历史唯物主义的观点分析世界,认识社会历史发展的客观规律,掌握它和运用它,发挥主观能动作用去改造客观世界。要学习马列主义、毛泽东思想,要又红又专。要不断提高自己的革命自觉性,要树立为共产主义奋斗的理想,要有为革命献身的决心和不怕一切困难的大无畏精神,要始终保持高度的革命热情和巨大的革命动力。

董必武根据自己切身的体会,语重心长,十分恳切地劝导青年们:

> 逆水行舟用力撑,
> 一篙松劲退千寻,
> 古云"此日足可惜",
> 吾辈更应惜秒阴。

董必武教诲年轻人学习时要认真仔细。1962年,他寄字帖给侄女董良润,在信中写道:"……欧体九成宫字帖后的《编后》中有错误处,如第二栏说唐朝末期有孙过庭、柳公权等。孙过庭书谱署垂拱二年,垂拱系武则天年号,应和李邕时代差不多,孙不应列唐朝末期。参阅《编后》应注意!"《编后》又说元朝'闻名者仅赵孟頫一人'亦诬。实则与赵同时闻名者有鲜于枢、邓文原等人。虞集、康里夔的书法皆元代之佼佼者。学字者应当记取。"这既反映了董必武治学严谨,也反映了董必武要求年轻人严谨治学。

对于自己身边的工作人员,董必武同样循循善诱,像严师一般经常劝导他们抓紧读书、作文,鼓励他们即使再忙能读三五页书也是好的,指出"学贵专心""学贵有恒",热情关怀他们的成长和进步。

曾给董必武当过六年警卫员的刘国安深情地回忆:

我出生在冀中平原的农村,家里很穷。到了部队才学习文化,认识几百个字。全国快解放时,我们驻在西柏坡。董老对我说:"形势发展很快,你在我这儿要好好提高文化。"从此,他经常教我写字,要求我每天用一定的时间学习、看报、写日记等。工作再忙也从不让我间断。

解放后,我想到文化学校去学习。董老知道后非常支持,亲自让秘书给人民大学校长吴玉章同志打电话联系,安排我到人大附中学习文化。不久,警卫员刘存亮也去学习了。当我走后,董老因病住院,生活需人照顾,秘书提出想把我调回来,董老知道后说:"他好不容易有个学习机会,让他学习下去吧。"他宁肯身边没有比较熟悉的人照顾,也要让我们坚持文化学习。

董老平时还专门抽时间和工作人员促膝谈心,了解我们的学习情况,辅导我们学习马列、毛主席著作,修改我们的学习心得。每当一个同志调离,他都要亲自找这个同志谈话,题字,肯定成绩,指出缺点,勉励他好好学习和工作,力争更大的进步。我自己所取得的一点进步,就凝结着董老的一番心血,是董老谆谆教育的结果①。

就在刘国安离开董必武去学校学习时,董必武给刘国安写了长篇题词,照录如下:

党员必须是为人民的事业去学习,而不是为了任何别的目的。这就是说,不倦地学习马克思列宁主义、毛泽东思想,提高自己的觉悟程度,弄通自己的思想,是每一个党员不可推诿的一种职责。这就是说,没有学习精神与学习态度,骄傲自满,不求进步,就是对人民事业不负责任的态度。

人民民主专政是必要的。如果不经过长期的、顽强的、激烈的、你死我活的战争,要战胜帝国主义、封建势力和官僚资本是不可能的。这一战斗要求坚韧、纪律、坚定、不挠不屈和意志的统一。

国安同志随我作事有年,得其帮助不少,为人忠诚勇敢,活泼又机智,

---

① 刘国安:《在董老身边的六年》,《忆董老》第1辑,湖北人民出版社1980年版,第225页。

缺点是患寒热症。今当离赴学校之际，特录党员所以必须学习之故及现在人民解放战争所要求我党党员的品质如上述，以供国安同志不时展读①。

在这以后，董必武仍然关心刘国安的学习和生活及工作。1953年12月30日，董必武再次题词赠送刘国安，一面肯定他"经过了多次的革命锻炼，对党对革命表现了他的忠忱"，一面提醒"国安同志入党较早，这本是好事。假使某个党员因入党早而自负老资格，有把好的一点变成包袱的可能，老资格反而成了自己前进的累赘了。自负老资格，便容易和别的同志比地位、比享受，这样就阻碍着自己在政治上的发展。我想国安同志在校学习必能注意到这一点。"董必武还认为："马列主义我们懂得太少了，要学习；经济建设和科学技术，我们完全是外行，更要学习。我们要学习爱护公共财产，学习增产节约，学习团结同志，更好地为人民服务。"

在董必武身边工作过的其他同志在调离时，董必武同样千叮咛万嘱咐，希望他们通过努力学习，把自己培养成建设社会主义的有用之才。

新中国成立后，先后涌现了雷锋、欧阳海、王杰等年轻英雄人物。董必武一方面为这些年轻人牺牲年轻的生命而惋惜，另一方面又发表诗作热情讴歌他们的高贵品质，号召全国人民努力向他们学习。

1963年2月15日，董必武在《咏雷锋同志》的诗中对雷锋的崇高品质作了形象的概括：

有众读毛选，
雷锋特认真。
不惟明字句，
而且得精神。
阶级观清楚，

---

① 胡传章、哈经雄：《董必武传记》，湖北人民出版社2006年版，第332页。

勤劳念朴纯。
螺丝钉不锈,
历史色长新。
所做平凡事,
皆成巨丽珍。
普遍一战士,
生活为人民。

董必武希望雷锋、王杰的精神不死,在人民中发扬光大。1966年3月21日他写诗送给全国的小学生:

立志成为有用人,
雷锋王杰是仪型。
接班革命学毛选,
汲取终身座右铭。

第十五章
CHAPTER FIFTEEN

坚持马列主义

在狂潮初来的时候

1966年,本来不正常的中国政治气候更加复杂化。

1965年11月10日,上海《文汇报》发表了姚文元的《评新编历史剧〈海瑞罢官〉》的文章。

这是一个危险的信号。

这是"文化大革命"发动的直接导火线。

1966年5月,中央政治局扩大会议在北京举行。董必武作为中央政治局委员参加了这次会议。5月16日,会议通过《中国共产党中央委员会通知》(后来被简称为"五一六通知")。"五一六通知"成为发动"文化大革命"的纲领性文件。

8月,中共八届十一中全会在北京举行。董必武出席了会议。8月8日,会议通过了《中国共产党中央委员会关于无产阶级文化大革命的决定》(简称"十六条")。

5月的中央政治局扩大会议和8月的八届十一中全会的召开是"文化大革命"全面发动的标志。

毛泽东同志对当时我国阶级形势以及党和国家政治状况作出完全错误的估计,发动和领导了"文化大革命"。出于对毛泽东的崇敬和信任,董必武投了赞成票,支持发动"文化大革命"。1966年夏天,董必武来到清华大学发表讲话。这时的董必武已是80多岁的高龄老人了。他讲得很慢,一句话讲完,总要稍稍停一下,好像在思考似的。他讲话没有口头语,也极少语气词,几乎不在词语上重复。整个讲话没有跌宕的语调、情绪,显得平淡。他说:"无产阶级文化大革命是个新事物,在新事物面前要加强学习,通过学习和实践去认识它,并改造自己的思想。"

但是，董必武是一个善于独立思考的人，他在观察，他在分析，他在思考……

按照惯例，每年冬天，董必武都要到广州去休养。1966年还是如此，当北京气候寒冷时，董必武又去了广州。这一年的12月中旬，中央通知，要他督促小儿子良翮去公安局投案自首。董必武不知个中缘由，但强烈的组织观念促使他让夫人何莲芝打电话给在北京的小儿子，要儿子到北京市公安局去投案自首。原以为是个误会，但后来真正被关了起来时，董必武还是感到纳闷。董必武对自己的儿子还是了解的。说儿子身上有这样或那样的错误或缺点，董必武是相信的，但儿子到底犯了什么罪，他又百思不得其解。

还有一件事使董必武不得其解。女儿董良翚小时候在贺龙家里玩时，贺龙送了一支小手枪和四粒子弹给她，小良翚非常高兴，拿回来后交给妈妈，妈妈是打过仗的人，就教她如何擦枪。擦好了枪，由妈妈收藏起来了。良翚毕竟是女孩，并不特别喜欢枪，因此，过了一段时间后，就把枪的事忘了，枪放在箱子也长了锈。"文化大革命"发动后的一天，董必武开完会后，周恩来叫住他，问："你女儿在北京吗？"

董必武回答："在呀！"

周恩来小声地说："有人说，你女儿最近从叶向真手里接收了一只小手枪，枪是贺龙的。那人还说，贺龙借到怀仁堂开会之机，到你女儿那里拿枪，来暗杀主席的。"

董必武听到以后非常气愤。回到家里后，立即把女儿叫到自己的办公室。他左手撩起薄薄的灰色的丝棉袄，插进裤腰里，肘部微微地向后用力。这是董必武的一个习惯动作。他神情有些不安。当女儿进来时，董必武微微地皱着眉，看着窗外的蓝天，慢慢地问女儿："是不是贺老总给了你一把手枪？"女儿看到父亲的神态，连忙把枪的来龙去脉告诉了父亲。董必武听了以后才稍微放了点心，接着对女儿说："你去把枪找出来，交给中南海警卫局。现在就去找。"女儿把枪交给中南海警卫局后，董必武又对女儿说："把事情的经过写个全面的材料来，我看过后交总理办公室。"女儿按照他说的做了，材料由董必武的秘书转交总理办公室。

这件事虽然过去了，但它深深地刺激了董必武，他从中体会到非同寻常的气味。

对董必武刺激更深的是国家主席刘少奇和中共中央总书记邓小平先后被打倒。对于这两个人，董必武太熟悉了，他们不可能是什么"叛徒""内奸""工贼""死不悔改的走资派"，他们是无产阶级革命家，为党为人民的事业呕心沥血。但是，现在他们的人身安全得不到保障，他们的人格受到极大的侮辱。看到这一切，董必武心中多少有些失望。他下决心搬出中南海。

董必武一家是1957年搬进中南海的。在这之前，他们一家住在钟鼓楼附近的一个有很大后花园的院子里，房子的建筑布局很合理，也很有气魄。传说这个院子曾是个王府。董必武很喜欢这个住所：春天有海棠花、桃花；夏天有浓荫；秋天有葡萄、海棠，有枣；冬天银装素裹，别是一番趣味。但是，董必武还是下决心搬进中南海。他和女儿聊天时说出了搬家的理由。他说："第一，为我一个人，要有警卫排，要烧锅炉，要煤，要人跑这么远来送文件。这样要占用多少人力、物力啊！搬到中南海，这些都统一解决了，为国家节省了人力物力，我该不该搬？该搬！这二呢？"他说着，伸出中指："我上班太远，要坐很长一段距离的汽车，这样要用掉不少汽油。如果家在中南海，再到高院上班，近了一半路程，就节约了一半汽油。我们国家穷啊！"最后一句话，好像是从他心底发出的呻吟。

不久，董必武一家就搬入了中南海怀仁堂东侧的一套两进的院子。随后王稼祥一家也从外面搬进中南海，与董必武相邻而居。他们相处得很好。但是，"文化大革命"前，王稼祥一家就从中南海迁出去了，那个院子一时冷清下来。"文化大革命"开始后，红得发紫的戚本禹搬进了原来王稼祥住的院子，院子里开始显得声气浮嚣，喧声笑语常至深夜。这对一个80多岁的老人来说，简直是一场灾难。让董必武更感到压抑的是有人把他经常走的乒乓球室的大门用木板交叉钉死。在董必武住所的东边院子有一个废弃不用的汽车停车房，在受第二十六届乒乓球锦标赛的影响下，董必武也被小小银球吸引了。工作人员就在这间废弃的停车房安置了一张球台。每天工作之余在工作人员的督促下，董必武就在这里打一会儿球，然后从球室的那扇很大的东门走向中南海海边，散散步，或坐一坐，消消汗。现在突然把门钉死了，而且事先没有商量一下或提前通知一声。

也许的确不用商量和通知，在一个国家主席可以被任意揪斗的年代里，难道为了钉个木条，钉上几颗钉子，还有必要去找人商量吗？！

在这样的环境里，这样的情况下，董必武和夫人商议搬出中南海，要去找一个普普通通的房子住下来。他对家人说："一般人能住的，我们为什么住不得呢？"

1968年初春，董必武一家搬出了中南海，搬到六部口附近一个院子。一天晚饭后，董必武站在院子里，舒畅地把双手扬过头顶，伸了伸腰，笑着对女儿说："良翚，我们可以上街走走了吧？"

他是多么希望做一个普普通通的公民呀！

他是多么想过一般人的正常生活呀！

用历史教育人民

董必武是党的创始人之一。新中国成立后他又长期担负党和国家的重要领导职务，为中国人民的解放事业和社会主义建设作出了重要贡献。但是，他从来不摆自己的历史功绩，也不从突出个人的角度去谈论他所经历的重大历史事件。他对党的功绩，对党内同志和党外战友的功绩，对人民群众的功绩,总是念念不忘,热情讴歌,赞不绝口。他经常发表诗作,以诗来寄托他对烈士们的怀念之情,也以诗来表达他对毛泽东、朱德、周恩来、刘少奇等革命领袖的敬佩之情。

中国共产党的成立,是开天辟地的大事变。自从有了共产党,中国革命的面目就焕然一新,他作为党的创始人,感受更深。1964年4月5日,在烟雨迷蒙的清明节,董必武驱车重游诞生中国共产党的"旧踪"——嘉兴烟雨楼,目睹旧物,他想起了当年共产党成立时的情景,思绪万千。

他赞扬南昌起义是力挽狂澜之举,广州起义"虽败犹荣"。他认为中国共产党领导中国人民,经过了几十年的艰苦奋斗,"成就浩无涯"。

中国革命来之不易,无数先烈为了人民的事业献出了宝贵生命。董必武对烈士们表示深切的怀念之情。恽代英是他早期革命活动时的战友,1930年被捕,1931年4月因叛徒告密在狱中壮烈牺牲。1961年4月29日,在纪念恽代英遇难30周年时,董必武写道:

> 抓住青年进取心,
> 手书口说万人钦。
> 血腥刀俎君菹醢,
> 卅载难忘此恨深。

王尽美是出席中国共产党第一次全国代表大会的代表,当年和董必武共同商讨建党大计,1925年不幸病逝。几十年过去了,王尽美的音容不时地浮现在董必武的脑海里。1961年8月21日,他写下了《忆王尽美同志》:

> 四十年前会上逢,
> 南湖舟泛语从容。
> 济南名士知多少,
> 君与恩铭不老松。

南京曾经是国民党的统治中心。国民党曾经在南京雨花台不知杀害了多少共产党人。新中国成立后，为了纪念这些英雄的烈士，在雨花台建立了死难烈士遗物陈列馆。1964年4月18日，董必武怀着沉重的心情参观了陈列馆，他在诗中写道：

>英雄洒血雨花台，
>暴露奸权尽蠢才。
>毕竟人民得胜利，
>斗争规律史安排。
>
>遗容遗物见遗风，
>先烈精神永世崇。
>踏着血痕仍迈进，
>红旗高举气如虹。

董必武对我们党的老一辈无产阶级革命家，满怀特别深厚的感情。他高度评价毛泽东"出类亦拔萃"，推崇为导师；赞美周恩来、邓颖超"晶莹温润玉如斯"，"蕴借风流英发姿"，并始终把自己看作是周恩来的助手而甘当配角；颂扬朱德是"革命将军"，具有"虎略龙韬"，"骨头生若铁般硬，胸次真如海样宽"，对其他人如叶剑英、徐特立、谢觉哉、林伯渠、吴玉章、郭沫若等也非常尊崇。

对同生死共患难的战友，董必武总是寄予无限深情。1950年4月，董必武为纪念老战友孙炳文的夫人任锐逝世周年，特献诗三首。1954年6月，他写诗纪念鲁南抗日根据地创建人王麓水，对王的不幸牺牲表示哀悼，赞誉王麓水"身是萍乡一雇工，参加革命显英雄。鲁南解放开新局，痛惜滕郊未竟功。"

在民主革命战争时期，董必武长期从事统一战线工作，同国民党内的进步人士和民主人士有广泛的交往，建立了良好的关系。广大爱国民主人士对董必武也非常信赖。1949年3月18日,著名爱国民主人士柳亚子等一行20余人由华东解放区经天津到达北平以后,立即题诗向董必武致意。30日,董必武作复:"蒙示大作,奖饰愈恒,弥增惭感!久未作诗,机滞调塞,殊不成句,既承命和,又不敢违,勉凑一首,即祈斧正是幸!"他写道:

旧事重提我欲愁,
巴渝宁沪记曾游。
几经曲折谋和议,
倍受摧残抗逆流。
黩武之徒吞恶果,
拥民为主是嘉猷。
南方底定君歌咏,
应与龙吟凤哕俦。

诗中充满对老友的敬重,对人民胜利的讴歌,而对反动派则无情地加以鞭挞。

董必武对爱国华侨领袖陈嘉庚给予很高的评价,他认为"陈君嘉庚侨居新加坡,经营橡胶业,获利不自封殖;领导侨胞,热爱祖国;斥资于其故乡集美创建学校,逾四十年。""全国人民解放后,陈君亲回梓里,将中小学、师范及诸专科学院修复而恢廓之",对人民教育事业作出了贡献。1952年12月,董必武为集美解放纪念碑题词时,特"爱集杜诗五言句六章"以纪其事,赞扬陈嘉庚"子负经济才,风雷飒万里。树立甚宏达,壮心不肯已"。

对于新中国成立后涌现出来的英雄,董必武也毫不吝惜纸墨,写诗作词歌颂他们的英雄事迹,号召全国人民学习他们的革命精神。焦裕禄是河南兰考县县委书记,他率领兰考人民战风沙,战干旱,为改变兰考的落后面貌而忘我工作，因患肝癌不幸去世。焦裕禄的先进事迹在全国广为传颂。1966年2月9日，董必武写下了《学焦裕禄同志》的长诗，但还觉言犹未尽，接着又写了一首：

> 吾爱焦裕禄，
> 毛公好学生。
> 利人如不及，
> 忘我若无情。
> 路线依群众，
> 方针视斗衡。
> 一心为革命，
> 敢为困难争。

董必武的个人历史就是一部党史。董必武又是中国共产党历史的见证人。"文化大革命"前，毛泽东就指示董必武编写党史。中共中央成立了党史起草委员会，董必武任书记。"文化大革命"期间，董必武对于林彪、江青等人颠倒敌我、混淆是非的那一套做法进行了坚决抵制，对于他们制造"帮派史学"更是深恶痛绝，编史工作自然就搁浅。但是，董必武利用自己手中的笔墨，来歌颂党的历史上的英雄人物，用历史来教育人民，教育党的干部。

1969年5月初，九大刚刚结束。董必武就请秘书（董必武所在的党支部的支部书记）召开一次支部会，由他给同志们讲一讲参加九大的感想和体会。会上，83岁的董必武，以一个普通党员的身份，结合自己入党近50年的亲身经历，给大家详细地讲了一次党史，整整讲了三个半天。他高度赞扬了毛泽东、周恩来、朱德以及其他老一辈无产阶级革命家为革命建立的丰功伟绩。

"老牛负重耕荒地"

1965年1月初,在三届全国人大一次会议上,董必武继续当选为中华人民共和国副主席,但实际上已经离开了领导实际工作的主要岗位。他并没有卸下自己的担子,而是以更高的热情为党分挑重担。他说:"要演好一场戏光有主角、配角,没有跑龙套的,戏就演不成,主角要认真演,配角和跑龙套的也要认真演才行。"他就是以这样高尚的情操,把一些人们不太注意,甚至被人们轻视的工作承担起来,并且认真负责地把它干好。

"文化大革命"开始后,董必武虽然在党的九大、十大上都继续当选为中共中央委员、中央政治局委员,十大后又当选为政治局常委,甚至对外以国家代主席的名义出现,但实际上很多重要会议、重要决定根本不通知他。就连"亲切长征伴""堪为我辈师"的徐特立逝世的消息,也是在五天后从《南方日报》上读到讣文才知道的。

林彪、江青反革命集团对董必武坚守党的原则,不助纣为虐,十分恼火,但又拿不到董必武的任何可以对其进行攻击的把柄,于是大耍阴谋手段,封闭了他经常出入的大门,限制他的活动,迫使他不得不搬出中南海。这样,他们仍不甘心,最后竟两次将董必武心爱的幼子董良翮关押起来,几乎摧残致死。经周恩来亲自干预,董良翮才得以释放。董必武一家人一直不知是什么罪名要将董良翮"逮捕归案"。显然,林彪、江青一伙摧残无辜的董良翮,实际上是从精神上摧残董必武。董必武后来明白他的幼子是代他坐牢的。

1967年11月25日,董必武写了两首绝句寄给儿女:

颇有聪明蚕作茧,

> 亦多能力鹊为巢。
> 老牛负重耕荒地，
> 斑豹韬文隐雾坳。
>
> 绕屋参差皆是树，
> 沿河荡漾若为瀛。
> 风来有迹叶微动，
> 潮退无声滩渐明。

董必武以"老牛负重耕荒地"比喻党的老一辈无产阶级革命家在处境艰难的条件下仍然耕耘不止，又以"斑豹韬文隐雾坳"来说明自己眼前是处于避乱的境地，同时，他相信"潮退无声滩渐明"的前景。

董必武自己不断遭到林彪、江青反革命集团的诬陷和迫害。1968年，他同朱德、陈毅等老一辈革命家一起被诬为"另组中国马列共产党""里通外国""准备搞武装叛乱""要搞政变"，遭"勒令检查交代"。1969年林彪、江青一伙又以备战疏散的名义，强迫他离开北京到了广州。1970年除夕，董必武在广州遇到了叶剑英，老朋友相见，心里特别高兴，于是他写下了《羊城农历除夕喜遇叶剑公》：

> 羊城农历岁云凋，
> 满眼风光兴趣饶。
> 破旧已无花上市，
> 迎新将有艺如潮。
> 曾经绚烂归平淡，
> 不信怀柔与叫嚣。
> 备战相逢岂易得，
> 余生能乐几今宵？

董必武的心情可见一斑，在内心里发出"余生能乐几今宵"的无限感叹。

1972年1月6日，陈毅不幸病逝，对于陈毅的刚直不阿的品格，董必武是非常推崇的。他在《挽陈毅同志》的诗中，歌颂陈毅"立功丰不伐，求艺广多成"，他回忆与陈毅相处在一起的时光，"忆昔比邻住，曾为倒屣迎，间间谈国事，了了述边情。"如今国家内乱不已，更需要忠臣良将，而正在这个时候，陈毅却先他而去，于是，董必武从内心深处发出"栋折我忧压，伊谁继直声"的忧虑。他对党和国家的不幸心急如焚，为战友被逼相继去世无限悲愤。

但是董必武没有屈服。董必武也不会屈服。他以各种形式同林彪、江青一伙进行斗争。

董必武相信党有能力战胜邪恶势力。他教育身边的工作人员坚信马列主义和共产主义事业必胜。

当董必武看到林彪、江青一伙以及一些造反派小报上诬蔑许多老同志是"叛徒""特务"和"投机分子"，非常生气。他对身边工作人员说："经过多年的反复审查和实际斗争的严峻考验，'叛徒''特务''投机分子'在党内是存身不住的，早就被历史淘汰了。小报登的这些东西不是实事求是的。"他认为干部是党和国家的宝贵财富，应当尊重和爱护他们。

1970年8月23日，中共九届二中全会在庐山召开。林彪在会上坚持讲"天才"和设国家主席，以此作为向党进攻的纲领，陈伯达作为急先锋，在会上跳得最凶，暴露得最彻底。毛泽东及时发觉林彪、陈伯达的阴谋活动，及时在全党组织了批陈整风运动。董必武参加了这次会议。他大义凛然，写诗揭露和鞭挞反党分子林彪和陈伯达。他写道：

盗名欺世小爬虫，
以假充真变色龙。

> 日照原形终毕露，
> 肖然牿岭孰能冲！

林彪在阴谋被识破后，不仅不认识自己的错误，反而在罪恶的道路上越走越远，加快了篡党夺权的步伐，进而企图谋杀毛泽东。多行不义必自毙。1971年9月13日，林彪在谋杀毛泽东的阴谋破产后，乘机外逃，最后摔死在蒙古的温都尔汗草原上。

在林彪及其死党叛逃坠机死亡时，董必武写了《观坠机中尸影》诗，无情痛斥这些野心家、阴谋家"好话说尽如新莽，坏事做绝似法西"。他指出林彪"大拥大反逞阴谋"，并认为"秃贼生怀叛逆心"。

1971年11月1日，他去北京火车站送即将远行的儿女，作为父亲，他感到"兹行远别到天涯，骨肉离情絮语赊"。但他更为党粉碎林彪反党集团而高兴。"世间既有伪君子，掩形只暂莫藏真。叛逃出境虽侥幸，天网终难宥恶人。"他希冀儿女"马列书多六本先，择尤精读记疑难，增加知识与经验，防止奸人巧夺权"。

第十六章
CHAPTER SIXTEEN

最后岁月

活到老，学到老

1965年3月5日是董必武的80岁生日。3月6日，他写下了《八十初度》：

> 八十初度逢惊蛰，
> 朝雨阴寒不似春。
> 试想南邻大风暴，
> 此心仍自养清新。
>
> 蹲点未能知老至，
> 观书有得觉思清。
> 此身不惯闲无着，
> 外语重翻读九评。

这首诗反映了董必武酷爱学习的境界。

董必武是中国共产党内饱学之士之一。早年念私塾，他曾经设想走念书、科考、做官这条路。1903年，他就考取了秀才。现实生活不允许他走自己设计的道路，而是走上革命的道路。从此，他把自己的一切都交给党，交给了人民解放事业。但是，他对学习始终没有放松。董必武博览群书，对政治、法学、历史、诗文、书法等都有很高的造诣，但他从不满足，总是认为自己"纷纭万有识之微"，批评自己"常将黑质作为白，每当虚情准为真。学愧未能忘尽我，诗惭无似韵于人"。他基于对自己"驽骀荷重难胜任，唯望鞭驱使凛竞"的要求，到八九十高龄，仍然"此身不惯闲无着"，"老去愈知学不足"，老当益壮，真正做到了活到老，学到老，干到老。

在工作之余，他不是读书，就是练字。1957年11月至1958年2月，他在广州疗养期间，每天除看报外，写寸楷64个，写小楷144个，"总不让日子白白地过去"。为了适应工作的需要，董必武晚年用了很大的精力继续习读外语。在学外语的过程中，他拜身边懂俄文的秘书牛立志为师，请她在要学的书上标出重音，自己再在另一本同样的书上逐字标出，如发现牛立志标错了，就画上横线，打上问号，重新标音，提出同牛立志商讨，一丝不苟。由于年岁太大，记忆力有所减退，董必武就制作了大量卡片，正面写外文生词，反面写汉语意译，不论在家或外出，不论在火车上或飞机、轮船上，他一有空就一边翻阅，一边口诵手画。通过刻苦钻研，并持之以恒，董必武终于在原有基础上进一步掌握了英、日、俄三种文字。

董必武对学习有自己的信条。他早年就说过："有学而不能，未有不学而能者。"他还说："人一能之，己十之；人十能之，己百之。这就是我的学习信条。"

为了学习，董必武不耻下问。他为了学填词，虚心向正在读大学二年级的女儿请教。他的文稿、诗作一出，总是虚心求教于人，学习上一有疑难，就求教别人。对于一字之师，他也充满着感谢之情。当别人指出不足，提出正确意见时，他就敢于接受，迅速弥补自己的不足，毫无作难之色。

董必武有很多书。他的办公室除开窗户的墙面，都立有一人多高的书柜，此外还有一大间书房：一面是窗户，三面墙也立着高大的书柜；屋子中间有两排背靠背的书柜，书柜里全是满满的线装书或者平装书。这些书包括天文、地理、文学、历史、哲学、法典等各方面的书。他拥有这么多书，但还是不断地买书。在外地视察工作，他也常买书。他几乎每一次从书铺书店和地摊离开，都不会空着手回来。

董必武有这么多书，又爱读，所以很爱惜它。他几乎从不在书上批注、圈点、勾画。经过他看过的书，绝对不会在他手里弄脏或损坏。即使是一本已弄残破了的书，他也会尽可能地粘补好。董必武对他的藏书很珍爱。

每次搬家，他都要亲自给书柜编号，参与捆书、装箱。安定下来，他又亲自清理、上架。经他清理上架的书，他了如指掌。

在董必武的藏书上，有一个特别标志，就是所有的书都盖上一个椭圆形的"乐益堂"的藏书章。"乐益堂"是解放初期董必武家住在王府井北口不远的锡拉胡同时，董必武客厅的匾额。匾额是这房子原有的。大概是董必武认为"乐益"这两个字不错，即书对他有乐又有益，所以他把自己的图书室取名为"乐益堂"，书上自然就要盖上"乐益堂"的标志，而且章子上还编有年月日，这样对他的书购进日期也有一个准确的记载。

董必武爱书，他自己看，也借给别人看。只要有人提出书名找他借阅，他一定出借。董必武很喜爱他藏书中的碑帖和书法、字画，这一部分不是放在办公室，也不是放在书房，而是放在他的卧室。他给每一本帖写了书签，夹在书里。他喜欢把书平放在书架上，那样可以不用翻就找到。

董必武对毛笔不太讲究，有七八十支，从小楷到提笔；笔杆有传统的竹管的，也有有机玻璃的。他喜欢用的，多半是用惯的旧笔。对于旧笔他十分珍惜。旧笔的笔头掉了，还用桃胶粘起来继续用，掉出来的毛笔头，用线捆扎在毛管上继续用。董必武办公一般都用毛笔，间或也有用钢笔、铅笔的时候，他的钢笔字、铅笔字写出来，也带有毛笔"味"，好像握笔的手很用力，字也带着力似的。

董必武对纸也不讲究。只要有还能在上面写字的纸，他轻易不丢。比如台历的背面，礼堂演出的节目单的边角，什么地方送来的请柬的边角、背面，董必武都充分利用它们来做诗稿，或抄录点什么。别人也送过他一些好宣纸，说是给他练字的。董必武仔细地看着纸，用手摩挲着，不住地说，"这么好的纸，怎么能拿来练字。这，多好的纸"！他后来用这纸来还"债"。他接到人家请他题字、题诗的要求，一般都不会推却，就用这些好纸给人题了诗、题了词。董必武对墨、砚同样不太讲究。

董必武非常喜欢京剧艺术。他对京剧艺术家们的表演和唱腔的风格都很熟悉，什么梅派、程派、谭派、裘派，等等，收音机里播送的京剧唱段，他只要一听，就能分辨出是哪一派的。他自己偶尔也轻轻地唱几句。除了京剧外，还喜欢家乡味道浓郁的楚剧、汉剧以及川剧。他非常爱看他所熟悉的那些传统剧目：《贵妃醉酒》《宇宙锋》《捉放曹》《击鼓骂曹》《草船借箭》等。这些戏不止看过一遍，有的戏，董必武看得很熟了，收音机里播放时，他和着板眼一边拍打着扶手，一边微微摆着头，轻声地哼着唱词。但是"文化大革命"中，这些传统的戏目和剧种都被诬为封、资、修的黑货而被禁演，董必武心中多少有些失望。

　　董必武并不喜欢电影，但家人和身边工作人员往往以看电影作为董必武的休息。每到晚上有电影时，夫人何莲芝就上阵，催请董必武动身。董必武总是无可奈何地答应："好，好，好"，随着夫人走出办公室。何莲芝的"劝降词"总是："看了一天的文件，休息一下嘛！"然后摆出"持久战"的架势：坐在董必武躺椅对面的沙发上。"文化大革命"中，电影也没有了，每晚坐在家里看电视，董必武看电视主要是看新闻。有了一群小孙子之后，董必武一边看电视，一边和孙子们共同消磨晚饭后的时光。小孩子们玩累了，去睡了，董必武又回到办公室，坐在躺椅上，回到文件、书籍的"黄金屋"中去了。

　　董必武学识渊博，这与他恒久的勤奋精神和谦虚的求学态度分不开。还在1960年5月，董必武在题词中写道："极深研几，学以致用，力争上游，手与脑共，攻破尖端，科学是重。"这正是他学习经验的科学总结。

　　1972年春节临近，离董必武自己的86岁生日不到四个星期，董必武又写成律诗一首，再次表达他活到老、学到老的精神，他写道："五篇六本相连读，学习当如卒过河。"在学习问题上，董必武永远是一个过河卒，不知回头。

勤则不匮，俭以养廉

1972年冬，中共中央批准董必武去广州休养。当时他因感冒还住在医院里，大家担心他坐火车长途旅行身体受不住，再三劝他坐飞机去。董必武坚决不肯，并且严肃地说："这对我来说，是个原则问题。"他详细计算了坐飞机要消耗的油量，耐心地教育大家说："目前我们国家正处在建设时期，汽油产量还不多，坐飞机消耗很多汽油、要是在火车上挂节车厢，既节省又不影响铁路运输，还可以看看沿途祖国的大好风光。"他还再三叮嘱："我老了，不能为国家为人民多做事了，今后无论办什么事，都要尽量少给国家和人民增加负担。"董必武经常教育家人和身边工作人员说："我们的国家大，底子薄，一穷二白的面貌不是一朝一夕能够改变的。我们要力求节约。"

力求节约，不是董必武的一时感情冲动，而是他长期坚持的原则和行为准则。

1920年董必武与陈潭秋等一起创办武汉中学时，他就为武汉中学师生立下"朴诚勇毅"的校训，1966年4月4日在武汉接见武汉中学代表时又重提了这个校训，希望师生们共同遵守。在他看来，艰苦朴素不仅仅是个经济问题，而且是关系全国、全党大局的问题，因此，他以保持和发扬艰苦奋斗的作风为荣，以此为乐；以个人享受挥霍浪费人民的财物为耻，甚至为敌。他曾经题写"民生在勤，勤则不匮；性习于俭，俭以养廉"作为自己的座右铭。

董必武生活十分简朴。民主革命时期董必武长期生活在国民党统治区，在和国民党上层人士打交道的过程中，有的工作人员认为我们的首长不知比他们好多少倍，我们首长的衣着也不应该比他们"寒碜"，应该和工作对象"相配"。董必武曾对当时的警卫人员说:"我们共产党人,是要革命,不是要讲阔气。同国民党比,要比革命,比谁是真正为亿万中国人民谋利益,比谁能得到中国劳苦大众的拥护。我们出来每花一分钱,都要想到党中央、毛主席和解放区人民的艰苦生活,想到敌占区逃荒要饭的惨景。"因此,他只准买了一顶三块多钱的便宜礼帽和一双普通的皮鞋,以作外出应酬之用。在武汉八路军办事处,董必武和周恩来、叶剑英、邓颖超一起,同办事处工作人员一道吃大灶,每餐两个素菜,他们的伙食标准比普通工作人员高,司务长要每餐给他们加一个荤菜,他们坚决不同意,把节省下来的菜金全部交了党费。在往返武汉、南京时,警卫人员从保证首长的安全考虑,要买两人一房的一等或二等票,董必武却坚持买普通舱位,在船上也不肯要单独炒菜,而是吃"份饭"。为这些事,他常常和警卫人员发生争执,但结果总是警卫人员被说服。在武汉,董必武经常要出席一些会议,还要和国民党官员、民主人士、国际友人晤谈,每项活动都是安排和约定了时间的,没有一只手表,工作就很不方便。身边工作人员劝董必武买块手表,董必武不同意。工作人员坚持说,你不买表会影响工作。董必武只好同意,但坚持不能多花钱,只好买了一块一块多钱的又大又响的怀表。董必武对买了便宜的怀表非常高兴。他说:"反正快慢只要误差不超过半小时就行。约会时,表快了,我晚点去,慢了,我早点去,不就调对了吗?"从1938年7月起,董必武担任国民参政会的参政员以后,每月有数百元薪金。除在办事处领五元津贴外,他把参政会发给他的薪金全部上交给组织。

解放战争时期,董必武曾经负责管理党的经济工作。他以毛泽东"节省每一个铜板,为着战争和革命事业"的指示为指导方针,处处精打细算,勤俭节约,做到财尽其力,物尽其用。他以自己的模范行为,教育和影响周围的同志。当时实行供给制,他要求自己的伙食比规定的标准低;发给他的衣服、用具,只要还能凑合着用就不准领新的;一套布制服,穿了近20年，补过多次，他还继续穿着。1945年，他代表中国解放区出席联合国成立大会，在美国买了一件毛衣，缝缝补补，一直穿了30年。也是在解放战争时期，为了照顾他的工作和身体，配给他吉普车，他不坐，外出开会，视察工作都是骑马往返。工作人员见他年老体弱，有时主动为他准备好车子，他硬是不坐，并且耐心地告诉工作人员说："牲口放着不骑，还是照样吃草料。吉普车不用，既保护机件，又给国家节省汽油。现在前方将士为祖国解放正在浴血奋战，我是管经济的，应该节约每一个铜板，每一滴汽油，一切为了前线的胜利。"

全国解放后，董必武继续保持并发扬过去战争年代的好传统，地位变了，艰苦奋斗的作风不变。董必武的夫人何莲芝深情地回忆说：

刚刚进入北平，天气很冷。我看董老年岁大了，怕冷，就花了一点钱给他买了一顶新帽子。这笔钱是我在延安大生产运动中劳动所得积存下来的。董老问："花了多少钱？"我怕董老嫌贵，就谎说只花了二、三十元。董老一听，当时没说什么。过了几天，董老又问："这顶帽子究竟花了多少钱？"我说："你怎么不相信人？就二、三十元嘛？"董老说："究竟是你骗我，还是我不相信你？你看！"说完，就指着帽子里面的标价。哦，原来是这样发现的。我当时没有注意到这里面还有标价！以后，开展"三反"运动时，董老拿这件事作例子带头检讨，还要我在党内也作了检查，说明我们的地位变了，艰苦奋斗的本色不能变，我们要防微杜渐。

到了晚年，董必武对自己要求更严。他始终谦虚谨慎，严肃认真，毫不居功自傲。他为党为人民建立了丰功伟绩，但自己从来不讲，也不准别人宣传。他说："我似老牛鞭不动""老本无多啃早完"。董必武对党对人民的确像老黄牛那样忠心耿耿。他走到哪里，就把艰苦奋斗的优良传统带到哪里。他对毛泽东、党中央关于不请客送礼的规定，更是身体力行，一丝不苟。长期以来，他一直力求节省办公用的必需品。他用的老式办公桌，还是刚进城时分配给他的；几次搬家时工作人员都想给换一张新的，他不让换。他坐的本来是一个旧转椅，由于转轴松了，坐上去不稳固，也不安全。可是他总不肯换新椅子，只是让拆了下座，用木头做了四个椅腿，改为一个叫不上名的椅子，一坐坐到逝世前。他常年衣着朴素，饮食简单。他用的一把牙刷，毛已经开始掉了，牙刷把子也摔断了，公务员以为不能再用就丢掉了。董必武知道后，指示公务员把牙刷捡回来，并用细线将断了的把子绑紧，又继续使用了一段时间。他对公务员说："不要以为一把牙刷算不了什么。丢掉它，再买一把新的，市场上就少一把，我们是几亿人口的大国，每个人多换一把牙刷，国家就要多生产几亿支牙刷，这对市场、对工业部门，将是多么大的压力呀！"类似这样的节约账，他经常算给身边的同志听，教育大家事事处处从全国几亿人口出发，节约每一分钱，勤俭办一切事业。

董必武在晚年患了多种疾病，党中央尽量减轻他的工作负担，让他多休息治疗，许多省市的负责同志请他到条件好的地方去疗养，他都婉言谢绝了。他说："我一走动就会兴师动众，给地方人力、物力增加负担。"到了晚年，董必武的工作少了些，他便自觉请求精减身边的工作人员，不要专职秘书，不要专职警卫，不要专门为他开车的司机，也不要专车。董必武这样做，决不是为了给个人家庭节省几个开支，他站得高，望得远，一心想的是为给国家减轻负担。他是在通过自己的努力去实践"勤则不匮，俭以养廉"的信念。

"遵从马列无不胜"

一个夏末的傍晚，中南海湖边的垂柳随着徐徐晚风飘拂着。工作一天后的董必武在夫人、女儿的陪同下来到湖边散步。中南海这个中国政治的中心，从表面看去风平浪静，但实际上却充满了风浪。董必武表面也是平静的，但内心里却感慨万千。他借给女儿讲《聊斋》来表达自己的思想感情。《聊斋》中有一篇叫《商女》的。故事说一个商人女儿会看相，能卜知未来；商人很钟爱自己的女儿，要她自己挑选丈夫。她挑来挑去挑不上，商人生了气，女儿就只好同意出嫁给一个人做妾。那人有个大老婆很妒忌，使商女受了很多罪，最后大老婆手持烙铁烫了商女，烙断悔纹，商女自此交了好运，阖家相安。董必武批评"这是迷信！""这是宣传三从四德！""哪里有这样的事呵！"但他对原文中商女的一句话"明知火坑而故蹈之"，却十分欣赏。董必武说到这句话时，语调高昂起来，站住脚，提起手杖，双臂微弯，两手交替着转动手杖，微微偏过头，一脸笑意瞧着女儿说："人就是要有'明知火坑而故蹈之'的魄力和精神。我就曾经'明知火坑而故蹈之'咧！"董必武转过脸，把眼光抛向远远的蜈蚣桥——这是中海和南海的界桥，它因为有许多许多个桥墩，像蜈蚣有许多许多的脚那样，而被叫作蜈蚣桥。他的思绪也飞向了遥远的过去，说："马列主义传入中国，我才读到马列主义，先读的是日文，慢慢地才有了中文。有人说，马克思主义好，我就想找来看看好不好；有人说不好，说看了就赤化，赤化了就要杀头……"董必武回头朝女儿一笑，继续说："我就硬是找来看看，看看赤化不赤化。"他一边向前走，一边继续说："那个时候，谁穿着红衣服，看了红皮的书，都有可能杀头噢！"女儿仰脸问："你就这样读起马列来的？"董必武轻轻地舞动着拐杖："统治阶级都禁马克思主义，越禁越严。他们越是要禁的，我就越是要找来看。那么多书，上哪里找有用的来读呢？统治阶级他们画了个圈圈嘛，不就一下子找到了吗？"他继续说：我们很多人都感觉马克思主义对。道理对了嘛，就要干咧。这就硬是要有"明知火坑而故蹈之"的精神呢。

"明知火坑而故蹈之"，这不仅仅体现在董必武年轻时寻找真理的过程中，而且在他晚年的岁月中仍然是这样。他不因为"烈烈寒风剧自吹，小园摧折老梅枝"的险恶政治环境而有丝毫畏怯,也不因此而对信念有任何动摇。1975年1月4日,董必武在广州题诗赠著名老书法家林君选:

> 与君同荷一尧天,
> 主义遵从马列坚。
> 君字君诗足名世,
> 何期齿录到衰年。

董必武"主义遵从马列坚",几十年如一日,始终相信马克思主义的真理一定能战胜任何邪恶。在实践中,他用马列主义作为武器,同党内的邪恶势力作斗争,当林彪一伙残酷迫害党内老干部时,他大义凛然为老干部说话;当老干部被迫害致死,他用诗悼念他们;当林彪等摔死在蒙古的温都尔汗荒原时,他写诗无情痛斥这些野心家、阴谋家"好话说尽如新莽,坏事做绝似法西"。

林彪等人的垮台,这当然是一件值得高兴的事,但是党内并没有因此而风平浪静,以江青为首的"四人帮"还在党内继续兴风作浪。1974年,"四人帮"打着所谓"批林批孔"的旗号,继续制造混乱,大有乌云压城城欲摧之势。"四人帮"公开将矛头指向周恩来、邓小平、叶剑英等中央领导同志。面对"四人帮"的恣意横行,面对封建家长制占了上风,董必武在家里经常题写三个字"群言堂!"不论是老同志、老战友、党政机关,还是亲属,凡请他题字时,他都一律题写"群言堂"三个字!1974年4月,他题赠谷牧的是这几个字,题赠王震的还是这三个字;同年7月,题赠给远在甘肃的侄女婿的是这三个字;12月,题赠中共广东佛山地委的仍然是这三个字。

群言堂,要发扬民主!要广开言路!要让人说话!这是董必武在生命的最后时刻的大声疾呼和谆谆告诫。

群言堂,要发扬民主!要广开言路!要让人说话!这是董必武在临终前不久为坚持真理对家长制作风的坚决斗争。

群言堂,要发扬民主!要广开言路!要让人说话!这是董必武把斗争的锋芒指向林彪、江青两个反革命集团推行的封建法西斯专政,用题词的办法进行的斗争。

在斗争中,董必武既坚持原则,又顾全大局。早在1960年1月13日董必武在《再为长句奉和毛主席诗韵》中写道:"投鼠必须思忌器,得鱼切莫善忘筌。"这是针对当时赫鲁晓夫的某些做法有感而发。1974年董必武又一次写下了上述诗句,显然是针对"四人帮"而来的。一方面他主张同"四人帮"作坚决的斗争,另一方面因为江青同毛泽东的特殊关系,在反对"四人帮"的同时,必须注意保护毛泽东。这种想法在当时是非常可贵的。

1975年初,董必武已经90高龄,且身染沉疴,但他还出席了第四届全国人民代表大会第一次会议。在这次会上,他当选为全国人大常委会副委员长。会后,他置身体病痛于不顾,仍参加了对外的国事活动。

1975年3月5日,这是董必武的90岁生日,他带病写下了《九十初度》:

> 九十光阴瞬息过,
> 吾生多难感蹉跎。
> 五朝敝政皆亲历,
> 一代新规要渐磨。
> 彻底革心兼革面,
> 随人治岭与治河。
> 遵从马列无不胜,
> 深信前途会伐柯。

这是董必武对自己一生的自我总结。

这是董必武对自己的坚定的马克思主义信念，对党对祖国前景的坚定信心的阐述。

这是董必武对自己生命不息、战斗不已的无所畏惧的乐观胸怀的表白。

1975年3月中旬，董必武的病情加重。他从广州乘飞机回到北京，从机场直接被送到了北京医院。肺癌的日益恶化，折磨着董必武的躯体，但是他的思想仍然在思考。1975年4月2日7时58分，董必武与世长辞了。他临终时说了一句未说完的话："党中央开了会，中央还有绊脚石……"

在董必武逝世不久的1976年10月6日，"四人帮"终于被粉碎，在天有灵的董必武会为挖出了绊脚石而高兴！

主要参考书目

1.《董必武选集》，人民出版社 1985 年版。
2.《董必武政治法律文集》，法律出版社 1986 年版。
3.《董必武统一战线文集》，法律出版社 1986 年版。
4.《董必武年谱》，中央文献出版社 1991 年版。
5.《董必武诗选》，人民文学出版社 1986 年版。
6.《毛泽东选集》，人民出版社 1993 年版。
7.《毛泽东年谱（1893—1949）》，人民出版社、中央文献出版社 1993 年版。
8.《周恩来传》，人民出版社、中央文献出版社 1989 年版。
9.《叶剑英传》，当代中国出版社 1995 年版。
10.《博古传》，当代中国出版社 1994 年版。
11.《南方局党史资料》，重庆出版社 1990 年版。
12.《董必武传记》，湖北人民出版社 1985 年版。
13.《董必武传略》，法律出版社 1985 年版。
14.《董必武与统一战线》，武汉出版社 1995 年版。
15.《伟人之初：董必武》，浙江人民出版社 1996 年版。
16.《林伯渠传》，红旗出版社 1986 年版。
17.《忆董老》第 1 辑，湖北人民出版社 1980 年版。

18.《忆董老》第 2 辑，湖北人民出版社 1982 年版。

19.《黄炎培日记》，中华书局 1979 年版。

20.《十老诗选》，中国青年出版社 1979 年版。

21.《中共党史人物传》，第 13 卷，陕西人民出版社 1984 年版。

22. 董良翚：《忆我的爸爸董必武》，中国文联出版公司 1995 年版。

23.《中共一大代表的结局》，成都出版社 1995 年版。

24.《中国共产党的七十年》，中共党史出版社 1991 年版。

后　记

欣闻中共一大代表丛书再版，感到非常兴奋，为出版社的这个决策感动和叫好。

中国共产党已走过百年奋斗历程。中国共产党的一百年，是矢志践行初心使命的一百年，是筚路蓝缕奠基立业的一百年，是创造辉煌开辟未来的一百年；是中国人民根本改变历史命运的一百年，是中华民族迎来伟大复兴的一百年，是中国为全人类发展作出卓越贡献的一百年。历经百年奋斗，中国共产党引领中国发生历史性的巨变，并深刻改变了世界政治格局，这是一个确凿无疑的基本事实，也是中国和国际社会的普遍共识。在这个时刻，回望中国共产党的创建历史，展现中共一大代表的人生轨迹，就具有特别的意义。中国共产党立志于中华民族千秋伟业，奠基于此，中国共产党团结带领全国各族人民为中华民族伟大复兴的征程，由此而启。简而言之，中国共产党的奋斗、业绩、辉煌，都由中共一大而起。从这个角度考量，出版和阅读中共一大代表丛书，对于中共党史的深入学习，对于中国共产党创建史的了解，对于中国共产党的认识，都是非常重要的。它融合历史（中共党史）知识和思想教育为一体，可以使人们从中得到许多的感悟、启迪和教育，引人入胜，引人深思。

《董必武》是这套丛书的重要组成部分，也是值得人们认真阅读的书籍之一。其原因，源自董必武的伟大。董必武是中国共产党的创始人之一，中华人民共和国的缔造者之一，杰出的无产阶级革命家、马克思主义的政治家和法学家，是中国共产党第一代领导集体的成员和国家的重要领导人。他经历了从辛亥革命、新民主主义革命到社会主义革命和建设的各个历史阶段，在每一次紧要的历史关头，他都坚定站在伟大变革的最前列，披肝沥胆、英勇奋斗，成为"中国共产党的模范的领导者之一"，为中国革命和社会主义建设事业立下了丰功伟绩。他坚信"遵从马列无不胜"的政治信念，以"老牛负重耕荒地"的精神自勉，秉持"甘为民仆耻为官"的人生观和价值观，始终保持了共产党人的政治品格和人生追求。他的人民情怀、革命精神、高尚品德和崇高风范，彰显了中国共产党人的博大襟怀和精神世界，是他留给后人的宝贵财富，是值得永远留存和不断传承发扬的。

在本书再版之际，根据出版社的要求，作者对书稿做了认真的修改，注意吸收和添补了这些年来中共党史以及其他学科研究的新成果，对一些史实和文字进行了订正。私欲本书臻于完善，但实际恐难达成。恳望读者和学者批评指正。

再次感谢中共党史出版社的领导和编辑，感谢他们的决策和劳动。

作　者

2024 年 1 月